Objektorientierte Programmiersprachen

In dieser Reihe sind bisher erschienen:

Martin Backschat / Otto Gardon
Enterprise JavaBeans
Grundlagen – Konzepte – Praxis
EJB 2.0 / 2.1

Peter Liggesmeyer
Software-Qualität
Testen, Analysieren und Verifizieren von Software

Martin Backschat / Stefan Edlich
J2EE-Entwicklung mit Open-Source-Tools
Coding – Automatisierung – Projektverwaltung – Testen

Michael Englbrecht
Entwicklung sicherer Software
Modellierung und Implementierung mit Java

Klaus Zeppenfeld

Objektorientierte Programmiersprachen

Einführung und Vergleich von
Java, C++, C#, Ruby

unter Mitwirkung von
Susanne M. Waning
Marc Wenczek
Regine Wolters

mit CD-ROM

Spektrum Akademischer Verlag   Heidelberg • Berlin

Zuschriften und Kritik an:
Elsevier GmbH, Spektrum Akademischer Verlag, Dr. Andreas Rüdinger,
Slevogtstr. 3-5, 69126 Heidelberg

Autor:
Prof. Dr. Klaus Zeppenfeld, Fachhochschule Dortmund, Fachbereich Informatik
E-mail: zeppenfeld@fh-dortmund.de

Für weitere Informationen zum Buch siehe:
http://www.oo-programmiersprachen.de

Wichtiger Hinweis für den Benutzer
Diesem Buch ist eine CD-ROM mit Informationen, Demonstrationen, Animationen, begrenzten Vollversionen und Vollversionen von Software-Produkten beigefügt. Der Verlag und der Autor haben alle Sorgfalt walten lassen, um vollständige und akkurate Informationen in diesem Buch und der beiliegenden CD-ROM zu publizieren. Der Verlag übernimmt weder Garantie noch die juristische Verantwortung oder irgendeine Haftung für die Nutzung dieser Informationen, für deren Wirtschaftlichkeit oder fehlerfreie Funktion für einen bestimmten Zweck. Ferner kann der Verlag für Schäden, die auf einer Fehlfunktion von Programmen oder ähnliches zurückzuführen sind, nicht haftbar gemacht werden. Auch nicht für die Verletzung von Patent- und anderen Rechten Dritter, die daraus resultieren. Eine telefonische oder schriftliche Beratung durch den Verlag über den Einsatz der Programme ist nicht möglich. Der Verlag übernimmt keine Gewähr dafür, dass die beschriebenen Verfahren, Programme usw. frei von Schutzrechten Dritter sind. Die Wiedergabe von Gebrauchsnamen, Handelsnamen, Warenbezeichnungen usw. in diesem Buch berechtigt auch ohne besondere Kennzeichnung nicht zu der Annahme, dass solche Namen im Sinne der Warenzeichen- und Markenschutz-Gesetzgebung als frei zu betrachten wären und daher von jedermann benutzt werden dürften. Der Verlag hat sich bemüht, sämtliche Rechteinhaber von Abbildungen zu ermitteln. Sollte dem Verlag gegenüber dennoch der Nachweis der Rechtsinhaberschaft geführt werden, wird das branchenübliche Honorar gezahlt.

Bibliografische Information Der Deutschen Bibliothek
Die Deutsche Bibliothek verzeichnet diese Publikation in der Deutschen Nationalbibliografie; detaillierte bibliografische Daten sind im Internet über http://dnb.ddb.de abrufbar.

Alle Rechte vorbehalten
1. Auflage 2004
© Elsevier GmbH, München
Spektrum Akademischer Verlag ist ein Imprint der Elsevier GmbH.

04 05 06 07   5 4 3 2 1 0

Das Werk einschließlich aller seiner Teile ist urheberrechtlich geschützt. Jede Verwertung außerhalb der engen Grenzen des Urheberrechtsgesetzes ist ohne Zustimmung des Verlages unzulässig und strafbar. Das gilt insbesondere für Vervielfältigungen, Übersetzungen, Mikroverfilmungen und die Einspeicherung und Verarbeitung in elektronischen Systemen.

Planung und Lektorat: Dr. Andreas Rüdinger / Barbara Lühker
Herstellung: Ute Kreutzer
Druck und Bindung: Bosch Druck GmbH, Ergolding
Umschlaggestaltung: Spieszdesign, Neu-Ulm

Printed in Germany
ISBN 3-8274-1449-0

Aktuelle Informationen finden Sie im Internet unter www.elsevier.com und www.spektrum-verlag.de

| Vorwort

Objektorientierte Programmiersprachen können in der Informatik längst nicht mehr als Novum bezeichnet werden. Bereits im Jahre 1967 wurde mit der Programmiersprache Simula-67 das Klassenkonzept eingeführt. Zu Beginn der 1980er Jahre konnten die Informatiker mit Smalltalk-80 die erste reinrassig objektorientierte Programmiersprache incl. Entwicklungsumgebung in den Händen halten. Heute sind es Java, C++, C# und Ruby, die sich in der Softwareentwicklung etablieren bzw. etabliert haben und mit denen Anwendungen von der Analyse bis zum Programm mit durchgängigen Konzepten entwickelt werden können.

Die Objektorientierung ist ein altes Konzept der Informatik, ...

Dennoch hat die objektorientierte Softwareentwicklung erst ganz allmählich Einzug in die Industrie gehalten. Dies liegt zum einen an der mittlerweile stark verbesserten Hardware, auf der die objektorientierten Anwendungen laufen und zum anderen daran, dass in den Köpfen der Entwickler und auch der Entscheider die Konzepte der Objektorientierung erst verstanden werden mussten, bevor sie nutzbringend eingesetzt werden konnten.

Die Anfänge dieser Entwicklung waren zumeist sehr skurril:

> Ich erinnere mich sehr deutlich an die Zeit, in der die bis dahin viel genutzte Programmiersprache C um objektorientierte Konzepte hin zur Programmiersprache C++ erweitert wurde. So kam es vor, dass mir der Leiter der Softwareabteilung eines großen Industrieunternehmens voller Stolz mitteilte, dass seine Abteilung den Umstieg auf die objektorientierte Softwareentwicklung ohne Probleme in Rekordzeit vollzogen habe. Alle seine Entwicklerinnen und Entwickler würden nun objektorientiert programmieren, weil sie mit dem neuen C++-Compiler arbeiten würden, der alle bisher in C geschriebenen Programme jetzt problemlos übersetzt hätte.

... welches aber bis heute oft nicht richtig verstanden wurde!

> In vielen Bewerbungsgesprächen, die ich führen durfte, musste ich feststellen, dass etliche Bewerberinnen und Bewerber in Ihren Unterlagen die Programmiersprachenkenntnisse fein säuberlich getrennt aufgelistet hatten. Im Gespräch erklären Sie dann, dass Sie die Sprache Java sehr gut beherrschen, aber keinerlei Kenntnisse in C++ haben. Außerdem konnten sie sich nur schwer vorstellen, jemals ein Projekt in C++ durchzuführen.

Wahre Begebenheiten aus der Praxis, über die sich schmunzeln lässt, die aber auf zweierlei Probleme aufmerksam machen, mit denen wir es auch heute noch vielfach zu tun haben: In der schnelllebigen Welt der Informatik ist es aber von entscheidender Bedeutung, die Konzepte, die hinter einer Technologie stehen, verstanden zu haben. In diesem Fall müssen demnach die Konzepte der Objektorientierung nachvollzogen sein, sonst kann keiner-

Wer aber die Konzepte versteht, ...

lei Vorteil daraus gezogen werden. Sind diese aber, und das ist aus meiner Sicht nicht schwierig, einmal vollständig erfasst, so ist es (fast) völlig gleichgültig, wie sie umgesetzt werden.

Im Fall der hier betrachteten objektorientierten Programmiersprachen lässt sich somit behaupten: Wenn das Konzept der Objektorientierung verstanden ist, so ist es unwichtig, mit welcher Programmiersprache bzw. mit welchem Werkzeug eine Anwendung erstellt wird. Programmiersprachen und Werkzeuge sind und bleiben immer (nur) Hilfsmittel zum Zweck. Ihre bloße Nutzung garantiert noch keinen Erfolg im Sinne der anzuwendenden Technologien und Konzepte.

... der versteht auch jede Programmiersprache, in der diese Konzepte verwendet werden!

In der heutigen industriellen Softwareentwicklung kommt es häufig vor, dass ein Kunde beispielsweise ein Projekt in Java, ein anderer Kunde ein Projekt in C++ umgesetzt haben möchte. Meine Erfahrungen diesbezüglich bei Mitarbeiterinnen und Mitarbeitern in Softwarehäusern zeigen jedoch, dass bei vielen eine große Hemmschwelle besteht, sich in kurzer Zeit in eine neue Programmiersprache einzuarbeiten. Aussagen, wie z. B. „für diese Sprache bin ich nicht ausgebildet", sind an der Tagesordnung, aus meiner Sicht jedoch unbegründet und falsch. Wer Software entwickelt, sollte in der Lage sein, sich innerhalb von wenigen Tagen in eine andere Programmiersprache einzuarbeiten und ein Projekt zu beginnen. Die Erfahrung in der Anwendung einer Sprache kommt dann zwangsläufig beim Einsatz in diesem speziellen Projekt. Sind aber die Konzepte einmal verstanden, so erleichtert dieses Wissen den Umstieg sehr deutlich.

Buchidee

Aus diesem Grunde hatte ich die Idee, in einem einzigen Buch die im Moment aktuellsten vier objektorientierten Programmiersprachen zu beschreiben und miteinander zu vergleichen. Es werden vorwiegend die Konzepte und die konkrete Syntax der Sprachen, ergänzt um viele Programmierbeispiele, beschrieben.

Zielgruppen dieses Buchs

Dies reicht meiner Ansicht nach für zweierlei Erkenntnisse aus: Denjenigen, die wenig oder gar keine Erfahrung mit objektorientierten Vorgehensweisen und Programmiersprachen haben, wird ein leicht zu verstehender Einstieg in die Konzepte und ein guter Vergleich der gängigsten Sprachen aus diesem Bereich gegeben. Den Kennern einer der hier behandelten Sprachen, die aufgrund ihres Interesses oder aufgrund beruflicher Gegebenheiten auf eine andere objektorientierte Programmiersprache umsteigen möchten bzw. müssen, wird dieser Schritt mit der Gegenüberstellung erleichtert. Neben Studierenden der Informatik, für die ein solcher Vergleich eine gute Hilfestellung ist, gehören demnach auch Entwicklerinnen und Entwickler aus der Industrie zu den Zielgruppen dieses Buches.

Inhalte dieses Buchs

Zu Beginn wird im ersten Kapitel eine Einführung in die grundlegenden Konzepte der Objektorientierung gegeben. Objekte, Klassen, Attribute, Operationen, Vererbung, Polymorphismus und Assoziationen sind nur wenige Konzepte, die aber nachvollziehbar und leicht zu erlernen sind.

Nach dieser Einführung in die Grundlagen der Objektorientierung werden in jeweils zwei weiteren Kapiteln die objektorientierten Programmiersprachen Java, C++ und C# vorgestellt. In den Kapiteln 2, 4 und 6, die nahezu eine gleiche Gliederung aufweisen, sind die Grundkonzepte der Sprachen beschrieben. Sie können, wenn gewünscht, parallel gelesen werden. Die Kapitel 3, 5 und 7 behandeln die erweiterten Konzepte von Java, C++ und C#. Auch hier lassen sich einzelne Unterkapitel parallel erarbeiten.

In Kapitel 8 wird die objektorientierte Skriptsprache Ruby beschrieben, die sicherlich in diesem Sprachvergleich ein wenig aus dem Rahmen fällt, sich aber wachsender Beliebtheit erfreut. Aber auch eine solche „exotisch" wirkende Sprache kann durchaus schnell erlernt werden, wenn die zugrunde liegenden objektorientierten Konzepte verstanden sind.

Kapitel 9 dient als Vergleichskapitel und macht in Kurzform die Übereinstimmungen und Unterschiede der betrachteten Sprachen deutlich.

Handhabung dieses Buchs

Wie schon erwähnt, gibt es keine bestimmte Reihenfolge, in der dieses Buch gelesen und die Inhalte erarbeitet werden sollen, da die Zielgruppen sehr unterschiedlich sind.

Als Anregung sei an dieser Stelle darauf hingewiesen, dass die Grundlagen der Objektorientierung aus Kapitel 1 von allen Leserinnen und Leser durchgearbeitet werden sollten. Je nach Erfahrung mit einer der hier behandelten Programmiersprachen sind anschließend die Kapitel zu lesen, in denen die bereits bekannte Sprache behandelt wird. Aufbauend auf die schon vorhandenen Kenntnisse ist es anschließend natürlich sinnvoll, sich den Kapiteln zu widmen, in denen die jeweils unbekannten Sprachen beschrieben werden. Das Vergleichskapitel am Ende des Buches kann als Überblick und zur Vertiefung des Gelesenen verwendet werden.

CD-ROM zum Buch

Auf der beiliegenden CD-ROM befinden sich frei verfügbare Entwicklungsumgebungen zu den hier behandelten Sprachen. Außerdem sind die Beispielprogramme, Aufgaben und Musterlösungen zu den jeweiligen Kapiteln enthalten. Ein Gesamtglossar ist ebenfalls vorhanden.

XCompare und XLearn

Zwei Forschungsprojekte aus dem Bereich der objektorientierten Programmiersprachen, die in meiner Arbeitsgruppe an der FH-Dortmund entwickelt worden sind, runden den Inhalt der CD-ROM ab:

> XCompare (sprich: Cross Compare) ist ein e-Learning-Werkzeug für computergestütztes Lernen (Computer Based Training, CBT), welches besonders für Umsteiger konzipiert ist, die bereits eine oder mehrere der in diesem Buch behandelten Programmiersprachen beherrschen und eine weitere erlernen wollen. Dabei können Sie, ausgehend von einer Programmiersprache, z. B. C++, die entsprechenden Inhalte bzw. die Syntax dieser Sprache mit jeweils einer der drei anderen Sprachen, in diesem Fall also Java, C# oder Ruby, aspektweise vergleichen. Technologisch gesehen ist XCompare aber so flexibel gehalten, dass es auch für andere Inhalte geeignet ist.

> XLearn (sprich: Cross Learn) ist ein weiteres e-Learning-Werkzeug, in dem anhand von detaillierten Lehrtexten und Aufgaben auf jede der im Buch behandelten Programmiersprachen eingegangen wird. XLearn richtet sich an Neueinsteiger, die eine Programmiersprache von Grund auf erlernen wollen, bietet aber auch erfahrenen Programmierern die Möglichkeit, ihr Wissen zu testen.

www.oo-program-miersprachen.de

Aktuelles zum Buch und weitere nützliche Informationen zum Thema objektorientierte Programmiersprachen befinden sich auf der eigens eingerichteten Internetpräsenz unter www.oo-programmiersprachen.de.

Danksagung

Wie oben bereits erwähnt, ist die Idee zu diesem Buch aus vielen Erfahrungen meiner industriellen Praxis und der Lehrveranstaltungen an der FH-Dortmund entstanden. Als ich die Idee dem Verlag vorstellte, wurde dort sofort erkannt, dass es sich bei dieser Darstellung des Themas um etwas Neues handelte. Ich möchte mich deshalb zunächst bei Herrn Dr. Andreas Rüdinger vom Spektrum Verlag bedanken, dass ich diese Idee in Form des hier vorliegenden Buches verwirklichen konnte. Für die umfangreiche redaktionelle Unterstützung und die sehr gute Zusammenarbeit bei der Umsetzung seitens des Verlags gilt mein Dank Frau Barbara Lühker.

Meine Mitstreiter bei der Erstellung der Inhalte fand ich in Frau Susanne M. Waning, Herrn Marc Wenczek und Frau B. Sc. Regine Wolters. Liebe WWWs: Herzlichen Dank für die hervorragende Mitwirkung in allen Phasen dieses Projekts. Ohne Ihre tatkräftige Hilfe und Ihren selbstlosen Einsatz hätte dieses Buch in dieser Weise nicht erstellt werden können.

Dies gilt in gleicher Weise auch für Dipl.-Inform. Verena Reimann, Dipl.-Inform. Hendrik Busch und Dipl.-Inform. David Kuß, durch deren großartiges Engagement die beiden oben erwähnten X-Plattformen und die CD-ROM entwickelt wurden. Weiterhin bedanke ich mich bei Frau Dipl.-Inform. Julia Große-Brömer und Herrn Dipl.-Inform. Thomas Paschkowski für die Unterstützung bei den Java- und Ruby-Kapiteln.

Für das Korrekturlesen und die fachliche Überarbeitung gilt mein besonderer Dank Frau Anne Cordes und den Herren Dipl.-Inform. Michael Hadrys und Dipl.-Inform. Ulrich Thomale.

Bei Herrn IT-Professional Udo Morgenstern bedanke ich mich für den Entwurf des Logos und bei den Herren IT-Professional Almir Ahmetasevic und IT-Professional Manuel Meurer für die Konzeption und den Aufbau des Internetauftritts.

Der Dank an meine gesamte Familie, insbesondere aber an Annelie, Lea und Jarno, kann mit diesen wenigen Worten gar nicht ausgedrückt werden. Euch allen danke ich aber besonders herzlich für die Unterstützung und den Beistand über diesen langen Zeitraum.

Werl, im August 2003   Klaus Zeppenfeld

Inhaltsverzeichnis

1 | Konzepte der Objektorientierung 1
   1.1 Einführung 2
   1.2 Objekte und Klassen 3
   1.3 Attribute und Operationen 4
   1.4 Vererbung 6
   1.5 Polymorphismus 7
   1.6 Assoziation 8
   1.7 Pakete 9
   1.8 Schlussfolgerung 10

2 | Java (Einführung) 11
   2.1 Geschichte 12
   2.2 Produktübersicht 13
   2.3 Eigenschaften 14
   2.4 Programmerstellung 17
   2.5 Funktionale Sprachelemente 21
      2.5.1 Zeichensatz 21
      2.5.2 Kommentare 21
      2.5.3 Elementare Datentypen 22
      2.5.4 Bezeichner 23
      2.5.5 Variablen 23
      2.5.6 Zuweisung und Initialisierung 24
      2.5.7 Konstanten 25
      2.5.8 Reservierte Wörter 25
      2.5.9 Operatoren 26
      2.5.10 Typkonvertierungen 30
      2.5.11 Einfache Ausgabe 30
      2.5.12 Kontrollfluss 31
   2.6 Felder 36
   2.7 Klassen und Objekte 37
   2.8 Vererbung 44
   2.9 Pakete 46
   2.10 Sichtbarkeit 47
   2.11 Abstrakte Klassen und Operationen 49
   2.12 Interfaces 50

3 | Java (Erweiterte Konzepte) 53
3.1 Exceptions 54
3.2 Ein- und Ausgabe 57
3.3 Threads 60
3.4 Applets 62
3.5 Kollektionen 67
3.6 Serialisierung 70
3.7 Dialoge 72
3.8 JDBC 75
3.9 Netzwerkprogrammierung 79
3.10 Dokumentationsgenerator 85

4 | C++ (Einführung) 89
4.1 Geschichte 90
4.2 Produktübersicht 91
4.3 Eigenschaften 92
4.4 Programmerstellung 94
4.5 Funktionale Sprachelemente 95
    4.5.1 Zeichensatz 96
    4.5.2 Kommentare 96
    4.5.3 Elementare Datentypen 97
    4.5.4 Bezeichner 98
    4.5.5 Variablen 99
    4.5.6 Zuweisung und Initialisierung 102
    4.5.7 Konstanten 103
    4.5.8 Zeichenketten 103
    4.5.9 Oktale und hexadezimale Zeichen 104
    4.5.10 Backslash-Konstante 104
    4.5.11 Operatoren 105
    4.5.12 Typkonvertierung 108
    4.5.13 Einfache Eingabe und Ausgabe 109
    4.5.14 Kontrollfluss 110
    4.5.15 Zeiger 115
    4.5.16 Benutzerdefinierte und zusammengesetzte Datentypen 117
4.6 Felder 121
4.7 Klassen und Objekte 122
4.8 Vererbung 138
4.9 Sichtbarkeit 143
4.10 Überladen von Operatoren 145
4.11 Dynamische Speicherverwaltung 147

5 | C++ (Erweiterte Konzepte) 149
- 5.1 Präprozessor 150
- 5.2 Namensräume 153
- 5.3 Ausnahmebehandlung 155
- 5.4 Templates 159
- 5.5 Standard Template Library 164
- 5.6 Dateien und Ströme (I/O) 166
- 5.7 Typinformationen und cast-Operatoren 171
- 5.8 Grafische Oberflächen 174

6 | C# (Einführung) 177
- 6.1 Geschichte 178
- 6.2 Produktübersicht 178
- 6.3 Eigenschaften 179
- 6.4 Programmerstellung 183
- 6.5 Funktionale Sprachelemente 184
  - 6.5.1 Zeichensatz 184
  - 6.5.2 Kommentare 185
  - 6.5.3 Elementare Datentypen 186
  - 6.5.4 Bezeichner 187
  - 6.5.5 Schlüsselwörter 187
  - 6.5.6 Variablen 188
  - 6.5.7 Zuweisung und Initialisierung 188
  - 6.5.8 Konstanten 190
  - 6.5.9 Backslash-Konstante 190
  - 6.5.10 Zeichenketten 190
  - 6.5.11 Hexadezimale Literale 192
  - 6.5.12 Operatoren 192
  - 6.5.13 Typkonvertierung 196
  - 6.5.14 Einfache Ein- und Ausgabe 198
  - 6.5.15 Kontrollfluss 200
  - 6.5.16. Enumeration 205
  - 6.5.17 Präprozessoranweisungen 206
  - 6.5.18 Zeiger 207
- 6.6 Felder 209
- 6.7 Klassen und Objekte 213
  - 6.7.1 Funktionen 216
  - 6.7.2 Konstruktoren 219
  - 6.7.3 Garbage Collection und Destruktoren 221
  - 6.7.4 Statische Elemente 221
  - 6.7.5 System.Object 222
  - 6.7.6 Boxing und Unboxing 223

6.7.7 Strukturen 224
6.8 Vererbung 225
6.9 Sichtbarkeit 230
6.10 Überladen von Operatoren 231
6.11 Interfaces 234

7 | C# (Erweiterte Konzepte) 237
7.1 Namensräume 238
7.2 Ausnahmebehandlung 239
7.3 Collections 244
7.4 Dateien, Ströme und Objektserialisierung 246
7.5 Delegates und Ereignisse 254
7.6 Threads 259
7.7 Assemblys, Attribute und Reflection 264
7.8 Grafische Oberflächen 272

8 | Ruby 277
8.1 Geschichte 278
8.2 Produktübersicht 278
8.3 Eigenschaften 279
8.4 Programmerstellung 279
8.5 Funktionale Sprachelemente 281
    8.5.1 Zeichensatz 281
    8.5.2 Kommentare 282
    8.5.3 Zahlen 282
    8.5.4 Reservierte Wörter 283
    8.5.5 Variablen 283
    8.5.6 Zuweisung und Initialisierung 286
    8.5.7 Konstanten 286
    8.5.8 Zeichenketten 287
    8.5.9 Binäre, oktale und hexadezimale Zeichen 290
    8.5.10 Operatoren 290
    8.5.11 Einfache Ein- und Ausgabe 293
    8.5.12 Kontrollfluss 294
    8.5.13 Bereiche 300
    8.5.14 Reguläre Ausdrücke 301
8.6 Felder, Hashes und Iteratoren 303
    8.6.1 Felder 304
    8.6.2 Hashes 306
    8.6.3 Iteratoren 307
8.7 Klassen und Objekte 309

8.8 Module	315
8.9 Ein- und Ausgabe	316
8.10 Ausnahmebehandlung	319
8.11 Threads und Prozesse	321

9 | Vergleich 327

9.1 Allgemeines	328
9.2 Funktionale Sprachelemente	328
9.2.1 Kommentare	328
9.2.2 Elementare Datentypen	329
9.2.3 Escape-Sequenzen	330
9.2.4 Operatoren	331
9.2.5 Kontrollfluss	332
9.2.6 Sonstiges	335
9.3 Felder	336
9.4 Klassen und Objekte	337
9.5 Vererbung	340
9.6 Sichtbarkeit	343
9.7 Weiterführende Konzepte	344

Literaturverzeichnis **345**

Index **349**

1 | Konzepte der Objektorientierung

Um die Objektorientierung als eigenen Denkstil anwenden zu können, müssen ihre Konzepte verstanden worden sein. Der Umstieg von einer prozeduralen Sprache, wie z. B. C, auf eine objektorientierte Sprache verlangt eine grundsätzlich andere Vorgehensweise bei der Erstellung von Programmen. In diesem Kapitel werden die Grundkonzepte der Objektorientierung wie Objekte, Klassen, Attribute und Operationen usw. vorgestellt.

Übersicht

1.1	**Einführung**	2
1.2	**Objekte und Klassen**	3
1.3	**Attribute und Operationen**	4
1.4	**Vererbung**	6
1.5	**Polymorphismus**	7
1.6	**Assoziation**	8
1.7	**Pakete**	9
1.8	**Schlussfolgerung**	10

1.1 Einführung

Das vorliegende Buch stellt die Umsetzung der objektorientierten Konzepte der Programmiersprachen Java, C++, C# und Ruby vor und vergleicht sie miteinander. Dieses erste Kapitel soll daher mit der notwendigen Ausführlichkeit aber dennoch in der gebotenen Kürze die grundlegenden Konzepte der Objektorientierung beschreiben und auf diese Weise ein einheitliches Verständnis der verwendeten Begriffe und Notationen herstellen.

Prozedurale Programmierung

Lange bevor die Objektorientierung Einzug in den Entwurf von Anwendungen gehalten hat, wurde bereits die strukturierte oder auch prozedurale Programmierung verwendet. Bei dieser Vorgehensweise sind die Daten streng von den im Programm verwendeten Funktionen getrennt. Durch diese strikte Trennung entstehen zwei verschiedene Ebenen, was zu einer isolierten Betrachtung und Implementierung führt: Zunächst werden die für die Beschreibung der Daten erforderlichen Datenstrukturen geschaffen, die eine gewisse Menge an Informationen speichern können. Danach werden die Funktionen entwickelt, mit denen es möglich ist, diese Datenstrukturen mit dem gewünschten Inhalt zu füllen, die Inhalte von vorhandenen Datenstrukturen wieder auszugeben oder in einer vorgegebenen Weise zu manipulieren. Obwohl sich die Funktionen auf die in der Datenstruktur festgelegten Informationen beziehen, können Daten und Funktionen nicht als eine Einheit betrachtet werden.

Häufig ist es aber erforderlich, nicht nur logische Abläufe in Programmtext umzusetzen, sondern Anwendungen müssen auch in Abhängigkeit einer bestimmten Situation auf verschiedenste Anforderungen reagieren können.

Objektorientierte Programmierung

Aus diesem Grund setzt sich heute immer mehr die Objektorientierung durch, die weitaus mehr ist als eine neue Art der Programmierung: Sie stellt eine der menschlichen Wahrnehmung der Realität sehr nahe kommende Betrachtungsweise dar. Dabei spielen vor allem zwei Aspekte eine entscheidende Rolle: Wie kann der betrachtete Gegenstandsbereich in Objekte abgebildet werden und wie lassen sich solche Objekt beschreiben, wie verhalten sie sich bzw. wie kommunizieren sie untereinander? Aufgrund der natürlichen Denkweise der Objektorientierung lassen sich diese Fragen oft sehr leicht beantworten und selbst Begriffe, die aufgrund unseres Wissens nicht bekannt sind, lassen sich in das Bekannte oder Erlernte einfach einordnen.

UML

Fast untrennbar ist der Begriff der Objektorientierung mit dem Begriff **UML** (UML = Unified Modeling Language) verbunden. Dies ist eine formale grafische Notation, die die Besonderheiten der Objektorientierung berücksichtigt und der Spezifikation, Visualisierung, Konstruktion und Dokumentation von Anwendungen dient. Sie wurde von Grady Booch, James Rumbaugh und Ivar Jacobson entwickelt und ist von der Object Management Group (OMG) als Standard für die objektorientierte Softwareentwicklung anerkannt. In diesem Buch können und sollen nicht alle Möglichkeiten der UML vorgestellt werden. Zum besseren Verständnis der grundlegenden Konzepte der Objektorientierung werden im Folgenden aber einige wenige grafische Notationselemente der UML – ohne Anspruch auf Vollständigkeit – eingeführt. In der am Ende des Buches angegeben Literaturliste befinden sich einige Angaben zu einführender Literatur.

1.2 Objekte und Klassen

Das zentrale Konzept der Objektorientierung ist, wie der Name schon vermuten lässt, das **Objekt**. Es beschreibt nicht nur Gegenstände, sondern auch Personen, Sachverhalte oder Ereignisse oder ganz global formuliert Dinge, die in der Realität oder in unserer Vorstellung existieren.

Objekt

Objekt:Klasse

Jedes einzelne Objekt lässt sich durch zwei Merkmale charakterisieren:
1. Es besitzt einen eindeutigen Zustand und ein wohldefiniertes Verhalten und
2. unter allen gleichartigen Objekten ist es anhand von einem oder mehreren Merkmalen eindeutig identifizierbar.

Um solche Objekte in einem Programm erzeugen zu können, wird ein eindeutiger Bauplan benötigt, der die für die Beschreibung des Zustands notwendigen Eigenschaften festlegt und das Verhalten des Objekts definiert. Dies wird in der Objektorientierung als **Klasse** bezeichnet.

Klasse

Klasse

Neben der Funktion des Bauplans kommt der Klasse eine zweite wichtige Bedeutung zu: Sobald konkrete Objekte mit Hilfe der Klasse erstellt wurden, fasst diese alle Objekte logisch zusammen. Ein einzelnes Objekt gehört immer nur zu einer Klasse und kann diese Zugehörigkeit nicht ändern. Aus diesem Grund wird ein Objekt auch als Instanz der Klasse bezeichnet.

Das Konzept der Klassen und Objekte soll plastisch am Beispiel eines landwirtschaftlichen Betriebs erläutert werden.

Beispiel 1.2-1

Auf einem Bauernhof ist eine Vielzahl unterschiedlicher Objekte zu finden: Neben den verschiedenen Tieren, beispielsweise Kühe, Schweine und Hühner, existieren in der Regel auch diverse Ländereien, u. a. Ackerflächen und Wälder, sowie ein Fuhrpark mit unterschiedlichen landwirtschaftlichen Fahrzeugen, wie z. B. Traktoren oder Mähdrescher. Unabhängig davon, ob ein Tier, eine landwirtschaftliche Fläche oder ein Fahrzeug beschrieben werden soll, gibt es immer einige wenige Eigenschaften, die für das betrachtete Objekt charakteristisch sind, wie z. B. das Gewicht eines Schweins, die Größe einer Ackerfläche oder das Schneidwerk, das in einem Mähdrescher eingebaut ist.

1.3 Attribute und Operationen

Attribut

Die Eigenschaften von Klassen werden **Attribute** genannt. Dabei muss für jedes einzelne Attribut der Datentyp und ein Bereich gültiger Ausprägungen festgelegt werden, der auch als Wertebereich bezeichnet wird. Ist der Wertebereich nicht explizit festgelegt, so gilt der für diesen Datentyp übliche Standardwertebereich.

Die Objekte einer Klasse besitzen zwar formal alle die gleichen Attribute, unterscheiden sich aber in den Werten, die diese Eigenschaften annehmen. Weisen zwei Objekte identische Attributausprägungen auf, so können sie über die Objektidentität unterschieden werden. Bei diesem Attribut handelt es sich nicht um eine Eigenschaft im eigentlichen Sinne, die das Verhalten oder den Zustand des Objekts beschreibt, sondern um ein Attribut, das einer Klasse immer dann hinzugefügt wird, wenn mehrere Objekte in der Ausprägung ihrer Attribute identisch sein können. Mit Hilfe der Objektidentität kann dann die eindeutige Identifizierung eines einzelnen Objekts sichergestellt werden. In der Regel werden hierzu Zahlen oder Kombinationen aus Buchstaben und Zahlen verwendet.

Klasse
Attribut /abgeleitetes Attribut <u>Klassenattribut</u>

Der Wert eines abgeleiteten Attributs wird aus anderen Attributen hergeleitet oder berechnet. Ein Klassenattribut ist ein globales Attribut, welches genau ein Mal vorhanden ist und somit für alle Objekte einer Klasse den gleichen Wert hat und von diesen Objekten jeweils verändert werden kann.

Operation

Die Werte der einzelnen Attribute können sich im Programmverlauf ändern. Dazu werden **Operationen** (auch **Methoden** oder **Funktionen** genannt) definiert, die die Attributwerte manipulieren und das Verhalten der Objekte beschreiben.

Operationen werden in der jeweiligen Klasse definiert und sind demnach für alle Objekte einer Klasse gleich. Sie beschreiben das Verhalten der Objekte einer Klasse.

Klasse
Operation() <u>Klassenoperation()</u>

Auch bei den Operationen gibt es die Möglichkeit, eine einzige Operation gemeinsam für alle Objekte zu definieren. Eine solche Operation wird dann als Klassenoperation bezeichnet.

Operationen unterscheiden sich von Attributen in der Darstellung dadurch, dass am Ende des Operationsnamens immer ein Paar aus runden Klammern steht.

Datenkapselung

Im Gegensatz zur prozeduralen Programmierung, bei der die Daten und Funktionen voneinander getrennt sind, werden in der objektorientierten Programmierung Attribute und Operationen zu einer Einheit zusammengefasst. Die Werte der einzelnen Attribute können nur über die Operationen verändert werden. Eine direkte Manipulation der Werte durch Objekte anderer Klassen ist nicht möglich. Dieses Prinzip wird **Datenkapselung** genannt. Damit ein Austausch von Daten zwischen zwei Objekten stattfinden kann, muss das erste Objekt eine Nachricht oder auch Botschaft genannt an das zweite Objekt senden. Dieses führt dann die angeforderte Operation aus und gibt gegebenenfalls einen veränderten Wert an das aufrufende Objekt zurück.

Die konkreten Sichtbarkeiten der Attribute und Operationen werden in den einzelnen Programmiersprachen durch so genannte **Modifikatoren** angegeben. Beispiele für solche Modifikatoren sind `public`, `private` und `protected`. Anhand der Namen lässt sich bereits erahnen, auf welche Weise ein Attribut oder eine Operation vor dem Zugriff von außen geschützt ist. **Modifikator**

Als spezielle Operationen einer Klasse sind die **Konstruktoren** und die **Destruktoren** zu nennen. Während die Konstruktoren immer dann zum Einsatz kommen, wenn ein neues Objekt erzeugt werden soll, besteht die Aufgabe der Destruktoren darin, vorhandene Objekte zu löschen. **Konstruktor** **Destruktor**

In der grafischen Notation der UML ist die Zugehörigkeit von Attributen und Operationen zu einer Klasse durch ein dreigeteiltes Rechteck symbolisiert. In den oberen Bereich dieses Rechtecks werden der Name der Klasse, in den mittleren die Attribute und in den unteren die Operationen eingetragen. Ein Objekt wird in der UML durch ein einfaches Rechteck angegeben, in dem der Objektname und der Name der zugehörigen Klasse stehen. Beide Einträge sind unterstrichen und durch einen Doppelpunkt getrennt (vgl. dazu die obigen Skizzen in der Marginalienspalte). **Notation der UML**

Der folgende Ausschnitt aus einem Klassendiagramm zeigt die Klassen `Maehdrescher` und `Ruebenvollernter`. Die Fahrzeuge besitzen die Attribute `Hersteller`, `Baujahr`, `Modell`, `KW-Zahl` und `Schneidwerk` bzw. `Ladekapazitaet` und die Operationen `fahren()` und `ernten()`. **Beispiel 1.3-1**

Maehdrescher
Hersteller : String Baujahr : int Modell : String Schneidwerk : String KW-Zahl : int
fahren() ernten()

Ruebenvollernter
Hersteller : String Baujahr : int Modell : String Ladekapazitaet : int KW-Zahl : int
fahren() ernten()

Abb. 1.3-1: *Die Klassen* `Maehdrescher` *und* `Ruebenvollernter` *mit ihren Attributen und Operationen*

1.4 Vererbung

**Generalisierung
Spezialisierung
Vererbung**

Einfachvererbung

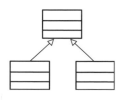

Mehrfachvererbung

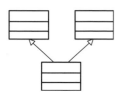

Abstrakte Klassen

Beispiel 1.4-1

Mit dem Konzept der **Vererbung** ist es möglich, hierarchische Beziehungen zwischen einzelnen Klassen herzustellen. Häufig können Objekte durch einen allgemeinen Bauplan erstellt und mit einigen wenigen speziellen Attributen als besondere Charakteristika ausgestattet werden. Diese Objekte sind sozusagen eine spezialisierte Variante der allgemeinen Klassendefinition. Umgekehrt stellen die allgemeinen Objekte eine generalisierte Form des spezialisierten Objekts dar. Daher wird der Prozess der Klassenbildung häufig auch als ein Abstraktionsvorgang angesehen: Haben mehrere Klassen gleiche Eigenschaften, so werden diese in einer allgemeinen Oberklasse zusammengefasst. Um die einzelnen Objekte mit speziellen Attributen zu beschreiben, werden daraus Unterklassen abgeleitet. Diese erben von den Oberklassen alle Attribute und Operationen und können zusätzlich die für sie relevanten Attribute und Operationen implementieren.

Erbt eine Unterklasse immer nur die Attribute und Operationen einer einzigen Oberklasse, so spricht man von einer **Einfachvererbung**. Bei der **Mehrfachvererbung** kann eine Klasse aus mehreren verschiedenen Oberklassen abgeleitet sein.

Die in diesem Buch behandelten Programmiersprachen Java, C# und Ruby erlauben die Einfachvererbung, was dazu führt, dass eine in diesen Sprachen erstellte Klassenhierarchie einen Baum mit einer einzigen Klasse als Wurzel darstellt. In C++ ist auch Mehrfachvererbung möglich.

Unabhängig von der Art der Vererbung können Oberklassen einer Vererbungsstruktur so allgemein gehalten sein, dass sie zwar als Bauplan für eine Reihe von Unterklassen angewendet werden können, dass von diesen aber keine Objekte erzeugbar sind. Solche Klassen werden als **abstrakte Klassen** bezeichnet und in der UML durch einen kursiv geschriebenen Klassennamen gekennzeichnet. Aus dieser abstrakten Klasse leiten sich eine oder mehrere Unterklassen ab, die dann als konkrete Klassen bezeichnet werden und von denen Objekte erzeugt werden können.

In der UML werden Vererbungshierarchien durch eine Verbindungslinie zwischen den beiden Klassen dargestellt, die auf der Seite der Oberklasse durch ein Dreieck gekennzeichnet wird (vgl. Skizzen in der Marginalienspalte).

Für die Veranschaulichung einer stark vereinfachten Vererbungsstruktur sollen noch einmal die beiden Klassen Maehdrescher und Ruebenvollernter betrachtet werden. Beide Fahrzeuge sind landwirtschaftliche Nutzfahrzeuge. Ein landwirtschaftliches Nutzfahrzeug als solches existiert aber in der Realität nicht, es ist eine globale Zusammenfassung einer Gruppe verschiedener einzelner Nutzfahrzeuge. Somit können die gleichen Attribute Hersteller, Modell, Baujahr und KW-Zahl und die Operation fahren() in einer abstrakten Oberklasse LandwirtschaftlichesNutzfahrzeug zusammengefasst werden. Die Operation `ernten()` verbleibt in den konkreten Unterklassen `Maehdrescher` und `Ruebenvollernter`, da es landwirtschaftliche Fahrzeuge gibt, mit denen nicht geerntet werden kann. Die Operation `ernten()` ist daher keine Operation, die für jedes denkbare landwirtschaftliche Fahrzeug typisch ist.

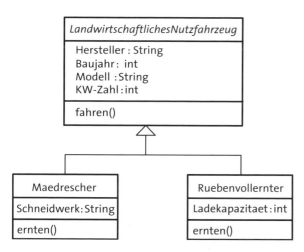

Abb. 1.4-1: *Die abstrakte Oberklasse* `LandwirtschaftlichesNutzfahrzeug` *mit ihren Unterklassen* `Maehdrescher` *und* `Ruebenvollernter`

1.5 Polymorphismus

In bestimmten Situationen ist es notwendig, dass Objekte verschiedener Klassen einer Klassenhierarchie Operationen mit dem gleichen Namen unterschiedlich implementieren. Diese Fähigkeit der Vielgestaltigkeit wird als Polymorphie und das zugehörige Konzept daher als **Polymorphismus** bezeichnet.

Ist in einer Unterklasse eine Operation der Oberklasse mit einer unterschiedlichen Funktionalität implementiert, so bezeichnet man diesen Vorgang als **Überschreiben** der Operation. Dies sollte nicht mit dem Überladen einer Operation verwechselt werden.

Überschreiben

Mit dem Begriff **Überladen** wird die Möglichkeit beschrieben, eine namentlich gleiche Operation einer Klasse mit verschiedenen Attributen als Übergabewerten zu definieren. Zur Laufzeit kann der Compiler dann anhand des Objekts und der beim Aufruf der Operation übergegebenen Parameter erkennen, welche der verschiedenen gleichnamigen Operationen angewendet werden muss.

Überladen

Im Beispiel der landwirtschaftlichen Nutzfahrzeuge besitzt die abstrakte Klasse `LandwirtschaftlichesNutzfahrzeug` die Operation `fahren()`

Beispiel 1.5-1

und vererbt diese in die beiden Unterklassen `Maehdrescher` und `Rübenvollernter`. Jede Klasse kann diese Operation nun auf ihre Weise implementieren und somit die Fahreigenschaften des jeweiligen Fahrzeugs abbilden.

Die Operation `ernten()` wird in den beiden Unterklassen ebenfalls unterschiedlich implementiert, da Getreide bzw. Rüben auf eine andere Weise geerntet werden. Obwohl in beiden Fällen der gleiche fachliche Vorgang beschrieben wird, weicht die Implementierung der Operation deutlich voneinander ab.

1.6 Assoziation

Assoziation

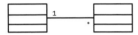

Um die fachlichen Beziehungen zwischen zwei Klassen darstellen zu können, werden diese durch **Assoziationen** miteinander verbunden. Diese Assoziationen stellen gleichrangige Beziehungen zwischen den Objekten der verschiedenen Klassen her und werden in der UML durch eine einfache Linie gekennzeichnet. Die Anzahl der Objekte, die miteinander in Beziehung stehen, wird über so genannte Kardinalitäten angegeben. Diese können neben festen Zahlenwerten auch Wertebereiche enthalten oder mit einem Sternchen viele Beziehungen zu Objekten einer anderen Klasse aufbauen.

Aggregation

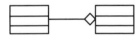

Neben der Gleichrangigkeit können mit Beziehungen auch Rangfolgen der Form „ist Teil von" oder „besteht aus" ausgedrückt werden. Diese spezielle Form der Assoziation wird als **Aggregation** bezeichnet.

Eine Aggregation kann als logische Beziehung von Objekten betrachtet werden. Der Motor oder das Schneidwerk sind eigenständige Objekte, die logisch zu einem Mähdrescher gehören können und daher in einer Aggregation mit diesem stehen können. Ist der Mähdrescher einmal defekt, so könnten der Motor und das Schneidwerk aber noch weiter verwendet werden und dann zu anderen Objekten logisch in Beziehung stehen.

Komposition

Darf eine Menge von Teilobjekten immer nur zu genau einem Gesamtobjekt gehören und ist mit seiner Existenz gleichzeitig die Existenz des Gesamtobjekts verbunden, so liegt eine noch engere Bindung zwischen den Objekten der verschiedenen Klassen vor, die nicht mehr als Aggregation, sondern durch die enge Bindung der einzelnen Teilobjekte als **Komposition** bezeichnet wird. Wenn im Fall einer Komposition das Gesamtobjekt nicht mehr existiert, so sind auch alle an dieses Objekt gebundenen Teilobjekte nicht mehr existent.

In der UML wird die Aggregation mit einer Verbindungslinie gekennzeichnet, die auf Seiten des Gesamtobjekts durch eine einfache Raute ergänzt wird. Für die Darstellung einer Komposition ist die Raute ausgefüllt (vgl. Skizzen in der Marginalienspalte).

1.7 Pakete

In großen Systemen wird häufig eine Vielzahl von Klassen modelliert, die dann zu Unübersichtlichkeit der zugehörigen Diagramme führt. Daher können die Klassen, die für die Lösung eines Problembereichs oder eines Subsystems relevant sind, in einem **Paket** zusammengefasst werden. Neben der vereinfachten Übersicht können durch die Gruppierung fachlich zusammenhängender Klassen zu Paketen auch logische Strukturen abgebildet werden.

Dieses Konzept eignet sich, wie bereits erwähnt, für die Strukturierung sehr großer Softwaresysteme. Leider ist es bisher erst in einer einzigen der hier vorgestellten objektorientierten Programmiersprachen (nämlich Java) definiert.

Beispiel 1.7-1

Für die Erstellung einer Software zur Verwaltung eines landwirtschaftlichen Betriebs können die bisher betrachteten Klassen der Nutzfahrzeuge sicherlich in einem Paket zusammengefasst werden. Ein zweites Paket könnte die verschiedenen Tiere des Betriebs enthalten und ein drittes Paket fasst die landwirtschaftlichen Flächen zusammen. In weiteren Paketen einer umfangreichen Software wären z. B. Lieferanten und Kunden des Betriebs oder aber das Personal beschrieben.

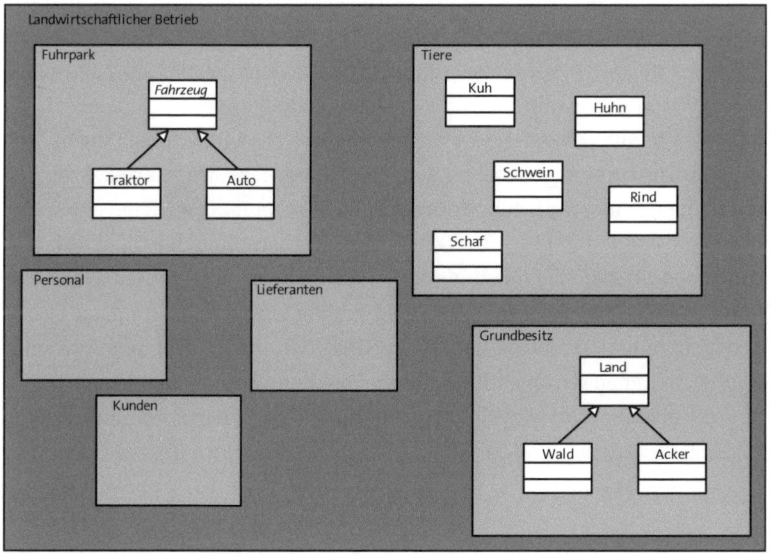

Abb. 1.7-1: *Aufteilung der Klassen einer Software zur Verwaltung eines landwirtschaftlichen Betriebs*

1.8 Schlussfolgerung

Die in diesem Kapitel betrachteten Konzepte Objekt, Klasse, Attribut, Operation, Vererbung, Polymorphismus, Assoziation und Paket stellen die Basiskonzepte der Objektorientierung dar. Sie sind einfach zu verstehen und nachzuvollziehen, da sie der natürlichen menschlichen Denkweise entsprechen.

Im täglichen Leben agieren ebenfalls Objekte miteinander: Als menschliches Objekt schreibe ich gerade diese Zeilen an meinem Rechner. Dieses Objekt interpretiert meine Botschaft, welche ich über die Operationen auf der Tastatur sende. Während ich diese Zeilen schreibe, kommt meine Tochter in mein Büro und sendet mir die Nachricht, dass ich nun mit ihr spielen soll.

Durch dieses Beispiel wird deutlich, dass nahezu alle Gegenstandsbereiche unserer Umwelt und ihre Interaktionen untereinander als Objekte aufgefasst werden können und dass sich solche Sachverhalte durch die Objektorientierung einfach beschreiben lassen.

Von daher sind, wie bereits mehrfach erwähnt, die Konzepte der Objektorientierung leicht zu verstehen. Die eigentliche Schwierigkeit im Umgang mit diesen Konzepten liegt in der Umsetzung: Für eine konkreten Aufgabenstellung, z. B. die Erstellung einer Verwaltungssoftware für landwirtschaftliche Betriebe, muss der zu betrachtende Gegenstandsbereich in ein konkretes Modell umgesetzt werden. Dies kann i. d. R. nur nach einer umfangreichen Analyse erfolgen. Das in diesem Kapitel verwendete Beispiel zeigt nur einen ganz kleinen Ausschnitt aus einer solchen Modellierung.

Ist als Ergebnis der Analyse des Problembereichs ein stabiles Modell entstanden, so kann dieses sehr leicht mit einer objektorientierten Programmiersprache ohne jeglichen Strukturbruch durchgeführt werden.

Die in diesem Kapitel beschriebenen Basiseigenschaften der Objektorientierung sind in den derzeit am Markt verfügbaren objektorientierten Programmiersprachen nahezu vollständig vorhanden. Wie dies in jeder einzelnen Programmiersprache umgesetzt wird, ist Inhalt der nun folgenden Kapitel, in denen die objektorientierten Programmiersprachen Java, C++, C# und die objektorientierte Skriptsprache Ruby beschrieben und miteinander verglichen werden.

2 | Java (Einführung)

Die objektorientierte Programmiersprache Java ist leicht zu erlernen und wird in den letzten Jahren in sehr vielen Anwendungsgebieten eingesetzt. In diesem Kapitel werden die Grundlagen der Sprache vorgestellt. Mit den hier eingeführten wenigen und sehr einfachen Konzepten ist es bereits möglich, objektorientierte Anwendungen zu erstellen.

Übersicht

2.1	Geschichte	12
2.2	Produktübersicht	13
2.3	Eigenschaften	14
2.4	Programmerstellung	17
2.5	Funktionale Sprachelemente	21
2.6	Felder	36
2.7	Klassen und Objekte	37
2.8	Vererbung	44
2.9	Pakete	46
2.10	Sichtbarkeit	47
2.11	Abstrakte Klassen und Operationen	49
2.12	Interfaces	50

2.1 Geschichte

Java

Die bereits mehr als zehn Jahre alte Historie von **Java** gehört in unserer schnelllebigen Welt der Informatik größtenteils bereits zur Folklore. Dennoch sollen hier die Meilensteine der Erfolgsstory dieser Programmiersprache kurz angerissen werden, um zu erkennen, dass für die Softwareentwicklung in dieser Zeitspanne mit Hilfe von Java ein großer Fortschritt erzielt werden konnte.

www.sun.com

Bereits im Jahre 1990 wurden bei Sun Microsystems Inc. in den USA die Grundzüge von Java in einer Entwicklergruppe, unter ihnen Patrick Naughton, James Gosling und Mike Sheridan, definiert. Es sollte eine Hochsprache geschaffen werden, mit der alle Arten von Mikroprozessoren einfach und elegant programmiert werden können, frei nach dem Motto, dass eine Waschmaschine genauso einfach zu programmieren sei wie ein CD-Spieler oder eine betriebliche Anwendung.

Duke

Eine Anekdote aus jener Zeit besagt, dass der Name der Sprache beim Kaffeetrinken ausgewählt wurde, weil in den USA Kaffee umgangssprachlich auch als Java bezeichnet wird. Wie in jedem erfolgreichen Projekt ist aber nicht nur die Wahl des Projektnamens wichtig, sondern es bedarf zusätzlich einer einprägsamen Präsentation. Dazu setzten die Sprachdesigner den **Duke** ein (vgl. Abbildung 2.1-1), eine Zeichentrickfigur, die sich mittlerweile zu einem nicht wegzudenkenden Maskottchen der Programmiersprache Java entwickelt hat.

***Abb. 2.1-1:** Der Duke, das Java-Maskottchen*

Java Development Kit (JDK)

Programmiersprachen etablieren sich aber nur, wenn sehr viel Software mit ihnen erstellt wird, d. h., wenn die Zahl der Anwender und die Akzeptanz der neuen Sprache sehr hoch sind. Zwischen 1990 und 1995 hatte Java allerdings damit zu kämpfen, dass eben diese Verbreitung und Akzeptanz nur sehr zögerlich voranschritt. Als zu Beginn des Jahres 1996 die Version 1.0 des **Java Development Kit (JDK)**, einer integrierten Java-Entwicklungsumgebung, eingeführt wurde, war das Mauerblümchendasein von Java schlagartig beendet.

World Wide Web (WWW)

Kaum eine andere Programmiersprache verbreitete sich so rasant und wurde von der Programmierwelt so vorbehaltlos angenommen wie Java. Dies lag wohl hauptsächlich an dem glücklichen Zufall, dass sich das Internet durch die grafische Benutzungsoberfläche, dem **World Wide Web**

(WWW), seit Anfang der 1990-er Jahre rasant weiterentwickelt hatte. Es wurden so genannte Browser entwickelt, mit denen die Inhalte des Internets in einer benutzerfreundlichen Form angezeigt werden können. Außerdem stieg die Zahl der Nutzer enorm an.

Bereits nach kurzer Zeit kam der berechtigte Wunsch auf, dass die Browser nicht mehr nur eine reine Anzeigefunktionalität besitzen sollten. Zusätzlich sollte eine Möglichkeit bestehen, über das Internet Programmcode zu übertragen, der dann vom Browser auf dem jeweiligen Rechner des Betrachters ausgeführt werden kann. Da aber kein Programmierer im Voraus wissen kann, welchen Rechner mit welchem Mikroprozessor der Anwender besitzt, bedurfte es zur Umsetzung dieser Idee einer Programmiersprache, die bestimmte Forderungen, wie z. B. die Unabhängigkeit von Plattformen oder die Sicherheit bei der Ausführung, erfüllt.

All diese Eigenschaften besaß Java, so dass der Verbreitung von Java in Kombination mit dem WWW nichts mehr im Wege stand. Ein zweiter Faktor, der den Erfolg von Java sicherlich zusätzlich noch verstärkt hat, ist die Tatsache, dass die Entwicklungsumgebung bis heute kostenlos zu erhalten ist.

Die rasante Entwicklung des Internets in den letzten Jahren zog aber auch immer Verbesserungen und Erweiterungen von Java und seiner integrierten umfangreichen Bibliotheken mit sich. Die aktuelle Version des JDK ist die Version 1.4, die von Sun als **Java2-Platform** bezeichnet wird. Erweiterungen, z. B. im Grafikbereich, und Verbesserungen, z. B. im Performancebereich, brachten immer wieder umfangreiche Veränderungen zwischen den einzelnen Versionen mit sich. Insbesondere beim Übergang auf die Version 1.1 wurden so grundlegende Veränderungen vorgenommen, dass eine Auf- bzw. Abwärtskompatibilität nicht mehr erhalten werden konnte. Auch für die Zukunft ist mit einer rasanten Weiterentwicklung der Java2-Platform zu rechnen.

Java2-Platform

2.2 Produktübersicht

Derzeit können folgende Versionen der Java2-Platform von der Internetseite der Firma Sun Microsystems Inc. kostenlos heruntergeladen werden:

> Java2, Micro Edition (J2ME): Dies ist die kleinste Version der Java2-Platform. Sie ist für Anwendungen gedacht, die in Geräten wie Telefonen, Kühlschränken etc. betrieben werden können, da diese nur wenig Speicher und Rechenleistung besitzen.

> Java2, Standard Edition (J2SE): Diese Version wird zur Entwicklung von Programmen für leistungsfähigere Computer eingesetzt und reicht für

java.sun.com

J2ME

J2SE

die meisten Anwendungen aus. Die J2SE ist die wohl am häufigsten genutzte Entwicklungsplattform.

J2EE
> Java2, Enterprise Edition (J2EE): Hier werden zusätzlich zur J2SE weitere Bibliotheken für verteilte Anwendungen, Datenbankfunktionen, Enterprise JavaBeans, XML u. v. m. angeboten.

2.3 Eigenschaften

Die Eigenschaften der Programmiersprache Java sind sehr umfassend und vielfältig. Das liegt unter anderem am hohen Anspruch der Entwickler dieser Sprache. Sie schufen die häufig zitierte Aussage: *„Java soll eine einfache, objektorientierte, verteilte, interpretierte, robuste, sichere, architekturneutrale, portable, performante, nebenläufige, dynamische Programmiersprache sein."*

Was Java letztendlich bis heute so erfolgreich gemacht hat, ist die Tatsache, dass viele der beschriebenen Anforderungen auch zufrieden stellend verwirklicht werden konnten. Einige jedoch, wie z. B. die Performanz, wurden im Laufe der verschiedenen Versionen des JDK kontinuierlich verbessert. Auf einige wichtige Eigenschaften von Java wird im Folgenden eingegangen.

Einfachheit und Robustheit

Die Sprachdesigner hielten sich zwar an die Syntax der Sprachen C und C++, verzichteten aber auf viele komplizierte und fehleranfällige Eigenschaften dieser beiden Sprachen. So entfallen in Java Zeiger bzw. Pointer, operationslose Strukturtypen, das Überladen von Operatoren, die Mehrfachvererbung und die explizite Speicherverwaltung durch den Programmierer wird von einem **Garbage Collector** übernommen. Java ist streng typisiert, hat Einschränkungen bei der automatischen Typ-Umwandlung und die Sprachelemente sind einfach und überschaubar. Dies macht Java zu einer sicheren und robusten Sprache. Eine Folge dieser Einfachheit und Klarheit ist, dass Java leicht zu erlernen ist und somit viele Entwickler die neue Sprache in der Vergangenheit schneller als andere Sprachen akzeptierten.

Objektorientierung

Java ist eine vollständig objektorientierte Programmiersprache. Für den Programmierer bedeutet dies, sich einzig und allein auf die Daten und auf die Operationen einer Anwendung, also auf die Klassen, zu konzentrieren.

www.gamelan.com

Die Java2-Platform wird mit einer sehr großen Anzahl an Klassen ausgeliefert, die in **Paketen** (Packages) gebündelt sind. Diese Klassen kann der Programmierer in seiner eigenen Anwendung nutzen. Darüber hinaus gibt es im Internet umfangreiche Bibliotheken von Klassen, die verwendet werden können. Eines der bekanntesten und umfangreichsten Archive ist das Gamelan-Verzeichnis.

Obwohl in Java Klassen und Objekte die zentralen Elemente darstellen, sind die wesentlichen Sprachkonstrukte einer imperativen Programmiersprache, wie etwa Schleifen und Bedingungen, ebenfalls vorhanden.

Ein Java-Quelltext wird nicht direkt von einem Compiler in die Maschinensprache übersetzt, sondern zunächst in einen Zwischencode, den so genannten Java-**Bytecode**. Dies ist eine symbolische Zwischensprache, die unabhängig von einem bestimmten Prozessortyp ist. Der Vorteil des Bytecodes ist seine Allgemeingültigkeit, während der Nachteil darin liegt, dass er von keinem Prozessor ausgeführt werden kann. In Abbildung 2.3-1 wird der Vergleich zwischen klassischen Compilersprachen (wie z. B. C und C++) und Java skizziert.

Plattformunabhängigkeit / Bytecode

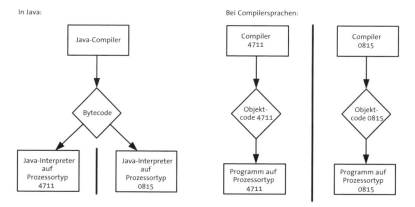

Abb. 2.3-1: *Vergleich Java – traditionelle Compilersprachen*

Die Ausführung des Java-Bytecodes wird vom Java-Interpreter übernommen. Dies ist eine Software, welche den Zwischencode schrittweise analysiert und dann direkt ausführt. Der jeweilige Java-Interpreter läuft auf dem entsprechenden Prozessor, verdeckt dadurch seine Eigenschaften und stellt somit eine gewisse Abstraktionsschicht dar, die auch als **virtuelle Maschine (VM)** bezeichnet wird. Dieser architekturneutrale Ansatz ist insbesondere für verteilte Anwendungen in heterogenen Netzwerken oder im Internet sehr vorteilhaft. Java-Anwendungen können also auf allen Systemen ausgeführt werden, auf denen eine virtuelle Maschine installiert ist.

Performanz

Ein weiterer wichtiger Aspekt der Plattformunabhängigkeit von Java liegt darin, dass die Sprachdefinition frei von implementierungsabhängigen Aspekten ist. Beispielsweise werden die Längen aller primitiven Datentypen und ihr arithmetisches Verhalten genau spezifiziert.

Da der Java-Bytecode interpretiert wird, kann die Ausführungsgeschwindigkeit (Performanz) nicht so schnell sein wie bei Sprachen, deren Code durch einen Compiler direkt in Maschinencode übersetzt wird. Bei rechenintensiven Programmen ist die Ausführung des Bytecodes durch einen **Interpreter** langsamer als die direkte Ausführung durch einen Prozessor.

	In der betrieblichen Praxis gibt es nur vereinzelt sehr rechenintensive Anwendungen. Die meiste Wartezeit entsteht durch Benutzereingaben, Netzwerktransfer und Datenbankabfragen, so dass die vermeintlichen Geschwindigkeitsnachteile des Interpretierens in der Regel nicht sonderlich ins Gewicht fallen. Durch die Entwicklung von Just-in-Time-Compilern, die den Java-Bytecode zur Laufzeit in den Maschinencode einer bestimmten CPU übersetzen, und ständige Optimierungen der Java2-Platform verbessert sich aber die Performanz von Java kontinuierlich.
Parallelität	Java unterstützt parallele Abläufe durch das Konzept der **Threads**. Als Threads werden leichtgewichtige Prozesse (lightweight processes) ohne eigenen Adressraum bezeichnet. Mit diesen Threads, die durch ein eigenes Paket unterstützt werden, ist es relativ einfach möglich, parallele Prozesse zu verwalten, d. h. zu starten und zu stoppen, zu synchronisieren und zu priorisieren.
Verteilung	In der mitgelieferten Java-Standardbibliothek befinden sich außerdem Klassen und entsprechende Operationen, mit deren Hilfe die Verteilung von Anwendungen durchgeführt werden kann. Damit sind moderne Client-/Server-Anwendungen einfach zu erstellen. Die Kommunikation der einzelnen Teile kann über Sockets, CGI-Progamme oder über **Remote Method Invocation (RMI)** erfolgen.
Sicherheit	Das Ausführen beliebiger Java-Programme, die über das Internet geladen werden können, ist nur dann sinnvoll, wenn die Programme gewisse Sicherheitsanforderungen erfüllen. Java-Programme sind aber keine echten Binärprogramme, sondern bestehen aus Bytecode, der von einer Software, der virtuellen Maschine, ausgeführt wird. Diese Bytecode-Interpreter können jedoch relativ einfach den Java-Programmen den Zugriff auf alle sicherheitskritischen Ressourcen der Maschine, auf der sie ausgeführt werden, verwehren. Somit ist ein gewisser Sicherheitsstandard implizit gewährleistet.
Anwendung und Applet	Eine oft genutzte Eigenschaft von Java ist die Möglichkeit, dass neben herkömmlichen Anwendungen auch die so genannten **Applets** erstellt werden können. Applets sind ein spezieller Programmtyp in Java, der im Unterschied zu einer Applikation in HTML-Seiten (hypertext markup language) eingebettet und in einem Browser ausgeführt werden kann. Dazu wurde die HTML-Sprache um ein APPLET-Tag erweitert (vgl. [Niederst 2000]). Damit wird es möglich, Java-Programme über das World Wide Web zu verbreiten und mit Hilfe von Browsern, die einen Java-Interpreter enthalten, auszuführen. Beispiele für solche Browser sind der Netscape Communicator und der Microsoft Internet Explorer. Applets sind, im Gegensatz zu Script-Sprachen wie z. B. JavaScript, vollständige Java-Programme, die den gesamten Sprachumfang nutzen können. In den nachfolgenden Kapiteln werden einige Applets und Anwendungen vorgestellt.

Grafikunterstützung

Unter dem Begriff **Java Foundation Classes (JFC)** wird dem Programmierer in der Java-Laufzeitbibliothek eine immense Fülle von Möglichkeiten zur Grafikprogrammierung geboten, die von Version zu Version immer wieder erweitert und verbessert wurden. Im Wesentlichen wird dabei zwischen dem **Abstract Windowing Toolkit (AWT)**, dem **Swing Toolset** und dem **Java-2D-API** (Application Programming Interface) unterschieden. Als neueres API kommt noch das **Java-3D-API** hinzu. Das AWT und das Swing Toolset stellen alle Arten von Dialogelementen zur Gestaltung grafischer Benutzungsoberflächen zur Verfügung. In den 2D- und 3D-APIs sind umfangreiche Klassen zur Grafikprogrammierung vorhanden (vgl. dazu auch [Zeppenfeld 2003]).

Frameworks zur Ausnahmebehandlung (exception handling) und zur integrierten Dokumentation sind weitere wichtige Eigenschaften der Sprache Java. Umfangreiche Dokumentationen zur Programmiersprache Java und der Klassenbibliothek sind beispielsweise in [Goll 2001], [Krüger 2002], [Flanagan 2000], [Jobst 2001], [Ratz 2001] und [Ullenboom 2002] enthalten.

2.4 Programmerstellung

Nach dem Herunterladen und der Installation der Java2-Platform auf dem jeweiligen Rechner ist die Vorgehensweise zur Erzeugung einer lauffähigen Anwendung oder eines Applets sehr einfach. Die folgenden Schritte sind durchzuführen:

Für eine Java-Anwendung:

Schritt	Beschreibung	Beispiel
1	Erstellen des Quelltextes mit Hilfe eines beliebigen Texteditors.	
2	Abspeichern der Datei mit der Endung `.java`.	`HW_anw.java`
3	Aufruf des Java Compilers durch den Befehl `javac`. (Ergebnis nach erfolgreicher Compilierung ist eine Datei gleichen Namens aber mit der Endung .class. In dieser Datei befindet sich der Java-Bytecode.)	`javac HW_anw.java`
4	Aufruf des Java Interpreters durch den Befehl `java`.	`java HW_anw`

Für ein Java-Applet:

Schritt	Beschreibung	Beispiel
1-3	Wie oben bei der Java-Anwendung. Danach existiert eine .class-Datei, in der sich der Bytecode befindet.	
4	Erstellen einer HTML-Seite mit Hilfe eines beliebigen Texteditors, aus dem der Bytecode aufgerufen wird.	HW_app.html
5a	Start der .html-Datei mit Hilfe des Applet-Viewers.	appletviewer HW_app.html
5b	Start der .html-Datei mit Hilfe eines Java-fähigen Browsers.	

Achten Sie bei der Durchführung der Befehle und beim Erstellen des Quelltextes darauf, dass Java eine kontextsensitive Programmiersprache ist, d. h., dass zwischen Groß- und Kleinschreibung unterschieden wird.

Beispiel 2.4-1

Das folgende Beispiel zeigt eine einfache Anwendung und ein einfaches Applet, bei denen das ansonsten in der Literatur übliche erste „Hallo Welt"-Programm ein wenig abgewandelt wurde. Implementiert ist ein einfaches Zeichenfenster, in das der Benutzer mit Hilfe der Maus selbst schreiben oder malen kann. Obwohl Sie den dazu verwendeten Quelltext hier evtl. noch nicht vollständig nachvollziehen können, wird dennoch deutlich, wie einfach z. B. die grafischen Fähigkeiten von Java realisiert sind und wie eng Anwendungen und Applets verwandt sind.

Quelltext der Java-Anwendung	Quelltext des Java-Applets
Schritt 1:	
| ```
import java.awt.*;
import java.awt.event.*;

public class HW_anw
  extends Frame implements
  MouseMotionListener
 { private int letztes_x,
            letztes_y;

  public static void main
          (String[] args)
  { HW_anw wnd =
          new HW_anw();
  }
``` | ```
import java.awt.*;
import java.awt.event.*;
import java.applet.*;

public class HW_app
  extends Applet implements
  MouseMotionListener
 { private int letztes_x,
            letztes_y;
``` |

Quelltext der Java-Anwendung	Quelltext des Java-Applets
| ```java
public HW_anw()
{ super("Hallo World
           Anwendung");
  addMouseMotionListener
                 (this);

  addWindowListener(
    new WindowAdapter()
      { public void
        windowClosing
         (WindowEvent event)
        { System.exit(0);}
      });
  setBackground
           (Color.yellow);
  setForeground
           (Color.white);
  setSize(500,200);
  setVisible(true);
}

public void mouseDragged
            (MouseEvent e)
{ Graphics g =
       this.getGraphics();
  g.setColor(Color.blue);
  g.drawLine
    (letztes_x, letztes_y,
     e.getX(), e.getY());
  letztes_x = e.getX();
  letztes_y = e.getY();
}

public void mouseMoved
            (MouseEvent e)
{ letztes_x = e.getX();
  letztes_y = e.getY();
  }
}
``` | ```java
public void init()
{ this.setBackground
            (Color.yellow);
  addMouseMotionListener
                 (this);
}











































public void mouseDragged
            (MouseEvent e)
{ Graphics g =
       this.getGraphics();
  g.setColor(Color.blue);
  g.drawLine
    (letztes_x, letztes_y,
     e.getX(), e.getY());
  letztes_x = e.getX();
  letztes_y = e.getY();
}

public void mouseMoved
            (MouseEvent e)
{ letztes_x = e.getX();
  letztes_y = e.getY();
  }
}
``` |
Schritt 2:	
Abspeichern der Java-Anwendung in die Datei `HW_anw.java`.	Abspeichern des Java-Applets in die Datei `HW_app.java`.
Schritt 3:	
Übersetzen des Quelltexts durch den Befehl `javac HW_anw.java`.	Übersetzen des Quelltexts durch den Befehl `javac HW_app.java`.

Quelltext der Java-Anwendung	Quelltext des Java-Applets
Schritt 4:	

Ausführen der Java-Anwendung durch den Befehl `java HW_anw`.	Quelltext der HTML-Seite für das Java-Applet:
	
	``
	<html>
	<head>
	<title> Hallo World Applet
	</title>
	</head>
	<body>
	<applet code=
	   HW_app.class width=500
	                height=200>
	</applet>
	</body>
	</html>
	``

Schritt 5:	
(entfällt)	Ausführen der HTML-Seite durch den Befehl `appletviewer HW_app.htm` oder Ausführen der HTML-Seite durch Aufruf eines Web-Browsers.

Die Abbildungen 2.4-1 und 2.4-2 zeigen die Ausgabefenster der beiden Programme mit einfachen Benutzereingaben.

Abb. 2.4-1: Ausgabe der Java-Anwendung

Abb. 2.4-2: Ausgabe des Java-Applets

2.5 Funktionale Sprachelemente

Beim Erlernen einer objektorientierten Programmiersprache wird in der Didaktik der Informatik vehement darüber diskutiert, in welcher Reihenfolge funktionale und objektorientierte Konzepte eingeführt werden. In meinen Vorlesungen habe ich mich dazu entschlossen, genau dann zunächst die funktionalen Sprachelemente einzuführen, wenn viele meiner Studierenden bereits eine funktionale Programmiersprache erlernt haben. Wenn Studierende noch keine Programmiersprache kennen, so ist immer wieder festzustellen, dass sie mit der Einführung der objektorientierten Konzepte vor den funktionalen Konzepten wesentlich bessere Lernerfolge erzielen.

Da hier eine Kurzeinführung in die Sprache Java bzw. die Vergleichbarkeit von Java mit anderen Sprachen betrachtet werden soll, wird zunächst mit der Einführung der funktionalen Sprachelemente begonnen. Die objektorientierten Konzepte sind Gegenstand des Abschnitts 2.7. Wer möchte, kann die beiden Abschnitte 2.5 und 2.7 vertauschen.

2.5.1 Zeichensatz

Die Zeichen, aus denen Java-Programme bestehen, stammen aus dem **Unicode-Zeichensatz**. Im Gegensatz zum ASCII-Zeichensatz, in dem die einzelnen Zeichen eine Länge von 8 Bit besitzen und insgesamt nur 256 Zeichen dargestellt werden können, sind die Zeichen des Unicode-Zeichensatzes doppelt so lang, d. h., dass alle Zeichen mit einer Länge von 16 Bit codiert werden. Aus Gründen der Kompatibilität sind die ersten 128 Zeichen des Unicode-Zeichensatzes mit denen des ASCII-Zeichensatzes identisch.

Unicode

Mit der Länge von 16 Bits können insgesamt 65.536 Zeichen dargestellt werden, von denen derzeit in den Verkehrssprachen der Welt ca. 35.000 Zeichen gebräuchlich sind. Somit sind mehr als 30.000 Zeichen noch ungenutzt, die einen gewaltigen Erweiterungsspielraum bieten.

Durch die Verwendung des Unicode-Zeichensatzes ist es in Java im Gegensatz zu vielen anderen Programmiersprachen möglich, auch die deutschen Umlaute ä, ö, und ü in Bezeichnern zu verwenden.

Umlaute

2.5.2 Kommentare

Kommentare dienen zum besseren Verständnis eines Programms und werden in Java, wie auch in den meisten anderen Programmiersprachen, nicht in das ausführbare Programm bzw. in den Bytecode übernommen. So kann ein Entwickler unendlich viele Kommentare in sein Programm einfügen, ohne Sorge haben zu müssen, dass sich dadurch der Bytecode aufbläht bzw. dass sich die Ausführung seines Programms verlangsamt. Die Praxis der Programmierung zeigt allerdings nur allzu häufig, dass sich diese Tatsache bei den Programmierern noch nicht herumgesprochen hat.

Beispiel 2.5-1

Quelltext
| ```
// Einzeilige Kommentare beginnen mit zwei Schrägstrichen
// und enden am jeweiligen Zeilenende.

/* Kommentare, die mit einem Schrägstrich und einem
   Sternchen beginnen und mit einem Sternchen und einem
   Schrägstrich enden, können sich über mehrere Zeilen
   erstrecken und werden deshalb mehrzeilige Kommentare
   genannt. */

/** Dokumentationskommentare dienen dazu, Programme im
    Quelltext zu dokumentieren. Mit Hilfe des Werkzeugs
    javadoc der Java2-Platform werden diese Kommentare
    aus dem Quelltext herausgenommen und in ein
    HTML-Dokument umgewandelt.
    Sie beginnen mit einem Schrägstrich und
    zwei Sternchen, enden wie mehrzeilige Kommentare und
    können ebenfalls über mehrere Zeilen gehen. */
``` |

2.5.3 Elementare Datentypen

Die Einfachheit der Sprache Java spiegelt sich insbesondere in der Übersichtlichkeit der elementaren **Datentypen** wider. Es gibt insgesamt nur acht elementare Datentypen, die in Tabelle 2.5-1 aufgelistet sind.

Wie schon erwähnt, ist Java eine streng typisierte Sprache, in der jede Variable einen fest zugewiesenen Typ besitzen muss. Alle Datentypen haben eine feste Länge bzw. einen definierten Wertebereich.

Java besitzt einen logischen Datentyp `boolean`, der die zwei Wahrheitswerte `true` und `false` annehmen kann. Der Zeichentyp `char` repräsentiert den gesamten Unicode-Zeichensatz und ist daher zwei Bytes lang. Die vier ganzzahligen oder integralen Datentypen `byte`, `short`, `long` und `int` sind vorzeichenbehaftet und, im Gegensatz zu anderen Programmiersprachen, auf allen Plattformen gleich lang. Zwei Fließkommadatentypen, von denen der Typ `double` die doppelte Genauigkeit des Datentyps `float` angibt, runden das knappe, aber dennoch ausreichende Angebot an elementaren Datentypen in Java ab.
```

Tab. 2.5-1: *Elementare Datentypen in Java*

Name	Länge (in Bytes)
boolean	1
char	2
byte	1
short	2
int	4
long	8
float	4
double	8

2.5.4 Bezeichner

In Java wird zwischen Groß- und Kleinbuchstaben unterschieden, d.h. die Sprache ist kontextsensitiv. Die Bezeichner Punkt und punkt sind somit unterschiedlich. Grundsätzlich bleibt es dem Programmierer überlassen, wie er den Namen von Bezeichnern wählt, dennoch sollten folgende Konventionen beachtet werden, weil sie die Lesbarkeit und Nachvollziehbarkeit von Quelltexten fördert. Dies ist insbesondere für größere Anwendungen äußerst hilfreich:

> Es sollten immer aussagekräftige und der natürlichen Sprache angepasste Bezeichner gewählt werden, auch dann, wenn diese dadurch recht lang werden (z. B. GleichschenkligesDreieck).
> Namen werden immer dann klein geschrieben (z. B. breite), wenn sie Bezeichner von einfachen Datentypen sind.
> Konstanten sollten nur in Großbuchstaben geschrieben werden (z. B. MAXIMUM).
> Klassennamen beginnen mit einem Großbuchstaben. Besteht dieser aus mehreren Wörtern, so beginnt jedes weitere Wort mit einem Großbuchstaben (z. B. Rechteck oder GeometrischesObjekt).
> Namen von Variablen und Operationen beginnen immer mit einem Kleinbuchstaben. Besteht der Name aus mehreren Wörtern, so beginnt jedes weitere Wort mit einem Großbuchstaben (z. B. meinRechteck oder zeichneObjekt()).

2.5.5 Variablen

Von den in Abschnitt 2.5.3 beschriebenen elementaren Datentypen kann eine **Variable** angelegt werden. Eine Variable ist bildlich gesehen eine

Variable = Behälter für Wert

Schublade für einen einzelnen Wert, sozusagen ein Behälter, in den etwas hineingelegt (geschrieben) wird oder dessen Inhalt angesehen (gelesen) werden kann. Sie dient also der Speicherung von Daten, die in einem Programm benötigt werden. Physikalisch werden Variablen auf die Speicherzellen im Hauptspeicher des Rechners abgebildet. Ihr Name ist somit ein aussagekräftiges Synonym für die fortlaufend durchnummerierten Zellen des Hauptspeichers.

In Java gibt es verschiedene Arten von Variablen: Instanz-, Klassen- und lokale Variablen, auf die im weiteren Verlauf dieses Kapitels noch eingegangen wird. Die Deklaration einer Variablen erfolgt in der Art, dass immer erst der Typ und dann der Name der Variable angegeben wird. Abgeschlossen wird die Deklaration durch ein Semikolon:

Beispiel 2.5-2

```
byte zeichen;
int länge, höhe, breite;
float diesIstEineGleitpunktzahl;
char punktA, punktB, punktC;
```

Der Name einer Variablen muss mit einem Unicode-Buchstaben ('A'...'Z', 'a'...'z', '_' oder '$') beginnen und kann aus einer beliebigen Sequenz von Zeichen und Ziffern bestehen. Wie bereits erwähnt, können wegen des Unicode-Zeichensatzes z. B. auch die deutschen Umlaute in Variablennamen verwendet werden. Der Name einer Variablen hat grundsätzlich keine Beschränkung in der Länge und darf keinem der reservierten Wörter entsprechen, die in Abschnitt 2.5.8 aufgelistet sind.

2.5.6 Zuweisung und Initialisierung

Initialwert

Der Java-Compiler prüft, ob allen deklarierten Variablen vor ihrer ersten Nutzung ein Wert als **Initialwert** zugewiesen wurde. Obwohl in der Java-Sprachdefinition Initialwerte für die einzelnen Datentypen angegeben sind (vgl. Tabelle 2.5-2), ist eine explizite Initialisierung jeder Variable vor ihrer ersten Nutzung notwendig, da ansonsten der Compiler einen Fehler meldet. Grundsätzlich sollten daher alle deklarierten Variablen immer direkt vom Programmierer mit einem Wert initialisiert werden. Dazu kann der Zuweisungsoperator verwendet werden, der in Java durch das einfache Gleichheitszeichen (=) definiert ist.

Tab. 2.5-2: Initialwerte der elementaren Datentypen (lt. Sprachdefinition)

Name	Initialwert
boolean	false
char	\u0000
byte	0
short	0
int	0
long	0
float	0.0
double	0.0

Die Deklaration und die Initialisierung von Variablen können prinzipiell an jeder Stelle im Quelltext erfolgen. Der Name einer Variablen darf jedoch in einem Block (vgl. Abschnitt 2.5.12) nur einmal verwendet werden.

Quelltext	Beschreibung
int länge;	Deklaration der Integer-Variablen länge.
länge = 42;	Zuweisung: Der Variablen länge wird der Wert 42 zugewiesen.
int höhe = 10;	Deklaration und Initialisierung der Variablen höhe.

Beispiel 2.5-3

2.5.7 Konstanten

Eine Variable, deren Wert nicht verändern werden soll bzw. deren Wert nur einmal zu Beginn zugewiesen wird, wird als **Konstante** bezeichnet. Konstanten sind in Java durch das reservierte Wort final gekennzeichnet. Im Gegensatz zu anderen Programmiersprachen gibt es in Java keine globalen Konstanten.

```
final int HÖCHSTWERT = 100;
final float STEUERSATZ = 18.5;
```

Beispiel 2.5-4

2.5.8 Reservierte Wörter

Nachfolgend aufgeführte Wörter sind in Java reserviert und dürfen nicht als Bezeichner verwendet werden. Die mit einem Sternchen (*) gekennzeichneten Wörter sind zwar reserviert, werden aber in den bisher entwickelten Plattformen noch nicht benutzt.

Tab. 2.5-3: Reservierte Wörter in Java

abstract	else	interface	strictfp
boolean	extends	long	switch
break	false	native	synchronized
byte	final	new	this
case	finally	null	throw
catch	float	package	throws
char	for	private	transient
class	goto*	protected	true
const*	if	public	try
continue	implements	return	void
default	import	short	volatile
do	instanceof	static	while
double	int	super	

2.5.9 Operatoren

Grundrechenarten

Java enthält die üblichen arithmetischen Operatoren für die Addition (+), die Subtraktion (-), die Multiplikation (*) und die Division (/) von Zahlen. Der Operator für die Division bezieht sich auf eine Ganzzahl-Division, wenn beide Operanden als integrale Datentypen deklariert sind. Die Modulo-Operation, durch die der Rest bei einer Ganzzahl-Division berechnet werden kann, wird durch den %-Operator definiert. Arithmetische Operationen können auch bei der Initialisierung von Variablen verwendet werden:

Beispiel 2.5-5

```
int breite = 12;
int länge = 3;
int höhe = 15;
int volumen = breite * länge * höhe;
```

Für die Benutzung von arithmetischen Operatoren in einer Zuweisung sind in Java auch folgende Kurzformen vorhanden:

Beispiel 2.5-6

Quelltext	Beschreibung
xKoord = xKoord + 3; xKoord += 3;	Diese beiden Zuweisungen sind äquivalent.

Für alle weiteren mathematischen Operationen, wie z. B. die Wurzel- oder die Potenzfunktion, besitzt Java keine speziellen Operatoren. Es existiert jedoch eine umfangreiche mathematische Funktionsbibliothek in der Java2-Platform, aus der die entsprechenden Operationsaufrufe eingebunden werden können.

Eine der wohl am meisten von Programmierern verwendeten Operationen ist das Addieren oder Subtrahieren des Wertes 1. Hierfür besitzt die Sprache die Inkrement- und Dekrement-Operatoren ++ bzw. --.

Inkrement / Dekrement

Beispiel 2.5-7

Quelltext	Beschreibung
x++;	Addiert 1 zum Wert von x.
x--;	Subtrahiert 1 vom Wert von x.

Die **Inkrement**- und **Dekrement-Operatoren** können nur auf Variablen angewendet werden. Es gibt zwei Arten dieser Operatoren: die „Postfix"- und die „Praefix"-Art. Beide erhöhen bzw. vermindern den Wert einer Variablen um 1. Der Unterschied tritt erst bei der Anwendung in mathematischen Ausdrücken auf: Bei der schon im obigen Beispiel gesehenen „Postfix"-Notation (x++) wird zunächst der Wert der Variablen zur Berechnung verwendet und erst nach Auswertung des Ausdrucks der Wert um 1 erhöht, während bei der „Praefix"-Notation (++x) zunächst der Wert der Variablen erhöht und erst danach der Ausdruck ausgewertet wird.

Beispiel 2.5-8

Quelltext	Beschreibung

int x_koord = 5;
int y_koord = 5;
int x_neu = 3 * ++x_koord;
int y_neu = 3 * y_koord++;
	x_neu hat den Wert 18.
	y_neu hat den Wert 15.

Weiterhin gibt es in Java auch **relationale Operatoren**. Zum Test auf Gleichheit wird der Operator „==" verwendet, der Test auf Ungleichheit erfolgt mit dem Operator „!=". Das Ergebnis dieser Tests ist ein boolescher Wahrheitswert. Der Gleichheitsoperator wird von Anfängern sehr häufig mit dem Zuweisungsoperator verwechselt.

Relationale Operatoren

Beispiel 2.5-9

Quelltext	Beschreibung
(4 == 5)	Ergibt den Wert false.
(4 != 5)	Ergibt den Wert true.

Auch die üblichen **Vergleichsoperatoren** kleiner (<), größer (>), kleiner gleich (<=) und größer gleich (>=) werden in Java angeboten.
Um zwei boolesche Ausdrücke logisch miteinander zu verknüpfen, werden in Java die **logischen Operatoren** genutzt. Java bietet mit den Shortcircuit-Operatoren für die UND- bzw. ODER-Verknüpfung (&& bzw. ||) eine verkürzte Auswertung der Ausdrücke an. Steht der Wert des Gesamtausdrucks bereits nach Auswertung des ersten Ausdrucks fest, so wird der zweite

Vergleichsoperatoren

Logische Operatoren

Ausdruck nicht mehr ausgewertet. Die logischen Operatoren & bzw. | überprüfen hingegen immer beide Ausdrücke.

Außerdem besteht in Java die Möglichkeit, eine exklusive ODER-Verknüpfung zweier boolescher Werte mit einem Operator (^) auszuführen.

Tab. 2.5-4: Logische Operatoren

Operator	Beschreibung	Beispiel/Anwendung
&	Logisches UND (AND)	((a == 3) & (b == 4)); /* Die gesamte Bedingung ist wahr, wenn a==3 und b==4 wahr sind. */
&&	Logisches UND (AND) mit verkürzter Auswertung (UND-Shortcircuit-Operator)	((a == 3) && (b == 4)); /* Ergibt (a==3) den Wert false, wird (b==4) nicht mehr ausgewertet. */
|	Logisches ODER (OR)	((a == 3) | (b == 4)); /* Die gesamte Bedingung ist wahr, wenn a==3 oder b==4 wahr ist. */
||	Logisches ODER (OR) mit verkürzter Auswertung (ODER-Shortcircuit-Operator)	((a == 3) || (b == 4)); /* Ergibt (a==3) den Wert true, wird (b==4) nicht mehr ausgewertet. */
!	Logisches NICHT (Negation)	//Verneinung des Ausdrucks
^	Logische XOR (Exklusives ODER)	((a == 3) ^ (b == 4)); /* Die gesamte Bedingung ist wahr, wenn entweder a==3 wahr oder b==4 wahr ist. */

Bitweise Operatoren

Für das Arbeiten mit integralen Datentypen stehen außerdem noch die **bitweisen Operatoren** (z. B.: ~, |, &, >>, <<) zur Verfügung, bei denen die Darstellung des Wertes als Folge einzelner Bits interpretiert wird und die Operatoren dann mit den einzelnen Bits der Zahlen arbeiten. Durch die Verwendung des Rechts-Shift-Operators (>>>) können die Bits um die entsprechende Stellenzahl nach rechts verschoben werden, wobei das Vorzeichenbit ebenfalls durch eine Null ersetzt wird und somit nicht berücksichtigt wird.

Sonstige Operatoren

Eine Übersicht der arithmetischen, relationalen und bitweisen Operatoren findet sich in Kapitel 9. Die Tabelle 2.5-5 führt Java-spezifische sowie einige elementare Operatoren auf, deren Bedeutung erst im weiteren Verlauf dieses Kapitels näher beschrieben wird.

Tab. 2.5-5: Sonstige Operatoren

Operator	Beschreibung	Beispiel/Anwendung
`>>>`	Bit-Verschiebung nach rechts ohne Vorzeichen	`-1 >>> 24;   // = 255;` `/* Anmerkung: Da int-Variablen mit einer Länge von 4 Bytes abgelegt werden, ist der Wert von a nach spätestens 32 bzw. 64 Verschiebungen nach links oder rechts komplett aufgelöst! */`
`? :`	Bedingungsoperator	`c = a < b ? 3 : 4;` `/* Wenn a < b ist, dann setze c auf den Wert 3, ansonsten setze c auf den Wert 4. */`
`.`	Punkt-Operator	Dient zum Zugriff auf Operationen und Variablen in Objekten und Klassen.
`[]`	Eckige Klammern	Kennzeichnung von Feldern oder Feldelementen.
`()`	Runde Klammern	Werden verwendet, um Ausdrücke zu gruppieren.
`(typ) Ausdruck`	Typ-Cast-Operator	Dient zur Typumwandlung eines Wertes in einen anderen Typ.
`new`	new-Operator	Mit dem new-Operator werden neue Instanzen einer Klasse erzeugt.
`instanceof`	instanceof-Operator	Liefert `true` zurück, wenn ein Objekt von einem bestimmten Typ ist.

Wie in Tabelle 2.5-6 dargestellt, gibt es auch in Java eine Hierarchie unter den Operatoren. Werden keine Klammern verwendet, so wird die Hierarchie dieser Tabelle von oben nach unten angewendet. Operatoren der gleichen Hierarchiestufe werden von links nach rechts ausgewertet, außer die in der Tabelle anders gekennzeichneten. Wie in allen Programmiersprachen, so ist es bei der Verknüpfung von Operatoren auch in Java sehr zweckmäßig, zur besseren Übersicht Ausdrücke zu klammern. Damit ist die Reihenfolge der Auswertung sichergestellt und eindeutig dokumentiert.

Tab. 2.5-6: Hierarchie der Operatoren

Operator	Verknüpfung
`[]  .  ()  (Operationsaufruf)`	Von links nach rechts
`++ -- + - ~ ! (type)`	Von rechts nach links
`*  /  %`	Von links nach rechts
`+  -`	Von links nach rechts
`<<  >>  >>>`	Von links nach rechts
`<  <=  >  >=  instanceof`	Von links nach rechts
`==  !=`	Von links nach rechts

2.5 Funktionale Sprachelemente

Operator	Verknüpfung
&	Von links nach rechts
^	Von links nach rechts
|	Von links nach rechts
&&	Von links nach rechts
||	Von links nach rechts
? :	Von rechts nach links
= += -= *= /= %= &= |= ^= <<= >>= >>>=	Von rechts nach links

2.5.10 Typkonvertierungen

Die Aufwärtskompatibilität zwischen den elementaren Datentypen ist inhärent. So nimmt Java die Konvertierung, falls erforderlich, automatisch vor, wenn bei der Umwandlung eines Datentyps in einen anderen keine Information verloren geht. Wird beispielsweise eine Variable vom Typ int mit einer Variablen vom Typ double multipliziert, so ist das Ergebnis vom Typ double.

Allgemein gilt: Besitzen die beiden Operanden einen unterschiedlichen Datentyp, so wird jeweils der Operand mit dem Datentyp, der weniger Information speichern kann in den Datentypen des anderen Operanden konvertiert.

Type-Cast-Operator

Andersherum muss die Abwärtskompatibilität, wenn also bei der Konvertierung Informationen verloren gehen können, explizit durch den **Type-Cast-Operator** festgelegt werden. Der Datentyp, in den die Variable konvertiert werden soll, ist in Klammern festzulegen. Wird, wie im folgenden Beispiel angegeben, eine Variable vom Typ double in eine Variable vom Typ int konvertiert, so geht der Nachkommateil des double-Wertes verloren. Zum Auf- oder Abrunden von Zahlen gibt es die Operation round() aus der mathematischen Klassenbibliothek.

Beispiel 2.5-10

Quelltext	Beschreibung
`double breite = 9.417;` `int höhe=(int) breite;`	Die Variable höhe hat nun den Wert 9.

2.5.11 Einfache Ausgabe

Für die einfache Ausgabe von Daten auf dem Bildschirm werden in den folgenden Abschnitten zwei Operationen verwendet, deren Semantik wie folgt lautet:

Tab. 2.5-7: *Einfache Ausgabe*

Operation	Beschreibung	Beispiel/Anwendung

`System.out.print();`	Der in den Klammern übergebene Ausdruck, der aus einer Zahl und/oder einem Text und/oder Variableninhalten bestehen kann, wird auf dem Bildschirm ohne Zeilenwechsel ausgegeben. Das „+"-Zeichen verbindet die einzelnen Ausgabeelemente miteinander.	`int n = 1;`
		`System.out.print`
		`("Dies ist meine"`
		`+n+ ".Ausgabe.");`

`System.out.println();`	Wie `System.out.print()`, nur mit dem Unterschied, dass nach der Ausgabe ein Zeilenwechsel durchgeführt wird.	`int n = 2;`
		`System.out.println`
		`("Dies ist meine"`
		`+n+ ".Ausgabe.");`

Die weiteren Möglichkeiten der Ein- und Ausgabe in Java werden in einem späteren Abschnitt vorgestellt.

2.5.12 Kontrollfluss

Um den Kontrollfluss in einem Programm zu steuern, unterstützt Java die in der funktionalen Programmierung üblichen Kontrollstrukturen, wie z. B. Schleifen und bedingte Anweisungen. Die Syntax der Anweisungen zur Steuerung des Kontrollflusses ist identisch mit der Syntax der Programmiersprachen C und C++.

Mehrere einfache Anweisungen, die in Java hintereinander ausgeführt werden sollen, werden in einem **Block** zusammengefasst und durch geschweifte Klammern eingerahmt. Diese Blöcke können ineinander geschachtelt werden und bestimmen somit auch die Gültigkeit von Variablen.

Block

Quelltext	Beschreibung

`...`
`{ int n;`
`  ...`
`  { int k;`
`    ...   }`
`  ...`
`  { int k;`
`    ...   }`
`}`
`...`
	Die Variable `n` ist in den sie umgebenden geschweiften Klammern gültig. Eine weitere Variable `n` könnte in diesem Block nicht deklariert werden.
	Die Variable `k` ist in diesem Block gültig.
	
	Hier kann `k` wieder neu deklariert werden.

Beispiel 2.5-11

In Java gibt es zwei Formen der bedingten Anweisung, die auch **if-Anweisung** genannt wird. Sie lauten:

if-Anweisung

```
if ( Bedingung ) Anweisung;
if ( Bedingung ) { Block };
```

Die Bedingung wird durch runde Klammern eingerahmt und muss als Ergebnis einen Wahrheitswert liefern. Ergibt die Überprüfung den Wert true, so wird die nachfolgende Anweisung bzw. der Anweisungsblock ausgeführt. Ansonsten wird dieser Programmteil übersprungen.

Die generelle Form einer if-Anweisung hat in Java folgende Form:

```
if ( Bedingung ) Anweisung1; else Anweisung2;
if ( Bedingung ) { Block1 } else { Block2 }
if ( Bedingung ) Anweisung; else { Block }
if ( Bedingung ) { Block } else Anweisung;
```

Der else-Zweig einer solchen Anweisung ist immer optional. Er wird nur dann ausgeführt, wenn die Auswertung der if-Bedingung den Wert false ergibt. Bei ineinander geschachtelten if-Anweisungen gehört der else-Zweig immer zur nächstliegenden if-Anweisung, welche keinen else-Zweig hat.

Beispiel 2.5-12

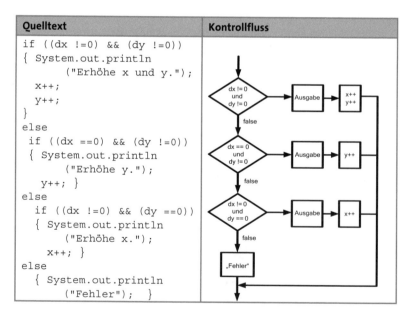

switch-Anweisung

Die switch-**Anweisung** wird auch als bedingte mehrfache Alternative oder Mehrfachverzweigung bezeichnet und kann als geschachtelte if-Anweisung aufgefasst werden.

Der hinter dem Schlüsselwort `switch` stehende Ausdruck muss eine Variable eines integralen Typs (`int`, `long`, `short`, `char` oder `byte`) sein. Nach Auswertung dieses Ausdrucks wird im `case`-Zweig zum zutreffenden Fall gesprungen und die darin enthaltene Anweisung ausgeführt. Die nach jeder Anweisung folgende `break`-Anweisung dient dazu, die aktuelle Anweisung zu verlassen und an das Ende der `switch`-Anweisung zu springen. Ist keine `break`-Anweisung eingefügt, so werden alle Anweisungen der folgenden `case`-Zweige bis zur nächsten `break`-Anweisung durchlaufen. Der letzte Zweig einer `switch`-Anweisung ist der `default`-Zweig, welcher nur dann ausgeführt wird, wenn keine der Konstanten aus den `case`-Anweisungen zutrifft. Die Syntax der `switch`-Anweisung lautet:

```
switch ( Ausdruck )
{
  case constant_1: Anweisung; ... break;
  case constant_2: Anweisung; ... break;
  ...
  default: Anweisung;
}
```

Beispiel 2.5-13

Quelltext	Kontrollfluss

`int punkte;`
`...`
`punkte = ...;`
`...`
`if (punkte > 0)`
`{switch (punkte)`
`  {case 1:System.out.println`
`      ("Punkt"); break;`
`   case 2:System.out.println`
`      ("Linie"); break;`
`   case 3:System.out.println`
`      ("Dreieck"); break;`
`   case 4:System.out.println`
`      ("Viereck"); break;`
`   default:System.out.println`
`      ("n-Eck (n>4)");`
`  }`
`}`
	punkte → punkte=1 „Punkt"; punkte=2 „Linie"; punkte=3 „Dreieck"; punkte=4 „Viereck"; 1<punkte<4 „n-Eck"

In Java gibt es einen einzigen dreistelligen Operator, den so genannten **Bedingungsoperator**. Mit Hilfe dieses Operators kann man beispielsweise

Bedingungsoperator

Ein **Feld**, auch **Array** genannt, ist eine Datenstruktur, in [...] ablen des gleichen Typs abgespeichert werden können. Die M[...] Elemente bestimmt hierbei die Größe des Feldes, die aufgrund der Art der Speicherung auch als Feldlänge bezeichnet wird. Der Zugriff auf die einzelnen Elemente erfolgt wahlfrei über den jeweiligen Index, der von 0 bis (Feldlänge −1) läuft. Dabei können neben eindimensionalen Feldern auch mehrdimensionale Felder definiert werden.

0	1	2	3	4	5	6	7	Index
27	100	2	32	124	22	9	31	Inhalt

Abb. 2.6-1: *Beispiel für ein eindimensionales Feld*

Felder sind in Java als Objekte (vgl. Kap. 2.7) realisiert, die Eigenschaften und Operationen besitzen. Sobald ein Feld mit dem `new`-Operator erzeugt wurde, steht seine Größe fest und kann nicht mehr geändert werden. Der Zugriff auf den Inhalt eines einzelnen Feldelements erfolgt durch die Anga-

eine if-else-Anweisung in einen Ausdruck einbauen oder aber if-else-Anweisungen verkürzt darstellen. Er hat folgende Syntax:

```
Resultat = Ausdruck ? Wert1 : Wert2
```

Beispiel 2.5-14

Quelltext	Bedeutung

minimum = (a < b) ? a : b;	if (a < b)
	    minimum = a;
	else
	    minimum = b;

Wiederholungsanweisung

Wiederholungsanweisungen oder kurz **Schleifen** sind immer dann anzuwenden, wenn der geforderte Sachverhalt umgangssprachlich in folgender Weise formuliert werden kann: *„Solange die Bedingung erfüllt ist, wiederhole die Anweisung(en)."* In Java sind prinzipiell drei Schleifentypen realisiert, die sich in der Art der Schleifensteuerung unterscheiden.

while-Schleife

Die while-**Schleife** ist eine abweisende Schleife, d. h. sie wird nicht zwingend ausgeführt:

```
while ( Ausdruck )    Anweisung;
```

Die Anweisung, die auch aus einem Anweisungsblock bestehen kann, wird solange ausgeführt, wie die Auswertung des Ausdrucks den Wert true ergibt. Die Auswertung des Ausdrucks erfolgt jedes Mal vor Beginn des Schleifendurchlaufs. Falls der Ausdruck bereits vor dem ersten Schleifendurchlauf den Wert false liefert, wird die Anweisung übersprungen.

do-Schleife

Im Gegensatz zur while-Schleife ist die do-**Schleife** eine nicht-abweisende Schleife, d. h. sie wird mindestens ein Mal durchlaufen.

```
do    Anweisung;              while ( Ausdruck );
do  { Anweisungsblock }       while ( Ausdruck );
```

Ähnlich wie bei der while-Schleife wird die Anweisung ausgeführt, solange die Auswertung des booleschen Ausdrucks den Wert true liefert. Dadurch, dass die Auswertung des Ausdrucks erst nach dem ersten Schleifendurchlauf stattfindet, wird sichergestellt, dass die Anweisung mindestens einmal ausgeführt wird.

for-Schleife

Die for-**Schleife** wird auch als Zählschleife bezeichnet und kommt immer dann zum Einsatz, wenn eine Anweisung mehrfach bis zu einer vorher schon bekannten Anzahl ausgeführt werden soll. Nach dem Schlüsselwort

... Nachvollziehbarkeit und Wiederverwend... erschweren.

...folgenden Beispiel ist für alle drei Schleifenvarianten eine einfache Zählschleife mit Ausgabe der Zahlen von 1 bis 100 programmiert.

Quelltext	Kontrollfluss

`int i = 1;`
 	
`while (i <= 100)`
`{`
  `System.out.println("i = "+ i);`
  `i++;`
`}`
	i <= 100 → false / true → out i, i++

Der hinter dem Schlüsselwort switch stehende Ausdruck muss eine Variable eines integralen Typs (int, long, short, char oder byte) sein. Nach Auswertung dieses Ausdrucks wird im case-Zweig zum zutreffenden Fall gesprungen und die darin enthaltene Anweisung ausgeführt. Die nach jeder Anweisung folgende break-Anweisung dient dazu, die aktuelle Anweisung zu verlassen und an das Ende der switch-Anweisung zu springen. Ist keine break-Anweisung eingefügt, so werden alle Anweisungen der folgenden case-Zweige bis zur nächsten break-Anweisung durchlaufen. Der letzte Zweig einer switch-Anweisung ist der default-Zweig, welcher nur dann ausgeführt wird, wenn keine der Konstanten aus den case-Anweisungen zutrifft. Die Syntax der switch-Anweisung lautet:

```
switch ( Ausdruck )
{
  case constant_1: Anweisung; ... break;
  case constant_2: Anweisung; ... break;
  ...
  default: Anweisung;
}
```

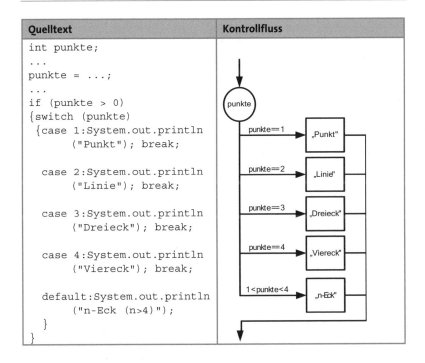

Beispiel 2.5-13

In Java gibt es einen einzigen dreistelligen Operator, den so genannten **Bedingungsoperator**. Mit Hilfe dieses Operators kann man beispielsweise

Bedingungsoperator

2.5 Funktionale Sprachelemente

eine `if-else`-Anweisung in einen Ausdruck einbauen oder aber `if-else`-Anweisungen verkürzt darstellen. Er hat folgende Syntax:

```
Resultat = Ausdruck ? Wert1 : Wert2
```

Beispiel 2.5-14

Quelltext	Bedeutung

`minimum = (a < b) ? a : b;`	`if (a < b)`
	`    minimum = a;`
	`else`
	`    minimum = b;`

Wiederholungs-anweisung

Wiederholungsanweisungen oder kurz **Schleifen** sind immer dann anzuwenden, wenn der geforderte Sachverhalt umgangssprachlich in folgender Weise formuliert werden kann: *„Solange die Bedingung erfüllt ist, wiederhole die Anweisung(en)."* In Java sind prinzipiell drei Schleifentypen realisiert, die sich in der Art der Schleifensteuerung unterscheiden.

while-Schleife

Die `while`-**Schleife** ist eine abweisende Schleife, d. h. sie wird nicht zwingend ausgeführt:

```
while ( Ausdruck )    Anweisung;
```

Die Anweisung, die auch aus einem Anweisungsblock bestehen kann, wird solange ausgeführt, wie die Auswertung des Ausdrucks den Wert `true` ergibt. Die Auswertung des Ausdrucks erfolgt jedes Mal vor Beginn des Schleifendurchlaufs. Falls der Ausdruck bereits vor dem ersten Schleifendurchlauf den Wert `false` liefert, wird die Anweisung übersprungen.

do-Schleife

Im Gegensatz zur `while`-Schleife ist die `do`-**Schleife** eine nicht-abweisende Schleife, d. h. sie wird mindestens ein Mal durchlaufen.

```
do    Anweisung;           while ( Ausdruck );
do  { Anweisungsblock }    while ( Ausdruck );
```

Ähnlich wie bei der `while`-Schleife wird die Anweisung ausgeführt, solange die Auswertung des booleschen Ausdrucks den Wert `true` liefert. Dadurch, dass die Auswertung des Ausdrucks erst nach dem ersten Schleifendurchlauf stattfindet, wird sichergestellt, dass die Anweisung mindestens einmal ausgeführt wird.

for-Schleife

Die `for`-**Schleife** wird auch als Zählschleife bezeichnet und kommt immer dann zum Einsatz, wenn eine Anweisung mehrfach bis zu einer vorher schon bekannten Anzahl ausgeführt werden soll. Nach dem Schlüsselwort for folgen in runden Klammern die Initialisierung der Zählvariablen, die Abbruchbedingung und die De- bzw. Inkrementierung der Zählvariablen. Diese drei Bestandteile sind alle optional.

```
for(Initialisierung; Abbruchbedingung; De-/Inkrementierung)
    Anweisung;
```

Da die Abbruchbedingung vor dem ersten Schleifendurchlauf überprüft wird, bezeichnet man diese Schleife, genauso wie die while-Schleife, als abweisende Schleife.

Wird im Laufe der einzelnen Schleifendurchläufe eine Stelle erreicht, an der die Anweisungsfolge nicht weiter fortgesetzt werden soll, so gibt es zwei Möglichkeiten die kontinuierliche Abarbeitung der Anweisungsfolge zu unterbrechen:

break, continue

> break
> Die Anweisungsfolge wird sofort komplett verlassen und die erste Anweisung nach der Schleife ausgeführt.

> continue
> Die Iteration, die zur Zeit bearbeitet wird, wird verlassen und das Programm mit dem nächsten Schleifendurchlauf fortgesetzt.

Im Sinne der Strukturierung und der Wartbarkeit von Programmen sollte von diesen beiden Möglichkeiten selten Gebrauch gemacht werden, da solche „Sprunganweisungen" die Nachvollziehbarkeit und Wiederverwendbarkeit eines Programms erschweren.

Im nachfolgenden Beispiel ist für alle drei Schleifenvarianten eine einfache Zählschleife mit Ausgabe der Zahlen von 1 bis 100 programmiert.

Beispiel 2.5-15

Quelltext	Kontrollfluss

``int i = 1;
 	
while (i <= 100)
{
  System.out.println("i = "+ i);
  i++;
}```
	i <= 100 → false
	true
	out i
	i++

2.5 Funktionale Sprachelemente

Quelltext	Kontrollfluss
| ```
int i = 1;

do
{
 System.out.println("i = "+ i);
 i++;
} while (i <= 100);
``` | out i / i++ → i <= 100 (true loops back, false exits) |
| ```
for (int i = 1; i <= 100; i++)
{
   System.out.println("i = "+ i);
}
``` | i = 1 → i <= 100 (false exits, true) → out i → i++ |

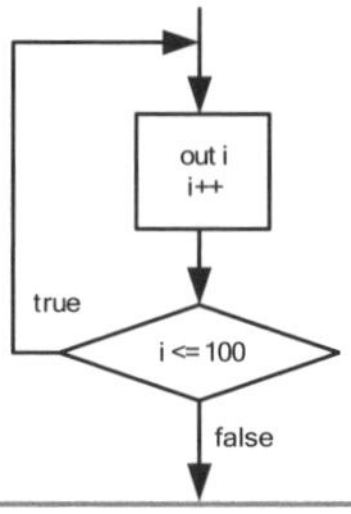

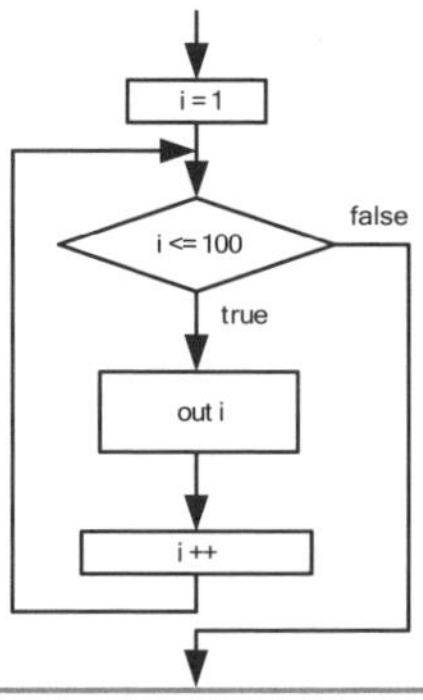

2.6 Felder

Array

Ein **Feld**, auch **Array** genannt, ist eine Datenstruktur, in der mehrere Variablen des gleichen Typs abgespeichert werden können. Die Menge der Elemente bestimmt hierbei die Größe des Feldes, die aufgrund der Art der Speicherung auch als Feldlänge bezeichnet wird. Der Zugriff auf die einzelnen Elemente erfolgt wahlfrei über den jeweiligen Index, der von 0 bis (Feldlänge -1) läuft. Dabei können neben eindimensionalen Feldern auch mehrdimensionale Felder definiert werden.

0	1	2	3	4	5	6	7	Index
27	100	2	32	124	22	9	31	Inhalt

***Abb. 2.6-1:** Beispiel für ein eindimensionales Feld*

Felder sind in Java als Objekte (vgl. Kap. 2.7) realisiert, die Eigenschaften und Operationen besitzen. Sobald ein Feld mit dem new-Operator erzeugt wurde, steht seine Größe fest und kann nicht mehr geändert werden. Der Zugriff auf den Inhalt eines einzelnen Feldelements erfolgt durch die Angabe des Feldnamens, gefolgt von dem in eckigen Klammern geschriebenen Indexwert.

Quelltext	Beschreibung
`int[] feld;`	Deklaration eines eindimensionalen Feldes von Integer-Zahlen.
`feld = new int[10];`	Erzeugung des 10-elementigen Integer-Feldes.
`int feld[] = {1,2,3,4};`	Deklaration, Erzeugung und literale Initialisierung eines eindimensionalen Feldes mit 4 Zahlen, die die Integer-Werte 1 bis 4 zum Inhalt haben.
`int[][] feld = new int[4][4];`	Deklaration und Erzeugung eines zweidimensionalen 4x4-Feldes für Integer-Zahlen.
`feld[4]` `feld[i + 1]`	Verschiedene Arten des Zugriffs auf ein Feldelement.

Beispiel 2.6-1

Als Inhaltstypen eines Feldes können auch beliebige Objekte gewählt werden. So ist es durchaus auch denkbar, ein Feld zu deklarieren, in dem eine Menge von Objekten einer Klasse gespeichert wird.

2.7 Klassen und Objekte

Java ist eine objektorientierte Programmiersprache. In der Softwareentwicklung hat sich das Konzept der Objektorientierung bei der Analyse, dem Design und der Programmierung von Anwendungen in den letzten Jahren als erfolgreiche Vorgehensweise durchgesetzt. Der Erfolg liegt hauptsächlich darin begründet, dass die objektorientierte Sicht auf einen Gegenstandsbereich unserer Umwelt, der in ein Programm oder Informationssystem abgebildet werden soll, eine ganz natürliche Sichtweise ist. Objekte und ihre Beziehungen untereinander können mit Hilfe der Objektorientierung so modelliert werden, wie sie in der realen Welt existieren.

Objektorientierung

Zur Beschreibung eines solchen Sachverhalts werden bei der objektorientierten Vorgehensweise Daten und Funktionen zu so genannten **Klassen** zusammengefasst. Wann immer wir einen Gegenstand sehen und beschreiben wollen, ordnen wir ihm automatisch gewisse Eigenschaften und Verhaltensweisen zu und vergleichen ihn mit uns bereits bekannten Dingen. Diese werden dann als **Attribute**, welche die Eigenschaften eines Gegenstands beschreiben, und **Operationen**, die das Verhalten beschreiben, in einer Klasse zusammengefasst und dienen damit als Bauplan für ähnliche Objekte des gleichen Typs.

Klasse

Objekt

Aus der allgemeingültigen Beschreibung, die in einer Klasse festgelegt wird, können dann einzelne, ganz konkrete **Objekte** erzeugt werden. Die Operationen und somit das Verhalten der Objekte, die aus einer Klasse erzeugt werden, sind für alle Objekte gleich.

Formal lassen sich die zentralen Begriffe der Objektorientierung wie folgt zusammenfassen (vgl. Kap. 1):

> **Klasse:** Zusammenfassung von Attributen und Operationen; Bauplan von Objekten.
> **Objekt:** Konkrete Instanz bzw. Ausprägung einer Klasse.
> **Attribut:** Variable, die den Zustand eines Objekts definiert.
> **Operation:** Funktion bzw. Methode, die das Verhalten des Objekts definiert.

Definition einer Klasse

Das Anlegen einer Klasse geschieht in Java durch das Schlüsselwort `class`. Im nachfolgenden Beispiel wird die Klasse `Punkt` definiert. Die Klasse `Punkt` enthält die beiden Attribute `x_koord` und `y_koord` und hat zunächst noch keine Operationen.

Beispiel 2.7-1(a)

Quelltext	Beschreibung

`class Punkt`
`{int x_koord;`
`  int y_koord;`
`}`
	Definition einer Klasse `Punkt`.
	Attributdeklaration zweier Werte `x_koord` und `y_koord` vom Typ `int`.

Erzeugen eines Objekts

Die konkreten Objekte einer Klasse müssen gesondert erzeugt werden. Hierfür wird eine Variable vom Typ der Klasse deklariert und anschließend das neue Objekt mit dem `new`-Operator angelegt. In diesem neu erzeugten konkreten Objekt können dann auch explizit Werte für die einzelnen Attribute gesetzt werden.

Beispiel 2.7-1(b)

Quelltext	Beschreibung
`Punkt punkt_1;` `punkt_1 = new Punkt();`	Deklaration des Objekts `punkt_1`. Erzeugen des Objekts `punkt_1`.
`Punkt punkt_2 =` `        new Punkt();`	Deklaration und Erzeugen des Objekts `punkt_2` in einer Anweisung.

Attribut

Der Zugriff auf die einzelnen Attribute eines Objekts erfolgt über die Punktnotation `Objekt.Attribut`. Für die Ausgabe der Attributwerte kann man sich ebenfalls der Punktnotation bedienen.

Quelltext	Beschreibung
`punkt_1.x_koord = 0;` `punkt_1.y_koord = 0;`	Initialisierung der Attributwerte des Objekts `punkt_1`.
`punkt_2.x_koord = 1;` `punkt_2.y_koord = 1;`	Initialisierung der Attributwerte des Objekts `punkt_2`.
`System.out.println(punkt_1.x_koord);`	Ausgabe des Attributwertes `x_koord` des Objekts `punkt_1`.

Beispiel 2.7-1(c)

Die Operationen einer Klasse definieren das Verhalten der Objekte. In Java werden Operationen nach folgender Syntax aufgebaut:

Operation

```
[Modifier] Ergebnistyp Operationsname ( Parameterliste )
{ Anweisungsblock }
```

Neben der optionalen Angabe von Modifikatoren, auf die im weiteren Verlauf dieses Abschnitts noch eingegangen wird, muss zuerst der Ergebnistyp bzw. Rückgabewert der Operation festgelegt werden. Darauf folgt der eigentliche Name der Operation und abschließend, in runden Klammern eingeschlossen, eine optionale Liste von Parametern, die der Operation übergeben werden. Syntaktisch gesehen bestehen Operationen also aus einem Operationskopf und einem Operationsrumpf, in dem die Anweisungen stehen. Operationen können in Java nur innerhalb von Klassen implementiert werden. Sie dürfen nicht geschachtelt werden und ihre Anwendung erfolgt durch den Aufruf über ein konkretes Objekt.

In der optionalen Parameterliste können Variable, durch Kommata getrennt, als Parameter deklariert werden und an die Operation übergeben werden. Diese gelten dann im Anweisungsblock wie lokal deklarierte Variable und können dort auch genutzt werden. Grundsätzlich werden Parameter als Werte übergeben (**call-by-value**), d. h. innerhalb der Operation wird mit einer Kopie dieses Wertes gearbeitet. Sämtliche Änderungen, die innerhalb der Operation an diesem Wert durchgeführt werden, sind außerhalb nicht sichtbar. Ausnahmen sind Objekte, die als Parameter übergeben werden. Sie werden innerhalb der Operation als Referenz aufgefasst (**call-by-reference**) und sämtliche Änderungen sind demnach auch außerhalb sichtbar. Die Übergabe von Objekten als Referenz hat den großen Vorteil, dass sie schnell und effizient geschieht, da nur ein Verweis zu übergeben ist und nicht etwa große Datenbereiche zu kopieren sind, wie dies bei der Übergabe von Werten geschehen würde.

Parameter von Operationen

Als Ergebniswert einer Operation kann ein elementarer Datentyp oder ein Objekt an den Aufrufer zurückgegeben werden. Dies geschieht durch das

Rückgabewert von Operationen

Schlüsselwort `return`. Bei Erreichen einer `return`-Anweisung wird die Operation sofort beendet. Soll eine Operation keinen Wert bzw. kein Objekt an den Aufrufer zurückgeben, so ist ihr Rückgabewert `void` und sie enthält keine `return`-Anweisung.

Überladen von Operationen

Operationen mit gleichem Namen gelten als verschieden, wenn sie unterschiedliche Parameterlisten besitzen. Anhand der verschiedenen Parameter können sie vom Compiler unterschieden werden. Die Möglichkeit, Operationen mit gleichem Namen zu deklarieren, die sich nur in ihrer Parameterliste unterscheiden, wird auch als Überladen von Operationen bezeichnet.

Operationen in Java sind ohne Einschränkung auch rekursiv aufrufbar, d. h. aus einer Funktion kann dieselbe Funktion wieder aufgerufen werden.

Im nachfolgenden Beispiel wird die Klasse `Punkt` um zwei Operationen erweitert: Die Operation `set_x_koord()` besitzt keinen Rückgabewert. Als Parameter benötigt sie einen integralen Wert, der für die Ausführung der Operation das Attribut `x_koord` festlegt. Innerhalb der Operationen einer Klasse kann ohne Einschränkung auf alle Attribute zugegriffen werden. Die zweite Operation `get_x_koord()` liefert an den Aufrufer den aktuellen Wert des Attributs `x_koord` zurück.

Beispiel 2.7-1(d)

Quelltext	Beschreibung
```class Punkt { ... void set_x_koord(int x_koord) { this.x_koord = x_koord; }```	Definition einer Klasse Punkt. Operation zum Setzen des Attributs `x_koord`.
``` int get_x_koord() { return x_koord; } }```	Operation zum Auslesen des Attributs `x_koord`.

this-Zeiger

Wird innerhalb einer Operation auf ein Attribut und beispielsweise einen Parameter einer Operation zugegriffen, die beide gleich benannt sind, so verlangt Java das Schlüsselwort `this` auf der linken Seite des Zuweisungsoperators. Dieser so genannte **this-Zeiger** wird vom Compiler zu jedem Objekt hinzugefügt und ist somit quasi ein Zeiger bzw. eine Referenz auf das Objekt. Über den `this`-Zeiger kann auf die Attribute eines Objekts zugegriffen werden und er kann außerdem für die Verkettung von Konstruktoren eingesetzt werden.

Aufruf von Operationen

Der Aufruf einer Operation erfolgt mit Hilfe der Punktnotation `Objekt.Operation`, ähnlich wie beim Zugriff auf Attribute.

Beispiel 2.7-1(e)

Quelltext	Beschreibung
... `Punkt punkt_1 = new Punkt();`	Erzeugen eines neuen Objekts `punkt_1` der Klasse `Punkt`.
`punkt_1.set_x_koord(a);`	Setzen des Attributs `x_koord` des Objekts `punkt_1` mit Hilfe der Operation `set_x_koord()`.
`b = punkt_1.get_x_koord();`	Aufruf der Operation `get_x_koord()` für das Objekt `punkt_1`, womit die Rückgabe des Attributwerts `x_koord` an die Variable `b` bewirkt wird.

Konstruktor

Ein **Konstruktor** einer Klasse ist eine spezielle Operation, die den Namen der Klasse trägt, keinen Rückgabewert hat und nur ein einziges Mal direkt zum Erzeugen eines Objekts aufgerufen wird. Ansonsten gelten für Konstruktoren die gleichen Definitionen wie für Operationen.
Als Standard-Konstruktor einer Klasse bezeichnet man denjenigen Konstruktor, der eine leere Parameterliste aufweist. Stellt eine Klasse keinen Konstruktor bereit, wie etwa im bisherigen Beispiel die Klasse `Punkt`, so setzt der Compiler automatisch einen parameterlosen Default-Konstruktor ein. Dieser wird auch dann erzeugt, wenn ein Objekt ohne Parameterübergabe mit dem `new`-Operator initialisiert wurde. Ist jedoch ein parameterloser Konstruktor oder ein Konstruktor mit Parameterliste vorhanden, so wird damit der Default-Konstruktor überlagert.
Es ist auch möglich, Konstruktoren zu verketten. Dazu muss als erste Anweisung in einem Konstruktor der Aufruf `this([Parameterliste]);` stehen und der entsprechende Konstruktor mit der übergebenen Parameterliste auch vorhanden sein.

Destruktor

Analog zum Konstruktor gibt es in Java auch einen **Destruktor**, der als Operation `finalize()` definiert ist und in dem Anweisungen ausgeführt werden können, die vor der Zerstörung eines Objekts notwendig sind. Tatsächlich garantiert die Sprachdefinition allerdings nicht, dass ein Destruktor noch vor der Zerstörung eines Objekts aufgerufen wird. Destruktoren sind demnach nicht problemlos anwendbar und sollten daher nicht verwendet bzw. explizit aufgerufen werden.

Garbage Collector

Anstelle expliziter Destruktoren gibt es in Java zur Speicherverwaltung den **Garbage Collector**, der alle nicht mehr benötigten Objekte selbstständig aus dem Speicher löscht und diesen danach wieder freigibt. Diese Art der Speicherverwaltung besitzt ihre Vor- und Nachteile: Der Garbage Collector befreit den Programmierer von der in der Regel sehr fehleranfälligen Selbstverwaltung des Speichers. Damit wird die Nutzung der Sprache vereinfacht und das Programm erhält dadurch eine „gehörige Portion" Stabilität. Andererseits ist der Garbage Collector selbst ebenfalls ein Teil der Software, welcher im Hintergrund der Anwendung als niedrig priorisierter

Klassenattribut

Prozess (Thread) mitläuft und somit selbst auch Ressourcen wie etwa CPU-Zeit und Speicher benötigt.

Die bisher vorgestellten Attribute einer Klasse bezogen sich nur auf eine Instanz einer Klasse und drückten deren konkrete Eigenschaften aus. Soll aber beispielsweise in einem Programm bestimmt werden, wie viele Objekte von einer Klasse zur Zeit existieren, so reicht ein Attribut, welches sich immer nur auf eine konkrete Instanz einer Klasse bezieht, nicht aus. Es wird also eine Variable benötigt, die für alle Objekte einer Klasse gültig ist und auf die alle Objekte einer Klasse gemeinsamen Zugriff haben. Solche Attribute werden **Klassenattribute** genannt und bei der Deklaration mit dem Modifikator static gekennzeichnet.

Ein Klassenattribut bezieht sich auf die Klasse selbst und all ihre Instanzen, so dass nur ein Wert gespeichert wird – unabhängig davon, wie viele Objekte dieser Klasse erzeugt wurden. Jede Instanz der Klasse hat Zugang zum Klassenattribut. Bei Änderung des Wertes dieser Variablen durch ein Objekt ändert sich dieser somit für alle Instanzen der betreffenden Klasse. Eine wichtige Anwendung von Klassenattributen ist beispielsweise der eingangs beschriebene Instanzenzähler zur Verwaltung aller Objekte. Eine andere Anwendung von Klassenvariablen besteht in der Deklaration von Konstanten, um eine unveränderliche Variable mit unbegrenzter Lebensdauer zu erzeugen. Hierfür wird das static-Attribut um das Schlüsselwort final ergänzt.

Um auf Klassenvariablen zuzugreifen, benutzt man wie bei den Instanzvariablen wieder die Punktnotation Klasse.Klassenattribut.

Beispiel 2.7-1(f)

Quelltext	Beschreibung
| ```
class Punkt
{ …
    static punktezähler = 0;

    Punkt()
    {
        punktezähler++;
    }
}
``` | Definition und Initialisierung der Klassenvariable punktezähler.<br><br>Im Konstruktor wird der Wert der Klassenvariablen jeweils beim Erzeugen eines neuen Objekts um eins erhöht. |

Klassenoperation

Analog zum Klassenattribut gibt es das Konzept der **Klassenoperation**. Eine Klassenoperation ist jeweils für alle Objekte einer Klasse gültig und wirkt sich somit nicht auf einzelne Instanzen aus. Deshalb ist auch ein Zugriff durch eine Klassenoperation auf ein einzelnes Attribut eines Objekts nicht möglich.

Klassenoperationen werden üblicherweise für allgemeine Hilfsoperationen benutzt, die nicht direkt auf einer Instanz der Klasse ausgeführt werden sollen, sondern lediglich Funktionalitäten für alle Instanzen der Klassen zur
```

Verfügung stellen. Die Klasse Math aus dem Paket java.lang, in der einzelne mathematische Operationen zur Verfügung gestellt werden, ist ein Beispiel dafür.

Um eine Klassenoperation aufzurufen, wird wieder die Punktnotation Klasse.Operation benutzt.

Beispiel 2.7-1(g)

Quelltext	Beschreibung
| ```
class Punkt
{ ...
  double abstand_zum_Nullpunkt()
  { return Math.sqrt(x*x + y*y); }
}
``` | Definition einer Operation abstand_zum_Nullpunkt(). Aufruf der Klassenoperation sqrt (Quadratwurzel) aus der Klasse Math. |

Statischer Konstruktor

Die Initialisierung von statischen Variablen kann in Java mit Hilfe eines statischen Konstruktors erfolgen. Im Gegensatz zu einem gewöhnlichen Konstruktor wird der statische Konstruktor nur einmal zu Beginn des Programms aufgerufen. Eine Klasse darf auch mehrere statische Konstruktoren besitzen. Diese werden der Reihenfolge nach von oben nach unten abgearbeitet. Die Definition eines statischen Konstruktors erfolgt durch eine parameterlose Operation namens static, die keinen Rückgabewert besitzt.

Beispiel 2.7-1(h)

Quelltext	Beschreibung
| ```
class Punkt
{ ...
  static
  { punktezähler = 0; }
}
``` | Statischer Konstruktor zur Initialisierung der statischen Variable punktezähler. |

An dieser Stelle fällt auf, dass keine Klassenoperation deklariert und verwendet worden ist. Da Klassenoperationen aber immer Zugriff auf alle Objekte benötigen, müsste ein Behälter vorhanden sein, in dem alle erzeugten Objekte der Klasse Punkt verwaltet werden. Ein Objekt für sich allein weiß nämlich immer zu welcher Klasse es gehört. Eine Klasse allerdings weiß zu keiner Zeit, wie viele Objekte es von ihr gibt. Die Verwaltung der Objekte muss der Programmierer selbst erstellen, und dazu braucht er Behälter, die so genannten Container, in denen er die einzelnen Objekte verwalten kann. Ein einfacher Container ist beispielsweise ein Feld (vgl. Abschnitt 2.6). Weitere Containerklassen werden in Kapitel 3 vorgestellt.

2.8 Vererbung

Unterklasse, Oberklasse

Zur Strukturierung von Klassen wird in der Objektorientierung das Konzept der **Vererbung** verwendet. Von Vererbung spricht man dann, wenn eine Klasse als Spezialisierung einer anderen Klasse aufgefasst werden kann. Diese spezialisierte Klasse wird dann als **Unterklasse** bezeichnet, die allgemeine Klasse als **Oberklasse**.

In der Oberklasse können Attribute und Operationen zusammengefasst werden, die in allen Unterklassen genutzt bzw. in diese Unterklassen vererbt werden können.

Wie bei den schon besprochenen Eigenschaften von objektorientierten Programmiersprachen, ist auch die Vererbung eine Sichtweise, die der menschlichen Vorstellung von der realen Welt sehr nahe kommt. So ist z. B. ein Dreieck eine Spezialisierung eines Polygons, welches seinerseits wiederum eine Spezialisierung eines geometrischen Objekts ist. Ein Rechteck ist ebenso wie ein Dreieck eine Spezialisierung eines Polygons.

Einfach- und Mehrfachvererbung

Prinzipiell wird zwischen **Einfach-** und **Mehrfachvererbung** unterschieden. Java erlaubt nur die Einfachvererbung, d. h. jede Klasse kann maximal eine einzige Oberklasse besitzen. Durch die Einfachvererbung entsteht eine baumartige Klassenstruktur. In Java ist die Wurzel dieser Klassenhierarchie die Klasse `Object`. Für die Ableitung einer Klasse ist die folgende Syntax zu verwenden:

Vererbung

```
[Modifier] class Unterklasse extends Oberklasse
```

Die Vererbungsstruktur wird durch den Zusatz `extends` in der Klassendefinition festgelegt. Als Unterklasse wird die neu angelegte Klasse bezeichnet. Der Begriff Oberklasse gibt die Klasse an, von der die neue Klasse abgeleitet wird. Bei der Implementierung ist zwar eine Schachtelung der Vererbung beliebig tief möglich, aber jede Klasse erbt nur Eigenschaften ihrer direkten Oberklasse.

Überschreiben von Operationen

Wie oben bereits erwähnt, stehen der Klasse außer ihren eigenen auch noch alle Operationen der Oberklasse zur Verfügung. Die Operationen der Oberklasse können in der Unterklasse neu definiert werden, was als Überlagern oder Überschreiben einer Operation bezeichnet wird. Dazu müssen die Parameterlisten der Operationen gleich sein. Die überlagerte Version wird dann vom Compiler als die zu benutzende Operation erkannt. Nur wenn in der Klasse keine entsprechende Operation implementiert ist, wird die Operation in der Oberklasse gesucht. So wird immer die Operation aufgerufen, die in der Vererbungshierarchie auf dem Weg von unten nach oben am nächsten liegt.

Beispiel 2.8-1(a)

Quelltext	Beschreibung

`class GeometrischesObjekt`
`{`
`  Punkt punkt;`
`}`
	Definition der Klasse `GeometrischesObjekt` mit einem Attribut `punkt` der Klasse `Punkt`.

`class Rechteck`
`extends GeometrischesObjekt`
`{`
`  int länge;`
`  int breite;`
`}`
	Ableitung der Klasse `Rechteck` aus der Klasse `GeometrischesObjekt`.
	Ein Objekt der Klasse `Rechteck` besitzt somit die Attribute `punkt` (geerbt aus der Oberklasse `GeometrischesObjekt`), `länge` und `breite`.

`class Kreis`
`extends GeometrischesObjekt`
`{`
`  int radius;`
`}`
	Ableitung der Klasse `Kreis` aus der Klasse `GeometrischesObjekt`.
	Ein Objekt der Klasse `Kreis` besitzt somit die Attribute `punkt` (geerbt aus der Oberklasse `GeometrischesObjekt`) und `radius`.

Dynamisches Binden

Java ist eine streng typisierte Programmiersprache, d. h. dass die Typen von allen Variablen zur Übersetzungszeit feststehen. Eine bedeutende Ausnahme der Typsicherheit besteht jedoch beim Konzept der Vererbung. In Java sind Objekte aller Unterklassen zuweisungskompatibel zu einem Objekt der Oberklasse. Das bedeutet für das oben angeführte Beispiel der Vererbungshierarchie `GeometrischesObjekt`, `Rechteck` und `Kreis`, dass einem Objekt der Klasse `GeometrischesObjekt` sowohl ein Objekt der Klasse `Rechteck` als auch ein Objekt der Klasse `Kreis` zugewiesen werden könnte.

Beispiel 2.8-1(b)

Quelltext	Beschreibung

`GeometrischesObjekt o1 =`
`new GeometrischesObjekt();`
 	
`GeometrischesObjekt o2 =`
`new GeometrischesObjekt();`
 	
`Rechteck r1 = new Rechteck();`
`Rechteck r2 = new Rechteck();`
`Kreis k1 = new Kreis();`
`Kreis k2 = new Kreis();`
	Erzeugen von sechs Objekten o1, o2, r1, r2, k1 und k2 der Klassen `GeometrischesObjekt`, `Rechteck` und `Kreis`.

`o1 = o2; o2 = o1;`
`r1 = r2; r2 = r1;`
`k1 = k2; k2 = k1;`
`o1 = r1; o1 = r2;`
`o2 = r1; o2 = r2;`
`o1 = k1; o1 = k2;`
`o2 = k1; o2 = k2;`
	Aufgrund der Zuweisungskompatibilität mögliche Arten der Zuweisung der Objekte o1, o2, r1, r2, k1 und k2.

2.8 Vererbung

Daher kann zur Übersetzungszeit noch nicht entschieden werden, welches Objekt sich tatsächlich hinter einer Objektvariablen vom Typ `GeometrischesObjekt` verbirgt. Somit ist beim Überlagern von Operationen ebenfalls nicht zur Übersetzungszeit entscheidbar, welche Operation nun tatsächlich für das Objekt angewendet werden muss. Dies kann erst zur Laufzeit der Anwendung ermittelt werden. Damit aber zu diesem Zeitpunkt die richtige Operation aufgerufen wird, erzeugt der Compiler Quelltext, der auf die anzuwendende überschriebene Operation verweist. Dies wird auch als **dynamisches Binden** bezeichnet.

Statisches Binden

Um den dadurch entstandenen Mehraufwand zu minimieren, gibt es in Java die Möglichkeit, Operationen statisch, also zur Übersetzungszeit, zu binden. Dazu werden die Operationen mit den Modifikatoren `private`, `final` oder `static` versehen.

Operationensuche

Die Operationensuche in einer Vererbungshierarchie erfolgt, wenn dies nicht durch entsprechende Modifikatoren anders angegeben wird, ebenfalls dynamisch zur Laufzeit. An ein vorhandenes Objekt wird eine Botschaft zum Aufruf einer Operation gesendet. Die entsprechende Operation wird zunächst einmal in der Klasse des zugehörigen Objekts selbst gesucht. Ist sie dort nicht vorhanden, so wird in der Vererbungshierarchie schrittweise von unten nach oben weiter gesucht, so lange bis die Operation entweder gefunden wurde oder bis die Wurzelklasse `Object` erreicht ist. Ist die Operation auch dort nicht vorhanden, so kommt es zu einem Laufzeitfehler.

super

Mit der Operation `super.Operation()` startet die Operationensuche nicht in der aktuellen Klasse, sondern in der Oberklasse. Eine Kaskadierung von `super` ist nicht erlaubt. Auch der Aufruf eines parameterlosen Konstruktors der Oberklasse kann über das Schlüsselwort `super` erfolgen, wenn dies der erste Aufruf im Konstruktor der Unterklasse ist.

2.9 Pakete

Um den Überblick in Anwendungen mit sehr vielen Klassen nicht zu verlieren, bietet Java ein weiteres Strukturierungskonzept für Klassen an: Klassen können zu **Paketen** zusammengefasst werden. Jede Klasse einer Java-Anwendung gehört zu genau einem Paket. Solche Pakete können beispielsweise für die inhaltliche Strukturierung einer Anwendung verwendet werden.

package

Steht die Anweisung `package meinPaket;` in der ersten Zeile einer Klassendefinition, so wird die entsprechende Klasse einem Paket, in diesem Fall dem Paket `meinPaket`, zugeordnet. Klassendefinitionen, bei denen die `package`-Anweisung fehlt, werden in einem Default-Paket abgelegt, welches ein Zugeständnis an kleinere Projekte ist. Da im obigen Beispiel bei der

Definition der Klasse `Punkt` die `package`-Anweisung fehlt, befindet sich diese Klasse folglich im Default-Paket.

Zur Nutzung von Klassen, Attributen und Operationen aus anderen Paketen müssen diese importiert werden. Dazu wird zu Beginn einer Klassendefinition die Anweisung `import deinPaket;` vorangestellt. **import**

Die vielen Klassen der Java2-Platform, die dem Nutzer mit der Installation direkt zur Verfügung gestellt werden, sind ebenfalls in Pakete eingeteilt. Ein typisches Beispiel aus der Java Klassenbibliothek ist das Paket `java.util`, in dem viele abstrakte Datenstrukturen, wie dynamische Listen und Felder, Hashtabellen, Sets u.v.m., genutzt werden können.

Paketnamen verwenden die Punktnotation, die in diesem Fall bedeutet, dass sich die einzelnen Klassen des Pakets `java.util` im Verzeichnis `\java\util` des entsprechenden Systems, auf dem die Java2-Platform installiert ist, befinden. Beim Anlegen eigener Pakete können demnach die einzelnen Klassen ebenfalls in Verzeichnissen und Unterverzeichnissen abgelegt und zu Paketen zusammengefasst werden.

Beim Import eines Pakets, z. B. `import java.util.*;`, werden alle Klassen aus dem Verzeichnis `\java\util\` importiert. Dies geschieht nicht rekursiv, so dass Klassen, die in tieferen Unterverzeichnissen stehen und benötigt werden, wiederum durch eine weitere Anweisung importiert werden müssen. Durch den Stern (*) in der obigen Import-Anweisung werden alle Klassen dieses Verzeichnisses importiert. Eine einzelne Klasse kann aber auch direkt, beispielsweise durch die Anweisung `import java.util.Calendar;`, importiert werden. Von der Laufzeit her betrachtet unterscheiden sich die beiden Varianten der Import-Anweisung nicht, da in Java jeweils die entsprechenden Klassen erst bei Ihrer Verwendung, also zur Laufzeit, gesucht und dann (on demand) geladen werden.

2.10 Sichtbarkeit

Die bereits mehrfach erwähnten Modifikatoren vor den Definitionen von Klassen, Operationen und Attributen werden verwendet, um festzulegen, wer Zugriff auf die entsprechenden Klassen, Operationen oder Attribute hat. Dies wird als **Sichtbarkeit** bezeichnet und durch die Schlüsselwörter `public`, `protected` und `private` festgelegt. Wird keiner dieser Modifikatoren verwendet, so gilt der Default-Modifikator.

Ist ein Element als `public` deklariert, so ist es in der Klasse selbst (also in allen Operationen), in allen abgeleiteten Klassen und von allen außerhalb der Klasse liegenden Aufrufern eines Objekts dieser Klasse sichtbar. Die `public`-Elemente bilden den für alle sichtbaren Teil einer Klassendefinition und können somit als die Schnittstelle einer Klasse angesehen werden. In einer Quelldatei darf immer nur eine Klasse als `public` deklariert werden. **public**

	Für jede weitere `public`-Klasse ist jeweils eine neue `.java`-Datei anzulegen.
protected	Ein `protected`-Element ist in der Klasse selbst und in allen daraus abgeleiteten Klassen sichtbar. Ein außerhalb der Klasse liegender Aufrufer eines Objekts kann auf Elemente vom Typ `protected` nur dann zugreifen, wenn sie im gleichen Paket liegen. Mit dem Schlüsselwort `protected` gekennzeichnete Elemente sind somit vor dem Zugriff von außen geschützt.
private	Elemente vom Typ `private` sind, wie der Name bereits vermuten lässt, nur in der Klasse selbst sichtbar. In abgeleiteten Klassen und für Aufrufer von außerhalb sind diese Elemente nicht zugreifbar. Ein Element als `private` zu deklarieren ist immer dann sinnvoll, wenn Details der Implementierung verborgen werden sollen.
Default-Modifikator	Werden Elemente ohne einen der drei bisher beschriebenen Modifikatoren angelegt, so entspricht ihre Sichtbarkeit im Wesentlichen der Sichtbarkeit von Elementen, die als `protected` definiert werden. Die einzige Einschränkung besteht darin, dass sie in Unterklassen, die in anderen Paketen definiert wurden, nicht mehr sichtbar sind.
static	Klassenattribute und -operationen sind durch das Schlüsselwort `static` gekennzeichnet und nicht an die Existenz einer konkreten Instanz eines Objekts gebunden. Sie werden mit dem Laden des Programms angelegt und existieren bis hin zu seiner Beendigung. Wird der Modifikator `static` nicht verwendet, so sind die Attribute und Operationen immer an die Existenz eines Objekts gebunden. Ihre Lebensdauer beginnt mit dem Anlegen eines Objekts durch den `new`-Operator und endet mit der Freigabe des Objekts im Speicher durch den Garbage Collector.
final	Variablen, die mit dem Modifikator `final` versehen werden, können nicht mehr verändert werden und sind somit als Konstanten anzusehen. Operationen des Typs `final` dürfen nicht überlagert werden. Aus Klassen des Typs `final` dürfen keine weiteren Klassen mehr abgeleitet werden. Falls eine Klasse oder Operation mit dem Modifikator `final` versehen ist, kann der Compiler auf die dynamische Operationssuche verzichten, was ein deutlich schnelleres Auffinden der gewünschten Operationen bzw. Klassen bedeutet.

Tab. 2.10-1: Modifikatoren in Java

Modifikator	Sichtbarkeit
`public`	In allen Klassen sichtbar.
`protected`	Innerhalb der Klasse und der daraus abgeleiteten Klassen sichtbar.
`private`	Nur in der jeweiligen Klasse sichtbar.
`default`	Innerhalb der Klasse und der daraus im selben Paket abgeleiteten Klassen sichtbar.
`final`	Keine weitere Ableitung mehr möglich.

2.11 Abstrakte Klassen und Operationen

Wird eine Klassenhierarchie von oben nach unten durchlaufen, so ist sofort klar, dass eine obere Klasse eine Generalisierung für die aus ihr abgeleiteten Klassen darstellt. Anders ausgedrückt: Eine untere Klasse ist eine spezialisierte Form einer oberen Klasse. Beim Design von Klassenhierarchien werden häufig gemeinsame Attribute oder Operationen zu einer neuen Oberklasse zusammengefasst. Dies ist insofern optimal, als dass dadurch von beiden Klassen gemeinsam genutzter Quelltext nur noch an einer einzigen Stelle steht. Von solchen Klassen sollen aber i. d. R. keine eigenen Objekte erzeugt werden, da die zusammengefassten Attribute und Operationen aus den Unterklassen oft nicht ein einzelnes Objekt genügend charakterisieren. Für diese Zwecke gibt es in Java das Konzept der abstrakten Klasse. Abstrakte Klassen werden mit dem Schlüsselwort `abstract` deklariert. Aus ihnen können keine Objekte erzeugt werden.

Ein anderer Verwendungszweck für abstrakte Klassen besteht in der Möglichkeit, abstrakte Operationen zu definieren. Eine abstrakte Operation ist eine Operation ohne Operationsrumpf. Die Definition des Operationskopfes beginnt mit dem Schlüsselwort `abstract` und endet mit einem Semikolon. Die Aufgabe einer solchen Operation ohne Rumpf ist, dass in dieser Klasse eine Operation bereits bekannt gemacht wird, der eigentliche Operationsrumpf aber erst in den Unterklassen definiert wird und dort auf jeweils unterschiedliche Art und Weise ausgefüllt wird, so wie es in der jeweiligen Unterklasse erforderlich ist. Wird in einer Klasse eine Operation als `abstract` definiert, so muss sofort die gesamte Klasse als `abstract` definiert werden, denn von einer Klasse mit einer Operation ohne Rumpf dürfen selbstverständlich keine Objekte erzeugt werden. In der Vererbungshierarchie wird aus einer abstrakten Klasse erst dann eine konkrete Klasse, also eine Klasse aus der Objekte erzeugt werden können, wenn die letzte abstrakte Operation einen Operationsrumpf erhalten hat.

abstract

Beispiel 2.11-1

Quelltext	Beschreibung
`abstract class GeometrischesObjekt {int x, y;   abstract void zeichne(); }`	Die abstrakte Klasse `GeometrischesObjekt` wird deklariert. Definition der abstrakten Operation `zeichne()`.
`class Rechteck extends GeometrischesObjekt { void zeichne()    {//Hier kann nun ein Rechteck    //gezeichnet werden   } }`	Unterklasse der Klasse `GeometrischesObjekt`, von der ein Objekt angelegt werden kann, da die abstrakte Operation der Oberklasse implementiert wurde.
`class Kreis extends GeometrischesObjekt`	Unterklasse der Klasse `GeometrischesObjekt`, von der

Quelltext	Beschreibung

`{ void zeichne()`
`  {//Hier kann nun ein Kreis`
`  //gezeichnet werden }`
`}`
	ein Objekt angelegt werden kann, da die abstrakte Operation der Oberklasse implementiert wurde.

`Kreis neuerKreis = new Kreis();`
 	
`Rechteck neuesRechteck =`
`            new Rechteck();`
 	
`neuerKreis.zeichne();`
`neuesRechteck.zeichne();`
	Es kann jeweils der gleiche Name verwendet werden, obwohl in den Operationen für Kreis und Rechteck unterschiedliche Algorithmen zum Zeichnen angewendet werden.

2.12 Interfaces

Schnittstelle

Ein **Interface** stellt eine besondere Form einer Klasse dar. Es enthält ausschließlich Konstanten und/oder abstrakte Operationen. Damit beschreibt es sozusagen Schnittstellen, die durch die Konstanten bestimmte feste Werte bzw. durch die Operationen ein bestimmtes Verhalten darstellen. Die Definition eines Interfaces ähnelt einer Klassendefinition und hat das folgende Aussehen:

```
[public] interface InterfaceName [extends Interface-Liste]
{
//Konstanten
//Abstrakte Operationen
}
```

Eine Klasse kann nun das durch ein Interface beschriebene Verhalten implementieren, indem alle abstrakten Operationen dieser Klasse einen Operationsrumpf erhalten. Sie kann weiterhin auf die im Interface definierten Konstanten lesend zugreifen. Wird in einer Klasse ein bestimmtes Interface implementiert, so wird dies durch das Schlüsselwort `implements` angezeigt. Damit erweitert sich die Syntax einer Java-Klassendefinition um eine letzte Komponente, was zu folgendem grundsätzlichen Aussehen führt:

Allgemeine Java-Klassendefinition

```
[Modifikator] class Klassenname [extends Oberklasse]
                                [implements InterfaceListe]
{
// Attributdefinitionen
// Operationsdefinitionen
}
```

Klassen können mehrere Interfaces implementieren, was als eine Art von sicherer Mehrfachvererbung angesehen werden kann. Nach dem Schlüsselwort `implements` kann eine Liste von Interfaces, durch Kommata getrennt, angegeben werden. Ist eine Klasse bereits aus einer anderen Klasse abgeleitet, erbt sie alle von ihren Oberklassen implementierten Interfaces und kann selbst weitere Interfaces implementieren.

Interfaces sind zwar ähnlich definiert wie Klassen, unterscheiden sich aber in folgenden Punkten:

> Interfaces können nur als `public` und `abstract` deklariert werden, wobei der Modifikator `abstract` implizit bereits enthalten ist und somit entfallen kann.
> Alle Konstanten eines Interfaces sind implizit `static` und `final`.
> Alle Operationen sind `abstract`.
> Ebenso wie Klassen können Interfaces aus anderen Interfaces erben, was durch das Schlüsselwort `extends` angegeben wird und dem Interface alle Operationen des übergeordneten Interfaces zur Verfügung stellt.

Eine weitere wichtige Eigenschaft ist, dass Variablen auch vom Typ eines Interfaces sein können. Für die Zuweisungskompatibilität bzgl. der Vererbungsstruktur gelten dieselben Regeln wie bei Klassen.

Das Interface `Comparable` ist Bestandteil des Pakets `java.lang` und enthält die abstrakte Operation `compareTo(object o)`, die es erlaubt, zwei Objekte paarweise miteinander zu vergleichen. Klassen, die das Interface `Comparable` implementieren, sind z. B. `String` und `Character`. Diese verwenden die Operation `compareTo(object o)` beispielsweise, um Elemente einer Menge von Objekten zu sortieren.

3 | Java (Erweiterte Konzepte)

Das folgende Kapitel behandelt einige erweiterte Aspekte der Programmiersprache Java. Neben den Konzepten der Ausnahmebehandlung und der Ein- und Ausgabe werden insbesondere auch die parallelen Prozesse (Threads) und Applets betrachtet. Die Kollektionen aus der umfangreichen Java-Klassenbibliothek bieten eine Fülle von abstrakten Datentypen, die in jeder Anwendung eingesetzt werden können. Mit Hilfe der Serialisierung ist es möglich, Objektstrukturen dauerhaft abzuspeichern. Darüber hinaus werden komplexe Themen, wie z. B. die Realisierung von Dialogen, die Anbindung an Datenbanken und die Netzwerkprogrammierung nicht außer Acht gelassen.

Übersicht

3.1	**Exceptions**	54
3.2	**Ein- und Ausgabe**	57
3.3	**Threads**	60
3.4	**Applets**	62
3.5	**Kollektionen (Collection)**	67
3.6	**Serialisierung**	70
3.7	**Dialoge**	72
3.8	**JDBC**	75
3.9	**Netzwerkprogrammierung**	79
3.10	**Dokumentationsgenerator**	85

3.1 Exceptions

Ausnahmebehandlung

Im Gegensatz zu vielen anderen Programmiersprachen verfügt Java über einen in der Sprache eingebauten Mechanismus zur Behandlung von Fehlersituationen. Fehler während der Programmausführung führen zur Auslösung einer Ausnahme (**Exception**), auf die der Programmierer reagieren kann. Da die Fehler während der Laufzeit eines Programms auftreten, leitet sich der Name Laufzeitfehler ab. In den meisten Programmiersprachen führt ein Laufzeitfehler zum Abbruch des Programms, in Java jedoch wird in einer solchen Situation eine Exception ausgelöst. Der Programmablauf, der beobachtet werden soll (try), verzweigt direkt vom Fehler zu einer vom Programmierer angegebenen Anweisung. Eine Ausnahme wird also an der Stelle des Auftretens ausgelöst (throws) und an der Stelle abgefangen (catch), an der der Programmablauf fortgeführt werden soll. Ein weiterer Vorteil dieses Konzepts ist die klare Trennung von fachlichem Programmtext und der Behandlung von Fehlern.

try-catch-finally-Anweisung

```
try
{ //Anweisungen, die ausgeführt werden sollen, bei
  //denen aber nicht sicher ist, dass sie richtig
  //ausgeführt werden können.
}
catch (entsprechende Exception e)
{ //Anweisungen, die ausgeführt werden, wenn der Fehler
  //auftritt.
}
finally
{ //Anweisungen, die immer ausgeführt werden sollen,
  //egal ob die Ausnahme auftritt oder nicht.
}
```

Im folgenden Beispiel soll ein Text in eine Datei geschrieben werden. Dazu sind Objekte der Klassen OutputStreamWriter und FileWriter (vgl. Kap. 3.2) notwendig. Beim Schreiben in eine Datei können aber Probleme mit der Datei selber, den Schreib- oder Leseoperationen oder andere grundsätzliche Probleme auftreten. Diese werden durch geeignete Ausnahmen (Exceptions) abgefangen.

Beispiel 3.1-1

Quelltext
```
import java.io.*;
public class Datei
{
 public static void main (String args[])
 {
   OutputStreamWriter osw;
```

Quelltext
```
    try
    { osw = new FileWriter("D:/Ausnahmedatei.txt");
      osw.write("Erfolg");
      osw.close(); }
    catch (FileNotFoundException e)
    { System.out.println("Datei existiert nicht!"); }
    catch (IOException e )
    { System.out.println("Probleme beim Schreiben!"); }
    catch (Exception e )
    { /*alles andere*/ }
  }
}
```

Im obigen Beispiel wird im try-Block versucht eine Datei anzulegen, in diese Datei das Wort „Erfolg" zu schreiben und anschließend die Datei zu schließen. Sollte beim Öffnen bzw. Anlegen der Datei ein Fehler auftreten, so wird eine FileNotFoundException geworfen und im ersten catch-Block abgefangen. Bei Schreib- oder Leseproblemen muss die IOException abgefangen werden. Alle anderen Arten von Ausnahmen, die geworfen werden können, werden im dritten catch-Block abgefangen.

In Java-Programmen können durch die throws-Anweisung auch Ausnahmen explizit ausgelöst bzw. geworfen werden. Fehlerbedingungen werden dabei an die aufrufenden Programme übergeben, wie das folgende Beispiel zeigt.

Beispiel 3.1-2(a)

Quelltext	Beschreibung

`import java.io.*;`
`public class ExceptionBsp`
`{`
` public static void main`
`            (String args[])`
` throws IOException`
` {`
`   BufferedReader din`
`      = new BufferedReader`
`          (new InputStreamReader`
`           (System.in));`
`   System.out.println`
`    ("Bitte geben Sie Text ein.");`
`   String s = din.readLine();`
` }`
`}`
	In diesem Beispiel wird die throws-Anweisung dazu verwendet, um falsche Benutzereingaben, die über die Tastatur getätigt werden, zu melden. Um Ausnahmen abfangen zu können, wird in der main-Operation eine IOException ausgelöst, wenn die Eingaben direkt in dieser Operation stattfinden.
	Wird die throws-Anweisung an dieser Stelle weggelassen, so kommt es bei der Übersetzung des Programms zu einer Fehlermeldung.

Beispiel 3.1-2(b)

Quelltext	Beschreibung

...
`public static void main`
`            (String args[])`
	Anstatt die ausgelöste IOException von der main-Operation an die virtuelle Ma-

Quelltext	Beschreibung
| ```
{
  BufferedReader din
      = new BufferedReader
        (new nputStreamReader
          (System.in));
  System.out.println
    ("Bitte geben Sie Text ein.");
  try
  { String s = din.readLine(); }
  catch (IOException e)
  { System.out.println(e); }
}
``` | schine weiterzuleiten und einen Laufzeitfehler auszulösen, kann stattdessen auch die `try-catch`-Anweisung verwendet werden. Damit wird die Ausnahme in der `main`-Operation behandelt. Sollte jetzt die Benutzereingabe fehlerhaft sein, so würde die entsprechende Meldung auf den Bildschirm geschrieben und das Programm ohne Fehler beendet. |

Fehlerobjekte

Jede Ausnahme ist ein Objekt der Klasse `java.lang.Throwable`. Ein solches Objekt wird als Parameter an die Ausnahmebehandlungsroutine (`catch`-Anweisung) übergeben, die die Ausnahme abfängt. Ist zu erwarten, dass in einem Programmstück eine Ausnahme auftreten kann, so sollte dieses Programmstück in einen `try`-Block eingeschlossen werden. Im Anschluss an den `try`-Block können dann eine oder mehrere Ausnahmebehandlungen angegeben werden. Dort wird beschrieben, was beim Eintreten der entsprechenden Ausnahme geschehen soll. Werden keine `catch`-Anweisungen angegeben, so muss der Fehler durch die `throws`-Anweisung weitergereicht werden. Dies geschieht solange, bis dieser Fehler über die `main`-Operation an die virtuelle Maschine gelangt und dort zu einem Laufzeitfehler des Programms führt.

Alle Fehlerklassen leiten sich von der Klasse `java.lang.Throwable` ab. Dabei werden Fehler, die vom System stammen, wie z. B. Hardwarefehler, von Fehlern unterschieden, die durch nicht definierte Ausnahmen entstehen. Systemfehler werden von den Error-Klassen verwaltet und können vom Programmierer wenig beeinflusst werden. In der zweiten Kategorie befinden sich die Ausnahmen, die von der Klasse `java.lang.Exception` abgeleitet sind. Hier werden allgemeine Fehler behandelt, wie z. B. Ein- / Ausgabefehler (`java.lang.IOException`), oder Programmierfehler, wie z. B. ein Überschreiten von Feldgrenzen. Es können aber auch selbst definierte, also spezifische Fehler der Anwendung, aus dieser Klasse abgeleitet werden. Damit ist der Aufbau von Fehlerklassen bzw. -hierarchien für eine bestimmte Anwendung sehr einfach.

Tab. 3.1-1: Häufige Ausnahmen

Exception	Beschreibung
`ArrayIndexOutOfBoundsException`	Wenn Elemente eines Feldes aufgerufen werden, die außerhalb der Indexgrenzen liegen.
```

Exception	Beschreibung
`NullPointerException`	Wenn ein konkretes Objekt erwartet wird, aber nur der leere Zeiger (Nullpointer) vorhanden ist.
`NumberFormatException`	Bei Konvertierung eines Textes in einen numerischen Wert, tritt dieser Fehler auf.

3.2 Ein- und Ausgabe

In Java wird die Ein- und Ausgabe mit Hilfe von so genannten **Strömen** (Streams) realisiert. Ein Datenstrom also, in dem Zeichenfolgen fließen. Bildlich gesehen ist ein Strom vergleichbar mit einer Pipeline. Ströme sind Objekte, deren Eigenschaften in Klassen definiert werden. Die für die Dateiein- und -ausgabe benötigten Klassen und Interfaces befinden sich im Paket `java.io`.

Ströme

Grundsätzlich unterscheidet Java zwischen **Zeichen-** und **Byteströmen**. Ab der Version 1.1 wurden in Java zusätzlich zu den Byteströmen, die aus der Klasse `Stream` abgeleitet werden, Zeichenströme eingeführt, die sich alle aus den Klassen `Reader` bzw. `Writer` ableiten. In Zeichenströmen werden ausschließlich Bytes bearbeitet, die auch nicht in andere Datentypen umgewandelt werden. Objekte der Klassen `Reader` bzw. `Writer` arbeiten mit Unicode-Zeichen.
Objekte der Klassen `InputStreamReader` bzw. `OutputStreamWriter` schlagen eine Brücke zwischen den Byteströmen- und den Zeichenströmen.

Zeichenströme vs. Byteströme

Tab. 3.2-1: Zeichen- und Byteströme

Zeichenströme	Beschreibung	Byteströme
`Reader`	Abstrakte Klasse für zeichenorientierte Eingabe.	`InputStream`
`BufferedReader`	Pufferung der Eingabe.	`BufferedInputStream`
`InputStreamReader`	Umformung eines Byte-Stroms in Zeichen.	*nicht vorhanden*
`FileReader`	Eingabe von Datei.	`FileInputStream`

Die beiden abstrakten Klassen `InputStream` und `Reader` dienen als Basis für alle konkret möglichen Eingabeströme. In ihnen werden nur einfachste Operationen zum sequenziellen Lesezugriff definiert, die weitgehend identisch sind und in denen jeweils einfach der Datentyp `byte` durch `char` zu ersetzen ist.

Eingabeströme

Tab. 3.2-2: Operationen aus `InputStream` *und* `Reader`

Operation	Beschreibung
`int read()`	Liest ein Zeichen aus dem aufrufenden Datenstrom und gibt es zurück.
`long skip(long anzahl)`	Ignoriert bzw. überspringt die mit `anzahl` angegebenen Zeichen im aufrufenden Datenstrom. Der Rückgabewert gibt die Anzahl der tatsächlich übersprungenen Zeichen an.
`boolean markSupported()`	Prüft, ob der aufrufende Datenstrom `mark()`- und `reset()`-Operationen unterstützt.
`void mark(int grösse)`	Markiert die aktuelle Position im aufrufenden Datenstrom. Zu einem späteren Zeitpunkt kann die `reset()`-Operation diese Position zurückliefern. Der Parameter gibt die maximal zu erwartende Anzahl von Zeichen an, die der Datenstrom zwischen `mark()`- und `reset()`-Operationen speichert.
`void reset()`	Setzt die Position im Datenstrom auf die vorherige Markierung zurück.

Die obige Tabelle enthält nur eine kleine Auswahl an Operationen der beiden Klassen. Die Operation `read()` gibt es auch noch mit weiteren Parameterangaben.

Ströme können miteinander verbunden werden, so dass z. B. beim Schachteln von Eingabeströmen dem Konstruktor ein Objekt eines anderen Datenstroms übergeben wird.

Beispiel 3.2-1

Quelltext	Beschreibung

``java
import java.io.*;
 	
public class TextEinAusgabe
{
 public static void main(String[] args)
 {
  System.out.println("Text eingeben und
          mit return abschliessen: ");
  try
  { BufferedReader in = new BufferedReader
     (new InputStreamReader (System.in));
    String s = in.readLine();
    System.out.println
     ("Der eingelesene Text lautet: " + s);
  }
  catch(IOException ex)
  { System.out.println(ex.getMessage()); }
 }
}
``
	Beispiel für die Schachtelung eines Eingabestroms.

Ausgabeströme schreiben die an sie übergebenen Daten in einen Datenspeicher. Die beiden abstrakten Klassen `OutputStream` und `Writer` besitzen annähernd die gleichen Operationen wie die entsprechenden Klassen der Eingabeströme.

Ausgabeströme

Tab. 3.2-3: *Operationen aus* `OutputStream` *und* `Writer`

Operation	Beschreibung
`void write(int c)`	Schreibt den übergebenen Inhalt in den aufrufenden Datenstrom.
`void flush()`	Leert den aufrufenden Strom.
`void close()`	Schließt den aufrufenden Strom.

Quelltext	Beschreibung

<pre>...
public static void main(String file[])
{ File fi = new File(file[0]);
  int dl = (int) fi.length();
  byte[] daten = new byte[dl];
 	
  try
  { FileInputStream fis =
          new FileInputStream(fi);
    int bytes_read = 0;
    while (bytes_read < dl)
      { bytes_read += fis.read (daten,
            bytes_read, dl - bytes_read);}
  }
  catch (IOException e)
  { System.out.println(e); }
 	
  String dStr = new String(daten);
  System.out.println(dStr);
 	
  try
  { FileOutputStream fo =
          new FileOutputStream(file[1]);
    PrintWriter pw =
          new PrintWriter(fo, true)
    pw.println(dStr);
  }
  catch (IOException er)
  { System.out.println(er); }
}</pre>
	In diesem Beispiel wird eine als Aufrufparameter übergebene Datei geöffnet und der entsprechende Inhalt eingelesen. Anschließend wird der Inhalt der ersten Datei in eine zweite Datei, die als zweiter Aufrufparameter übergeben wird, ausgegeben. Ein Beispiel für einen möglichen Aufruf dieses Programms ist: `java EinDatei.java AusDatei.txt` .

Beispiel 3.2-2

Als Ergänzung zu den Datenströmen gibt es in Java eine Klasse, die den Umgang mit Dateien erleichtert. Die Klasse `RandomAccessFile` bietet Funktionen an, um wahlfrei auf Dateien zuzugreifen. Dazu arbeitet sie mit einem Programmzeiger, der an jede beliebige Stelle einer Datei gesetzt

RandomAccessFile

werden kann. Wichtig ist hierbei, dass es sich um echte Dateien, und nicht um Felder o. ä. handelt. Die Größe der Dateien ist unerheblich, solange sie vom Betriebssystem unterstützt wird. Die Klasse besitzt zwei Konstruktoren, deren Parameter mode (r, w, rw) die Art des Zugriffs beschreibt.

Tab. 3.2-4: Konstruktoren `RandomAccessFile`

Konstruktor	Beschreibung
`public RandomAccessFile (File file, String mode)`	Öffnet die Datei `file` vom Datentyp `File`.
`public RandomAccessFile (String name, String mode)`	Öffnet die Datei `name` über ihren Dateinamen.

Analog zu den weiter oben beschriebenen Datenströmen gibt es auch in der Klasse `RandomAccessFile` eine Operation `close()`, die den Datenstrom schließt. Folgende Operationen stehen zur Verfügung, um auf den Dateizeiger zuzugreifen.

Tab. 3.2-5: Operationen aus `RandomAccessFile`

Operation	Beschreibung
`public long getFilePointer()`	Liefert die Position des Dateizeigers.
`public void seek(long pos)`	Setzt den Dateizeiger an die Position `pos` der Datei.
`public void skipBytes(int n)`	Verschiebt den Dateizeiger um `n` Positionen.

Die Operation `public long length()` liefert die Größe einer Datei und durch `public void setLength(long length)` kann diese verändert werden. Außerdem implementiert die Klasse `RandomAccessFile` die Interfaces `DataInput` und `DataOutput`, die für jeden primitiven Datentypen eine entsprechende Lese- bzw. Schreiboperation zur Verfügung stellen.

3.3 Threads

Leichtgewichtiger Prozess

Ein **Thread** wird auch als leichtgewichtiger Prozess bezeichnet. Bisher wurden ausschließlich Programme betrachtet, die nur einen einzigen Thread aufweisen. Unter dem Begriff „Multi-Threading" versteht man jedoch die Fähigkeit, innerhalb eines Programms mehrere Threads zu starten, so dass der Eindruck entsteht, verschiedene Aktionen würden zeitgleich ausgeführt. In Wirklichkeit teilen sich die einzelnen Threads aber einen gemeinsamen Adressraum und damit auch den Quelltext und die Daten. Die einzelnen Threads bekommen jeweils kurze Zeitintervalle vom Prozessor zur Abarbeitung ihrer Aufgaben zur Verfügung gestellt.

In Java können Threads entweder aus der Klasse `Thread` abgeleitet oder durch das Interface `Runnable` implementiert werden. Durch die Operation `start()` wird der jeweilige Thread gestartet. Dazu muss vorher die Operation `run()` aus der Klasse `Thread` überschrieben bzw. die Operation des Interfaces mit dem entsprechenden fachlich auszuführenden Quelltext implementiert werden.

Threads sind demnach quasiparallel ablaufende Prozesse, die sich einen gemeinsamen Adressraum teilen. Um einen sicheren Ablauf zu gewährleisten, der keine Daten überschreibt bzw. keine Verklemmungen (Deadlocks) entstehen lässt, müssen diese Prozesse synchronisiert werden. Dazu stehen verschiedene Operationen zur Verfügung.

Durch die Synchronisation von Threads ist es möglich, dass mehrere Threads auf die Daten eines Objekts zugreifen ohne sich dabei zu behindern. Einzelne Threads können durch die Operation `sleep()` für eine gewisse Zeit gestoppt werden. Die Operation `join()` ermöglicht das Zusammenführen mehrerer Threads.

Synchronisation

Tab. 3.3-1: Operationen zu Threads

Operation	Beschreibung
`Thread()`	Konstruktor der Klasse `Thread`.
`Thread(String name)`	Wie oben, `Thread` bekommt die Zeichenkette als Namen zugewiesen.
`start()`	Ruft die Operation `run()` auf und startet die Abarbeitung der Prozesse.
`run()`	Operation, die den fachlich auszuführenden Quelltext enthält.
`interrupt()`	Unterbricht einen laufenden Thread.
`stop()`	Beendet einen laufenden Thread. Im Gegensatz zur Operation `interrupt()` ist hier nicht gewährleistet, dass die notwendigen Arbeitsschritte korrekt ausgeführt worden sind.
`suspend()`	Setzt den Thread in einen inaktiven Zustand.
`yield()`	Stoppt vorübergehend die Ausführung eines Threads, um anderen Threads die Möglichkeit zu geben, ihre Anweisungen zu Ende zu führen.
`join()`	Wartet auf die Beendigung eines Threads.
`resume()`	Operation zur Wiederaufnahme eines deaktivierten Threads.
`sleep(long millisec)`	Hält die Bearbeitung des Threads für die angegebene Zeit `millisec` an.

Das folgende Beispiel zeigt eine einfache Anwendung von Threads. Es wird dort ein einzelner Thread definiert, der die ihm bei der Initialisierung übergebene Zeichenkette fünf Mal ausgibt. Die Wartezeiten zwischen den Ausgaben sind zufällig und können bis zu 5 Sekunden dauern. Im Hauptprogramm werden drei Exemplare dieses Threads erzeugt.

Beispiel 3.3-1

Quelltext	Beschreibung
| ```java
public class AusgabeThread
extends Thread
{ public AusgabeThread(String str)
   {super (str) ;}

 public void run()
 {for (int i = 1; i < 6; i++)
   {try
    {sleep((int)(Math.random()*5000));}

     catch (InterruptedException e)
    {System.out.println("Fehler! "); }

    System.out.println(i + " "
                        +getName());
   }
   System.out.println("Fertig mit "
                    + getName());
 }
}
public class ThreadTest
{
 public static void main (String[] args)
 {new AusgabeThread
           ("Ausgabe 1 ").start();
  new AusgabeThread
           ("Ausgabe 2 ").start();
  new AusgabeThread
           ("Ausgabe 3 ").start();
 }
}
``` | mögliche Ausgabe:<br><br>1 Ausgabe 3<br>1 Ausgabe 2<br>1 Ausgabe 1<br>2 Ausgabe 2<br>2 Ausgabe 3<br>2 Ausgabe 1<br>3 Ausgabe 1<br>3 Ausgabe 2<br>3 Ausgabe 3<br>4 Ausgabe 1<br>4 Ausgabe 2<br>4 Ausgabe 3<br>5 Ausgabe 2<br>Fertig mit Ausgabe 2<br>5 Ausgabe 1<br>Fertig mit Ausgabe 1<br>5 Ausgabe 3<br>Fertig mit Ausgabe 2 |

3.4 Applets

Ein **Applet** stellt eine besondere Form eines Programms dar. Es wird in eine HTML-Seite eingebettet und von dort aus ausgeführt. Hierzu dient das so genannte `<Applet>`-Tag, welches als Verweis auf den ausführbaren Code zeigt. Zum Starten des Quelltextes wird ein Browser mit Java-Laufzeitumgebung (z. B. MS-Internet-Explorer oder Netscape-Navigator) benötigt. Alternativ kann zum Ansehen und Testen der Applets der in der Java2-Platform enthaltene Appletviewer verwendet werden.
```

Der Aufbau eines Applets wird vom Grundprinzip durch folgende Eigenschaften charakterisiert:
> Jedes Applet wird von der Klasse `Applet` abgeleitet.
> Die Standard-Operationen der Klasse Applet (`init()`, `start()`, `stop()` und `destroy()`) müssen überschrieben werden, d. h. der Programmierer muss diese Operationen mit seinem fachlichen Programmtext füllen.
> Ein Applet arbeitet immer grafik- und ereignisorientiert, d. h. es ist nicht möglich, rein textliche Ein- und Ausgaben durchzuführen.

Grundaufbau eines Applets

```
import java.awt.*;
import java.applet.*;

public class AppletGeruest extends Applet
{
  public void init()
  { // z. B. Initialisierung }

  public void start()
  { // z. B. Hintergrund neu zeichnen }

  public void paint(Graphics g)
  { //Grafikbefehle }

  public void stop()
  { // wird nur selten verwendet}

  public void destroy()
  { // beenden des Applets }
}
```

Lebenszyklus

Im Vergleich zu den Java-Anwendungen, deren Lebenszyklus sich lediglich vom Start bis zur Beendigung erstreckt, kann der Lebenszyklus eines Applets durch verschiedene Operationen beeinflusst werden.

Tab. 3.4-1: Operationen aus Applet

Operation	Beschreibung
init()	In der Operation init() wird das Applet i. d. R. initialisiert, d. h. Maßnahmen werden durchgeführt, die für die Funktion des Programms wichtig sind, wie z. B. die Parametereingabe oder das Einbinden von Multimediaelementen. Die Operation init() wird einmalig direkt nach dem Laden des Applets ausgeführt und sollte deshalb Anweisungen mit Initialisierungsaufgaben enthalten.

Operation	Beschreibung
start()	Wie der Name der Funktion bereits vermuten lässt, wird das Applet durch start() gestartet, nachdem es durch init() initialisiert wurde. Diese Operation kann mehrmals innerhalb des Lebenszyklus eines Applets ausgeführt werden, d. h. jedes Mal, wenn es durch stop() angehalten wurde. In start() erfolgen beispielsweise Thread-Aufrufe mit berechnender Funktionalität.
stop()	Die Operation stop() unterbricht den Fortlauf des Applets, wenn das Programm aus dem Sichtbarkeitsbereich verschwindet, z. B. bei Überlappung oder Minimierung des Browserfensters. Des Weiteren sollten an dieser Stelle auch die Threads gestoppt werden, die durch start() ins Leben gerufen wurden. Somit arbeiten start() und stop() Hand in Hand.
destroy()	Mit destroy() wird das Applet endgültig beendet, d.h. Ressourcen, sofern diese überhaupt freigegeben werden müssen, werden entbunden. I. d. R. übernimmt diese Aufgabe aber der Garbage Collector. An dieser Stelle könnten aber auch beispielsweise bestehende Netzwerkverbindungen getrennt werden.

Der Lebenszyklus eines Applets kann auch durch den einfachen Zustandsautomaten in Abb. 3.4-1 verdeutlicht werden.

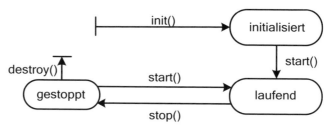

Abb. 3.4-1: *Lebenszyklus eines Java-Applets*

Parameterübergabe

Innerhalb des <Applet>-Tags ist es möglich, ein Attribut zu definieren, mit dessen Hilfe Applets Daten über den HTML-Code beziehen können. Somit können Autoren von Webseiten das Programm an ihre Bedürfnisse anzupassen, ohne den Java-Quelltext zu verändern. Beispielsweise kann auf diese Weise ein individueller Text übergeben werden, der zur Laufzeit angezeigt werden soll. Es können aber auch Text- oder Grafikfarben angegeben oder Multimediaelemente eingebunden werden, die das Applet zu einem bestimmten Zeitpunkt ausführt. Die Übergabe von Parametern an ein Applet sorgt für eine hohe Flexibilität.

Das <PARAM>-Attribut des <Applet>-Tags zur Übergabe eines Parameters besteht aus zwei Komponenten:

> NAME – Name des Parameters, über den dieser im Java-Quelltext angesprochen wird.

> VALUE – bezeichnet den Inhalt des Parameters.

Beispiel 3.4-1

Quelltext	Beschreibung

`<PARAM Name = meldung Value = „Ihr PC wird heruntergefahren!">`
...
`String appletmeldung;`
`appletmeldung =`
`    getParameter("meldung");`
...
	Über die Java-Operation `getParameter()` kann der Parameter aus den Applet heraus abgerufen werden. Der String `appletmeldung` bekommt so den Inhalt der Meldung zugewiesen. Wird die Zeile des Parameter-Attributs im HTML-Code weggelassen, erfolgt somit keine Definition. Wird aber dennoch die Operation `getParameter()` im Java-Programm aufgerufen, bekommt der String `appletmeldung` den Wert `null` zugewiesen.

Alle Parameter werden in einem Applet als Zeichenfolge behandelt. Daher müssen Parameter mit numerischem Wert zuerst in eine Zahl konvertiert werden. Für besonders hohe Flexibilität sorgt die Tatsache, dass einem Parameter mehrere Werte bzw. eine Liste von Werten zugewiesen werden können.

Beispiel 3.4-2

Quelltext	Beschreibung
`<PARAM Name = Pix Value =` `   „1.jpg | 2.jpg | 3.jpg…">`	Es kann situationsabhängig ein unterschiedliches Bild angezeigt werden.

Prinzipiell lassen sich zwei Arten von Parametern unterscheiden, die an ein Applet übergeben werden können. Die erste Gruppe wird vom Browser interpretiert und beeinflusst lediglich die visuelle Darstellung des Applets. Hierzu zählen Parameter wie CODE, WITDH und HEIGHT (CODE gibt den Namen der Applet-Klasse zurück, WITDH und HEIGHT liefern die Höhe und die Breite des dargestellten Applets). Die Parameter der zweiten Gruppe werden vom Browser lediglich an das Applet weitergegeben.

Tab. 3.4-2: Appletparameter

Parameter	Beschreibung
Codebase	Setzt ein alternatives Verzeichnis für das Laden der Klassendatei.
Object	Name einer Datei, die den serialisierten Inhalt des Applets enthält.
Alt	Alternativer Text für Browser ohne Java-Unterstützung.
Name	s. o.

Parameter	Beschreibung
`Align`	Vertikale Anordnung des Applets in einer Textzeile (z. B. `left`, `right`, `top`).
`Vspace`	Rand oberhalb und unterhalb des Applets.
`Hspace`	Rand links und rechts vom Applet.

Multimedia

Multimediaelemente, wie z. B. Audiosequenzen oder Bilder, können ebenfalls in ein Applet eingebaut werden. Um einem Applet eine Audio-Datei hinzuzufügen, kann die Operation `getAudioClip()` verwendet werden. Zur Behandlung von Audio-Dateien stehen die drei Operationen `play()` (Abspielen), `stop()` (Anhalten) und `loop()` (Wiederholen) zur Verfügung. Seit der Version Java 1.2 gibt es neue Audio-Klassen, die neben AU- auch MIDI-, RMF-, WAVE- und AIFF-Dateien verarbeiten können. Audiosequenzen können auch als eigene Threads angelegt werden. Damit ist es möglich, z. B. Bild- und Audiosequenzen unabhängig voneinander in einem Applet ablaufen zu lassen.

Parameterübergabe

Ein Browser, in dem ein Java-Applet ausgeführt wird, überwacht neben der Ausführung auch zusätzlich die Aktivitäten der Applets. Es wird vermerkt, woher ein Applet kommt (URL-Adresse) und welche TCP- oder IP-Operation es ausführt und welche Protokollfunktionen genutzt wurden.

Wird ein unklares Verhalten eines Applets durch den Browser registriert, so verändert er das Appletverhalten derart, dass weitere Zugriffe aus dieser Quelle unterbunden werden. Die Aktivitäten des Applets werden protokolliert, so dass sie noch im Nachhinein zurückverfolgt werden können.

Beispiel 3.4-3

Das folgende Beispiel visualisiert den Lebenszyklus eines Applets. In der linken Spalte ist der Java-Quelltext zu sehen, in dem die einzelnen Zustände des Applets einfach ausgegeben werden. Die Einbindung des Quelltextes in eine HTML-Seite steht in der rechten Spalte. Das Applet kann nun durch Aufruf des Appletviewers gestartet werden.

Die beiden Bildschirmabzüge zeigen das Applet bzw. seine Ausgaben nach dem Start (links) und nach dem einmaligen Neustart (rechts).

Quelltext	HTML-Code

`import java.awt.*;`
`import java.applet.*;`
 	
`public class SimpleText`
`            extends Applet`
`{ TextField f;`
 	
`  public void init()`
`  { f = new TextField();`
`    f.setEditable(false);`
`    setLayout`
	`<HTML>`
	`<HEAD>`
	`</HEAD>`
	`<BODY BGCOLOR="000000">`
	`<CENTER>`
	`<APPLET     code     =`
	`  "SimpleText.class"`
	`  width   = "150"`
	`  height  = "100"`
	`  >`
	`</APPLET>`

Quelltext	HTML-Code
| ``` 
    (new GridLayout(1,0));
    add(f);
    validate();
    write("init");
  }

  public void start()
  { write("start");}

  public void stop()
  { write("stop");}

  public void destroy()
  { write("destroy");}

  void write(String s)
  { System.out.println(s);
    f.setText(f.getText()
              + s + "  ");
    repaint();
  }
}
``` | ```
</CENTER>
</BODY>
</HTML>
``` |

3.5 Kollektionen

Kollektionen sind von der Java-Standardbibliothek zur Verfügung gestellte Strukturen, in denen auf eine komfortable Art und Weise große Mengen von Objekten abgelegt und verwaltet werden können. Es werden gängige Datenstrukturen, wie z. B. Listen, Keller und Hash-Tabellen, zur Verfügung gestellt. Die einzelnen Objekte sind innerhalb der Struktur gekapselt abgelegt, so dass jedes Element eindeutig gefunden werden kann. Wie dies intern realisiert ist, bleibt dem Benutzer aufgrund des realisierten Geheimnisprinzips größtenteils verborgen.

Sammlungen

Die Klasse `Vector` stellt dem Anwender eine lineare Liste zur Verfügung, in die zur Laufzeit Elemente an beliebiger Stelle eingefügt oder gelöscht werden können. Ihre Länge ist dynamisch veränderbar. Der Zugriff auf einzelne Elemente ist sequenziell oder wahlfrei.

Vector

Beispiel 3.5-1

Das nachfolgende Beispiel zeigt die Anwendung einiger Operationen der Klasse `Vector`. Zunächst wird das Objekt `meinVector` aus der Klasse `Vector` erzeugt. Diesem werden Zeichenketten hinzugefügt und danach ausgegeben. Das Entfernen eines einzelnen Elements erfolgt anschließend. Um den aktuellen Inhalt von `meinVector` auszugeben, wird ein Objekt der Klasse `Enumeration` erzeugt, mit dem `meinVector` iterativ durchlaufen werden kann. Dieser Durchlauf dient der Ausgabe aller Elemente.

Quelltext	Beschreibung
| ```java
import java.util.*;
public class VectorBeispiel
{
 public static void main(String args[])
 {
  Vector meinVector = new Vector();
  int i = 0;
``` | Deklaration und Initialisierung der Datenstruktur. |
| ```java
  meinVector.addElement(new String("Ich "));
  meinVector.addElement(new String("bin "));
  meinVector.addElement(new String
                       ("der Vector "));
  meinVector.addElement(new String
                       ("'meinVector'. "));
``` | Hinzufügen von Zeichenketten. |
| ```java
  while (i < 4)
  { System.out.print(
     (String)meinVector.elementAt(i));
    i++; }
``` | |
| ```java
  meinVector.removeElementAt( 2 );
  System.out.println();
``` | Element an dritter Stelle entfernen. |
| ```java
  Enumeration e = meinVector.elements();
  while (e.hasMoreElements())
  { System.out.print( e.nextElement() ); }
 }
}
``` | Durchlaufen der Datenstruktur und Ausgab der Elemente. |

Stack

Ein **Stack** (auch als Keller oder Stapel bezeichnet) ist eine Datenstruktur, die nach dem „Last-in-first-out"-Prinzip arbeitet, d. h. ein Element wird immer auf die oberste Position des Stapels abgelegt. Da dies die einzige Zugriffsmöglichkeit auf die einzelnen Elemente ist, muss das zuletzt eingefügte Element auch als erstes wieder entfernt werden. Die Klasse `Stack` ist aus der Klasse `Vector` abgeleitet und besitzt Operationen wie z. B. `push()`, `pop()`, `peek()` und `empty()`.

Hashtable

Im abstrakten Datentyp **Hash-Tabelle** können Paare der Form (Schlüssel, Wert) abgespeichert werden. Java bietet hierzu die Klasse `Hashtable` an. Ein Objekt der Klasse `Hashtable` speichert Informationen mit Hilfe des so
```

genannten Hashing-Verfahrens. Hierunter versteht man Speicherungs- und Suchverfahren, bei denen die Adressen von Datensätzen aus den zugehörigen Schlüsseln errechnet werden. Dazu wird über den Informationsgehalt eines Schlüssels ein eindeutiger Wert (Hash-Code) ermittelt, der anschließend als Index für die mit dem Schlüssel verknüpften Daten dient. Die Umwandlung des Schlüssels in den Hash-Code erfolgt automatisch, so dass dies für den Programmierer im Verborgenen bleibt.

Für das sequenzielle Durchlaufen oder das Kopieren von Objekten der bisher vorgestellten Sammlungen sind die Schnittstellen `Enumeration` und `Clonable` von Bedeutung. Das Interface `Enumeration` deklariert die Operationen `hasMoreElements()` und `nextElement()`, mit denen die Elemente einer Sammlung von Objekten jeweils nacheinander durchlaufen werden können. Klassen, die die Schnittstelle `Clonable` implementieren, verwenden die Operation `clone()` zum bitweisen Kopieren von Objekten dieser Klasse.

Enumeration

Seit den neueren Versionen der Java-2-Platform gibt es zusätzlich ein weiteres Application Programming Interface (API), welches als Collection Framework bezeichnet wird. Die Operationen der in diesem Framework vorhandenen Klassen sind unsynchronisiert und bieten dem Benutzer die Möglichkeit, eigene Kollektionen zu entwerfen.

Collection Framework

Die Klassen des Collection-Frameworks werden in drei Grundformen unterteilt:

> `List`: Liste von Elementen beliebigen Typs mit der Möglichkeit, auf die einzelnen Elemente sowohl wahlfrei als auch sequenziell zuzugreifen. Aus dieser Klasse leiten sich `ArrayList` und `LinkedList` ab.

> `Set`: Menge von Elementen, die keine doppelten Elemente enthält und auf die mit den Mengenoperationen zugegriffen werden kann. Sie dient als Basisklasse für `TreeSet` (sortiert) und `HashSet` (unsortiert).

> `Map`: Menge zugehöriger Paare von Objekten, die durch die Klassen `TreeMap` (sortiert) und `HashMap` (unsortiert) implementiert werden kann.

Die Schnittstellen `List` und `Set` erben ihre wesentlichen Operationen aus dem Basisinterface `Collection`. `Map` ist keine direkte Unterklasse von `Collection`, implementiert aber dieselben elementaren Funktionen.

Das Basisinterface `Collection` legt folgende Anforderungen an die Klassen fest, die das Interface implementieren:

Bedingungen für die Implementierung von Collection

> Jede Klasse muss zwei Konstruktoren enthalten: Einen parameterlosen Konstruktor und einen Konstruktor, der als Übergabewert eine andere Kollektion erhält und deren Elemente übernimmt.

> Die Operationen `contains()`, `containsAll()`, `size()`, `isEmpty()`, `toArray()`, `equals()` und `hashCode()` müssen implementiert werden. Die Implementierung aller anderen Operationen ist optional.

> Wird eine Operation nicht zur Verfügung gestellt, muss eine Ausnahmebehandlung für eine `UnsupportedOperationException` definiert werden.

Iterator — Das Interface `Iterator` dient dem sequenziellen Durchlaufen einer Kollektion und enthält die Operationen `boolean hasNext()`, die den Wert `true` zurückgibt, wenn noch mindestens ein Element im Iterator enthalten ist, und `Object next()`, die das nächste Element zurückgibt.

3.6 Serialisierung

In Java gibt es das Konzept der **Serialisierung**. Damit lassen sich beliebige Objekte bzw. ihr jeweils aktueller Zustand in einen Byte-Strom (vgl. Kap. 3.2) umwandeln. Dieser Byte-Strom kann dann z. B. zur dauerhaften Speicherung in eine Datei umgeleitet werden. Umgekehrt kann das ursprüngliche Objekt aus einer Datei bzw. einem Byte-Strom wieder hergestellt werden. Dies wird als **Deserialisierung** bezeichnet. Durch die Serialisierung bietet Java somit ein einfaches Konzept an, mit dem eine elementare Objekt-Persistenz erreichbar ist. Außerdem kann mittels dieser Byte-Repräsentation ein Objekt z. B. auch über ein Netzwerk gesendet werden.

Serialisieren — Zum Serialisieren steht die Klasse `ObjectOutputStream` mit der Operation `writeObject(Object o)` zur Verfügung. Diese Operation schreibt das spezifizierte Objekt in den `ObjectOutputStream`. Um Objekte zu serialisieren, muss die entsprechende Klasse das Interface `Serializable` implementieren. Dieses Interface besitzt jedoch keine Operationen und dient nur der Markierung von serialisierbaren Objekten. Da bei der Serialisierung eines Objekts auch alle referenzierten, serialisierbaren Objekte serialisiert und in den `ObjectOutputStream` geschrieben werden, können somit auch Assoziationen zwischen Objekten einfach gespeichert werden. Klassenvariablen werden nicht serialisiert, da diese nicht zum Objekt, sondern zur Klasse des Objektes gehören.

Deserialisieren — Das Deserialisieren wird mit der Klasse `ObjectOutputStream` und der Operation `readObject()` durchgeführt. Diese Operation liest die einzelnen Daten aus dem `ObjectInputStream` und erzeugt dann aus den Daten das entsprechende Objekt. Das neue Objekt ist mit dem ursprünglichen Objekt nicht identisch, wohl aber stimmen sein Zustand und sein Verhalten überein.

Nach der Deserialisierung muss das erzeugte Objekt in den tatsächlichen Typ (oder eine seiner Oberklassen) umgewandelt werden, da der Rückgabewert von `readObject()` vom Typ `Object` ist.

transient — Ein als `transient` deklariertes Attribut einer Klasse wird bei der Serialisierung eines Objekts nicht berücksichtigt.

Für die Serialisierung eines Objekts wird eine Versionsnummer der zugehörigen Klasse erzeugt und in der Ausgabedatei gespeichert. In die Versionsnummer gehen Name und Signatur der Klasse, implementierte Interfaces sowie Operationen und Konstruktoren ein. Bei der Deserialisierung des Objekts kommt es zu einem Vergleich der gespeicherten Versionsnummer mit der aktuellen Versionsnummer der Klasse. Stimmen diese nicht überein, so wird eine InvalidClassException erzeugt und die Deserialisierung bricht ab.

Versionieren

Beispiel 3.6-1(a)

Quelltext	Beschreibung
`class Paar implements Serializable` `{ ... }`	Serialisierbare Beispielklasse

`public class Serialisierung`
`            implements Serializable`
`{Paar paar;`
` Serialisierung (int zahl,String string)`
`   { paar = new Paar ( zahl, string); }`
 	
`public String toString()`
`{return "Serialisierung , paar= "+paar;}`
 	
` public static void main(String[]args)`
` throws IOException`
` {ObjectOutputStream out = new`
`   ObjectOutputStream(`
`       new FileOutputStream("seri"));`
	Serialisierbare Beispielklasse mit einem (ebenfalls serialiserbaren) Objekt der Klasse Paar.

` out.writeObject`
`     (new Serialisierung(`
`         4711, "FH-DO-Studie"));}`
`}`
	Ein Objekt der Klasse Serialisierung wird erzeugt und in die Datei seri geschrieben.

Beispiel 3.6-1(b)

Quelltext	Beschreibung

`class SeriLesen`
`{`
` public static void main (String[]args)`
` throws Exception`
 `{`
`  ObjectInputStream in = new`
`   ObjectInputStream (`
`       new FileInputStream("seri"));`
`  Object obj = in.readObject();`
`  System.out.println("Gelesen:`
`    Objekt der Klasse "+obj.getClass());`
`  System.out.println("Objekt: "+obj);`
` }`
`}`
	Eine Beispielklasse zum Lesen serialisierter Objekte aus ObjectInputStream liest ein Objekt aus der Datei seri und gibt es aus.

3.7 Dialoge

Java stellt für die Erstellung einer grafischen Benutzungsoberfläche (GUI = graphical user interface) die Java Foundation Classes zur Verfügung, die aus mehreren Paketen bestehen. Hierzu zählen unter anderem die Pakete **AWT** (abstract window toolkit) und **Swing**.

Da die genaue Beschreibung der Erstellung von grafischen Benutzungsoberflächen den Rahmen dieses Kapitels sprengen würde, sei hier zusätzlich auch auf die im Literaturverzeichnis angegebenen Bücher verwiesen.

Fenster- und Steuerelemente

Die oben erwähnten Pakete AWT und Swing stellen dem Benutzer die üblichen Elemente, wie z. B. Fenster mit und ohne Rahmen oder modale Dialogfenster zur Verfügung. Steuerelemente, wie z. B. Textfelder, Schaltflächen, Zeichenflächen oder Markierungsfelder, werden ebenfalls in ausreichender Anzahl angeboten. Komponenten einer grafischen Benutzungsoberfläche, wie z. B. Menüs oder die Zwischenablage, sind ebenfalls Bestandteile der Klassenbibliotheken.

Da Java eine vollständig objektorientierte Programmiersprache ist, können alle diese Elemente einfach als Objekte der entsprechenden Klassen erzeugt und in einem Fenster platziert werden.

Layout-Manager

Zum Aufbau einer grafischen Benutzungsoberfläche stehen so genannte Layout-Manager zur Verfügung. Sie helfen bei der Anordnung von einzelnen Komponenten, wie z. B. Schaltflächen, so dass die genaue Angabe von x- und y-Koordinaten nicht erforderlich ist. Ein großer Vorteil bei der Verwendung von Layout-Managern liegt in der automatischen Anpassung der Größe der Komponenten bei Verkleinerung bzw. Vergrößerung des umgebenden Fensters.

Ereignisverarbeitung

Besitzt ein Programm eine grafische Benutzungsoberfläche, dann bedient der Benutzer i. d. R. die Anwendung durch Tastatureingaben und durch das Bewegen bzw. Klicken der Maus. Diese Benutzeraktivitäten lösen Ereignisse aus, die vom jeweiligen GUI an das Programm weitergegeben werden.

Die Oberklasse aller Ereignisklassen des AWT ist die Klasse `AWTEvent`, welche im Paket `java.awt.event` vorhanden ist. Klassen, die sich mit der Ereignisbehandlung von Benutzungsoberflächen beschäftigen, müssen daher dieses Paket importieren.

Im AWT werden zwei Arten von Ereignissen unterschieden: Primitive Ereignisse, die sich auf Fenster und Interaktionselemente beziehen und semantische Ereignisse, die nicht an ein bestimmtes Interaktionselement gebunden sind, sondern Ereignisse wie z. B. das Ändern eines Zustands repräsentieren.

EventListener

Prinzipiell wird ein Ereignis von einer Ereignisquelle (z. B. einer Schaltfläche) erzeugt und an ein registriertes Lauschobjekt (EventListener) übergeben oder es wird verworfen. Das Lauschobjekt wartet demnach auf Ereignisse eines bestimmten Typs für die es entsprechende Operationen implementiert hat, die von der Ereignisquelle, bei der es sich registriert, aufgerufen werden können. Um sicherzustellen, dass diese Operationen vorhanden sind, müssen die Lauschobjekte bestimmte Interfaces implementieren. Ist die dem Ereignis entsprechende Operation nicht vorhanden, so wird nicht auf das Ereignis reagiert.

Als Ereignistypen stehen z. B. die Klassen `MouseEvent` oder `ActionEvent` zur Verfügung. Die entsprechenden Interfaces für die Lauschobjekte sind `MouseListener` bzw. `MouseMotionListener` und `ActionListener`.

Adapterklassen für Lauscherschnittstellen

Bei der Deklaration einer Klasse, die eine Lauscherschnittstelle implementiert, müssen immer alle Operationen des Interfaces implementiert werden, was oft zu vielen leeren Operationen führt, da auf alle Ereignisse gar nicht reagiert werden kann bzw. soll. Abhilfe für dieses Problem schaffen die so genannten Adapterklassen, die eine vorgegebene Schnittstelle mit leeren Operationsrümpfen implementieren. Diese können verwendet werden, wenn aus einer Schnittstelle nur ein Teil der Operationen benötigt wird. In diesem Fall wird eine neue Unterklasse der Adapterklasse gebildet und die nur dort benötigten Operationen implementiert. Alle übrigen Operationen werden von der Adapterklasse zur Verfügung gestellt.

Zu jedem elementaren Ereignis stellt das Paket `java.awt.event` eine passende Adapterklasse zur Verfügung (z. B. `MouseAdapter`).

Menüs

Die Erstellung von Menüs kann mit den Klassen `CheckboxMenuItem`, `MenuBar`, `MenuItem`, `MenuComponent` und `Menu` vorgenommen werden.

Ein Objekt der Klasse `MenuBar` enthält ein oder mehrere Objekte vom Typ `Menu`. Jedes dieser Objekte enthält wiederum eine Liste von Objekten der Klasse `MenuItem`, welche dem Benutzer eine Auswahlmöglichkeit bieten. Da `Menu` eine von `MenuItem` abgeleitete Klasse ist, kann somit eine Hierarchie verschachtelter Untermenüs eingerichtet werden.

Zwischenablage

Außerdem können in Java Daten mit anderen Programmen über die so genannte Zwischenablage ausgetauscht werden. Die zugehörigen Klassen und Interfaces befinden sich in dem Paket `java.awt.datatransfer`.

Beispiel 3.7-1

Quelltext	Beschreibung
```import java.awt.*;import java.awt.event.*;public class TextEinAusgabeextends Frame{ TextField eingabe; Label ausgabe; public static void main(String[]args) { TextEinAusgabe meinFenster = new TextEinAusgabe ("Test-Ein-/Ausgabe"); meinFenster.setSize(400,200);```	Erzeugen einer grafischen Oberfläche, in der ein zuvor eingegebener Text über den Zwischenspeicher wieder ausgegeben wird.

Quelltext	Beschreibung
| ```
    meinFenster.show();
  }
  public TextEinAusgabe
              (String fensterTitel)
  {super (fensterTitel);
   Label hinweis =
    new Label ("Text eingeben und mit
                        Return beenden");
   eingabe = new TextField();
   ausgabe = new Label();
   add ( BorderLayout.NORTH ,eingabe );
   add ( BorderLayout.CENTER,hinweis);
   add ( BorderLayout.SOUTH ,ausgabe);

   eingabe.addActionListener
              (new ActionListener()
   { public void actionPerformed
     (ActionEvent ev){ meineMethode(); }
   });

   addWindowListener(new WindowAdapter()
   { public void windowClosing
                        (WindowEvent ev)
   { dispose();
     System.exit(0);}
   });
  }

  void meineMethode()
  { ausgabe.setText ("Der eingegebene
     Text lautet: "+eingabe.getText()); }
}
``` | |

GUI mit Swing

Durch die Swing-Komponenten, die vollständig in Java programmiert sind, wird ein plattform-unabhängiges Oberflächendesign mit einer einheitlichen Handhabung auf allen Rechnern möglich, wobei das Layout der Oberflächen in Java, Windows und Motif dargestellt werden kann.

Dazu ist es notwendig, dass Daten, Komponenten und deren Darstellung voneinander getrennt werden. Dies wird in der Swing-Klassenbibliothek durch das Zusammenwirken von drei entsprechenden Klassen (z. B. `JTable`, `TableModel` und `TableUI`) erreicht.

Alle im AWT enthaltenen Komponenten werden in den Swing-Klassen durch ein vorangestelltes „J" gekennzeichnet. So wird z. B. aus der AWT-Klasse `Button` in Swing die Klasse `JButton`. Zusätzlich zu den im AWT enthaltenen Komponenten stellt Swing aber auch noch viele weitere Bedienelemente zur Verfügung.
```

3.8 JDBC

Ein wichtiges Ziel in der Entwicklung von Software ist die dauerhafte (persistente) Speicherung der Daten, die in einer Benutzeroberfläche eingegeben wurden. Um dies zu erreichen wurden Datenbanken entwickelt, wobei die relationalen Datenbanksysteme seit etlichen Jahren den Markt beherrschen. Natürlich sollen die Daten nicht direkt in die Datenbank eingegeben werden, sondern dies muss komfortabler mit einer Software durchgeführt werden können, die sozusagen die Vermittlung zwischen der grafischen Benutzungsoberfläche und der Datenbank übernimmt. Dazu ist es aber notwendig, Datenbankoperationen in den Quelltext eines Java-Programms eingeben zu können, die dann mit Hilfe einer Verbindung zur Datenbank die gewünschten Operationen ausführen.

Persistente Speicherung von Daten in einer Datenbank

Dies übernimmt in Java die JDBC, die so genannte Java Database Connectivity, die zum ersten Mal mit dem JDK 1.1 ausgeliefert wurde. Hierbei handelt es sich um eine Schnittstelle, die es ermöglicht, mit beliebigen relationalen Datenbanken zu kommunizieren. Über die Schnittstelle wird ein Treiber angesprochen, der die eigentliche Datenbank anbindet. So ist es möglich, mit dem gleichen Quelltext einer Applikation jede gewünschte Datenbank anzusprechen, solange es sich hierbei um eine relationale Datenbank handelt und ein entsprechender Treiber vorhanden ist.

Die erforderlichen Klassen und Operationen sind im JDBC-API (Application Programming Interface) zusammengefasst. Dieses API ist abstrakt implementiert und enthält noch keine Datenbanktreiber.

Die Treiber werden bei Bedarf über den Driver-Manager nachgeladen und enthalten konkrete Implementierungen der abstrakten JDBC-Klassen. Ein Beispiel für einen solchen Treiber-Manager ist die JDBC-ODBC-Bridge. ODBC (Open Database Connectivity) ist die von der Firma Microsoft zur Verfügung gestellte Datenbankschnittstelle. Wie der Name „Bridge" schon vermuten lässt, übernimmt die JDBC-ODBC-Bridge die Aufgabe, zwischen der von der Java-Applikation zur Verfügung gestellten JDBC-Komponente und der von Microsoft verwendeten ODBC-Schnittstelle zu vermitteln. Dabei werden die JDBC-Befehle in ODBC-Befehle umgewandelt.

In Abb. 3.8-1 wird veranschaulicht, wie die Java-Applikation über den Treiber-Manager des JDBC-APIs auf den benötigten Treiber des JDBC-Driver-APIs zugreift.

Der Datenbanktreiber, der in Form einer vom Datenbankhersteller angebotenen Software oder in Form einer Java-Applikation vorliegt, ist, wie oben beschrieben, die eigentliche Schnittstelle zwischen JDBC und Datenbank.

Treiber

Die Firma Sun bietet unter der nebenstehenden Internetadresse eine Liste aller verfügbaren JDBC-Treiber an.

⑦ java.sun.com/
products/jdbc/
jdbc.drivers.html

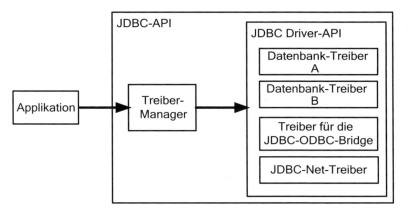

Abb. 3.8-1: *Zugriff einer Java–Applikation auf den JDBC-Treiber*

Laden des Treibers

In Java repräsentiert ein Treiber auch eine Klasse. Diese Klasse muss zu Beginn jeder Applikation geladen werden, was durch folgenden Aufruf geschieht:

```
Class.forName("jdbc.odbc.JdbcOdbcDriver");
```

In Hochkommata eingeschlossen befindet sich der Klassenname des Treibers, in diesem Falle der oben schon angeführte Treiber für ODBC-Datenbanken. Zur Laufzeit des Programms erkennt der Java-Classloader die Treiber-Klasse und kann darüber den Treiber ansprechen. Ist der Treiber mit dem Java-Classloader verbunden, registriert er sich für die Anwendung beim JDBC-Treiber-Manager.

Es ist auch möglich mehrere Treiber gleichzeitig zu laden, um auf unterschiedliche Datenbanken zugreifen zu können. Dann übernimmt der JDBC-Treiber-Manager die Aufgabe, jede Aktion über den entsprechenden Treiber zu ermöglichen und zusätzlich stellt er eine Liste auf, die alle für die Anwendung zur Verfügung stehenden Treiber enthält.

Verbindung zu einer Datenbank herstellen

Nachdem der Treiber erfolgreich beim JDBC-Driver-Manager registriert wurde, kann nun eine Verbindung zu der gewünschten Datenbank hergestellt werden. Dazu stellt die Klasse des Driver-Managers die Funktion getConnection() bereit, die mit folgenden drei Parametern aufgerufen wird: Name und Adresse der Datenbank, Name des Benutzers, Passwort des Benutzers.

Die Adresse der Datenbank beginnt durch die Angabe der aufrufenden Klasse, in diesem Fall also jdbc. Durch Doppelpunkt getrennt folgt danach die Angabe der Klasse des Treibers und zum Schluss, wieder durch einen Doppelpunkt getrennt, der Name der Datenbank. Der vollständige Quelltext, der bei korrekter Ausführung die Verbindung zwischen Applikation und der Datenbank meineDB herstellt, lautet demnach:

```
Connection meineVerbindung = DriverManager.getConnection
("jdbc:odbc:meineDB","meinName", "meinPasswort");
```

Daten abfragen

Nachdem die Verbindung zur Datenbank hergestellt ist, können mit Hilfe der Datenbanksprache SQL beliebige Abfragen gestartet werden. Dabei muss der Programmierer der Applikation sicherstellen, dass die auszuführende Abfrage möglich ist bzw. in dem gegebenen Kontext Sinn macht. JDBC übernimmt an dieser Stelle keine Kontrolle über den SQL-Befehl, d. h. jede syntaktische korrekte SQL-Anweisung wird ausgeführt.

Einfache Abfragen werden von JDBC als ein so genanntes Statement erkannt. Außerdem kann JDBC vorkompilierte komplexere SQL-Abfragen (PreparedStatement) und die Aufrufe von Datenbank-Prozeduren (CallableStatement) verarbeiten. Dabei muss für jedes Statement ein eigenes Objekt angelegt werden.

```
Statement meinBefehl= connection.createStatement();
ResultSet meinErgebnis = meinBefehl.executeQuery
                        ("SELECT * FROM meineTabelle");
```

Die Operation createStatement() erzeugt mit meinBefehl ein neues Objekt für einen einfachen SQL-Befehl. Alle Ergebnisse dieser SQL-Abfrage, die durch die Funktion executeQuery() erzielt werden, sind im Objekt meinErgebnis der Klasse ResultSet abgelegt.

Die Klasse ResultSet enthält die Operation next(), die dafür sorgt, innerhalb des Suchergebnisses von Datensatz zu Datensatz weiter navigieren zu können. Außerdem sind eine Reihe von get-Funktionen vorhanden, die es ermöglichen, einzelne Attribute eines Datensatzes auszulesen.

Tab. 3.8-1: Funktionen der Klasse ResultSet

Operation	Beschreibung
boolean next()	Bewegt den Cursor von Datensatz zu Datensatz in der entsprechenden Spalte. Solange ein nächster Datensatz vorhanden ist, wird als Ergebnis true zurückgeliefert. Ist der letzte Datensatz erreicht, wird der Wert false zurückgegeben.
typ getTyp (int Spaltenindex)	Gibt den Wert der übergegebenen Spalte des aktuellen Datensatzes als elementaren Datentyp typ zurück, z. B. byte getByte(int Spaltenindex).
typ getTyp (String Spaltenname)	Gibt den Wert des Attributs der übergegebenen Spalte des aktuellen Datensatzes als elementaren Datentyp typ zurück, z. B. int getInt(String Spaltenname).

Operation	Beschreibung
`int getRow()`	Liefert die Anzahl der Datensätze zurück.

Daten manipulieren

In relationalen Datenbanken können mit Hilfe der Sprache SQL sowohl Daten aus der Datenbank abgefragt werden, als auch Daten in der Datenbank verändert werden. Die Manipulation von Daten wird in Java durch die Operation `executeUpdate()` aus der Klasse `PreparedStatement` ebenfalls zur Verfügung gestellt. Es sind die folgenden drei Aufrufe möglich:

```
executeUpdate("UPDATE ....");
executeUpdate("INSERT ...");
executeUpdate("DELETE ...");
```

Sicherungsmechanismus

Neben der Vergabe von Rechten für Benutzer oder Benutzergruppen und der damit verbundenen Kontrolle von Zugriffsberechtigungen gibt es in Datenbanken den Begriff der Transaktion als weiteren Sicherungsmechanismus. Transaktionen sind beliebige zu Verarbeitungszwecken zusammengefasste Aktionen einer Datenbank, die

> vollständig oder gar nicht ablaufen,
> die Datenbank immer in einem konsistenten Zustand halten,
> immer nur die Abarbeitung einer Transaktion zulassen und
> durch die Transaktionen bewirkten Änderungen im Datenbestand dauerhaft in der Datenbank erhalten.

In Java wird jeder Befehl automatisch mit einer Bestätigung (`commit`) abgeschlossen, so dass die Daten dauerhaft in der Datenbank geändert sind. Dieser Mechanismus kann vom Benutzer explizit abgeschaltet werden, indem er `connection.setAutoCommit(false);` aufruft. Soll aber trotzdem eine Transaktion in der Datenbank abgesetzt werden, so muss dies explizit durch die Operation `connection.commit();` ausgeführt werden, oder bei Rücknahme durch den Befehl `connection.rollback();`.

Datenbanken über ODBC verfügbar machen

Jede einzelne Datenbank muss über ODBC verfügbar gemacht werden. Dazu wird unter einem Windows-Betriebssystem in der Systemsteuerung der Punkt ‚Verwaltung' geöffnet. Der Unterpunkt ‚Datenquellen (ODBC)' ermöglicht es anschließend, ODBC-Datenquellen oder Treiber hinzuzufügen, zu löschen oder zu konfigurieren. Im ODBC-Datenquellen-Administrator wird zunächst im Bereich ‚Benutzerdatenquellen' der gewünschte Datenbanktyp ausgewählt und anschließend über ‚Konfigurieren' die entsprechende Datenbank-Datei ausgesucht und über die Schaltfläche ‚Erweitert' können Benutzername und Kennwort für die Datenbank vergeben werden.

3.9 Netzwerkprogrammierung

Die Java2-Platform bietet auch für die Kommunikation zwischen verschiedenen Programmen über ein Netzwerk umfangreiche Klassenbibliotheken. Dieser Abschnitt beleuchtet zunächst die Kommunikation über **Sockets**. Sockets gelten im Algemeinen als Standard für die Kommunikation im Internet über das IP-Verbindungsprotokoll. Für die Verwendung dieser Art der Kommunikation z. B. in Client-/Server-Anwendungen bedeutet dies, dass sowohl der Client als auch der Server jeweils Sockets implementieren, mit deren Hilfe die Kommunikation über das Internetprotokoll IP realisiert werden kann.

Kommunikation über Sockets

Dazu bietet die Programmiersprache Java ein eigenes Socket-Paket an, durch dessen Verwendung Java-Applikationen untereinander, aber auch Programme, die nicht in Java geschrieben sind, miteinander kommunizieren können. Allerdings müssen Programme, die in einer anderen Sprachen geschrieben sind, ebenfalls die Sockets nutzen können.

Da in Java die elementaren Datentypen für alle Plattformen eindeutig definiert sind, ist die Verwendung von Sockets relativ einfach. In Sprachen, in denen die elementaren Datentypen auf unterschiedlichen Systemen verschiedene Formate besitzen, ist die Verwendung von Sockets hingegen schwieriger.

Eindeutige elementare Datentypen

Wie oben bereits erwähnt, sind Sockets für die Kommunikation zwischen Client und Server zuständig. Bildlich lassen sich Sockets als Kommunikationsendpunkte vorstellen, die aus jeweils einer eindeutigen IP-Adresse und einer Portnummer bestehen.

Kommunikationsendpunkte

Die **IP-Adresse** eines Rechners ist eine weltweit eindeutige 32-Bit-Zahl. Hierbei werden jeweils 8-Bit zu einer Dezimalzahl zwischen 0 und 255 zusammengefasst und mit einem Punkt von der nächsten Dezimalzahl getrennt (z. B. 196.37.144.0). Allerdings ist es sehr häufig der Fall, dass für die nur sehr schwer merkbare IP-Adresse ein logischer Name verwendet wird (z. B. www.oo-programmiersprachen.de). Für die Abbildung von logischen Namen auf IP-Nummern sorgt der DNS-Dienst (Domain Name Service), der aus einer global verteilten Hierarchie miteinander kommunizierender Rechner besteht, die diese Adressen und Namen auflösen können.

IP-Adresse

Die **Portnummer** ist, anders als bei der IP-Adresse, nur lokal eindeutig. Mit viel Fantasie könnte man sich Portnummern als Rechnerein- bzw. -ausgänge vorstellen, die von unterschiedlichen Diensten genutzt werden. Die Portnummern von 0–1023 sind so genannte privilegierte Ports. Diese sind für einen normalen Anwender nicht nutzbar, da sie für spezielle Dienste vom System reserviert werden. Einige Beispiele sind Port 21 für das FTP (File Transfer Protocol), Port 23 für TELNET und Port 80 für das WWW (World Wide Web). Die Ports ab 1024 stehen in der Regel zur freien Verfügung und können vom Anwender genutzt werden.

Portnummer

Implementierung von Sockets auf der Client-Seite

Die Implementierung von Sockets, die in einer Anwendung für einen Client genutzt wird, besteht aus drei Kommunikationsphasen. In der ersten Phase wird die Anbindung der Client-Sockets an einen bereits existierenden Server-Socket realisiert. Hierzu ist der Konstruktor der Klasse `Socket` zu verwenden, dem als Parameter der DNS-Rechnername und der Port des Server-Sockets übergeben werden. Die zweite Phase beinhaltet das Lesen und Schreiben auf bzw. von Sockets. Dies wird durch Datenströme (vgl. Kap. 3.2) realisiert, die nach der Erzeugung des Sockets mit diesem über die Operationen `getInputStream()` bzw. `getOutputStream()` verbunden werden. Die Kommunikation wird so abgewickelt, dass Daten, die vom Server gesendet wurden, vom Lesestrom auf dem Client-Socket durch die üblichen Stream-Funktionen eingelesen werden. Sollten keine Daten zum Lesen vorliegen, wird der Strom solange blockiert, bis Daten beim Socket angekommen sind. Um Daten zum Server zu senden, müssen diese in den Write-Stream geschrieben werden, der mit dem Client-Socket verbunden ist. Abschließend ist die Kommunikationsphase mit der Operation `close()` zu beenden.

Implementierung von Sockets auf der Server-Seite

Die Implementierung der Kommunikation auf Seiten des Servers ist etwas komplexer. Sie besteht aus insgesamt vier Phasen:

> Zunächst wird ein Objekt der Klasse `ServerSocket` erzeugt, dessen Konstruktor als Parameter die gewünschte Portnummer übergeben wird. Bei Übergabe der Zahl 0 sucht das System einen freien Port zwischen 1024 und 5000.

> In der zweiten Phase wird durch das erzeugte Objekt der Klasse die Operation `accept()` aufgerufen. Diese Funktion erlaubt einem Client die Verbindung mit dem Server und liefert als Rückgabewert einen neuen Socket, über den die gesamte Kommunikation abgewickelt wird. Der erste Socket dient also lediglich zur ersten Kontaktaufnahme. Beim Aufruf der Operation `accept()` wird der Aufrufer blockiert bis ein Client versucht, Kontakt mit dem Server aufzunehmen.

> In der dritten Phase vollzieht sich eine Analogie zur oben beschriebenen Kommunikation beim Client. Der durch `accept()` erzeugte Socket erzeugt Ströme, über die das Lesen bzw. Schreiben von Daten ermöglicht wird.

> Abschließend wird auch auf dem Server die Verbindung durch die Operation `close()` geschlossen.

Bei dieser Art der Verbindung kommunizieren Clients i. d. R. mit einem einzigen Server, ein Server jedoch mit mehreren Clients. Aus diesem Grund ist es sinnvoll, die vier Phasen in verschiedenen Prozessen (Threads) ablaufen zu lassen (vgl. Kap. 3.3).

Beispiel 3.9-1

Quelltext	Beschreibung
| ```
package webtime;

import java.io.*;
import java.net.*;

public class TimeFromInternet
{
 public static void main (String[]args)
 {
  try
  {
    Socket so = new Socket;
    ((1<=args.length) ?
      args[0] : "ptbtime1.ptb.de",13);
    BufferedReader is = new BufferedReader
                (new InputStreamReader
                (so.getInputStream()));
    System.out.println(is.readLine());
    is.close();
    so.close();
  }
  catch(IOException ex )
  { System.out.println(ex); }
 }
}
``` | Beispiel zur Zeitabfrage über das Internet mit Sockets. |

Der Technik der Remote Method Invocation (RMI), was so viel bedeutet wie Funktionsfernaufruf, liegt das Prinzip des Remote Procedure Call (RPC) zugrunde. Die RPCs wurde von der Firma SUN Microsystems entwickelt. Die Idee, die hinter dem Konzept steht, besteht darin, für die Kommunikation zwischen entfernten Prozessen (Client-Server-Kommunikation) dasselbe Prinzip wie für den lokalen Prozeduraufruf zu verwenden. Dies erlaubt dem Entwickler eine transparente Verwendung lokaler und entfernter Dienste, die jeweils als Prozeduren realisiert werden.

RMI (Remote Method Invocation)

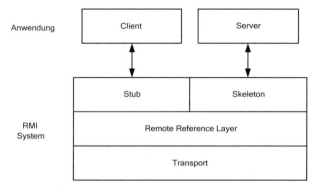

Abb. 3.9-1: *Schematische Funktionsweise von RMI*
```

Anwendung von RMI

Die Technik des Funktionsfernaufrufs (RMI) ist die logische Übertragung des RPC-Prinzips auf die objektorientierte Programmierung. Im Detail funktioniert RMI so, dass ganze Objektinstanzen als entfernte Objekte definiert werden und deren als `public` deklarierte Funktionen aufgerufen werden können. Hierbei ist es wichtig, dass die entfernten Operationen genauso bzw. ähnlich genutzt werden können wie lokal definierten Operationen.

Die Anwendung der Technik gestaltet sich folgendermaßen:

Ein Server stellt ein entferntes Objekt bereit, so dass ein Client an diesem Objekt die öffentlichen Operationen aufrufen kann. Aus der Sicht des Clients vollzieht sich der Umgang mit dem Aufruf in zwei Phasen: Die erste Phase sorgt dafür, dass der Client eine Referenz auf das entfernte Objekt erhält. Zur Adressierung wird eine eigene RMI-URL verwendet, die dem Client bekannt sein muss. Während der zweiten Phase können dann die Funktionen des entfernten Objekts aufgerufen werden, ähnlich wie es bei lokalen Aufrufen der Fall ist. Der einzige Unterschied besteht in der Verwendung von zusätzlichen Ausnahmen, die Netzwerkfehler abfangen.

Wie bereits oben erwähnt, stellt der Server die Objekte bereit, auf deren Funktionen entfernt zugegriffen werden soll. Für die Bereitstellung eines solchen Objekt sind folgende drei Schritte notwendig: Der erste Schritt besteht in der Definition des Interfaces, welches das entfernte Objekt anbieten soll. Der folgende Schritt stellt eine konkrete Implementierung des Interfaces bereit. Letztlich muss das Objekt bei der so genannten RMI-Registry angemeldet werden, hier bekommt es auch seine RMI-URL zugewiesen.

In der so genannten „Remote-Interface"-Definition wird die abstrakte Schnittstelle zwischen Client und Server entwickelt. Nur die dort deklarierten Funktionen können später tatsächlich vom Client genutzt werden. Hierbei ist es wichtig, das Interface als öffentlich (`public`) zu definieren. Außerdem muss die Schnittstelle vom Interface `Remote` aus dem Paket `java.rmi` abgeleitet werden.

Beispiel 3.9-2(a)

Quelltext	Beschreibung

`package Gruss;`
`import java.rmi.*;`
`public interface Hallo extends Remote`
`{ String gruesse()`
`  throws RemoteException; }`
	Beispiel für eine einfache Remote-Schnittstelle.

Wie bereits erwähnt, besteht der zweite Schritt zur Bereitstellung eines entfernten Objekts aus der Implementierung der zuerst definierten Remote-Schnittstelle. Hierbei werden alle leeren Funktionen implementiert.

Erzeugen von Stub und Skeleton

Nachdem die Implementierung des Interface abgeschlossen wurde, müssen Stub und Skeleton erzeugt werden. Diese Aufgabe wird vom Programm rmic übernommen, welches in der Java2-Platform vorhanden ist. Die Funktionsweise sieht dabei so aus, dass dem Programm rmic der Name der Implementierungsklasse übergeben wird (Aufruf: rmic Klasse). Stub und Skeleton werden daraufhin als .class-Dateien zur Verfügung gestellt.

Quelltext	Beschreibung
| ```
package Gruss;
import java.rmi.*;
import java.rmi.server.UnicastRemoteObject;
public class HalloImpl extends
      UnicastRemoteObject implements Hallo
{
  public HalloImpl()
  throws  RemoteException
  {  super();  }

  public String gruesse()
  throws RemoteException
  {  return "Hallo";  }
}
``` | Beispielimplementierung der obigen Remote-Schnittstelle. |

Beispiel 3.9-2(b)

Im Anschluss an die Erstellung der Implementierungsklasse und der Generierung von Stub und Skeleton muss das entfernte Objekt noch bei der RMI-Registry angemeldet werden.

Anmeldung bei RMI-Registry

Die Registrierung eines Remote-Objekts ist notwendig, damit entfernte Clients dieses Objekt unter einem bestimmten Namen ansprechen können. Für die Registrierung ist das Programm rmiregistry aus der Java2-Platform zuständig, welches als einzigen Parameter eine Portnummer benötigt. Die Voreinstellung ist hier Port 1099. Die Portnummer gibt an, über welchen Port im System die Anfragen empfangen werden sollen.
Das Starten der RMI-Registry erfolgt unter DOS durch Aufruf des Befehls rmiregistry und unter UNIX mit rmiregistry &.
Nach dem Start der Registry kann auch der Server (Implementierung der Remote-Schnittstelle) durch den Befehl java Servername gestartet werden.
Die Konkretisierung der Remote-Schnittstelle besitzt eine main()-Funktion, in der die Anmeldung der Klasse bei der RMI-Registry erfolgt.

```
rmi://lokalhost/Implementierungsklasse
```

Für lokalhost wird i. d. R. die Internet-Adresse des Servers angegeben. Fehlt sie, so wird der Defaultwert genommen. Die bereits erwähnte RMI-URL hat dabei das Format rmi://<Server>:<Port>/<Objekt>. Der Client muss dafür Sorge tragen, dass ein entferntes Objekt referenziert wird, damit darauf zugegriffen werden kann. Wenn ein Client eine Referenz
```

auf ein entferntes Objekt erhält, z. B. über die RMI-Registry, wird ihm in Wirklichkeit ein Objekt der Stub-Klasse gesendet. Dieses Stub-Objekt bildet einen lokalen Stellvertreter, ein so genanntes Proxy, des entfernten Server-Objekts. Wird jetzt ein Funktionsaufruf an das Server-Objekt gesendet, geht der Aufruf an das lokale Stub-Objekt. Das Stub-Objekt versendet den Operationsaufruf inklusive Parameter an den Server, erwartet das Ergebnis vom Server und gibt dies an den Client weiter.

Beispiel 3.9-2(c)

Quelltext	Beschreibung
| ```
package Gruss;
import java.rmi.*;
import java.rmi.registry.*;
import java.rmi.server.*;

public class HalloClient
{
 public static void main(String[] args)
 {
 System.setSecurityManager (
     new RMISecurityManager());
 try
 { Hallo servus = (Hallo)Naming.lookup
         ("rmi://host/HalloRMI");
  System.out.println(servus.gruesse());
 }
 catch(Exception ex)
 { System.exit(1);
   return; }
 }
}
``` | Implementieren eines Client. |

Auf der Server-Seite wird der Funktionsaufruf vom Skeleton entgegengenommen. Die Skeleton-Klasse gibt die Parameter weiter an die eigentliche Implementierung und schickt das Ergebnis zurück an den Client bzw. an die Stub-Klasse.

Beispiel 3.9-2(d)

Quelltext	Beschreibung
| ```
package Gruss;
import java.rmi.Naming;
import java.rmi.RMISecurityManager;

public class HalloServer
{
 public static void main(String[] args)
 {
 System.setSecurityManager
         (new RMISecurityManager());
 try
 {HalloImpl impl = new HalloImpl();
``` | |

Quelltext	Beschreibung
| ```
  Naming.rebind("//host/HalloRMI",impl);}
  catch(Exception ex)
  { System.exit(1); }
  }
}
``` | |

3.10 Dokumentationsgenerator

Bei der objektorientierten Programmierung steht unter anderem die Wiederverwendung einzelner Komponenten im Vordergrund. Um dies zu ermöglichen und möglichst optimal zu gestalten, ist es wichtig, dass Außenstehende (d. h. Personen, die nicht an der Entwicklung beteiligt waren) verstehen, wie eine Komponente funktioniert. Aus diesem Grund spielt die Dokumentation bei der Entwicklung der Software eine außerordentlich große Rolle. Eine solche Dokumentation besteht überwiegend aus der Beschreibung der Schnittstellen, der Wirkung von Funktionen, ihrem Verhalten während der Laufzeit und die Art und Anzahl der Parameter. Damit keine Inkonsistenzen zwischen der Dokumentation und dem Quelltext entstehen, wird die Beschreibung direkt in den Quelltext aufgenommen.

Dokumentation von Software

Aus diesen speziellen Beschreibungen im Quelltext kann mit Hilfe des Dokumentationsgenerators `javadoc` aus der Java2-Platform eine Dokumentation der Software automatisch erstellt werden.

javadoc

Dazu durchläuft das Werkzeug den Quelltext und generiert aus den Deklarationen und den eingefügten Kommentaren eine Beschreibung, die i. d. R. als HTML-Seite abgelegt wird. Diese Datei erhält den gleichen Namen wie die `.java`-Datei. Zusätzlich zu den vom Entwickler eingefügten Kommentaren werden alle öffentlichen Klassen-, Interface- und Operationsdeklarationen aufgeführt und es erfolgt eine Auflistung aller öffentlichen (`public`) Variablen und Konstruktoren.

Um den Quelltext (und damit die Dokumentation) um zusätzliche Kommentare zu erweitern, müssen diese in einer besonderen Form gekennzeichnet werden. Sie beginnen mit `/**` und enden mit `*/` und haben damit starke Ähnlichkeit mit einem Blockkommentar. Daher beachtet der Compiler diese besondere Form der Kommentare nicht. Der Dokumentationskommentar muss direkt vor der zu dokumentierenden Deklaration stehen. Wie ein Blockkommentar darf er sich über mehrere Zeilen erstrecken. Um eine bessere Übersichtlichkeit zu gewährleisten, wird normalerweise am Anfang jeder Zeile ein Sternchen (`*`) eingefügt. Zu beachten ist dabei, dass der Dokumentationsgenerator die erste Zeile als eine Art Kurzbeschreibung verwendet und den Rest des Kommentars als genauere Beschreibung.

Dokumentationskommentare
```

In einem Dokumentationskommentar dürfen zur Beeinflussung der Formatierung HTML-Tags verwendet werden. Diese Tags müssen richtig geschachtelt werden. Nicht verwenden sollte man die Tags `<h1>` und `<h2>`, da diese vom Dokumentationsgenerator selbst verwendet werden.

Um markierte Absätze, d. h. einen eigenen Abschnitt, in der Dokumentation zu erzeugen, müssen bestimmte Markierungen in die Dokumentationskommentare eingefügt werden. Diese stehen immer am Anfang einer Zeile und mit beginnen mit dem @-Zeichen. Sollen mehrere Markierungen des gleichen Typs verwendet werden, so müssen sie direkt aufeinander folgen.

Tab. 3.10-1: Markierungen und Parameter von `javadoc`

Markierung und Parameter	Dokumentation	Verwendung in
`@author name`	Autor, Ersteller	Klasse, Interface
`@version version`	Version, darf nur einmal pro Klasse bzw. Interface benutzt werden.	Klasse, Interface
`@see referenz`	Querverweis auf eine andere Klasse, Funktion oder anderen Teil der Dokumentation. Verweismöglichkeiten: @see Klassenname @see Klassenname#Funktionsname @see Ausgeschriebener Klassenname @see AusgeschriebenerKlassenname#Funktionsname	Klasse, Interface, Instanzvariable, Funktion
`@param Parametername Parametertext`	Beschreibung der Parameter einer Funktion.	Funktion
`@return Rückgabetext`	Rückgabewert einer Funktion.	Funktion
`@exception Exception-Klassenname Exceptiontext`	Ausnahmen, die von der Funktion ausgelöst werden können.	Funktion
`@throws Exception-Klassenname Exceptiontext`	siehe @exception	Funktion

Aufruf von JavaDoc

Der Dokumentationsgenerator wird einfach über die Konsole mit `javadoc Datei` aufgerufen. Dazu sollte zunächst in das Verzeichnis, in dem sich die zu dokumentierende Datei befindet, gewechselt werden. Alle Quelldateien dieses Verzeichnisses werden durch den Aufruf `javadoc *.java` dokumentiert. Die Dokumentationsdatei wird als HTML-Datei im gleichen Verzeichnis abgelegt. Es wird pro Datei eine Beschreibung erzeugt. Zusätzlich werden noch weitere Dateien generiert:

Tab. 3.10-2: Generierte Dateien von `javadoc`

Generierte Datei	Beschreibung
`index-all.html`	Übersicht aller Funktionen, Felder, Ausnahmen, Klassen und Schnittstellen in einem Index.
`overview-tree.html`	Baumstruktur der Klassen, zur Verdeutlichung der Vererbung.
`allclasses-frame.html`	Anzeige aller dokumentierten Klassen.
`deprecated-list.html`	Liste der veralteten Funktionen und Klassen.
`serialized-form.html`	Klassen, die das Interface `Serializable` implementieren, werden hier aufgelistet.
`help-doc.html`	Kurzbeschreibung, wie JavaDoc funktioniert.
`index.html`	Indexübersicht über alle Klassen: links steht der Klassenname, rechts wird die Beschreibung angezeigt.
`stylesheet.css`	Formatvorlage für die HTML – Dateien.
`packages.html`	Veraltete Dateien mit Verweisen auf die neuen Dateien.

Zwischen den einzelnen Dateien werden Verknüpfungen über Querverweise erzeugt. Es existieren verschiedene Optionen, mit denen der Aufruf von `javadoc` erfolgen kann.

4 | C++ (Einführung)

C++ ist eine hybride Sprache, die sowohl prozedurale, modulare, objektorientierte und auch generische Programmierkonzepte unterstützt. Das Kapitel stellt zunächst die Grundlagen der funktionalen C++-Programmierung vor, um darauf aufbauend den objektorientierten Ansatz der Sprache zu vertiefen.

Übersicht

4.1	Geschichte	90
4.2	Produktübersicht	91
4.3	Eigenschaften	92
4.4	Programmerstellung	94
4.5	Funktionale Sprachelemente	95
4.6	Felder	121
4.7	Klassen und Objekte	122
4.8	Vererbung	138
4.9	Sichtbarkeit	143
4.10	Überladen von Operatoren	145
4.11	Dynamische Speicherverwaltung	147

4.1 Geschichte

🌐 www.research.att. com

Bjarne Stroustrup (www.research.att.com/~bs/homepage.html), ein Mitarbeiter von AT&T Bell Laboratories, begann im Jahre 1979 mit dem Entwurf einer neuen Programmiersprache. Diese sollte es erleichtern, große ereignisgesteuerte Simulationsprojekte zu programmieren. Hierfür griff Stroustrup auf die Strukturen und Konzepte der zur damaligen Zeit etablierten Programmiersprache C zurück und erweiterte sie um objektorientierte Elemente. Die Sprache C ist aus diesem Grund als Teilmenge komplett in C++ (sprich „C plus plus") enthalten. Zum besseren Verständnis von C++ ist es daher sinnvoll, sich nicht nur mit den Ursprüngen von C++, sondern auch mit denen von C zu beschäftigen.

Von C zu C++

Zu Beginn der 1970-er Jahre benötigte Dennis Ritchie, ebenfalls Mitarbeiter von AT&T Bell Laboratories, zur Entwicklung des Betriebssystems UNIX eine rechnerunabhängige Sprache und schuf als Weiterentwicklung von BCPL und B die Programmiersprache C. C ist eine funktionale Sprache, die sich für verschiedenste Aufgaben der Systemprogrammierung eignet und auf vielen Rechnern anwendbar ist. Diese Eigenschaften begründeten die Wahl von C als Grundlage von C++. Bis heute wurde die Kompatibilität zu C nicht aufgegeben. Zum einen können viele Komponenten von C (wie z. B. Bibliotheksfunktionen und Utility Software) von C++-Programmen ebenfalls verwendet werden, zum anderen ist C eine Sprache, die von vielen Programmierern beherrscht wird und somit parallel zu C++ verwendet werden kann.

Von SIMULA-67 zu C++

Neben C hatte SIMULA-67 einen großen Einfluss auf die Entwicklung von C++. Das Konzept der Klassen, der abgeleiteten Klassen und der virtuellen Funktionen wurden dieser Sprache entliehen. SIMULA-67 kann als die wohl älteste objektorientierte Programmiersprache bezeichnet werden. In der im Jahre 1967 konzipierten Sprache sind die auch heute noch gültigen Basiskonzepte objektorientierter Sprachen (vgl. Kap. 1) bereits vorhanden. Für die damalige Technik kamen diese Konzepte zu früh, denn SIMULA-67 konnte sich am Markt nicht durchsetzen.

Von ALGOL-68 zu C++

Das Überladen von Operatoren und die freie Platzierung der Deklaration im Programmtext wurden aus ALGOL-68 nach C++ übernommen.

Namensgebung

Die schon erwähnte Nähe zu C prägte den Namen der „neuen" Programmiersprache. Als im Jahr 1980 die ersten Versionen der Sprache veröffentlicht wurden, bezeichnete man sie als „C mit Klassen". Erst 1983 prägte Rick Mascitti den Namen „C++" (sprich C plus plus) und deutete damit auf den fortschrittlichen und modernen Charakter der Programmiersprache hin. Im gleichen Jahr wurde C++ zum ersten Mal implementiert. Zwei Jahre später kam der erste C++-Compiler (Cfront 1.0 von AT&T) auf den Markt. Der Entwicklungsprozess schritt nun unaufhaltsam voran und wurde unter

🌐 comp.lang.c++

anderem dadurch beschleunigt, dass AT&T Bell Laboratories Bjarne

Stroustrup das Recht zugestand, die Entwürfe seines Referenzhandbuchs mit anderen Benutzern und Firmen zu diskutieren und es weiterzugeben. Ferner sorgten die Informationen und Diskussionen der Internet-Gruppe comp.lang.c++, eine der am häufigsten frequentierten News-Groups, für eine schnelle Verbreitung und Akzeptanz der Sprache. Im Jahre 1986 veröffentlichte Stroustrup sein Referenzhandbuch „The C++ Programming Language".

Auf dem Weg zum ANSI-Sprachstandard

Die rasante Evolution und der sich abzeichnende Wildwuchs von C++ machte es in der Folgezeit aber unumgänglich, einen formalen Standard der Sprache festzulegen. Hierzu wurde auf Initiative von HP das ANSI-Komitee XR3J16 (ANSI = American National Standards Institute) gegründet. Der im gleichen Jahr verabschiedete ANSI C-Standard sollte in diesem Regelwerk wieder zu finden sein und der AT&T C++-Compiler in der Version 2.0 die Grundlage bilden.

Der erste Entwurf war 1994 fertig gestellt, bedurfte aber kurze Zeit später durch die Entwicklung der Standard Template Library (STL) durch Alexander Stepanov einer Überarbeitung. Die Standard Template Library erweiterte die bisherige Definition von C++ um eine große und mächtige Anzahl generischer Routinen.

Es dauerte dann noch einmal drei Jahre bis der ANSI C++-Standard „Information Technology – Programming Languages C++" unter der Nummer ISO/IEC 14882-1998 von ANSI und ISO (ISO = International Standards Organization) verabschiedet wurde. Der Standard kann als Datei über den ANSI Electronic Store unter www.ansi.org gegen eine Gebühr bezogen werden. In Deutschland ist der Standard bei der nationalen Vertretung DIN erhältlich, welche ihn kostenpflichtig über den Beuth-Verlag in Berlin vertreiben lässt.

🌐 **www.ansi.org**

4.2 Produktübersicht

Das Erstellen von Programmen mit C++ setzt einige Werkzeuge voraus, die für die Bearbeitung des Quelltexts, die Kompilation und das Zusammenbinden notwendig sind. Im Einzelnen sind dies ein Editor, der C++-Compiler, die Bibliotheken (Libraries) und der Linker. Wird im weiteren Verlauf dieses Abschnitts von Compilern gesprochen, beinhaltet dies automatisch auch die Libraries und den Linker.

Werkzeuge zur Programmerstellung

Ein bekannter Vertreter aus dem Bereich der Editoren ist der UNIX-Editor emacs. Die Beschaffung der Version für das Windows Betriebssystem mit dem Namen xemacs (www.xemacs.orc), ist relativ kompliziert, da sie nicht als Komplettinstallation angeboten wird. Entweder werden über eine Setup-Datei, die zum Download bereit steht, die benutzerdefinierten Dateien aus

emacs-Editor

🌐 **www.xemacs.orc**

dem Internet geladen, oder der Anwender muss sich die einzelnen Fragmente aus diversen Quellen zusammensuchen.

Linux-Anwender können den Editor bereits nach der Installation verwenden, da der emacs fester Bestandteil der Grundausstattung ist. Eine Alternative zu emacs ist unter Linux der vi-Editor.

🌐 **www.gnu.de**

Die Situation im Bereich der Compiler verhält sich ähnlich. Unter den kostenlosen und frei verfügbaren Compilern ist der gcc-Compiler von **GNU** (GNU steht für die rekursive Abkürzung „GNU's Not Unix" und spricht sich „ge-njuh") der wohl bekannteste und auch am meisten genutzte. Ausführliche Installationsanleitungen finden sich unter anderem im Internet unter www.gnu.de. Der GNU gcc–Compiler läuft bei vielen Komplettlösungen als Standard-Compiler im Hintergrund. Eine Alternative zu GNU sind unter anderem die Cygwin- und Mingw-Compiler, die ebenfalls frei im Internet verfügbar sind und eine Portierung der GNU-Software auf die Windows-Plattformen darstellen. Der GNU gcc-Compiler ist bereits in einer Linux-Distribution vorhanden und steht dem Programmierer damit sofort zur Verfügung.

GNU gcc-Compiler

Alternativ zu diesen „Baukastensystemen" werden auch Komplettsysteme angeboten. Für Windows sind MS-Visual C++® und der von Borland vertriebene Borland C++®-Compiler mögliche Lösungen. Sie gelten als professionelle Werkzeuge und sind mit umfangreichen und komfortablen Werkzeugen ausgestattet. Integrierte Handbücher, vielschichtige Editoren und Debugger erleichtern das Programmieren. Wer sich im Rahmen seines Studiums dazu entschließen sollte, in eine derartige Software zu investieren, kann auf so genannte „SSL-Lizenzen" zurückgreifen, die günstiger als die Originalversionen sind.

🌐 **www.bloodshed. net/devcpp.html**

Als Ausnahme unter den Komplettsystemen sei die Umgebung von Bloodshed erwähnt, eine auf GNU basierende, deutschsprachige Umgebung, die kostenlos in der aktuellen Version Dev C++ 4.9.5.0. im Internet unter www.bloodshed.net/devcpp.html angeboten wird. Sie bietet die Möglichkeit, den verwendeten Compiler durch einen anderen zu ersetzen. Eine Eigenart bei der Verwendung unter WindowsXP ist es, dass das Konsolenfenster zum Ausführen des gebundenen Quelltexts nur dann sichtbar bleibt, wenn der Header `<cstdlib>` oder `<string>` ergänzt und in die letzte Zeile des Main-Blocks vor die `return`-Anweisung die Zeile `system(„Pause");` einfügt wird.

4.3 Eigenschaften

Mit C++ wurde eine robuste, erweiterbare, wieder verwendbare und als Erweiterung zu C vor allem objektorientierte Sprache entwickelt, die sich für die Erstellung großer Projekte eignet.

Dem Programmierer stehen in C++ viele mächtige Eigenschaften zur Verfügung wie z. B. Zeiger, Referenzen, Überladen von Operatoren und Funktionen, Mehrfachvererbung und virtuelle Funktionen, mit denen der Zugriff auf die Daten in einem Programm gezielt gesteuert werden kann. Allerdings bedarf es eines sehr sorgfältigen und aufmerksamen Umgangs mit diesen Eigenschaften, um deren Vorzüge ausnutzen zu können. In C++ unterliegen die Daten einer **strengen Typkontrolle** und einer Deklarationspflicht. Daneben fördern die Datenabstraktion und -kapselung, die durch Konzepte der Klassenbildung und Objektorientierung erreicht werden können, die Erweiterbarkeit und Wiederverwendbarkeit eines Programms sowie die Fehlersuche und Ausnahmebehandlung. Die **Speicherverwaltung** wird zum großen Teil von C++ übernommen, allerdings ist bei dynamischen Objekten die Sicherung und Freigabe von Speicherplatz in der Verantwortung des Programmierers.

C++ ist eine so genannte hybride Sprache, weil sie sowohl die prozedurale, modulare, objektorientierte als auch generische Programmierung unterstützt. Durch die Blockstrukturierung und die Kompatibilität zu C kann in C++ prozedural programmiert werden. Das modulare Programmierparadigma wird durch die Namensräume und durch das Überladen von Funktionen unterstützt, die es ermöglichen, das Programm in übersichtliche Teile zu gliedern.

Die Modularität der Programmiersprache C++ wird durch die objektorientierte Komponente, also die Verwendung von **Klassen** und die daraus resultierende Erzeugung von **Objekten**, noch erweitert. Durch die Eigenschaft der **Vererbung** können die Charakteristika einer Klasse an eine andere weitergegeben werden, um so eine hierarchische Strukturierung zu erreichen. In C++ ist es möglich, die Eigenschaften einer oder mehrerer Klassen zu erben. Man spricht in diesem Zusammenhang von der **Einfach**- bzw. **Mehrfachvererbung**. Virtuelle Funktionen führen durch die späte Bindung, die erst zur Laufzeit ausgelöst wird, darüber hinaus zu einer erhöhten Flexibilität.

Die **Templates**, die die Definition von datentypunabhängigen Funktionen und Klassen unterstützen, bilden die Grundlage der **generischen Programmierung**.

Im Gegensatz zu Java arbeitet C++ **nicht plattformunabhängig**. Ein C++-Programm muss an jede Plattform angeglichen werden. Durch die Verwendung z. B. des `sizeof`- Operators, des Schlüsselwortes `typedef` und durch die Erstellung eines möglichst compiler-unabhängigen Programmtexts kann die Portabilität erleichtert werden. Ferner vereinfachen Werkzeuge wie das *Virtual Platform Toolkit* die Übertragbarkeit eines Programms auf verschiedene Systeme.

C++ wird durch direkte Umsetzung des Binärcodes auf dem jeweiligen Prozessor ausgeführt. Dieser Mechanismus sowie Sprachkonstrukte wie `inline`-Funktionen, Registervariablen etc. führen zu einer optimalen Ausführungsgeschwindigkeit. Die Performanz wird darüber hinaus über die frühe Bindung von Daten durch das Überladen von Funktionen und Operatoren noch verbessert.

Zu allen C++-Compilern gehört die **C++-Standard-Bibliothek**. Sie besteht aus Funktionen, die von C übernommen wurden, und enthält weitere nützliche Funktionen wie z. B. zur Ein- und Ausgabe, zur dynamischen Speicherverwaltung, zur Behandlung von Zeichenketten und Zeichen und oft genutzte mathematische Funktionen. Zusätzlich gibt es eine eigene C++-Klassenbibliothek, die als Ergänzung der Funktionsbibliothek objektorientierte Klassen zur Verfügung stellt. In ihr ist auch die umfangreiche **Standard Template Library (STL)** zu finden, mit der es möglich ist, Datenstrukturen und Algorithmen wie Vektoren, Listen und Warteschlangen zu implementieren, die auf fast jeden Datentyp anzuwenden sind. Ein Einblick in die STL ist im Internet unter www.sgi.com/tech/stl zu finden. Daneben kann durch Implementierung zusätzlicher Bibliotheken für Datenbanken, GUI's, Threads, Verschlüsselung, Netzwerk usw. C++ um anwendungsspezifische Eigenschaften erweitert werden.

www.sgi.com

4.4 Programmerstellung

In Abhängigkeit vom Compiler oder der Entwicklungsumgebung kann sich die Kompilierung eines C++-Quellprogramms variieren. Das folgende Beispiel demonstriert einen kompletten Vorgang mit dem GNU-basierten Compiler cygwin_b_20.

Tab. 4.4-1: Programmerstellung

Schritt	Beschreibung	Beispiel
1	Erstellen des Quelltexts mit Hilfe eines beliebigen Texteditors.	
2	Abspeichern der Datei mit der Endung .cc.	`basic.cc`
3	Kompilieren von `basic.cc`.	`g++ -c basic.cc`
	Aus diesem Vorgang heraus entsteht das Objektprogramm.	`basic.o`
4	Nachdem die Bibliotheksmodule eingefügt wurden, entsteht durch den Link-Vorgang ein ausführbares Programm, nämlich `basic.exe`.	`g++ -o basic.exe basic.o`

Abschließend kann das Programm ausgeführt und getestet werden. Wie in anderen Programmiersprachen folgt jedes in C++ geschriebene Programm einer gewissen Struktur. Diese besteht aus verschiedenen Bestandteilen, die sich je nach Größe und Umfang des Programms in einer oder mehreren Dateien befinden können. Folgende Zeilen zeigen eine typische Programmstruktur auf, wie sie in kleinen Programmen auftaucht. Von Interesse sind zunächst die ersten drei Zeilen.

Beispiel 4.4-1

Quelltext
| ```
#include <iostream>
using namespace std;

void main ()
{ cout << "Hallo Welt !";   }
``` |

Die erste Anweisung (`#include`) an den Compiler bewirkt eine Einbindung der Ein- und Ausgabefunktionen. Dies wird von einem Präprozessor übernommen, der dem eigentlichen Compiler vorgeschaltet ist. Er arbeitet textbasiert und ist für die Einbindung der so genannten **Header**-Dateien sowie für die Erstellung diverser Makros zuständig. Die Präprozessor-Anweisungen werden durch Voranstellen einer Raute # gekennzeichnet. In dem Beispiel inkludiert der Präprozessor die Header-Datei `iostream.h`. Der aus dem Englischen stammende Begriff (head = Kopf) meint, dass Zeilen am Anfang, also am Kopf eines Programms stehen. Alle Programme, die etwas einlesen wollen, sei es von der Tastatur oder einer Datei, oder etwas auf dem Bildschirm ausgeben wollen, müssen diese Aufforderung enthalten. Gibt der Compiler beim Übersetzen der Zeile `#include <iostream>` eine Fehlermeldung aus, so entspricht der verwendete Compiler nicht dem C++-Standard. Zur Behebung des Problems genügt es, die Zeile um ein `.h` zu ergänzen: `#include <iostream.h>`.

Header

Die zweite Zeile `using namespace std;` kündigt dem Compiler an, dass der Standard-Namensraum `std` verwendet wird. Der Name `std` ist nicht frei wählbar, sondern ein feststehender Bezeichner. Diese Zeile muss in jedem Programm erscheinen, welches nach dem C++-Standard erstellt wird, weil mit ihr Sichtbarkeitsbereiche geschaffen werden, in denen Programmteile ohne Namenskonflikte agieren können.

Das eigentliche Hauptprogramm wird durch den Aufruf der Funktion `main()` eingeleitet. Die `main()`-Funktion wird immer als erste Funktion in einem Programm aufgerufen und durch eine geschweifte Klammer eingeleitet bzw. beendet.

main()

4.5 Funktionale Sprachelemente

Wie in Abschnitt 2.5 bereits begründet, werden auch für C++ zunächst die funktionalen Sprachelemente eingeführt.
```

4.5.1 Zeichensatz

ASCII-Code

Der Programmiersprache C++ stehen aufgrund der Verwendung des 8-Bit-Zeichensatzes **ASCII** 256 Zeichen zur Verfügung. Diese umfassen neben Zahlen, Buchstaben des Alphabets in Groß- und Kleinschreibung und mathematischen Zeichen auch einige Sonderzeichen. Nationale Schriftzeichen, wie z. B. die deutschen Umlaute, können mit diesem Zeichensatz nicht dargestellt werden. Im nachfolgenden Beispiel ist ein Programm angegeben, welches die Zeichen des Datentyps `char` auf dem Bildschirm ausgibt.

Beispiel 4.5-1

Quelltext	Beschreibung
``` # include <iostream> using namespace std; void main () { char a; for (int i = -127; i<= 257; i++) { a = i; cout << a << " "; } } ```	Das Programm testet, welche Zeichen der Compiler zur Verfügung stellt und wie mit eventuellen Bereichsübertretungen umgegangen wird.

Der Umgang mit einer Überschreitung des 8-Bit-Zeichensatzes hängt vom jeweiligen Compiler und vom Prozessor ab. Durch die Einführung des Datentyps `wchar_t` (= wide character) ist es C++-Programmierern möglich, auch größere Zeichensätze, wie z. B. den 16-Bit-Unicode-Zeichensatz, zu verwenden. Dieser Datentyp wird aber im europäischen Raum eher selten benötigt, da die hiesigen Zeichen mit 8 Bit ausreichend darzustellen sind.

4.5.2 Kommentare

In C++ werden zwei Arten von Kommentaren unterstützt.

Beispiel 4.5-2

Quelltext
``` // Einzeilige Kommentare: Sie beginnen hinter zwei // Schrägstrichen (//) und gehen bis zum Ende der Zeile. /* Mehrzeilige Kommentare: Der Anfang des Kommentars wird   durch einen Schrägstrich und ein Sternchen und das Ende   durch ein Sternchen und einen Schrägstrich angegeben. */ ```

Da Kommentare bei der Übersetzung und Ausführung eines Programms nicht berücksichtigt werden, sollten sie an den entscheidenden Stellen des Quelltexts großzügig verwendet werden.

4.5.3 Elementare Datentypen

Als typisierte Sprache muss in C++ jeder Variablen ein bestimmter Typ zugewiesen werden. Hierzu gibt es in C++ die **elementaren Datentypen**, auf die alle anderen Datentypen zurückgeführt werden können. Die grundlegenden Datentypen umfassen Zeichen (char), Wahrheitswerte (bool), ganze Zahlen (int) und Fließkommazahlen (float, double). Die integralen Datentypen sind alle vorzeichenbehaftet, können aber durch das Schlüsselwort unsigned in einen positiven Wertebereich überführt werden. Darüber hinaus sind durch die Schlüsselworte short und long die Geltungsbereiche eingeschränkt bzw. erweitert.

Tab. 4.5-1: Elementare Datentypen

Name	Länge in Bytes*
bool	1
(signed) char	1
unsigned char	1
(signed) int	2 (4)
unsigned int	2 (4)
(signed) short int	2
unsigned short int	2
(signed) long int	4
unsigned long int	4
float	4
double	8
long double	10

Die Angaben gelten für ein 16-Bit-System. Alle Angaben in Klammern gelten für ein 32Bit-System.

Die Datentypen haben keinen definierten Wertebereich, sondern hängen vom jeweiligen Compiler und Prozessor ab. Im C++-Standard wird lediglich festgelegt, dass die Datentypen bestimmten Bedingungen genügen sollen, wie z. B. eine von der Ausführungsumgebung vorgeschlagene Größe haben sollen. Der Compiler legt den Bereich in der Header-Datei climits fest. Durch den Operator sizeof(Typ) kann die Größe des Datentyps in Bytes festgestellt werden.

Beispiel 4.5-3

Quelltext
`cout << sizeof (bool) << "\n";` `cout << sizeof (int) << "\n";`

void Der Typ void grenzt sich zu den übrigen Datentypen ab, da sein Wertebereich leer ist. Er wird zur Kennzeichnung einer Funktion verwendet, die keinen Wert zurückliefert. Im Gegensatz zu anderen Programmiersprachen ist es in C++ optional, void in der Parameterliste von Funktionen (vgl. Kap. 4.7 bzw. 2.7) anzugeben. Die beiden Aufrufe int function() und int function(void) sind somit äquivalent.

Der Datentyp bool ist im Vergleich zu C neu hinzugekommen. In C gilt das Konzept, dass der Wert Null als falsch und ein Wert ungleich Null als wahr interpretiert wird. Diese Auslegung ist auch durch die Einführung des Datentyps bool in C++ weitestgehend erhalten geblieben, da die Werte true und false bei Bedarf automatisch in int-Werte true (= 1) und false (= 0) konvertiert werden. Diese automatische Konvertierung erfolgt ebenfalls in umgekehrter Richtung.

Bei der Verwendung der Fließkommatypen float, double und long double ist darauf zu achten, dass zur Darstellung einer Zahl hier die englische Notation mit einem Punkt verwendet wird (z. B. 3.141515).

4.5.4 Bezeichner

Ein Bezeichner legt den Namen einer Variablen, einer Funktion oder von benutzerdefinierten Objekten fest. Er muss mit einem Buchstaben oder einem Unterstrich beginnen und darf im weiteren Verlauf nur Zahlen, Buchstaben und Unterstriche beinhalten. Die Länge des Namens ist beliebig, im Gegensatz zu C sind in C++ mindestens die ersten 1.024 Zeichen signifikant.

Tab. 4.5-2: Schlüsselworte in C++

asm	else	new	this
auto	enum	operator	throw
bool	explicit	private	true
break	export	protected	try
case	extern	public	typedef
catch	false	register	typeid
char	float	reinterpret_cast	typename
class	for	return	union
const	friend	short	unsigned
const_cast	goto	signed	using
continue	if	sizeof	virtual

default	inline	static	void
delete	int	static_cast	volatile
do	long	struct	wchar_t
double	mutable	switch	while
dynamic_cast	namespace	template	

C++ ist eine kontextsensitive Sprache, daher muss bei der Wahl der Bezeichner auf Groß- und Kleinschreibung geachtet werden. Darüber hinaus sollten keine C++-Schlüsselworte (s. Tabelle 4.5-2) oder Funktionsnamen der C++-Bibliothek verwendet werden.

4.5.5 Variablen

Um in einem Programm arbeiten zu können, müssen für die Daten, mit denen operiert werden soll, Speicherbereiche reserviert werden. Hierzu dienen Variablen. Sie sind Platzhalter für den Ort, an dem ein Wert gespeichert wird. Dieser Wert kann sich während des Ablaufs des Programms verändern.

Variable = Behälter für Wert

Zur Deklaration einer Variablen gehören ein gültiger Datentyp und mindestens ein Bezeichner. Es können mehrere Bezeichner gleichzeitig deklariert werden. Hierzu werden die Bezeichner mit einem Komma getrennt. Den Abschluss einer Deklaration bildet ein Semikolon. Eventuell wird dem Datentyp noch ein Modifikator (z. B. `static`) vorangestellt.

```
int zahl;
char zeichen, buchstabe;
static float kommazahl;
```

Beispiel 4.5-4

In C++ ist es für den Programmablauf nicht unerheblich, an welcher Stelle die Variablen deklariert werden. Je nach Ort der Deklaration unterscheidet man lokale, formale und globale Variablen. Darüber hinaus legen die Modifikatoren fest, wie auf Daten zugegriffen wird und wie sie gespeichert werden.

Lokale Variablen werden innerhalb einer Funktion deklariert und sind nur in dem Anweisungsblock bekannt, der mit geschweiften Klammern beginnt und endet. Außerhalb des Blockes kann sie nicht verwendet werden.

Lokale Variable

Quelltext	Beschreibung

`void funktion1()`
`{ int zahl ;`
`   zahl = 25;`
`   cout << zahl;`
`}`
	Die Variable `zahl` ist eine lokale Variable.

Beispiel 4.5-5

4.5 Funktionale Sprachelemente

Im Gegensatz zu C dürfen in C++ lokale Variablen an jeder Stelle im Programm deklariert werden. Aus Gründen der Kompatibilität unterstützt C++ die Verwendung des Schlüsselwortes auto, mit dem in C eine lokale Variable deklariert werden kann.

Da eine lokale Variable erst bei Eintritt in einen Anweisungsblock erzeugt wird, kann durch sie Speicherplatz effizient genutzt werden. Ferner lässt sie sich nicht unbeabsichtigt von außen verändern.

Formaler Parameter

Einer Operation bzw. einer Funktion können Werte als Argumente übergeben werden. Um diese Argumente den Variablen der Funktion zuordnen zu können, muss die Funktion Variablen als **formale Parameter** in ihrem Funktionskopf deklarieren. Diese Parameter haben den gleichen Geltungsbereich wie lokale Variablen und werden im Anweisungsblock wie solche behandelt.

Beispiel 4.5-6

Quelltext	Beschreibung

`void funktion2 (int aktuelles_Jahr,`
`                int geburtsjahr)`
`{int alter;`
`  alter = aktuelles_Jahr-geburtsjahr;`
`  cout << alter;`
`}`
	aktuelles_Jahr, geburtsjahr sind formale Parameter.
	alter ist eine lokale Variable.

Globale Variable

Variable, die außerhalb eines Anweisungsblocks deklariert werden, nennt man **globale Variable**. Sie sind im Gegensatz zu lokalen Variablen im ganzen Programm bekannt und behalten ihren Wert während der gesamten Programmausführung.

Beispiel 4.5-7

Quelltext	Beschreibung

`int alter;`
 	
`void funktion3 (int aktuelles_Jahr,`
`                int geburtsjahr)`
`{alter = aktuelles_Jahr - geburtsjahr;`
`  cout << alter;`
`}`
	alter ist jetzt eine globale Variable.

Sollte es notwendig sein, für eine lokale und eine globale Variable den gleichen Namen vergeben zu müssen, so beziehen sich innerhalb des Blocks, in dem die lokale Variable deklariert wurde, alle Referenzen auf die lokale Variable. Die globale Variable bleibt in diesem Fall unverändert. Durch Voranstellen des Bereichsauflösungsoperators :: vor den Bezeichner kann diese Regel umgangen werden und in einem Block auf die gleichnamige globale Variable zugegriffen werden.

Globale Variablen sollten nur dann verwendet werden, wenn viele Funktionen auf den gleichen Parameter zugreifen müssen. Eine globale Variable belegt während der gesamten Programmausführung Speicherplatz. Um unnötige Reservierung von Ressourcen, aber auch um unbeabsichtigte Änderungen zu vermeiden, ist die Verwendung dieser Variablen sehr sorgfältig zu überdenken.

Die Speicherklassen-Modifikatoren `extern`, `static`, `register`, `auto` und `mutable` dienen dazu, die ihnen nachfolgenden Variablen in einer bestimmten Art und Weise abzuspeichern. Auf die optionale Verwendung des Schlüsselwortes `auto` zur Deklaration lokaler Variablen ist schon verwiesen worden. Der Modifikator `extern` signalisiert dem Compiler, dass hier eine globale Variable deklariert wird, die schon in einer anderen Datei des Programms definiert wurde und somit keinen neuen Speicherplatz benötigt. Mit der Nutzung dieses Modifikators ist es demnach möglich, globale Variablen in mehreren Dateien zu nutzen.

Speicherklassen-Modifikator

```
Datei 1:  int zaehler;
Datei 2:  extern int zaehler;
```

Beispiel 4.5-8

Der Name der Variablen steht in allen Dateien für denselben Speicherbereich. Erst beim Zusammenbinden wird eine Verbindung zwischen den Dateien hergestellt. Daneben wird `extern` in C++ benutzt, um eine Funktion mit einer anderen Programmiersprache in das Programm einzubinden, soweit vom Compiler neben C++ weitere Sprachen unterstützt werden.

```
extern "Programmiersprache" Funktionskopf
```

Beispiel 4.5-9

Der Speicherklassen-Modifikator `register` zeigt dem Compiler an, dass die nachfolgende Variable sehr häufig vom Programm benutzt wird und er diese, wenn möglich, im Register des Prozessors speichern soll. Die Anweisung an den Compiler ist jedoch nicht zwingend und kann ignoriert werden. Der wichtigste Speicherklassen-Modifikator in C++ ist `static`. Variablen, die ihre Werte zwischen Funktionsaufrufen beibehalten sollen, müssen als statisch (= `static`) deklariert werden. Im Gegensatz zu globalen Variablen können `static`-Variablen nicht außerhalb ihrer Funktion oder Datei genutzt werden. Auf eine lokale Variable wirkt sich der Modifikator derart aus, dass die Variable zwar weiterhin nur in ihrem Anweisungsblock bekannt ist, aber ihren Wert zwischen den Aufrufen bewahrt. Demgegenüber erreicht man durch das Voranstellen des Schlüsselworts `static` vor eine globalen Variable, dass diese nur noch von ihrer Datei erkannt wird und nicht mehr von anderen Dateien verwendet werden kann.

static

Das Schlüsselwort `mutable` kommt bei Operationen in Klassen zum Tragen. Durch das Voranstellen von `mutable` kann eine Variable durch eine `const`-

mutable

4.5 Funktionale Sprachelemente

Zugriffsmodifikator

Funktion verändert werden. Ohne `mutable` ist dies bei `const`-Funktionen nicht zugelassen.

C++ bietet dem Programmierer zwei Möglichkeiten zur Zugriffkontrolle auf eine Variable. Zum einen kann das Voranstellen des Modifikators `const` vor eine Variable verhindern, dass diese vom Programm geändert wird. Für das Programm ist die Variable nach der Zuweisung des Anfangwertes somit unveränderbar, was auch als Konstante bezeichnet wird. Zum anderen existiert der Modifikator `volatile`, der es erlaubt, neben der normalen Veränderung im Programmablauf auch die Variable von außen zu verändern, ohne dass dies ausdrücklich im Programmtext festgelegt wird.

4.5.6 Zuweisung und Initialisierung

Mit Hilfe des Zuweisungsoperators (=) kann einer Variablen ein Wert zugewiesen werden. Diese Initialisierung der Variablen erfolgt bei globalen und lokalen statischen Variabeln nur einmal zu Beginn des Programms, wohingegen lokale Variablen bei jedem Eintritt in einen Block initialisiert werden. Deklaration und Initialisierung können wahlweise in einem oder zwei Schritten vorgenommen werden. Es ist zulässig, mehreren Variablen in einem Schritt einen Wert zuzuweisen.

Beispiel 4.5-10

Quelltext	Beschreibung
`int zahl;`	Deklaration der Variablen `zahl`.
`zahl = 5;`	Initialisierung der Variablen `zahl`.
`double dzahl_3 = 0.25;`	Deklaration und Initialisierung der Variablen `dzahl`.
`char abc = 'z';`	Deklaration und Initialisierung der Variablen `abc`.
`int a,b,c;` `a = b = c = 1;`	Mehrfachzuweisung.

Werden die Variablen vor dem Start des Programms nicht explizit initialisiert, so erhalten lokale `static`-Variablen und globale Variablen den Wert Null. Nicht initialisierten lokalen Variablen wird ein unbekannter Wert zugewiesen.

Bei der Zuweisung von Werten setzt der Compiler Integer-Werte standardmäßig in den kleinsten passenden Datentyp. Gleitkommazahlen werden automatisch an den Datentyp `double` angepasst. Um einen Datentyp explizit zu initialisieren, wird an den entsprechenden Wert ein Postfix (z. B. `L`) angehängt. Im Gegensatz hierzu wird bei der Initialisierung des `wchar_t`-Datentyps `L` als Präfix verwendet.

Beispiel 4.5-11

Quelltext	
`int zahl = 2;`	`long int zahl = 2L;`
`unsigned int zahl = 2U;`	`float zahl = 2.0F;`
`double zahl = 2.0;`	`long double zahl = 2.0L;`
`char c = 'a';`	`wchar_t w = L'a';`

4.5.7 Konstanten

Wie schon erwähnt, kann der Wert einer Variablen, wenn er mit dem Schlüsselwort `const` deklariert ist, zwar von außen, aber nicht vom Programm selbst geändert werden. Eine weitere Möglichkeit einen konstanten Wert zu setzen, bietet die Präprozessor-Anweisung `#define`. Die Anweisung arbeitet mit einem Bezeichner und einer Zeichenfolge. Im Programmablauf wird immer dann, wenn der Bezeichner im Quelltext erscheint, dieser durch die Präprozessor-Anweisung ersetzt. Die Bezeichner werden typischerweise in der `#define`-Anweisung in Großbuchstaben angegeben.

const

```
#define MEHRWERTSTEUER 16
#define TEXT "Test"
```

Beispiel 4.5-12

4.5.8 Zeichenketten

In C++ wird die Nutzung von **Zeichenketten**, auch **Strings** genannt, unterstützt. Im Gegensatz zu einem einzelnen Zeichen vom Typ `char`, welches in Hochkommata gefasst wird, ist ein String zwischen doppelten Anführungsstrichen eingeschlossen und besteht i. d. R. aus mehr als einem Zeichen.

String

```
"Dies ist ein String"
```

Zeichenketten können in C++ auf zwei Arten behandelt werden. Zum einen kann die Klasse `<string>` aus der Standard Template Library genutzt werden. Der String stellt hierbei durch die Klassendefinition einen eigenen Datentyp dar, was sich dadurch zeigt, dass sowohl Operatoren auf Strings angewendet werden können, als auch die Klasse selbst viele nützliche Operationen mitliefert. Die Klasse `<string>` kann nur `char`-Datentypen verwenden. Für die wide-character-Datentypen steht die Klasse `<wstring>` zur Verfügung.

Zum anderen gibt es die klassische, aus C übernommene nullterminierte Zeichenkette. Hierbei wird der String als eine Aneinanderreihung von Zeichen (= `Array(char[])`) betrachtet, welche automatisch vom Compiler mit einer binären Null (\0) abgeschlossen wird. Auf diese Zeichenketten können keine Operatoren angewendet werden, allerdings stellt die Header-Datei <cstring> viele nützliche Funktionen zur Verfügung, um mit den so definierten Zeichenketten arbeiten zu können.

Beispiel 4.5-13

Klasse string	Nullterminierte Zeichenkette
| ```
#include <string>
...
string str_1 ("Hallo ");
string str_2;
string str_3;

cout << "Name eingeben: ";
getline (cin, str_2);

str_3 = str_1 + str_2;

...
``` | ```
#include <cstring>
...
char str_1[10] = "Hallo ";
char str_2[10];
char str_3[20];

cout << "Name eingeben: ";
gets (str_2);

strcpy (str_3, str_1);
strcat (str_3, str_2);
...
``` |

Wie die Gegenüberstellung der Beispiele zeigt, ist die Verwendung der nullterminierten Zeichenketten komplexer und fehleranfälliger, da es durch Längenüberschreitung des Feldes (vgl. Kap. 4.6), in dem die Zeichen abgespeichert sind, zu Fehlern kommen kann. Nichtsdestotrotz gibt es in C++ Situationen (z. B. das Öffnen von Dateien), in denen die nullterminierte Zeichenkette erforderlich ist.

4.5.9 Oktale und hexadezimale Zeichen

Manchmal ist es sinnvoll, anstelle des dezimalen ein oktales (0 bis 7) bzw. hexadezimales (0 bis 9, A, B, C, D, E, F) Zahlensystem zu verwenden. Dies unterstützt C++ durch das Präfix 0 vor der oktalen und 0x vor der hexadezimalen Zahl.

Beispiel 4.5-14

Quelltext	Beschreibung
`int dez = 30;`	
`int oct = 036;`	= 30 dezimal
`int hex = 0x1E;`	= 30 dezimal

4.5.10 Backslash-Konstante

Aus Gründen der Portabilität eines Programms sind einige Zeichen, wie z. B. Tabulatoren oder Zeilenumbrüche, erforderlich, die nicht im Quelltext sichtbar sein sollen, aber durchaus Formatierungs- bzw. Steuerungsfunktionen übernehmen. Zur Eingabe dieser Zeichen stellt die Programmiersprache die Backslash-Konstanten (= Escape-Sequenzen) zur Verfügung, welche in Kapitel 9 vergleichend mit Java und C# dargestellt sind.

4.5.11 Operatoren

Zu den wichtigsten Instrumenten, um Variablen manipulieren zu können, zählen die **Operatoren**. C++ stellt dem Programmierer neben den Grundtypen arithmetisch, relational, logisch und bitweise zusätzlich noch Operatoren für spezielle Aufgaben zur Verfügung.

Operator

Der **Zuweisungsoperator** (=) kann in C++ in jedem erlaubten Ausdruck verwendet werden. Auf der rechten Seite der Zuweisung darf eine einfache Konstante, aber auch ein komplexer Datentyp stehen. Die linke Seite muss eine Variable oder einen Zeiger symbolisieren.

Zuweisungsoperator

Die vier Grundrechenarten werden durch die **arithmetischen Operatoren** realisiert. Man beachte, dass bei der Division zweier Integer-Werte, der ganzzahlige Rest verloren geht. Dieser Rest kann durch den Modulo-Operator (%), der die arithmetischen Operatoren ergänzt, erhalten werden.

Grundrechenarten

Die arithmetischen Operatoren sind auf alle Datentypen anwendbar. Ferner dürfen sie auch bei der Initialisierung genutzt werden. In vielen Programmen findet man diese Operatoren in Zusammenhang mit der **abgekürzten Zuweisung**. Die folgenden Beispiele sind äquivalent.

Ausführliche Zuweisung	Abgekürzte Zuweisung
x = x + 3;	x += 3;
y = y * 2;	y *= 2;
z = z % 5;	z %= 5;

Beispiel 4.5-15

Als sehr nützlich erweisen sich die **Dekrement**- bzw. **Inkrement-Operatoren**, welche den Wert einer Variablen um 1 erhöhen (= Inkrement) bzw. um 1 erniedrigen (= Dekrement).

Inkrementoperator und Dekrementoperator

Ausführliche Zuweisung	Inkrement bzw. Dekrement-Operatoren
x = x + 1;	x++;
y = y - 1;	y--;

Beispiel 4.5-16

Die Operatoren ++ und -- können der Variablen vorangestellt werden oder ihr folgen. Allerdings unterscheiden sie sich bei der Verwendung in einem Ausdruck insofern, dass der Wert dem Ausdruck nach dem De-/Inkrementieren (= Postfix) oder vor dem De-/Inkrementieren (= Präfix) zugewiesen wird.

4.5 Funktionale Sprachelemente

Beispiel 4.5-17

Quelltext	Beschreibung
x = 0; y = x++;	Postfix: 1. Zuweisen 2. Inkrementieren --> y = 0, x = 1
x = 0; y = ++x	Präfix: 1. Inkrementieren 2. Zuweisen --> y = 1, x = 1

Relationaler Operator

Durch Voranstellen eines Minuszeichens wird der Wert der Variable mit -1 multipliziert. Die **relationalen Operatoren** untersuchen die Werte auf ihre Beziehung untereinander und liefern die Werte true oder false.

Logischer Operator

Logischen Operatoren, welche die Art und Weise bestimmen, wie Ausdrücke miteinander verknüpft werden, geben ebenfalls Wahrheitswerte zurück.

Tab. 4.5-3: Logische Operatoren

Operator	Beschreibung	Beispiel/Anwendung
&&	Logisches UND (AND)	((a == 3) && (b == 4)); /* Die gesamte Bedingung ist wahr, wenn a==3 und b==4 wahr ist. */
||	Logisches ODER (OR)	((a == 3) || (b == 4)); /* Die gesamte Bedingung ist wahr, wenn a==3 oder b==4 wahr ist. */
!	Logisches NICHT (Negation)	Negation des Ausdrucks.

Bitweiser Operator

Im Gegensatz zu logischen Operatoren, die logische Ausdrücke in einer bestimmten Weise verknüpfen, beziehen sich **bitweise Operatoren** auf die konkreten Bits in einem Byte oder in einem Wert. Durch diese Operatoren werden die einzelnen Bits getestet, gesetzt oder verschoben. Sie können nur auf char und ganzzahlige Datentypen angewendet werden. Bitweise Operatoren kommen oft in Gerätetreibern zur Anwendung.

Kommaoperator

In C++ können mehrere Ausdrücke durch ein Komma verknüpft werden. Die durch den **Kommaoperator** unterteilten Ausdrücke werden von links nach rechts abgearbeitet.

Beispiel 4.5-18

x = (y = 7, y++, y*2)   // Ergebnis: x = 16, y = 8

Kapitel 9 stellt die Operatoren, die in allen vier Sprachen gleich genutzt werden, zusammenfassend dar. Die in Tabelle 4.5-4 aufgeführten Operatoren sind an dieser Stelle nur der Vollständigkeit halber genannt. Ihre Bedeutung wird in den entsprechenden Abschnitten näher beschrieben.

Tab. 4.5-4: Sonstige Operatoren

Operator	Beschreibung	Beispiel/Anwendung
? :	Bedingungsoperator	Kann eine `if-else`-Anweisung ersetzen und in Ausdrücken angewendet werden.
&	Adressoperator Referenzierungsoperator	`a = &b;` Liefert die Speicheradresse des Operanden.
*	Zeigeroperator Dereferenzierungsoperator	`c = *a;` Liefert den Wert, der sich unter der Adresse a befindet.
`sizeof`	Compile-Zeit-Operator	Liefert die Länge einer Variablen.
.	Punktoperator	Dient zum direkten Zugriff auf Elemente von Klassen, Strukturen und Unions.
->	Pfeiloperator	Dient zum Zugriff auf Zeiger von Elementen aus Klassen, Strukturen und Unions.
[]	Eckige Klammern	Kommen bei Feldern zum Einsatz.
()	Runde Klammern	Werden verwendet, um Ausdrücke zu gruppieren.
`new`	`new`-Operator	Der `new`-Operator reserviert Speicher zur Laufzeit.
`delete`	`delete`-Operator	Der delete-Operator gibt Speicher zur Laufzeit frei.
::	Bereichsauflösungsoperator Scope-Operator	Modifiziert den Gültigkeitsbereich von Variablen und Funktionen, z. B. Klassenfunktionen.
(type) Ausdruck	Typkonvertierung (typecast)	Führt eine explizite Typkonvertierung durch.

Da oft mehrere Operatoren in einem Ausdruck verwendet werden, sollte die nachfolgend aufgeführte Rangfolge bei der Auswertung der Ausdrücke bedacht werden, falls die Ausdrücke nicht geklammert sind. In der nachfolgenden Tabelle stehen die Operatoren mit der höchsten Priorität in der ersten Zeile.

Tab. 4.5-5: Hierarchie der Operatoren

Operator	Verknüpfung
() [] -> .	Von links nach rechts
! ~ ++ -- (type) * & sizeof	Von rechts nach links
* / %	Von links nach rechts
+ -	Von links nach rechts
<< >>	Von links nach rechts

Operator	Verknüpfung
< <= > >=	Von links nach rechts
== !=	Von links nach rechts
&	Von links nach rechts
^	Von links nach rechts
|	Von links nach rechts
&&	Von links nach rechts
||	Von links nach rechts
?:	Von rechts nach links
= += -= *= /= %= &= |= ^= <<= >>=	Von rechts nach links

4.5.12 Typkonvertierung

In C++ ist es einfach, mittels des Zuweisungsoperators eine Variable in einen anderen Datentyp zu konvertieren. Der Typ der rechten Seite wird in den Datentyp der linken Seite umgewandelt.

Beispiel 4.5-19

Quelltext	Beschreibung

`int i;    float f;    char c;`
`i = 97;`
`f = i;`
`c = f;`
	
	f = 97
	c = 'a'

Wird die Typkonvertierung auf diesem Weg durchgeführt, so gilt es zu beachten, dass es zu unbemerkten Informationsverlusten kommen kann, da Datentypen mit höherer Bitlänge um die entsprechende Bitzahl gekürzt werden. Sind verschiedene Typen in Ausdrücken gemischt, so konvertiert der Compiler automatisch alle Typen aufwärts zum größten Datentyp, was allerdings keinerlei Informationsverluste mit sich bringt.

Cast-Operator

Neben dieser einfachen Typkonvertierung kann eine explizite Umwandlung eines Datentyps in einen anderen durch den **Cast-Operator** erreicht werden. Dazu ist der gewünschte neue Datentyp in runden Klammern vor das Zuweisungsobjekt zu stellen. Auf diese Weise wird die Konvertierung des Zielobjekts in diesen Datentyp erzwungen.

Beispiel 4.5-20

Quelltext
`int x = 10;` `cout <<   (float) x/3 <<endl;   //Ausgabe: 3.3333333`

4.5.13 Einfache Eingabe und Ausgabe

Die Programmiersprache C++ stellt zwei sehr einfache Befehle zur Verfügung, um die Eingabe und Ausgabe von elementaren Datentypen und Zeichenketten zu realisieren.

Das Schlüsselwort cout, verknüpft mit dem Linksshiftoperator (<<), signalisiert dem Programm, die nachfolgenden Zeichen über die Standardausgabe (i. d. R. der Bildschirm) auszugeben. Der Bezeichner cin, in Verbindung mit dem Rechtsshiftoperator (>>), liest die nachfolgenden Datentypen oder Zeichenketten über das Standardeingabegerät (i. d. R. die Tastatur) ein. Sollen mehrere Werte von Variablen oder Zeichenketten ein- bzw. ausgegeben werden, so sind diese durch Hinzufügen des Operators >> bzw. << anzuhängen.

cin und cout

Bei der Eingabe mit Hilfe von cin ist zu beachten, dass dieser Befehl nur Zeichenketten bis zum ersten Leerzeichen einliest, darüber hinaus eingegebene Zeichenketten müssen über weitere cin-Befehle aus dem Tastaturpuffer ausgelesen werden. Um dieses Problem zu umgehen, können die Daten auch über die Operationen gets() für nullterminierte Zeichenketten oder getline() bei Objekten der Klasse string eingelesen werden.

Beispiel 4.5-21

Ein- und Ausgabe über cin	
Quelltext	Beschreibung
`cout << "Zahl 1 und Zahl 2 eingeben:";` `cin >> zahl_1 >>zahl_2;`	Einlesen von Zahlen.
`cout <<"String 1 und 2 eingeben:";` `cin >> str_1 >>str_2;`	Einlesen von Strings.
`cout << zahl_1 << " " << zahl_2 << endl;` `cout << str_1 << " "<< str_2 << endl;`	Bildschirmausgabe der eingelesenen Argumente.

Beispiel 4.5-22

Ein- und Ausgabe über get() und getline()	
Quelltext	Beschreibung
`cout <<"String 1 eingeben:";` `gets (str_1);`	Einlesen von str_1.
`cout <<"String 2 eingeben:";` `getline (cin, str_2);`	Einlesen von str_2.

Selbstverständlich können die aus C bekannten Befehle printf für die Ausgabe auf den Bildschirm und scanf für das Einlesen einfacher Datentypen weiter benutzt werden.

scanf und printf

Beispiel 4.5-23

Quelltext	Beschreibung
`printf("Bitte Wert eingeben:");`	Bildschirmausgabe

Quelltext	Beschreibung
`scanf("%i", &a);`	Einlesen des Wertes.
`printf("%i", a);`	Ausgabe des Wertes.

4.5.14 Kontrollfluss

Nach der Veranschaulichung der vielfältigen Möglichkeiten der Ausdrucksanweisungen aus dem letzten Abschnitt, sollen diese nun kontrolliert in einem Programm eingesetzt werden. Zur Abarbeitung von Anweisungen bietet C++ die üblichen Kontrollstrukturen an.

Anweisungsblock

Die wohl einfachste Form zur Kontrolle des Programmablaufs ist die Blockanweisung. Ein Block ist durch geschweifte Klammern { } begrenzt. In ihm werden Ausdrücke, die eine logische Einheit bilden, zusammengefasst und sequentiell abgearbeitet. Es können mehrere Blöcke ineinander verschachtelt werden.

```
int main ()
{ Anweisung1;
  Anweisung2;
  { Anweisung2.1; … }
  Anweisung3; …
}
```

Selektionsanweisung

if-Anweisung

Bei den Selektionsanweisungen `if` und `switch` hängt die Ausführung der Befehle von einer oder mehreren Bedingungen ab. In der `if`-**Anweisung** wird eine Bedingung überprüft. Ist diese wahr bzw. ungleich Null, so wird die folgende Anweisung oder der folgende Anweisungsblock ausgeführt. Ansonsten werden diese Programmteile übergangen.

```
if (Bedingung)    Anweisung;
if (Bedingung) { Anweisungen;}
```

Optional kann die Selektionsanweisung um `else` ergänzt werden, deren Anweisung bzw. Block nur dann ausgeführt wird, wenn die `if`-Bedingung falsch ist.

Beispiel 4.5-24

Quelltext	Beschreibung

`int x;`
`cout << "Bitte Zahl eingeben: ";`
`cin >> x;`
`if (x< 10)`
`    cout << x << " ist kleiner 10" << endl;`
	Anweisung überprüft, ob eine eingegebene Zahl größer gleich oder kleiner 10 ist.

Quelltext	Beschreibung

`else`
  `cout << x << " ist größer gleich 10"`
      `<< endl;`	

Im Gegensatz zu Java muss die `if`-Anweisung in C++ nicht zwingend einen Wahrheitswert zurückliefern. Das Ergebnis der Überprüfung kann neben den Werten `true` und `false` auch Integer, Character, Zeiger oder Gleitkommazahlen liefern. Grundsätzlich wird jeder Wert ungleich Null als `true` und gleich Null als `false` interpretiert. Dies hängt mit der schon diskutierten automatischen und gegenseitigen Umwandlung der jeweiligen Datentypen zusammen, ist aber im täglichen Gebrauch eine häufige Fehlerquelle.

Quelltext	Beschreibung

`if (x)`
  `cout << x<<" ist ungleich Null"`
      `<< endl;`
`else`
  `cout <<"Sie haben eine Null`
           `eingegeben!" << endl;`
	Anweisung überprüft, ob eine Null eingegeben wurde.
	Zulässig in C++, würde aber in Java eine Fehlermeldung produzieren.

Beispiel 4.5-25

In einem Programm können mehrere `if`-Anweisungen ineinander geschachtelt werden. Eine `else`-Anweisung bezieht sich dann immer auf das letzte `if`, auf welches noch kein `else` verweist und mit diesem `else` in einem Block zusammengefasst ist.

Alternativ zur `if`-Anweisung kann der **Bedingungsoperator** (`?:`-Operator) verwendet werden, der folgende Form besitzt:

Bedingungsoperator

Bedingung ? Anweisung1 : Anweisung2;

Hierbei wird zuerst der Ausdruck vor dem Fragezeichen ausgewertet. Ist dieser wahr bzw. ungleich Null, so wird *Anweisung1*, ansonsten *Anweisung2* ausgeführt.

? : - Operator
`x ? cout<<(float)10/x : cout`   `<<"Division durch 0 nicht möglich" ;`
if-Anweisung
`if (x)    cout << (float) 10/x;` `else      cout << "Division durch 0 nicht möglich" ;`

Beispiel 4.5-26

Soll der Wert eines Ausdrucks mit einer Liste von Anweisungen verglichen und bei Gleichheit eine bestimmte Operation aufgerufen werden, so kann

switch-Anweisung

dies mit mehreren `if`-Anweisungen erfolgen. Eleganter wird eine solche Aufgabe aber über eine `switch`-**Anweisung** gelöst. `Switch` ist eine Selektionsanweisung, der ein `char`- oder `int`-Wert übergeben wird. Dieses Argument wird dann mit einer Liste von `case`-Werten verglichen. Ist eine Übereinstimmung vorhanden, so werden die nachfolgenden Befehle bis zu einer `break`-Anweisung oder bis zum Blockende ausgeführt.

```
switch (x)
{
  case 1: Anweisung1; break;
  case 2: Anweisung2;
  case 3: Anweisung3.1;
          Anweisung3.2; break;
  ...
  default: Anweisung;
}
```

Die `default`-Anweisung ist optional und wird ausgeführt, wenn alle Vergleiche gescheitert sind. Fehlt die `default`-Anweisung und ist keine Übereinstimmung zu finden, wird der gesamte `case`-Block übersprungen. Natürlich können `switch`-Anweisungen, wie `if`-Anweisungen, ineinander geschachtelt werden.

Iterationsanweisung

Neben den Selektionsanweisungen spielen die **Iterationsanweisungen**, besser bekannt als Schleifen, beim Kontrollfluss eines Programms eine wichtige Rolle. Sie tragen dafür Sorge, dass ein Programmteil solange ausgeführt wird, bis eine Bedingung ihre Gültigkeit verliert. Wie bei den `if`-Anweisungen gilt bei der Bedingung, dass der Unterschied zwischen `true`/`false` und Werten ungleich Null/gleich Null in der Praxis unerheblich ist.

for-Schleife

In C++ gibt es drei Arten von Schleifen, die sich durch Zeitpunkt und Art und Weise der Bedingungsdefinition unterscheiden. Die `for`-**Schleife** besteht aus den drei Teilen Initialisierung, Bedingung und Anweisung für die Schleifenkontrollvariable. Bei der Initialisierung werden eine oder auch mehrere Schleifenvariablen definiert. Deklaration und Initialisierung können parallel durchgeführt werden. Die Bedingung überprüft den Ausdruck. Sollte dieser wahr bzw. ungleich Null sein, wird die nachfolgende Anweisung oder der nachfolgende Block ausgeführt. Anschließend wird die Schleifenkontrollvariable entsprechend der Anweisung verändert. Dieser Vorgang wiederholt sich solange, bis die Bedingung falsch bzw. Null ist.

Beispiel 4.5-27

Quelltext	Beschreibung
`for (int i = 1; i <= 10; i++)` `    cout << 7*i << endl;`	Ausgabe: Vielfache der Zahl 7 bis einschließlich 70.

Die Angabe der Teilbereiche Initialisierung, Bedingung und Änderungsanweisung ist nicht zwingend. Es können einzelne oder auch alle Ausdrücke fehlen. Eine fehlende Bedingung wird in diesem Fall auf den Wert true gesetzt. Im nachfolgenden Beispiel ist aber auch zu erkennen, dass das Weglassen von Anweisungen in einer for-Schleife zu unstrukturierter Programmierung und zu einem schwer verständlichen Programmtext führt.

Quelltext	Beschreibung
``for (; x ;)
{cout << "Bitte Zahl eingeben: \n";
cout << "-Null zum Beenden-" << endl;
cin >> x;
y += x;
}```	Aufsummieren von Zahlen.

Beispiel 4.5-28

Im Gegensatz zur for-Schleife besteht die while-**Schleife** nur aus einer Bedingung. Diese führt dazu, dass der anschließende Befehl oder Block abgearbeitet wird, sollte die Bedingung wahr/ungleich Null sein. Ist die Bedingung nicht erfüllt bzw. gleich Null, wird das Programm mit der ersten Anweisung fortgeführt, die nicht an den while-Block gebunden ist.

while-Schleife

Quelltext	Beschreibung
``while (i <= 10)
{cout << 6*i << endl;
i++;
}```	Schleife, in der das Vielfache von 6 bis einschließlich 60 ausgegeben wird.
``while (x)
{cout << "Bitte Zahl eingeben: \n";
cout << "-Null zum Beenden-" << endl;
cin >> x;
y += x;
}```	Aufsummieren von Zahlen.

Beispiel 4.5-29

Während die for- bzw. while-Schleife die Schleifenbedingung am Anfang überprüft und so evtl. den an die Schleife gebundenen Anweisungsbereich gar nicht erst ausführt, überprüft die do-while-**Schleife** die Bedingung am Ende des Anweisungsblocks. In einer do-while-Schleife wird somit garantiert, dass die an die Schleife assoziierten Befehle mindestens einmal ausgeführt werden.

do-while-Schleife

Beispiel 4.5-30

Quelltext	Beschreibung
| ```
int x, y, wahl;
do
{cout<<"Bitte zwei Zahlen eingeben\n";
  cin >> x;
  cin >> y;
  cout<<"Bitte wählen\n";
  cout<<"1 = Werte addieren\n";
  cout<<"2 = Werte multiplizieren\n";
  cout << "3 = Werte subtrahieren\n";
  cout << "0 = Menue verlassen \n";
  cin >> wahl;
``` | Es können zwei Zahlen eingegeben werden. Durch eine einfache Auswahl kann dann eine Rechenoperation ausgewählt werden. |
| ```
  switch (wahl)
  { case 1: cout << x+y << endl; break;
    case 2: cout << x*y << endl; break;
    case 3: cout << x-y << endl; break;
    case 0: break;
    default: cout
            << "Falsche Eingabe\n";
  }
``` | Ausführen der Wahl unter Anwendung einer `switch`-Anweisung. |
| ```
} while (wahl);
``` | Überprüfung der Bedingung. |

Sprunganweisung

Iterations- und Selektionsanweisungen bedürfen einer Bedingung, um eine Verzweigung des Programms durchzuführen. Ohne eine Bedingung können die **Sprunganweisungen** return, break, continue und goto arbeiten. Sprunganweisungen veranlassen den Compiler, den gerade bearbeiteten Quelltext zu verlassen und das Programm an einer anderen Stelle fortzuführen.

break

Das break-Kommando wurde schon bei den switch-Anweisungen vorgestellt. break sorgt dafür, dass die switch-Einheit verlassen und das Programm mit der ersten Zeile des Quelltexts fortgeführt wird, die dem Block unmittelbar folgt. Einen weiteren Anwendungsbereich besitzt die break-Anweisung bei der Verwendung von Schleifen. Trifft der Compiler innerhalb einer Schleife auf ein break, so wird die Schleifenanwendung sofort beendet und die dem Anweisungsblock folgenden Befehle ausgeführt.

continue

Die continue-Anweisung verhält sich ähnlich zum break. Wird ein continue-Befehl in einer Schleife vorgefunden, führt dies zum Abbruch des aktuellen Iterationsschrittes. Das Programm wird anschließend mit dem nächsten Iterationsschritt der Schleife weitergeführt. Die auf continue folgenden Anweisungen werden nicht mehr ausgeführt.

goto

Eine weitere Sprunganweisung ist goto, die allerdings nur noch selten benutzt wird, da C++ ausreichend Kontrollstrukturen zur Verfügung stellt. Die goto-Anweisung benötigt ein Label. Dieses wird durch einen gültigen Bezeichner und einen Doppelpunkt kenntlich gemacht.
```

Quelltext	Beschreibung

`int i = 1;`
`zurueck:`
`cout << 9*i << endl;`
`i++;`
`if (i <= 10)`
`  goto zurueck;`
	Das Vielfache von 9, realisiert durch einen `goto`-Befehl, wobei `zurueck` das Label ist.

Beispiel 4.5-31

Die `goto`-Anweisung und das entsprechende Label müssen innerhalb einer Funktion definiert sein. Folglich ist es durch die Anwendung von `goto` nicht möglich, zwischen verschiedenen Funktionen zu springen.

Sprunganweisungen wie `goto`, `break` und `continue` sollten nur äußerst selten eingesetzt werden, da sie zu schwer lesbarem und kaum wartbarem Quelltext führen. Die vorhandenen Verzweigungs- und Iterationsanweisungen können im Sinne von strukturierter Programmierung viel besser eingesetzt werden, um Programmtexte pflegbar, wieder verwendbar und nachvollziehbar zu machen.

Strukturierte Programmierung vs. Sprunganweisungen

4.5.15 Zeiger

Ein zentrales Element in C++ sind die **Zeiger** (Pointer), allerdings bieten sie durch ihre Komplexität ein breites Feld an möglichen Fehlerquellen. Definitionsgemäß sind Zeiger Variablen, die anstatt eines Wertes die Adresse einer Speicherzelle beinhalten. Die Größe steht in direktem Zusammenhang mit der Größe des Datentyps, auf den sie verweisen. Zeiger können als Bestandteil der elementaren Datentypen betrachtet werden.

Pointer

```
typ *name;
```

Für die Anwendung von Zeigern spielen zwei Operatoren eine wesentliche Rolle: der Adressoperator (`&`) und der Zeigeroperator (`*`). Der Adressoperator, oder auch Referenzierungsoperator genannt, liefert als Wert die Adresse einer Variablen. Er kann wie „enthält die Adresse von" gelesen werden. Über den Zeigeroperator hingegen wird auf den Wert, der sich hinter der Speicheradresse befindet, zugegriffen.

Quelltext	Beschreibung

`int zelle = 2;`
`int *ptr;`
`ptr = &zelle;`
`cout <<ptr<< endl;`
`cout <<*ptr<<endl;`
	Variableninitialisierung und Zeigerdeklaration.
	Zuweisen der Adresse von `zelle` auf den Zeiger.
	Ausgeben der Adresse und Ausgeben des Wertes von `zelle` über den Zeiger.

Beispiel 4.5-32

Eine Eigenschaft von C++ ist, dass Zeiger konkret auf Null zeigen bzw. gesetzt werden können und somit als logischer Wert abfragbar sind.

```
*pointer_name = NULL; //alternativ: *pointer_name = 0;
```

Die arithmetischen Operatoren sind auf Zeiger anwendbar. Dabei muss beachtet werden, dass nicht der Wert, sondern die Speicheradresse unter Berücksichtigung des benötigten Speicherbedarfs verschiedener Datentypen verschoben wird. Konkret bedeutet dies, dass bei der Addition eines Zeigers mit eins, dieser in Abhängigkeit von der Größe des Datentyps auf die nächste Speicherstelle verweist. Neben den arithmetischen können ebenfalls relationale Operatoren verwendet werden.

Beispiel 4.5-33

Quelltext	Beschreibung
`int *ptr = NULL;` `cout << ptr << endl;`	Zeiger verweist auf die Speicheradresse 0 Ausgabe: 0x0 (= 0 dez.)
`ptr++;` `cout << ptr << endl;`	Inkrementieren Ausgabe: 0x4 (= 4 dez.) (`int` ist hier 4 Byte groß)
`cout << ptr+5 << endl;`	Ausgabe: 0x18 (=24 dez.) (5*4 Byte Integer)

Typprüfung

Eine Neuerung unter C++, die es nicht in C gab, ist die automatische Überprüfung eines Zeigers auf seine Richtigkeit in Bezug auf seinen Typ. Diese Eigenschaft, auch **Typprüfung** genannt, grenzt eine große Fehleranfälligkeit bereits im Vorfeld bei der Nutzung von Zeigern aus. Wird beispielsweise ein `int`-Zeiger auf einen Charakter „gerichtet" ohne eine vorherige explizite Typumwandlung, meldet dies der Compiler als Fehler. Eine Umgehung dieser Typprüfung kann mit Hilfe des `void`-Zeigers erreicht werden, indem eine explizite Typumwandlung durchführt wird. Dies sollte allerdings nur mit großer Vorsicht und in Ausnahmefällen geschehen.

Beispiel 4.5-34

Quelltext

`int *int_ptr = NULL;`
`void *void_ptr = NULL;`
`int_ptr = (int *) void_ptr;`

In den bisherigen Ausführungen verwies ein Zeiger auf Daten. Darüber hinaus können Zeiger auch auf einen anderen Zeiger gesetzt werden. Die Dereferenzierung muss in diesem Fall über ** erfolgen.

Quelltext	Beispiel 4.5-35
| ```
int x, *zeiger_auf_wert, **zeiger_auf_zeiger;
x=10;
zeiger_auf_wert = &x;
zeiger_auf_zeiger = &zeiger_auf_wert;
cout << **zeiger_auf_zeiger;
``` | |

4.5.16 Benutzerdefinierte und zusammengesetzte Datentypen

Neben den elementaren Datentypen, die in den vorangegangenen Abschnitten vorgestellt wurden, erlaubt C++ die Kombination von elementaren Datentypen zu „neuen" Datentypen. Die so erzeugten angepassten Datentypen ermöglichen es, gezielt auf Problemstellungen einzugehen und damit eine größere Transparenz und Sicherheit des Programms zu schaffen. Unter Berücksichtigung der objektorientierten Eigenschaft von C++ beinhalten die beiden Datentypen struct und union sowohl rein prozedurale, aber auch objektorientierte Aspekte. Neben diesen stehen Bitfelder, Enumerationen und die typedef-Anweisung zur Verfügung.

Die typedef-Anweisung kann dazu genutzt werden, einem existierenden Datentyp einen neuen Namen zuzuweisen. Dies erhöht die Portabilität des erstellten Programmtexts dahingehend, dass der Datentyp nur an einer Stelle im Programmtext geändert werden muss. **typedef**

```
typedef Datentyp Neuer_Datentyp_Name;
```

Quelltext	Beschreibung	Beispiel 4.5-36
`typedef int zahl;`	Typdefinition: Im gesamten Programm kann nun eine Integervariable über zahl deklariert werden.	
`zahl a = 25;` `cout << a ;`	Deklaration und Initialisierung einer Integerzahl.	

Das Zusammenfassen von immer wiederkehrenden Informationseinheiten wurde bereits unter C durch Strukturen realisiert. Aus Gründen der Kompatibilität blieben diese auch in C++ erhalten, sind aber im eigentlichen Sinne als Klassen ohne Operationen (vgl. Abschnitt 4.7) anzusehen. Eine Struktur wird durch das Schlüsselwort struct definiert und fasst unterschiedliche Datentypen zu einem logischen Verbund zusammen. Als einfache Beispiele seien Adressverzeichnisse und Archivierungssysteme genannt, aber auch Adaptionen im technischen Bereich, zum Beispiel durch Matrizen-Operationen, sind denkbar. **Struktur**
```

```
struct [Strukturname] {Aufbau} [Variablenliste];
```

Die in eckige Klammern gesetzte Syntax ist optional. Gemäß der Syntax von Klassen ist die Definition von Strukturen eine abstrakte Zusammenfassung von Datentypen, die durch konkrete Objekte realisiert werden. Ein wesentlicher Unterschied zu Klassen stellt die optionale Angabe von Strukturname und Variablenliste dar.

Beispiel 4.5-37

Quelltext	Beschreibung

`struct patient`
`{ char vorname [40];`
`  char nachname [40];`
`  alter int;`
`} patient_a;`
	Deklaration einer Struktur.
	
	Variablenliste
	
	Deklaration nach dem Block.

`patient patient_b;`	Vom Block gelöste Deklaration.

Bei Strukturen ist es möglich, ohne Strukturnamen zu arbeiten, wenn eine Variablenliste zur Erzeugung vorhanden ist. Andernfalls muss ein Strukturname angegeben werden. Bedingt durch die Tatsache, dass es sich bei Strukturen um Anweisungen handelt, müssen diese am Ende immer mit einem Semikolon versehen werden.

Ein Objekt wird entweder im unmittelbaren Anschluss an den Aufbau oder im weiteren Verlauf über den Strukturnamen instanziiert. Der Zugriff und die Manipulation der einzelnen Elemente der Struktur erfolgt über den Punktoperator. Soweit keine Zugriffsrechte verändert werden, kann auf die Elemente uneingeschränkt zugegriffen werden, da diese als `public` deklariert sind. Dies ist ein weiteres Unterscheidungsmerkmal zu Klassen.

Beispiel 4.5-38

Quelltext	Beschreibung

`strcpy (patient_a.nachname, "Müller");`
`strcpy (patient_a.vorname, "Brigitte");`
`patient_a.alter = 20 ;`
	Wertzuweisung zu einem Patienten.

`patient_b = patient_a ;`	Wertübergabe

`cout << patient_b.nachname << endl;`
`cout << patient_b.vorname << endl;`
`cout << patient_b.alter << endl;`	

In ihrer Eigenschaft als neuer Datentyp kann den Instanzen einer Struktur ein Zeiger zugewiesen werden. Möchte man im Verlauf des Programms auf ein Element des Objekts über einen Zeiger zugreifen, wird der Pfeiloperator (`->`) verwendet.

Vereinigung (Union)

Eine besondere Form der Struktur stellt die so genannte Vereinigung (Union) dar. Sie übernimmt die Eigenschaft der Strukturen, verschiedene Elemente aufnehmen zu können. Die Besonderheit liegt in der physischen Speicherung der Daten, da sie „übereinander" gespeichert werden und somit die gleichen Speicherbereiche verwenden.

```
union union-name
{   type member-bezeichner;
    type member-bezeichner;
    ...
}Variablen;
```

Beispiel 4.5-39

Quelltext	Beschreibung

`union bsp`
`{ int a;`
`    char b;`
`};`
`bsp hallo;`
	Deklaration einer Vereinigung.
	
	Konkrete Vereinigung `hallo`.

Wie bereits bei den Strukturen erwähnt, werden konkrete Vereinigungen entweder direkt im Anschluss zwischen der letzten Block-Klammer und dem Semikolon oder im späteren Verlauf erzeugt. Der Zugriff auf die einzelnen Elemente geschieht entweder über den Punktoperator oder über den Pfeiloperator, wenn mit Zeigern gearbeitet wird.

Beispiel 4.5-40

Quelltext	Beschreibung
`void funktion ( union bsp *t )` `{ t->a = 5;    }`	Zuweisung von 5 mit Hilfe des Pfeiloperators.

Der von der Vereinigung benötigte Speicher orientiert sich an dem in der `union` enthaltenen größten Wert. Er wird vom Compiler als Richtlinie für die Speicherplatzreservierung herangezogen. Geht man im obigen Beispiel von einem zwei Byte großen `int` und einem ein Byte großen `char` aus, würde der Compiler zwei Byte für die Vereinigung `bsp` reservieren.

Es gibt unter C++ die besondere Form **anonymem Union**. Die Besonderheit liegt in der Tatsache, dass sie keinen Typnamen besitzt und damit einen globalen Status erhält. Bedingt durch diese globale Eigenschaft, dürfen in anonymen Vereinigungen nur reine Daten und keine Elementfunktionen enthalten sein. Des Weiteren dürfen diese Daten nicht als `private` oder `protected` deklariert sein.

Anonyme Union

Beispiel 4.5-41

Quelltext	Beschreibung

`union`
`{ long l;       };`
`l = 100000;`
	Anonyme Vereinigung.
	
	Initialisieren von l.

Aufzählungstyp enum

Im Alltag vorkommende Aufzählungen, wie Wochentage, Währungen, Sprachen oder Farben, lassen sich in C++ unter Verwendung einer Enumeration einfach implementieren. Die durch das Schlüsselwort `enum` gekennzeichnete Eigenschaft gleicht in seinem Aufbau einer Struktur. Der Einsatz von Enumerationen erhöht die Transparenz und Sicherheit des Programms. Es dürfen allerdings nur gleiche Datentypen verwendet werden.

Enumeration

`enum [ Enum_name ] {Aufzählung} [ Variablenliste ];`

Beispiel 4.5-42

Quelltext
`enum material { holz, glas, stahl, beton };` `enum verarbeitung { schweissen, bohren, zuschnitt };`

Die Enumeration kann nach der Initialisierung beliebig erweitert werden. Der Typ eines Enumerators ist definiert durch den Typ seiner Elemente. Für den Fall, dass kein Typname angegeben wird, erhält man einen so genannten anonymen Datentyp. Intern werden die Elemente einer Enumeration auf die natürlichen Zahlen von 0 bis zur (Gesamtanzahl -1) abgebildet. Das bedeutet, dass das Holz in der obigen Materialliste intern mit dem Wert 0 belegt wird (holz == 0 usw.). Daraus ergibt sich, dass bis auf die direkte Zuweisung keine Operation ohne vorherige Umwandlung in den Datentyp `int` möglich ist.

Beispiel 4.5-43

Quelltext	Beschreibung

`enum sprache`
`{ englisch,spanisch,französisch };`
 	
`sprache muttersprache;`
`muttersprache = spanisch;`
`int a = englisch;`
 	
`//muttersprache = a;`
 	
`a = französisch + spanisch;`
	
	Zuweisen von `sprache`.
	Implizite Konvertierung in `int`.
	
	Inkompatible Zuweisung.
	
	a = 3.

Bei der Definition der Enumeration kann den Argumenten direkt ein Integerwert zugewiesen werden. Die nachfolgenden Argumente orientieren sich in ihrem Wert an ihrem Vorgänger.

Quelltext	Beispiel 4.5-44
| ```
enum sprache
{ englisch, spanisch, japanisch, tuerkisch = 10,
  deutsch, italienisch };
``` | |

4.6 Felder

Ein **Feld** bzw. **Array** ist eine Sammlung von Variablen desselben Typs, die über einen gemeinsamen Feldnamen angesprochen werden.

Datentyp array_Name [Größe];	**Array**

Möchte man ein Argument eines Feldes direkt aufrufen, kann dies über den Bezeichner und die Index-Position erfolgen, wobei sich der Index von 0 bis (Feldgröße -1) erstreckt.

Felder können unterschiedlich initialisiert werden. Eine der einfachsten Initialisierungen eines Feldes ist die literale Initialisierung, bei der die Feldelemente direkt mit konkreten Werten besetzt werden. Hier entfällt die Angabe der Feldgröße, da der Compiler sie aus den Feldelementen ermittelt. Wird im Nachhinein die Anzahl der Feldelemente benötigt, kann diese über `sizeof` ermittelt werden.

Daneben können die Argumente über den Index in den einzelnen Feldpositionen angesprochen werden.

Quelltext	Beschreibung	Beispiel 4.6-1
| ```
int array [30];
int position ;
for (position=0;position<30;position++)
    array[position] = position ;

for (position=0;position<30;position++)
    cout << array[position];
``` | Deklaration eines Feldes der Größe 30. Wertzuweisung durch Schleife. Ausgabe der Werte über die Position im Feld. | |

Felder können sich über mehrere Dimensionen erstrecken und damit beispielsweise bei einem dreidimensionalen Feld mit fünf Elementen in jeder Dimension insgesamt 5*5*5 Elemente aufnehmen.

Quelltext	Beschreibung	Beispiel 4.6-2
| ```
int array [4][5];
int x, y;
for ( x=0; x<4; x++)
   for ( y=0; y<5; y++)
``` | Initialisierung eines zweidimensionalen Feldes der Größe 4*5. Füllen des Feldes mit den Zahlen 1 bis 20. | |
```

Quelltext	Beschreibung

`array[x][y] = (x*5)+y+1;`
`for ( x=0; x<4; x++)`
`  for ( y=0; y<5; y++)`
`    cout << array[x][y];`
	Ausgabe der Werte über die Indexpositionen.

Bei der Verwendung von Zeigern auf Felder kann auf den Adressoperator verzichtet werden, da automatisch ein Zeiger auf die erste Speicherposition gerichtet wird. Es genügt eine einfache Zuweisung über den Feldnamen. Abschließend eine Übersicht über verschiedene Möglichkeiten, Felder zu erzeugen und aufzurufen.

Im Gegensatz zu Java, welches eine eingebaute Ausnahmebehandlung für die Grenzüberschreitung besitzt, können die Grenzen bei C++ ohne Warnung überschritten werden.

Beispiel 4.6-3

Quelltext
```
int array[3] = { 0, 1, 2, };
int *zeiger;
int position;

for ( position=0; position<3; position++ )
    cout << array[position] ;
...
zeiger = array;
for ( position=0; position<3; position++ )
  cout << *(zeiger+position);
...
zeiger = array;
for ( position=0; position<3; position++ )
  cout << *zeiger++;
...
for ( position=0, zeiger=array; position<3;
                                position++, zeiger++ )
  cout << *zeiger;
...
zeiger = &array[0];
for ( position=0; position<3; position++ )
  cout << zeiger[position];
...
```

4.7 Klassen und Objekte

Bisher wurde die Programmiersprache C++ mit ihren funktionalen Eigenschaften präsentiert. Die eigentliche Stärke und Bedeutung von C++ liegt allerdings in der objektorientierten Programmierung. Die objektorientierte Sichtweise beruht auf dem Konzept, dass Daten und Operationen, die auf den Daten ausgeführt werden können, als eine bindende Einheit betrachtet werden.

Zur Umsetzung dieses Ansatzes können in C++ **Klassen** gebildet werden. Eine Klasse ist eine abstrakte Zusammenfassung von Daten mit gleichen Eigenschaften und gleichem Verhalten und bildet einen neuen Datentyp. Eine Klasse wird durch das Schlüsselwort `class`, dem ein Bezeichner folgt, gekennzeichnet. Die in einer Klasse deklarierten Argumente werden als **Elementvariablen** oder Datenelemente bezeichnet, die Funktionen, die auf den Elementvariablen arbeiten, heißen **Elementfunktionen**. Per Definition sind alle Elemente und Funktionen einer Klasse `private`. Sie können aber durch den Zugriffsbezeichner `public` in öffentliche Komponenten umgewandelt werden. Syntaktisch muss auf den Modifikator ein Doppelpunkt folgen.

Klasse

Eine Elementvariable ist ein Datentyp oder ein Zeiger. Ferner können Datenelemente in der Klassendeklaration nicht initialisiert werden, sofern sie nicht als `static`-Variablen ausgewiesen sind. Datenelemente lassen sich nicht mit den Modifikatoren `auto`, `extern` oder `register` deklarieren.

Funktionen sind ein weiterer wichtiger Bestandteil einer Klasse. In ihnen finden die Programmaktivität und das Zusammenspiel zwischen den Objekten statt. Sie sind ein wesentlicher Mechanismus, mit dem Polymorphie in C++ erreicht werden kann.

Funktion

```
return_Typ funktionsname (Parameterliste)
{ Anweisung_1;
  ...     }
```

Auf die Argumente einer Funktion kann nur über den Aufruf der Funktion zugegriffen werden. Ansonsten steht der Quelltext für andere Funktionen oder Anweisungen nicht zur Verfügung.

In C++ ist es obligat, von jeder Funktion vor der ersten Anwendung einen Prototyp anzulegen. Dieser muss den Rückgabetyp, den Funktionsnamen und die Typen der übergebenen Argumente enthalten. Die Bezeichner der Parameterliste müssen bei der Funktionsdeklaration nicht zwingend angegeben werden.

Prototyp

```
return_Typ funktionsname (Parameterliste);
```

Quelltext	Beschreibung
`int quadrat (int a);`	Prototyp einer Funktion. Alternative: `int quadrat (int );`

Beispiel 4.7-1

4.7 Klassen und Objekte

123

Quelltext	Beschreibung
| ```
int main ()
{ …
  cout << quadrat (x) <<endl;

  return 0;
}
…
int quadrat (int a)
{ return a*a;  }
``` | Die Funktion `quadrat` wird aufgerufen.<br>Der Wert 0 wird ans Betriebssystem zurückgeliefert.<br><br><br>Definition der Operation `quadrat`. |

Die Definition einer Funktion kann als Prototyp dienen, sofern sie vor den ersten Aufruf der Funktion gesetzt wird. Erfolgen Deklaration und Definition einer Funktion in zwei Schritten, so muss die Deklaration des Prototyps mit einem Semikolon beendet werden. Die `main()`-Funktion ist die einzige Operation, die keinen Prototyp verlangt, da sie immer als Erstes aufgerufen wird.

Parameterliste

Durch die **Parameterliste** können einer Funktion Werte übergeben werden. Die in dieser Liste aufgeführten Daten, auch formale Parameter genannt, verhalten sich innerhalb der Funktion wie lokale Variablen. Die an eine Funktion weitergeleiteten Argumente können sowohl Werte als auch Zeiger sein. Die Verwendung von `void` bei der Übergabe einer leeren Parameterliste ist optional.

Beispiel 4.7-2

Quelltext	Beschreibung
| ```
int quadrat_1 (int a);
int quadrat_2 (int *a);

int main ()
{ …
  cout <<quadrat_1 (x) <<endl;
  cout <<quadrat_2 (&x) <<endl; }

int quadrat_1 (int a)
{ return a*a;  }

int quadrat_2 (int *a)
{ int y = *a;
   return y*y; }
``` | Prototyp<br>Prototyp<br><br><br>Funktion `quadrat_1` wird mit einem Wert aufgerufen.<br>Funktion `quadrat_2` wird mit einer Adresse aufgerufen.<br>Definition der Operation `quadrat_1` (Übergabe eines Wertes).<br><br>Definition der Operation `quadrat_2` (Übergabe eines Zeigers). |

Übergabe von Zeigern

Bei der Übergabe von Variablen und Werten an eine Funktion wird von diesen Daten eine Kopie angelegt. Mit dieser Kopie werden dann die Anweisungen in der Operation ausgeführt. Das Argument bleibt somit unverändert (call by value). Im Gegensatz dazu kann bei der Zeigerübergabe, die ja direkt auf das Argument weisen, durch die Anweisungen in der Funktion der Ausgangswert verändert werden (call by reference).

Das Beispiel definiert die Operationen quadrat_1 und quadrat_2 in abgeänderter Form. Nach Aufruf der Operation quadrat_1 ist der Wert der übergebenen Variable unverändert, nach Aufruf von quadrat_2 hingegen quadriert.

Beispiel 4.7-3

Quelltext	Beschreibung

`int quadrat_1 (int a)`
`{ a = a*a;`
`   return a ; }`
	Übergabe eines Wertes.

`int quadrat_2 (int *a)`
`{ *a = *a * *a;`
`   return *a;`
`}`
	Übergabe eines Zeigers.

Bsp.: x= 5 ⇒ quadrat_1 (x) = 25 ⇒ quadrat_2 (&x) = 25	danach: x = 5; danach: x = 25;

In C++ können neben der klassischen expliziten Zeigerübergabe implizite Zeiger, auch **Referenzparameter** genannt, an eine Funktion weitergegeben werden. Referenzparameter sorgen dafür, dass die Argumente automatisch als Zeiger angesehen werden. Durch das Voranstellen von & vor den Parameternamen werden sie deklariert. Eine zusätzliche Verwendung des &-Operator zum Funktionsaufruf oder des *-Operators zum Arbeiten in der Funktion ist überflüssig.

Referenzparameter

Beispiel 4.7-4

Quelltext	Beschreibung
`cout << quadrat_3 (x)` `     << endl;`	Die Funktion quadrat_3 wird mit einem Wert aufgerufen. x ist nach dem Funktionsaufruf verändert, da auf x ähnlich einem Zeiger gearbeitet wird.
...	

`int quadrat_3 (int &a)`
`{ a = a*a;`
`   return a ; }`
	Definition der Operation quadrat_3 (Übergabe eines Referenzparameters).

Die als Referenzparameter deklarierte Variable wird beim Funktionsaufruf sozusagen zum Synonym für das übergebene Argument, sie zeigt auf das Argument des Aufrufs. Wie bei Zeigern können sich bei der Verwendung von Referenzen die Werte der Argumente ändern, da die Anweisungen direkt auf dem Argument und nicht auf dessen Kopie arbeiten. Allerdings besteht ein wichtiger Unterschied zwischen Referenzen und Zeigern: Die Adresse einer Referenz kann nicht bestimmt werden. Daher ist es weder möglich Zeiger auf Referenzen zu erzeugen noch die Referenz innerhalb einer Funktion so zu ändern, dass sie auf ein anderes Argument zeigt. Inkrementiert man z. B. eine Referenz, so wird ihr Argument erhöht. Dahingegen verweist ein Zeiger nach der Inkrementierung auf die nächste Speicheradresse in Abhängigkeit von der Länge seines Datentyps.

Des Weiteren können einer Funktion Felder übergeben werden, welche sich vergleichbar zu Operationen mit Zeigerübergabe verhalten. Beim Aufruf dieser Funktion ist der &-Operator überflüssig, da der Bezeichner eines Feldes schon eine Speicheradresse beinhaltet.

Parameterliste mit variabler Länge

Eine Eigenheit der C++-Programmierung ist die Deklaration einer **Parameterliste mit unbekannter, variabler Länge.** Hierfür wird mindestens ein tatsächlicher Parametertyp angegeben, an den sich drei Punkte anschließen. Dem Compiler wird signalisiert, dass dieser Funktion zusätzlich zu dem deklarierten Parameter eine noch unbekannte Anzahl an Argumenten übergeben werden kann. Die Ausgabefunktion `printf` arbeitet beispielsweise nach diesem Prinzip.

Beispiel 4.7-5

Quelltext	Beschreibung
``# include <cstdarg>
…
int summe (int a, ...);
cout<<summe (1,2,3,4,0) <<endl;
cout<<summe (2,5,0) <<endl;
cout<<summe (34,5,8,6,9,23,43,54,0)
<<endl;
…```	Summenfunktion mit variabler Parameterliste.
``int summe (int a,...)
{int summe =a;
  int summand;
  va_list zeiger;
  va_start (zeiger,a);
  while ((summand = va_arg(zeiger,int)))
    summe += summand;

  va_end (zeiger);
  return summe;
}``` | Parameterzeiger deklarieren.
Zeiger initialisieren.
Schleife wird beendet sobald summand = 0.

Zeiger auf 0 setzen. |

Defaultwert

Ein interessanter Aspekt der C++-Programmierung ist die Zuweisung von **Defaultwerten** zu den Argumenten der Parameterliste. Dadurch ist es möglich, dass eine Funktion mit weniger Argumenten aufgerufen werden kann als in der Parameterliste vorgesehen ist. Den fehlenden Argumenten wird ein so genannter Defaultwert zugewiesen.

Beispiel 4.7-6

Quelltext	Beschreibung
`int summe(int a,int b,int c=0,int d=0);`	Zuweisung von Defaultwerten.

Sinnvoll ist diese Art der Deklaration für komplexe Programme, in denen möglichst viele verschiedene Situationen behandelt werden sollen. Werden Defaultwerte verwendet, so sind zwei Regeln zu beachten. Zum einen müssen die Defaultwerte bei der Deklaration der Funktion zugewiesen werden. Zum anderen müssen allen Argumenten der Parameterliste, die der Variablen mit dem Defaultwert folgen, ebenfalls Defaultwerte besitzen.

Eine Funktion kann nach ihrem Aufruf einen Wert zurückliefern. Soll sie dies nicht leisten, muss der Operationskopf explizit durch void gekennzeichnet werden. Eine standardmäßige int-Zuweisung beim Fehlen der Angabe des Rückgabewertes, wie dies in C geschieht, wird in C++ nicht durchgeführt. **Rückgabewert**

```
ausgabe (int a);        // in C++ falsch!!!!
void ausgabe (int a);   // richtig
```
Beispiel 4.7-7

Jede andere nicht als void deklarierte Funktion liefert ein Argument zurück, dessen Datentyp in der Deklaration angegeben sein muss und über eine return-**Anweisung** ausgegeben wird. Der Deklarationstyp und der return-Typ müssen identisch sein. **return**

Mit dem Erreichen der return-Anweisung wird nicht nur ein Wert zurückgeliefert, sondern die Funktion wird direkt verlassen und das Programm kehrt zum aufrufenden Quelltext zurück. Der Rückgabewert kann einer Variablen zugewiesen, direkt genutzt oder auch einfach ignoriert werden.

Neben den elementaren Datentypen ist als Rückgabewert einer Funktion auch ein Zeiger zugelassen. Da die Zeigerarithmetik relativ zur Datentyplänge ist, muss eine Funktion ausdrücklich festlegen, welchen Typ Zeiger sie liefern soll. Zur Deklaration einer Funktion, die einen Zeiger zurückgibt, wird vor den Funktionsnamen der Zeigeroperator (*) gesetzt.

Quelltext	Beschreibung
```char *finden (char *i, char *j){char *merker = 0; char * hilf; hilf = j; while (*i) { while ((*i == *j)&& *j) { if (!merker) merker = i; i++; j++; } if (*j) { j = hilf; merker = 0; } i++;```	Funktion findet eine Zeichenkette in einem anderen String und gibt einen Zeiger auf den Beginn zurück.Prüft, ob Zeiger i noch auf einen Wert zeigt.Prüft, ob zwei Zeichen gleich sind und ob Zeiger j noch auf einem Wert steht.Setzt j und merker zurück, falls nur einzelne Zeichen und nicht das Wort gleich sind.

Beispiel 4.7-8

Quelltext	Beschreibung

`    }`
`    return merker;`
`}`
	Rückgabe eines Zeigers.

In C++ gilt die Richtlinie, dass Funktionen nur auf der rechten Seite einer Zuweisung stehen dürfen. Eine Ausnahme dieser Regel gilt für die Operationen, die eine Referenz zurückliefern.

Beispiel 4.7-9

Quelltext	Beschreibung
`int &ersetzen (int i)` `{return a[i]; }`	Funktion liefert eine Referenz auf ein Feldelement von a an der Stelle i.
`    ersetzen (4) = 35;` `    ersetzen (7) = 70;`	Aufruf von ersetzen und Zuweisung eines Wertes an die Indexposition 4 und 7 eines definierten Feldes.

Rekursion

Ruft sich eine Funktion selbst auf, so spricht man von **Rekursion** oder rekursivem Aufruf.

Beispiel 4.7-10

Quelltext	Beschreibung

`int summeRek (int i)`
`{   int summe = 0;`
`    if (i == 1)`
`        return (1);`
`    summe = summeRek(i-1) + i;`
`    return summe;`
`}`
	Rekursives Aufsummieren von Zahlen bis i.

Überladen einer Funktion

Sollen in einem Programm Funktionen implementiert werden, die ähnliche Operationen mit jedoch unterschiedlichen Argumenten durchführen, so muss in einigen Programmiersprachen jede Funktion mit einem eigenen Namen versehen werden. Dies ist in C++ nicht notwendig. Mehrere Funktionen, die eine ähnliche Ausführung haben, können denselben Namen besitzen, sofern sie sich im Typ und/oder in der Anzahl der übergebenen Parameter unterscheiden. Dieses Konzept wird als **Überladen von Funktionen** bezeichnet.

Beispiel 4.7-11

Quelltext	Beschreibung

`int summe (int a, int b);`
`double summe (double a, double b);`
`double summe (int a, int b, double c);`
`int main ()`
`{cout << summe (2, 5) << endl;`
`    cout << summe (5.8, 4.3) << endl;`
`    cout << summe (5, 7, 9.9) << endl;`
	Prototypen der überladenen Funktion summe.

Quelltext	Beschreibung

`  return 0;     }`
 	
`int summe (int a, int b)`
`{ return a+b;         }`
 	
`double summe (double a, double b)`
`{ return a+b;         }`
 	
`double summe (int a, int b, double c)`
`{ return a+b+c;       }`	

Der Compiler unterscheidet im Programm anhand der übergebenen Argumente, welche Funktion aufzurufen ist. Überladene Funktionen können unterschiedliche Rückgabewerte haben. Dieses Merkmal allein reicht aber zur Unterscheidung zweier Operationen mit gleichem Namen nicht aus.

Eine wichtige Eigenschaft von C++ ist die Anwendung von Funktionszeigern. Funktionen besitzen, obwohl sie keine Variablen sind, eine Speicheradresse. Diese gibt sozusagen den Startplatz der Funktion im Speicher an. Auf die Adresse kann ein Zeiger gesetzt werden, über den die Operation ebenfalls angesprochen werden kann.

Funktionszeiger

Ein Funktionszeiger wird ähnlich dem Prototypen einer Funktion deklariert, allerdings werden in der Parameterliste die Bezeichnernamen entfernt und dem Funktionszeigernamen wird der *-Operator vorangestellt. Um vom Compiler als Funktionszeiger erkannt werden zu können, müssen zudem der Zeigeroperator und der Bezeichner in runde Klammern gesetzt werden. Initialisiert wird der Funktionszeiger durch Zuweisen eines Funktionsnamens.

Quelltext	Beschreibung

`int produkt (int a, int b);`
`...`
`int a = 7, b = 3;`
`int (*f_zeiger) (int, int);`
	Deklaration eines Funktionszeigers.

`f_zeiger = produkt;`
`cout << f_zeiger (a,b)`
`     << endl;`
`...`
`int produkt (int a, int b)`
`{ return a*b;         }`
	Initialisierung des Funktionszeigers. Aufruf der Funktion produkt über den Funktionszeiger f_zeiger.

Beispiel 4.7-12

Auf überladene Funktionen können ebenso Funktionszeiger gesetzt werden. Durch die Angabe der Parameterliste bei der Deklaration des Zeigers wählt der Compiler die passende Funktion.

inline	Wird eine Funktion häufig verwendet und/oder hat sie großen Einfluss auf die Laufzeit von Programmen, kann es zweckmäßig sein, diese Funktion nicht explizit aufzurufen, sondern ihren Quelltext an die Stelle des Funktionsaufrufs expandieren zu lassen. Dies kann in C++ durch die Angabe des Schlüsselwortes `inline` vor einer Funktion umgesetzt werden.

Beispiel 4.7-13

Zwei äquivalente Programme realisiert durch	
`inline`-**Funktion**	**direkte Anwendung**

`inline int quadrat (int a)`
`{ return a*a;           }`
 	
`int main ()`
`{int x =23;`
`  cout << quadrat(x)<< endl;`
`  return 0;`
`}`
	
	`int main ()`
	`{int x =23;`
	`  cout << x*x    << endl;`
	`  return 0;`
	`}`

Bei einem Funktionsaufruf werden Argumente auf den Speicherstack gelegt, Register gesichert und beim Verlassen wieder hergestellt. Diese Abläufe erfordern Zeit. Werden diese Vorgänge umgangen, wie es bei `inline`-Funktionen geschieht, so kann die Effizienz des Programms gesteigert werden, da `inline`-Funktionen ihren Quelltext an die Stelle des Funktionsaufrufs schreiben. Dies hat allerdings auch eine Verlängerung des Quelltexts zur Folge. Das Schlüsselwort `inline` ist wie `register` eine Kann-Anweisung an den Compiler, die er ignorieren darf.

Innerhalb einer Klassendeklaration ist die Angabe eines Prototyps zur jeweiligen Elementfunktion obligat. Wird die Operation darüber hinaus innerhalb der Klasse definiert, so wird sie vom Compiler automatisch als `inline`-Funktion behandelt und muss nicht zusätzlich mit dem entsprechenden Schlüsselwort gekennzeichnet werden. Gewöhnlich werden die Operationen jedoch außerhalb der Klasse definiert. Hierzu wird mittels des Klassenbezeichners und des Bereichsauflösungsoperators (::) vor dem Funktionsnamen die Zugehörigkeit zur Klasse signalisiert. Eine Elementfunktion kann unabhängig vom Zugriffsmodifikator und vom Ort der Definition auf alle Elemente der Klasse direkt zugreifen.

Beispiel 4.7-14(a)

Quelltext	Beschreibung

`class kleidung`
`{`
`  string farbe;`
`  string material;`
 	
`public:`
`  void set_farbe (string f);`
`  string get_farbe ();`
	Erzeugen der Klasse `kleidung`.
	Deklaration der Elementvariablen. Sie sind defaultmäßig `private`.
	Zugriff wird geändert.
	Deklaration der Elementfunktionen.

Quelltext	Beschreibung
| ```
void set_material (string m)
{    material = m;   }
string get_material ()
{    return material;   }
}k1;
``` | inline-Definition der Elementfunktionen.<br><br>Erzeugen eines Objekts. |
| ```
void kleidung::set_farbe(string f)
{ farbe = f;      }

string kleidung::get_farbe ()
{ return farbe;         }
``` | Definition der Elementfunktionen der Klasse kleidung, kenntlich gemacht durch den Klassennamen und den Bereichsauflösungsoperator. |

Eine Klasse kann innerhalb einer anderen Klasse geschachtelt sein. Ebenso kann eine Klasse in einer Funktion deklariert werden. Der Gültigkeitsbereich dieser Klasse schränkt sich auf den Geltungsbereich der umgebenden Klasse bzw. Funktion ein.

Wurde in einer Klasse der logischen Zusammenhang des neuen Datentyps definiert, so gilt es diesen real zu bilden. Die Realisierung wird auch als Erzeugen einer **Instanz** oder äquivalent als Instanziierung eines **Objekts** bezeichnet. An die Klassendefinition kann optional eine Objektliste mit Bezeichnern angehängt werden. Den Abschluss bildet immer ein Semikolon, unabhängig davon, ob auf diese Weise Instanzen erzeugt wurden oder nicht. Es gilt zu beachten, dass auf die so erzeugten Objekte wie auf globale Variablen zugegriffen werden kann. Üblicherweise werden Objekte in einem Anweisungsblock instanziiert. Hierzu werden der Klassenname und ein Bezeichner für das Objekt gewählt. Nach der Instanziierung des Objekts können dann öffentliche Elementvariablen und -funktionen des Objekts aufgerufen werden.

Objekt

Quelltext	Beschreibung
| ```
int main ()
{ kleidung k2;
   k1.set_farbe ("blau");
   k1.set_material ("Wolle");

   k2.set_farbe ("rot");
   k2.set_material ("Seide");

   cout <<"Das 1. Kleidungsstueck ist "
       <<k1.get_farbe () << " und aus "
       <<k1.get_material() << endl;
... }
``` | Erzeugen und Aufruf von Objekten der Klasse kleidung.<br>Instanziierung eines Objekts.<br>Aufruf der Elementfunktionen. |

Beispiel 4.7-14(b)

Beim Umgang mit Objekten ist Vorsicht geboten, wenn sie an eine Funktion übergeben werden, eine Funktion ein Objekt zurückliefert oder ein Objekt
```

durch ein zweites initialisiert wird. Bei diesen Übergabemechanismen erstellt der Compiler eine exakte Kopie des Objekts. Die Kopie und das Original teilen sich einen Speicherbereich. Wird nun die Kopie vernichtet, kann es zu Beschädigungen des Originalobjekts kommen. Zur Lösung dieser Problematik stellt C++ den Kopierkonstruktor und die Möglichkeit des überladenen Zuweisungsoperators zur Verfügung. Auf beide Verfahren wird später noch eingegangen.

Da Objekte wie Datentypen behandelt werden, ist es möglich, einen Zeiger auf ein Objekt zu erzeugen. Die Syntax zur Erzeugung eines Zeigers bleibt unverändert, der Zugriff über einen Zeiger auf ein Objekt wird allerdings über den Pfeiloperator (->) gesteuert.

Beispiel 4.7-15

Quelltext	Beschreibung
```class rechteck` `{int a;` ` int b;` ` public:` ` void set_a (int c) { a = c;}` ` void set_b (int d) { b = d;}` ` int umfang (rechteck r)` ` {return (2* r.a)+ (2* r.b);}` `};` `...` `rechteck r, *z;` `z = &r;` `z->set_a (2);` `z->set_b (5);` `cout << z ->umfang (r) << endl;` `...```	Klasse rechteck Zeiger z auf Objekt r wird erzeugt, Zuweisung der Adresse von r zu z. Aufruf von Elementfunktionen durch den Pfeiloperator ->.

this-Zeiger

Neben den explizit erzeugten Zeigern auf Objekte existiert in C++ der so genannte this-**Zeiger**, welcher automatisch beim Aufruf einer Elementfunktion auf das aufrufende Objekt zeigt. In den meisten Anwendungen wird jedoch eine Kurzschreibweise und nicht der this-Zeiger verwendet. Lediglich bei Funktionen, die einen Zeiger auf ein Objekt erfordern oder beim Überladen von Operatoren kann die Verwendung von this entscheidend sein.

Beispiel 4.7-16

Quelltext	Beschreibung
```class rechteck` `{...` ` void set_a (int c) { this->a = c;}` ` void set_b (int d) { this->b = d;}` ` ... };```	Klasse rechteck Verwendung von this-Zeigern.

In C++ ist es zulässig, eine besondere Art Zeiger auf ein Klassenelement zu bilden. Dieser gibt an, wo in einem Objekt einer Klasse ein Element zu finden ist. Einen Zeiger auf ein Element erhält man durch Anwendung des Adressoperators auf den kompletten Elementnamen, über die Operatoren .* und ->* erfolgt der Zugriff auf das Element.

Tab. 4.7-1: *Zeiger auf Klassenelemente*

Anwendung	Beschreibung
`& Klassenname :: Elementname` `& Klassenname :: Funktionsname`	Zugriff auf Speicheradresse.
`Datentyp Klassenname :: *Elementname` `Datentyp Klassenname :: *Funktionsname()`	Deklaration von Elementzeigern.
`Objektname.*Elementname` `Objektname.*Funktionsname()`	Aufruf über ein Objekt.
`Objektname->*Elementname` `Objektname->*Funktionsname()`	Aufruf über Zeiger auf Objekt.

Bisweilen ist es zweckmäßig, einem Objekt oder Teilen eines Objekts direkt bei der Erzeugung und vor der ersten Verwendung Werte zuzuweisen. Diese automatische Initialisierung kann in C++ durch die Anwendung von Konstruktoren erreicht werden. Ein **Konstruktor** ist eine spezielle Funktion, die keinen Rückgabewert besitzt und den gleichen Namen wie die Klasse trägt. Sie wird innerhalb der Klassendefinition deklariert und kann wahlweise direkt oder außerhalb unter Verwendung des Bereichsauflösungsoperators definiert werden. Der Konstruktor wird automatisch aufgerufen, wenn ein Objekt initialisiert wird, auch dann, wenn keine explizite Konstruktorfunktion definiert wurde. C++ erzeugt in diesem Fall einen so genannten Default-Konstruktor, der ohne Argumente aufgerufen werden kann. Für globale und lokale `static`-Objekte erfolgt der Aufruf nur einmal, wohingegen bei lokalen Objekten die Konstruktorfunktion aufgerufen wird, sobald eine Deklaration stattfindet. Den Konstruktoren können Argumente in einer Parameterliste übergeben werden, die dazu dienen, die Elemente zu initialisieren. Die Angabe der Parameter erfolgt wie bei den Funktionen. Um ein Objekt durch eine Konstruktorfunktion zu erzeugen, wird hinter dem Klassennamen und dem Bezeichner die Parameterliste in Klammern angehängt. Besteht die Parameterliste nur aus einem Argument, kann zur Initialisierung auch der Zuweisungsoperator genutzt werden. Für mehr Flexibilität sorgt das Überladen von Konstruktorfunktionen. Wie bei den Funktionen müssen sich die Argumente der Parameterliste hierzu in Anzahl und/oder Datentyp unterscheiden. Das Überladen von Konstruktoren kann in manchen Fällen durch die Angabe von Defaultwerten in der Parameterliste umgangen werden.

Konstruktor

Beispiel 4.7-17

Quelltext	Beschreibung
| ```
class kleidung
{…
public:
  kleidung ()
   { cout << "Initialisierung"
       << endl;           }
  kleidung (string f);
  kleidung (string f, string m);
};
``` | Konstruktoren |
| ```
kleidung::kleidung (string f)
{ farbe = f;              }

kleidung::kleidung(string f,
                   string m)
{ farbe = f;
   material = m;         }
``` | Definition der nicht `inline`-Konstruktoren. |
| ```
int main ()
{kleidung k1;
  k1.set_farbe ("blau");
  k1.set_material ("Wolle");


  kleidung k2 ("rot");
  k2.set_material ("Seide");




  kleidung k3 ("gelb",
               "Leinen");
…}
``` | Konstruktor `kleidung()`.<br>Konstruktor kleidung (string f).<br>Alternativen:<br>kleidung k2 = "rot";<br>kleidung k2 =<br>  kleidung("rot");<br>Konstruktor kleidung<br>  (string f, string m).<br>Alternative:<br>kleidung k3 = kleidung<br>("gelb","Leinen"); |

Kopierkonstruktor

Ein Objekt kann dazu genutzt werden, ein anderes Objekt zu initialisieren. Der Compiler erstellt, wie schon erwähnt, hierzu eine exakte bitweise Kopie des Ausgangsobjekts. Zur Lösung des beschriebenen Konfliktes wurde in C++ der **Kopierkonstruktor** eingeführt. Der Kopierkonstruktor wird nur dann aufgerufen, wenn ein Objekt durch ein anderes Objekt initialisiert wird. Durch den Aufruf werden zwei verschiedene, aber inhaltsgleiche Objekte erzeugt.

Beispiel 4.7-18

Quelltext	Beschreibung
| ```
class kleidung
{…
  kleidung (const kleidung &k)
   { cout << "Kopierkonstruktor"
       << endl; }
};
``` | Kopierkonstruktor |

Quelltext	Beschreibung
| ```
int main ()
{ kleidung k2 (k1);
  kleidung k3 = k2;
… }
``` | Aufruf des Kopierkonstruktors.<br>Aufruf des Kopierkonstruktors. |

Das Pendant zum Konstruktor ist der **Destruktor**. Er wird automatisch vor der Vernichtung des Objekts aufgerufen, um noch dringende mit dem Objekt zusammenhängende Aufgaben, wie z. B. die Freigabe von Speicherplatz, auszuführen. Die Definition eines Destruktors ist nicht zwingend erforderlich. Die Destruktorfunktion ist in der Syntax ähnlich zum Konstruktor, es wird lediglich ein ~-Zeichen vor den Bezeichner platziert. Im Gegensatz zum Konstruktor ist die Parameterliste des Destruktors immer void.

Destruktor

Quelltext	Beschreibung
| ```
class kleidung
{ …
    ~kleidung ();       };
``` | Destruktorfunktion |
| ```
kleidung :: ~kleidung ()
{ cout <<"Objekt vernichtet"
       << endl;         }
``` | Definition der Destruktorfunktion. |

Beispiel 4.7-19

Für lokale Objekte werden die Konstruktoren zum Zeitpunkt der Deklaration aufgerufen. Der Aufruf der Destruktoren erfolgt in umgekehrter Reihenfolge. Globale Objekte werden vor Beginn der main()-Ausführung durch die Konstruktoren erzeugt und werden in einer Datei in der Reihenfolge ihrer Deklaration ausgeführt. Nach dem Beenden der main()-Funktion werden die Objekte in gegensätzlicher Richtung vom Destruktor vernichtet.

Soll erreicht werden, dass Elemente und Funktionen einer Klasse nicht an ein Objekt gebunden sind, kann dies durch das Schlüsselwort static realisiert werden. Eine als static deklarierte Elementvariable existiert nur einmal und steht allen Objekten dieser Klasse gleichermaßen zur Verfügung. Variablen vom Typ static werden standardmäßig, sofern keine andere Zuweisung erfolgt, vor Erzeugung des ersten Objekts mit Null initialisiert. Ein static-Element bedarf einer zweimaligen Deklaration: Zum einen wird der Variablen in der Klasse das Schlüsselwort static vorangestellt. Zum anderen muss die Variable außerhalb der Klasse unter Verwendung des Datentyps, Klassennamens, Bereichsauflösungsoperators und dem Bezeichner der Variablen erneut deklariert werden. Der Zugriff auf eine static-Variable erfolgt über den Klassennamen, Bereichsauflösungsoperator und dem Namen der Variablen. Eine typische Anwendung dieses Konzepts des so genannten Klassenattributs ist die Überwachung der Objektanzahl.

Klassenattribut
```

Beispiel 4.7-20

Quelltext	Beschreibung
| ```cpp
class kleidung
{ ...
  public:
    static int count;
    kleidung (string f, string m)
    { ...
      count ++; }
... };

int kleidung :: count;

int main ()
{ ...
  kleidung::count = 1000;
  kleidung k1 ("gelb", "Leinen");
  cout << kleidung::count << endl;
... }
``` | Deklaration der static-Variable count. Inkrementierung von count, sobald ein Objekt erzeugt wird.<br><br>Definition der static-Variable count.<br><br>Initialisierung von count.<br>Zugriff auf count. |

Klassenoperation

Seltener kommt die statische Elementfunktion zur Anwendung. Sie kann unabhängig von allen Objekten nur auf statische Elemente ihrer Klasse, globale Funktionen und Daten zugreifen. Der Bezeichner einer statischen Funktion darf nicht an eine weitere Funktion vergeben werden. Da statische Elementfunktionen nicht an ein Objekt gebunden sind, wird ihnen auch kein this-Zeiger übergeben. Der Aufruf der Funktion erfolgt über Klassenname, Bereichsauflösungsoperator und dem Namen der Funktion.

Beispiel 4.7-21

Quelltext	Beschreibung
| ```cpp
class kleidung
{...
  public:
    static int get_count ()
    { return count;   }
};
...
int main ()
{ ...
  kleidung k1 ("gelb", "Leinen");
  cout << kleidung::get_count()
       << endl;      }
``` | Definition der static-Funktion get_count().<br><br><br><br>Zugriff auf count über get_count(). |

friend

Der Zugriff auf die privaten Elemente einer Klasse kann nicht nur über die Elementfunktionen gesteuert werden. Es ist zusätzlich möglich, befreundete Funktionen und Klassen zu deklarieren. Diesen durch das Schlüsselwort friend gekennzeichneten Strukturen ist es gestattet, auf die Elemente und Funktionen einer Klasse von außen zuzugreifen. Um eine Funktion als befreundet zu kennzeichnen, wird ihr Prototyp in der Klasse mit dem Qualifier friend angelegt und im Anschluss außerhalb der Klassendeklaration wie gewohnt definiert. Da die friend-Funktion keine Operation der Klasse ist, bedarf sie weder des Bereichsauflösungsoperators noch wird sie beim Aufruf mit dem Objektnamen und Punktoperator verbunden.

Beispiel 4.7-22

Quelltext	Beschreibung

`class rechteck`
`{ …`
`   friend int umfang (rechteck r);   };`
	Erzeugen der Klasse rechteck.
	Deklaration der friend-Funktion umfang().

`int main ()`
`{ …`
`   cout << umfang (r) << endl;   }`
	Aufruf der friend-Funktion.

`int umfang (rechteck r)` `{ return (2* r.a)+ (2* r.b); }`	Definition der Funktion umfang.

Es ist nicht zulässig, eine friend-Funktion mit den Speicherklassenmodifikatoren extern und static zu kennzeichnen. Des Weiteren werden friend-Operationen nicht vererbt.

Die Verwendung von friend-Klassen ist weniger gebräuchlich. Hierbei hat eine andere Klasse zwar Zugriff auf alle Elemente der friend-Klasse, allerdings werden diese nicht vererbt. Die befreundete Klasse wird in der Klassendeklaration unter Angabe der Schlüsselwörter friend class und dem Bezeichner angelegt.

Beispiel 4.7-23

Quelltext	Beschreibung

`class rechteck`
`{ …`
`   friend class geometrie;   };`
 	
`class geometrie`
`{`
` public:`
`   int umfang (rechteck r);`
`   int flaeche (rechteck r);   };`
	Klasse rechteck.
	Deklaration der friend-Klasse geometrie.
	Definition der Klasse geometrie.

`int main ()`
`{ rechteck r;`
`   geometrie g;`
`   …`
`   cout << g.umfang (r) << endl;`
`   cout << g.flaeche (r) << endl;`
`   return 0;   }`
	Objekt rechteck wird erzeugt.
	Objekt geometrie wird erzeugt.
	
	Aufruf von Funktionen aus der friend-Klasse.

`int geometrie::umfang (rechteck r)` `{ return (2* r.a)+ (2* r.b);   }`	Berechnet den Umfang eines Rechtecks.

4.7 Klassen und Objekte

Quelltext	Beschreibung
`int geometrie::flaeche (rechteck r)` `{ return r.a * r.b;        }`	Berechnet die Fläche eines Rechtecks.

4.8 Vererbung

Eine der grundlegenden Eigenschaften der Objektorientierung ist die **Vererbung**. Die Vererbung ermöglicht es, Hierarchien zwischen Klassen zu erstellen. Es können Eigenschaften einer Basisklasse an eine abgeleitete Klasse vererbt und in der abgeleiteten Klasse durch weitere spezifische Eigenschaften ergänzt werden. Die Vererbung wird durch Angabe der Superklasse bei der Deklaration der Unterklasse erreicht.

```
class Unterklasse : Zugriffsbezeichner Basisklasse
{ ... }
```

Die Angabe der Zugriffsbezeichner `public`, `protected` oder `private` ist optional, standardmäßig wird der Bezeichner bei der Vererbung von Klassen auf `private` und bei Strukturen auf `public` gesetzt. Vereinigungen können weder erben noch vererben.

Einfach- vs. Mehrfachvererbung

Im Gegensatz zu Java kann in C++ eine abgeleitete Klasse von mehreren Basisklassen erben. Die Basisklassen werden hierzu bei der Deklaration der Unterklasse angegeben. Die einzelnen Oberklassen können jeweils mit einem Zugriffsbezeichner versehen werden und werden durch Kommata getrennt.

Beispiel 4.8-1

Quelltext	Beschreibung
`class kleidung` `{ ... }`	Erzeugen der Klasse kleidung.

`class kgroesse`
`{...`
`  void set_i_groesse (int g); };`
	Erzeugen der Klasse kgroesse.

`class herren_kleidung :`
`            public kleidung,`
`            public kgroesse`
`{ ...`
`  void set_groesse (int i);   };`
	Erzeugen der Klasse herren_kleidung, die von der Klasse kleidung und kgroesse erbt.

`class damen_kleidung : public kleidung`
`{...`
`  void set_groesse (int i);   };`
`...`
	Erzeugen der Klasse damen_kleidung, die nur von der Klasse kleidung erbt.

Quelltext	Beschreibung
`int main ()`	Erzeugen eines Objekts aus…
`{herren_kleidung h;`	
`  damen_kleidung d;`	…herren_kleidung.
`  kleidung k;`	…damen_kleidung.
	…kleidung.
`k.set_farbe ("blau");`	Aufruf der Elementfunktion aus…
`k.set_material ("Wolle");`	
	…kleidung.
`h.set_farbe ("blau");`	…kleidung.
`h.set_material ("Baumwolle");`	…kleidung.
`h.set_groesse (48);`	…kleidung.
`h.set_i_groesse (h.get_groesse());`	…herren_kleidung.
	…kgroesse.
`d.set_farbe ("rot");`	…kleidung.
`d.set_material ("Seide");`	…kleidung.
`d.set_groesse (38);    }`	…damen_kleidung.

Konstruktoren und Destruktoren können nicht vererbt werden. Jede Klasse muss eigene Konstruktor- bzw. Destruktorfunktionen definieren, sofern diese benötigt werden. Durch die Vererbung wird eine Hierarchie zwischen den Klassen erstellt. Diese hierarchische Ordnung zwischen Basisklassen und abgeleiteten Klassen wird beim Aufruf der Konstruktoren und der Destruktoren streng eingehalten. So werden zuerst die Konstruktoren der Oberklasse und dann die Konstruktoren der Unterklasse aufgerufen. Vererbt die Unterklasse ihre Eigenschaften an eine weitere Klasse, so wird der Konstruktor der höheren Klasse zuerst aufgerufen. Bei einer Mehrfachvererbung aus verschiedenen Basisklassen werden die Konstruktoren in der Reihenfolge der Deklaration von links nach rechts angesprochen. Destruktoren arbeiten die Objekte in umgekehrter Richtung ab. Das Objekt, welches durch den Konstruktor als Letztes erzeugt wurde, wird als Erstes vernichtet und dementsprechend ruft das als Erstes instanziierte Objekt zuletzt seine Destruktorfunktion auf.

Einer Konstruktorfunktion werden oft Argumente übergeben. Bei der Deklaration eines Konstruktors der Unterklasse müssen seine eigenen und alle Parameter, die der Konstruktor der Basisklasse erwartet, angegeben werden. Die Umsetzung geschieht durch eine vollständige Angabe der Parameterliste des Konstruktors. Zusätzlich wird durch einen Doppelpunkt eine Liste der Basisklassen, die durch die Angabe der konkreten Parameter spezifiziert werden, angehängt.

Konstruktor einer abgeleiteten Klasse

```
Unterklasse (arg_1, arg_2,…,arg_n) :
            basis_1 (arg_2),
            basis_2 (arg_3,arg_4),…
            basis_n (arg_n)
{…}
```

Die vollständige Parameterliste muss auch dann angegeben werden, wenn der Konstruktor der abgeleiteten Klasse kein Argument benötigt, da die Unterklasse die Argumente an die entsprechende Oberklasse weiterleitet, unabhängig davon, ob sie diese selbst verwendet.

Beispiel 4.8-2

Quelltext	Beschreibung

```class kleidung```
```{…```
``` kleidung (string f, string m)```
``` { farbe = f;```
```   material = m;```
```   … }```
```};```
	Konstruktor kleidung.

```class kgroesse```
```{ …```
``` kgroesse (char i)```
``` { i_groesse = i;```
```   … }```
```};```
	Konstruktor kgroesse.

```class herren_kleidung : public kleidung,```
```   public kgroesse```
```{…```
``` herren_kleidung```
```   (int g, string a,string b,char c) :```
```   kleidung (a,b), kgroesse(c)```
``` { groesse = g; … }```
```};```
	Konstruktor herren_kleidung: Deklaration mit den Parametern der Kostruktoren kleidung und kgroesse.

```class damen_kleidung : public kleidung```
```{…```
``` damen_kleidung```
```   (int g, string a, string b) :```
```   kleidung (a,b)```
``` { groesse = g; … }```
```};```
	Konstruktor damen_kleidung: Deklaration mit den Parametern aus dem Konstruktor kleidung.

```int main ()```
```{herren_kleidung h```
```   (48, "blau", "Leinen",'M');```
``` damen_kleidung d (40,"rot","Seide");```
``` kleidung k ("gruen","Wolle");```
``` … }```
	Instanziierung von Objekten mittels der Konstruktoren.

Zeiger in C++ werden einer strengen Typüberprüfung unterzogen, so dass in der Regel kein Zeiger eines Datentyps auf einen anderen Objekttyp zeigen darf. Die Ausnahme bilden Zeiger auf Basisklassen, die als Zeiger auf abgeleitete Klassen angewendet werden können. Allerdings sind über den Zeiger nur die Elemente in der abgeleiteten Klasse ansprechbar, die aus der Basisklasse vererbt wurden. Die Elemente, die die abgeleitete Klasse hinzufügt, bleiben unsichtbar und können nur nach einer expliziten Typkonvertierung über den Zeiger verwendet werden.

Bei der Mehrfachvererbung kann es passieren, dass die Zuordnung der Elemente nicht mehr eindeutig ist. Sei z. B. `Klasse1` eine Basisklasse, die ihre Eigenschaften an `Klasse2` und `Klasse3` vererbt, von denen wiederum `Klasse4` abgeleitet wird. Bei der Erzeugung eines Objekts der `Klasse4` entstehen nun zwei Kopien von `Klasse1`. Dies wird unweigerlich zu einem Problem, wenn die Elemente von `Klasse1` über das Objekt angesprochen werden sollen. C++ bietet zwei Lösungswege an, um das Problem zu umgehen. Zum einen kann durch die Nutzung des Bereichsauflösungsoperators angegeben werden, aus welcher Kopie die Elemente entnommen werden sollen.

```
Objekt.Klassenname :: Elementvariable
```

Bereichsauflösungsoperator

Eleganter ist der zweite Lösungsansatz. Er verhindert, dass mehrere Kopien von einer Basisklasse in einem Objekt erstellt werden. Erreicht wird dies durch das Schlüsselwort `virtual`, welches dem Zugriffsbezeichner bei der Vererbung vorangestellt wird. **Virtuelle Basisklassen** unterscheiden sich von normalen Basisklassen dadurch, dass in einem Objekt nur eine Kopie der Basisklasse angelegt wird.

Virtuelle Basisklasse

Quelltext	Beschreibung

`class k_groesse`
`{ ... };`
`class k_farbe :`
`        virtual public k_groesse`
`{ ...`
`  k_farbe (string f, int o):`
`                    k_groesse(o)`
`  { farbe = f;}`
`};`
	`k_farbe` erbt virtuell von `k_groesse`.

`class k_material :`
`        virtual public k_groesse`
`{ ...`
`  k_material(string m,int o):`
`                    k_groesse(o)`
`  { material = m;}`
	`k_material` erbt virtuell von `k_groesse`.

Beispiel 4.8-3

Quelltext	Beschreibung

``
};
class kleidung: public k_farbe,
               public k_material
{ ...
  kleidung (string a, string p,
            string q, int o) :
            k_groesse (o),
            k_farbe (p,o),
            k_material (q,o)
  { artikel = a;}
};
``
	kleidung erbt von k_farbe und k_material. k_groesse existiert als Kopie nur einmal in kleidung.
	Wäre k_groesse nicht virtuell an k_farbe und k_material vererbt worden, würden zwei Kopien, jeweils eine aus k_farbe und k_material, in einem Objekt aus kleidung existieren.

Virtuelle Funktion

Eine **virtuelle Funktion** wird in einer Basisklasse deklariert und in einer abgeleiteten Klasse neu definiert. Im Gegensatz zum Überladen von Funktionen, bei dem sich die Parameterliste in Art und Anzahl der Argumente unterscheiden muss, sind die Prototypen der virtuellen Funktionen in Ober- und Unterklasse identisch. Man spricht in diesem Zusammenhang auch vom Überschreiben einer Funktion. Wird bei der Deklaration der Operation in der Basisklasse das Schlüsselwort `virtual` vorangestellt, kann diese virtuelle Funktion in abgeleiteten Klassen überschrieben werden.

```
virtual Datentyp Funktionsname (Parameterliste);
```

Um die polymorphe Eigenschaft der virtuellen Funktion auszunutzen, muss diese über einen Zeiger oder eine Referenz angesprochen werden. Nur anhand des Objekttyps, auf den der Zeiger/die Referenz zeigt, kann C++ zur Laufzeit entscheiden, welche Funktion zu wählen ist. Bei der Verwendung des Punktoperators mit einem Objekt wird eine virtuelle Funktion wie eine einfache Operation aufgerufen.

Eine virtuell deklarierte Funktion bleibt virtuell, unabhängig davon wie oft sie vererbt wird. Wird eine virtuelle Funktion in der Unterklasse nicht neu definiert, so wählt C++ entsprechend der Vererbungshierarchie die nächst höhere Version der Funktion.

Rein virtuelle Funktion

Eine virtuelle Funktion eignet sich besonders dazu, eine Operation vorzugeben, die auf die speziellen Eigenschaften der Objekte der Unterklasse zugeschnitten ist. Da diese Eigenschaft in der Basisklasse nicht bekannt ist, ist es oft gar nicht wünschenswert, dass die virtuelle Funktion in der Oberklasse definiert wird. Wird der Prototyp der Funktion durch `=0` ergänzt, so ist diese Operation als rein virtuell zu erkennen. Allerdings sind alle nachfolgenden Unterklassen verpflichtet, diese Operation zu implementieren.

```
virtual Datentyp Funktionsname (Parameterliste) = 0;
```

Eine Basisklasse, die eine rein virtuelle Funktion besitzt, bezeichnet man als abstrakt. Im Gegensatz zu Java existiert in C++ aber kein Schlüsselwort zur Kennzeichnung solcher Klassen. Aus abstrakten Klassen kann kein Objekt erzeugt werden. Zeiger und Referenzen auf die Klasse sind jedoch definierbar.

Beispiel 4.8-4

Quelltext	Beschreibung

`class waehrung`
`{ ...`
`  virtual void umrechnen () = 0;   };`
	Prototyp einer rein virtuellen Funktion.

`class us_dollar : public waehrung`
`{ ...`
`  void umrechnen ()`
`  { wert2 = wert1 * 1.014;}      };`
	Definition der virtuellen Funktion.

`class can_dollar : public waehrung`
`{ ...`
`  void umrechnen ()`
`  { wert2 = wert1 * 0.649;}      };`
	Definition der virtuellen Funktion.

`int main ()`
`{waehrung *w;`
`  us_dollar usd(10);`
`  can_dollar cad(20);`
	Zeiger auf Basisklasse.

`  w = &usd;`
`  w->umrechnen();`
`  ...`
`  w = &cad;`
`  w->umrechnen();     }`
	Verwendung der virtuellen Funktion über einen Zeiger.

Konstruktorfunktionen dürfen nicht virtuell deklariert werden, wohingegen dies bei Destruktorfunktionen möglich ist. Darüber hinaus können virtuelle Funktionen nicht als `static` oder `friend` deklariert werden.

4.9 Sichtbarkeit

Ein großer Vorteil der objektorientierten Programmierung liegt in der Eigenschaft, dass der Zugriff auf Daten kontrolliert, d. h. über bestimmte Zugriffsfunktionen durchgeführt werden kann. Man spricht in diesem Zusammenhang auch von Kapselung der Daten. In C++ geschieht dies durch die Zugriffsbezeichner `public`, `protected` bzw. `private`. Die Schlüssel-

public
protected
private

wörter vergeben innerhalb einer Klasse sowie in der Vererbungshierarchie die Zugriffsrechte auf die Elemente der Klasse. Innerhalb der Klasse können die Elemente mit verschiedenen Modifikatoren versehen werden und sind der Tabelle 4.9-1 entsprechend nach außen sichtbar.

Tab. 4.9-1: Zugriffsrechte

Modifikator	Übersetzung	Erklärung
public	öffentlich	Auf diese Elemente kann von überall im Programm zugegriffen werden.
protected	geschützt	Diese Elemente können von Funktionen der eigenen oder vererbten Klassen aufgerufen werden.
private	privat	Diese Elemente sind nur für die eigene Klasse sichtbar.

Die Vererbung einer Basisklasse kann ebenfalls public, protected oder private sein. Je nach Bezeichner ist das Zugriffsrecht verändert. Wird z. B. eine Basisklasse als protected vererbt, ist der Zugriff eines public-Elements der Basisklasse in der abgeleiteten Klasse nun geschützt. Ein geschütztes Element bleibt weiter protected, ein privates Element ist nach wie vor nur in der Basisklasse sichtbar (vgl. Tab. 4.9-2).

Tab. 4.9-2: Zugriffskontrolle bei der Vererbung

		Vererbung mit Zugriffsbezeichner		
		public	protected	private
Zugriff in der Basisklasse	public	public	protected	private
	protected	protected	protected	private
	private	kein Zugriff	kein Zugriff	kein Zugriff
		Zugriff in der abgeleiteten Klasse		

Zur Wiederherstellung der ursprünglichen Zugriffsrechte der Basisklasse werden die Zugriffsdeklaration oder das Schlüsselwort using verwendet. Die Zugriffsdeklaration erfolgt in der Klassendefinition der abgeleiteten Klasse.

Wiederherstellung der Zugriffsrechte

```
Klassenname :: Elementname;
```

Durch die Möglichkeiten der Zugriffsdeklaration kann aber das Zugriffsrecht nicht erhöht oder erniedrigt werden. Ist z. B. ein Element in der Basisklasse `protected` deklariert und wird es `private` vererbt, kann es nicht in ein öffentliches Element umgewandelt werden.

Da die Zugriffsdeklaration als überholt gilt, sollte heute das Schlüsselwort `using` in Verbindung mit Namensräumen verwendet werden, um Elemente sichtbar zu machen. Auf die Bedeutung von Namensräumen wird in Kapitel 5 näher eingegangen.

4.10 Überladen von Operatoren

Eine weitere Eigenschaft von C++ ist das Überladen von Operatoren. Mittels einer **Operatorfunktion** kann einem Operator eine spezielle Operation zugewiesen werden, die er dann in der entsprechenden Klasse ausführen soll.

Operatorfunktion

Tab. 4.10-1: Überladbare Operatoren

Unterlegte Operatoren dürfen nur durch Elementfunktionen überladen werden									
+	-	*	/	%	^	&	|	~	!
=	<	>	+=	-=	*=	/=	%=	^=	&=
|=	<<	>>	<<=	>>=	==	!=	<=	>=	&&
||	++	--	->*	,	->	[]	()	new	delete

Die ursprüngliche Arbeitsweise des Operators bleibt erhalten, nur in der neu definierten Situation wird die erweiterte Operatoranwendung aufgerufen. Wird der +-Operator z. B. für Objekte einer bestimmten Klasse überladen, benutzt das Programm diese Neudefinition nur, wenn es + in Zusammenhang mit diesen Objekten antrifft. Die Addition zweier Integer-Zahlen wird wie gewohnt durchgeführt.

```
// # steht als Platzhalter für die Operatoren
Rückgabetyp Klassenname :: Operator # (Parameterliste)
{ ... }
```

Die Parameterliste kann beim Überladen unärer Operatoren leer sein, muss aber bei binären Operatoren mindestens ein Argument enthalten. Das links vom Operator stehende Argument ruft die Operatorfunktion auf und wird dieser implizit über den `this`-Zeiger übergeben. Die rechts stehende Variable wird als Argument an die Funktion geliefert.

Quelltext	Beschreibung

`class komplex`
`{ ...`
`   komplex operator+ (komplex k2);`
	Klasse zur Berechnung von komplexen

Beispiel 4.10-1

Quelltext	Beschreibung
`  komplex operator* (komplex k2);   };`	Zahlen.
	Prototyp der Operatorfunktionen für die Addition und Multiplikation.

`komplex komplex::operator+ (komplex k2)`
`{komplex hilf;`
`  hilf.re = k2.re + re;`
`  hilf.im = k2.im + im;`
`  return hilf;            }`
	Definition der Operatorfunktion zum Überladen von +.

`komplex komplex::operator* (komplex k2)`
`{komplex hilf;`
`  hilf.re = (k2.re * re) - (k2.im * im);`
`  hilf.im = (k2.re * im) + (k2.im * re);`
`  return hilf;           }`
	Definition der Operatorfunktion zum Überladen von *.

`int main ()`
`{komplex k1 (3,5);`
`  komplex k2 (4,9);`
`  komplex k3;`
`  k3 = k1 + k2;`
`  k3 = k1 * k2;`
`…}`
	`k1` ruft implizit die Operatorfunktion für überladenes + (bzw. *) auf und `k2` wird als Argument übergeben.

Eine Operatorfunktion darf einen beliebigen Datentyp zurückliefern, vornehmlich wird aber ein Objekt der Klasse zurückgeliefert, die den Operator zur Verfügung stellt. Zum besseren Verständnis des Quelltexts ist es ratsam, einen Operator mit einer ähnlichen Funktionsweise wie der traditionellen Nutzung zu überladen.

In C++ ist es möglich, separate Versionen der Prä- und Postfixform der Inkrement- bzw. Dekrementoperatoren zu überladen. Neben diesen Anwendungen zeigt das folgende Beispiel das Überladen eines Kurzform-Operators.

Beispiel 4.10-2

Quelltext	Beschreibung

`class zahlen`
`{ …`
`   zahlen operator++ ();`
`   zahlen operator++ (int x);`
`};`
`zahlen zahlen::operator++ ()`
`{ zahl ++;`
`   return *this; }`
`zahlen zahlen::operator++ (int x)`
`{ zahlen hilf = zahl;`
`   zahl ++;`
`   return hilf; }`
	Operatorfunktion zum Überladen…
	… Präfix-Inkrement
	… Postfix-Inkrement
	(`int x`) signalisiert die Postfix-Variante. Der Aufruf erfolgt automatisch, wenn ++ rechts vom Operanden steht. x wird gleich Null gesetzt.

Operatorfunktionen müssen nicht zwingend Elemente der Klasse sein. Sie können auch als `friend`-Funktionen deklariert werden. `friend`-Funktionen sind keine Elemente der Klasse und besitzen daher auch keinen `this`-Zeiger. Die Definition einer Operatorfunktion als `friend` erfordert eine explizite Übergabe der Argumente.

Quelltext	Beschreibung
| ```cpp
class komplex
{...
  friend komplex operator-
      (komplex k1,komplex k2);
};
komplex operator-
      (komplex k1,komplex k2)
{komplex hilf;
  hilf.re = k1.re - k2.re;
  hilf.im = k1.im - k2.re;
  return hilf;      }
``` | Ergänzung der Klasse `komplex` um eine `friend`-Operatorfunktion.<br><br>Definition der `friend`-Operation, um - zu überladen. |

Beispiel 4.10-3

Durch das Überladen von Operatoren sind weder die Priorität der Operatoren noch die Anzahl der Operanden veränderbar. Mit Ausnahme des Zuweisungsoperators können überladene Operatoren von der Basisklasse geerbt werden.

4.11 Dynamische Speicherverwaltung

Wer bereits Erfahrungen mit Java hat, dem ist sicherlich der Garbage-Collector ein Begriff. Was unter Java automatisch geschieht, muss in C++ „von Hand" gelöst werden - die **dynamische Speicherverwaltung**. Beim Start eines Programms wird automatisch Speicherplatz beansprucht. Zum einen für Klassenattribute und globale Variablen und zum anderen für einen Speicher, den so genannten Stack, der lokale Variablen und Funktionsvariablen aufnimmt. Der übrige Speicher wird als Heap bezeichnet, aus dem bei der dynamischen Speicherverwaltung bei Bedarf zusätzlicher Speicherplatz angefordert wird. Die dazu benötigten Operatoren sind `new` und `delete`.

new und delete

Der Unterschied zwischen statischem und dynamischem Speicher besteht darin, dass die Gültigkeit eines dynamischen Speichers nicht in Abhängigkeit von den in ihm enthaltenen Zeigervariablen steht. Weitere Unterschiede liegen in der Zugriffszeit und dem Speicherumfang. Während beim Stack eine schnelle Reservierung im Vordergrund steht, kann der Heap mit einer wesentlich größeren Speicherplatzmenge aufwarten. Die Lebensdauer einer dynamisch verwalteten Speicherzelle wird entweder durch das Erreichen des Programmendes oder durch das explizite Freigeben des Speichers be-
```

stimmt. Ein dynamischer Speicher besitzt keinen Bezeichner. Bedingt durch diese Anonymität muss dafür gesorgt werden, dass eine gültige Zeigervariable auf das erste Element verweist.

Dynamischer Speicher

```
Variablen_Name = new Variablen_Typ ( Initialisierer );
```

Es sollte in den Vorbereitungen abgewogen werden, wann und für welche Daten statische oder dynamische Speicherung herangezogen wird.

Beispiel 4.11-1

Quelltext	Beschreibung
```int main (){int *zeiger; zeiger = new int (42); cout <<"In der Adresse:" << zeiger << " "; cout << " ist der Wert" << *zeiger << "gespeichert\n"; delete zeiger; return 0; }```	Anforderung eines Integers mit direkter Initialisierung des Wertes 42.Speicherfreigabe

Da die Anforderung von Speicher eine mögliche Fehlerquelle darstellt, sollte bei großen Programmen auf Werkzeuge zurückgegriffen werden, die dabei helfen, Probleme, die durch falsche Speicherverwaltung entstanden sind, zu beheben. Alternativ dazu können die Bereiche, in denen der Speicher reserviert wird, in try- und catch-Blöcke gefasst werden, um sie damit abzusichern. Die Ausnahmebehandlung mit try und catch wird in Kapitel 5 näher erläutert.

5 | C++ (Erweiterte Konzepte)

Neben den Basiskonzepten der funktionalen und objektorientierten Programmierung verfügt C++ noch über eine Vielzahl von weiteren Konzepten. In diesem Kapitel werden zunächst der Präprozessor, die Namensräume und die Ausnahmebehandlung vorgestellt. Ein wichtiges Konzept von C++, über das andere Programmiersprachen nicht verfügen, sind die so genannten Templates. Außerdem wird ein Einblick in die umfangreiche Klassen- und Funktionsbibliothek STL (Standard Template Library) und in die Ein- und Ausgabe mit Hilfe von Dateien und Strömen gegeben. Den Abschluss dieses Kapitels bildet die Erstellung von grafischen Benutzungsoberflächen unter C++.

Übersicht

5.1	**Präprozessor**	150
5.2	**Namensräume**	153
5.3	**Ausnahmebehandlung**	155
5.4	**Templates**	159
5.5	**Standard Template Library (STL)**	164
5.6	**Dateien und Ströme (I/O)**	166
5.7	**Typinformationen und cast-Operatoren**	171
5.8	**Grafische Oberflächen**	174

5.1 Präprozessor

Präprozessor

In C und C++ geschriebener Quelltext wird, anders als z. B. in Java oder C#, von einem **Präprozessor** vorbereitet.

Anweisungen

Beim Präprozessor handelt es sich um eine Software, deren Aufgabe darin besteht, im Programm befindliche Befehle zu erkennen und auszuwerten bzw. auszuführen. Besonderes Merkmal dieser Anweisungen ist eine vorangestellte Raute. Historisch betrachtet ist der Präprozessor in C++ ein Relikt aus C. In zukünftigen Versionen der Sprache wird er nicht mehr als Bestandteil vorkommen.

Tab. 5.1-1: Präprozessoranweisungen

Präprozessoranweisung			
#include	#if	#line	#endif
#define	#else	#ifdef	#ifndef
#error	#elif	#pragma	#undef

#include

Einer der wohl am häufigsten angewendeten Befehle ist der #include-**Befehl**. Mit ihm erhält der Compiler die Anweisung, die jeweils genannten Dateien einzubinden. Dabei können sie entweder in Hochkommata oder in spitze Klammern gesetzt werden. Der Begriff „Datei" ist dabei aber nur bedingt richtig. Wird unter C die Dateiendung .h verwendet, um eine real existierende Datei *.h einzubinden, so muss unter C++ vom Inkludieren eines Headers gesprochen werden. Dieser wird gemäß der neuen Konventionen ohne die Endung .h geschrieben. Darüber hinaus können unter C++ aber ohne weiteres auch weiterhin Dateien eingebunden werden.

Beispiel 5.1-1

Quelltext	Beschreibung
#include "stdio.h"	C-Anweisung
#include <stdio.h>	C-Anweisung
#include <iostream>	C++-Anweisung

#error

Die #error-**Anweisung** kann dazu genutzt werden, an einer bestimmten Stelle einen definierten Abbruch der Kompilierung herbeizuführen. Darüber hinaus kann dem Befehl eine Information in Form eines Texts angefügt werden, der dann beim Abbruch neben den Informationen des Compilers angezeigt wird. Der Informationstext wird in diesem Fall nicht wie sonst in Anführungszeichen gesetzt. Die Syntax dazu lautet:

```
#error Informationstext
```

Durch die #define-**Anweisung** wird zu Beginn des Programms ein Makroname mit zugehörigem Wert definiert, welcher dann im weiteren Verlauf einzig durch diesen Makronamen repräsentiert wird. Dieser Ersetzungsprozess gibt dem Programm eine hohe Portabilität. Soll zum Beispiel ein Programm mit eigens definierten Werten arbeiten, die an mehreren Stellen genutzt werden, können diese durch #define angelegt werden.

#define

Quelltext

```
#define w1 65556
#define w2 1,5546874
```

Beispiel 5.1-2

Werden nun im Verlauf des Programms die Werte benötigt, müssen nur ihre Makronamen an den jeweiligen Stellen eingefügt werden. Während der Kompilierung funktionieren diese dann wie ein Platzhalter und werden durch den jeweiligen Wert ersetzt. Dies hat den Vorteil, dass im Falle einer Änderung der Werte, diese nur im Präprozessorbefehl umgeschrieben werden müssen, was zu einer Verbesserung der Sicherheit und der Wartbarkeit führt. Neben elementaren Datentypen können auch Funktionen als Makros dargestellt werden.

Quelltext

```
#include <iostream>
using namespace std;
#define M(x) x = 2*(x)/2

int main()
{   cout << "Der modifizierte Wert von M = 10 lautet:"
        << M(10); }
```

Beispiel 5.1-3

Die in dem Beispiel gezeigte Funktion M, auch Funktions-Makro genannt, nimmt während der Kompilierung den Wert x entgegen, wertet diesen gemäß der Formel aus und trägt den neu errechneten Wert an der selben Stelle wieder ein. Um die Werte bezüglich ihrer Vorzeichen unmissverständlich interpretieren zu können, sollten sie immer geklammert werden. Funktions-Makros steigern die Geschwindigkeit der Programme, lassen aber den Quelltext bei einer großen Anzahl von Funktionsaufrufen, aufgrund der Vervielfachung des Quelltexts, enorm anwachsen.

Genau wie bei Selektionsanweisungen bieten die bedingten Kompilierungsbefehle die Möglichkeit, nur ausgewählte Fragmente des Quelltexts zu übersetzen. Diese befinden sich in einer Sequenz, die durch #if eingeleitet wird und nur dann bearbeitet wird, wenn ein konstanter Ausdruck, der dem #if folgt, den Wert wahr ergibt. Anders als bei den Selektionsanweisungen, wird der zu bearbeitende Anweisungsblock nicht in geschweifte Klammern

Bedingte Anweisung

gesetzt, sondern durch den Befehl `#endif` abgeschlossen. Ein weiterer Unterschied liegt in der Art des Ausdrucks, der auf seine Richtigkeit überprüft wird. Dieser setzt sich nur aus Konstanten und bereits zuvor definierten Bezeichnern zusammen.

Neben dem `if` existiert ebenfalls eine `else`-Anweisung. In ihrer Version als `#else`-Anweisung enthält sie einen alternativen Bearbeitungszweig zum `#if`, der dann ausgeführt wird, wenn der Ausdruck nicht den Wert wahr ergibt.

Beispiel 5.1-4

Quelltext	Beschreibung

``#include <iostream>``
``using namespace std;``
``#define BOOL 12``
 	
``int main()``
``{#if BOOL < 11``
``  cout << "Ausgabe A";``
``#else``
``  cout << "Ausgabe B";``
``#endif``
``return 0;}``
	Da hier die zu Beginn definierte Konstante BOOL den Wert 12 besitzt, ergibt die Abfrage ein unwahres Ergebnis und die zweite cout-Anweisung wird ausgeführt.

Die Anweisung `#else` übernimmt in diesem Fall zwei Aufgaben. Sie stellt das Ende des `if`-Blocks dar und gleichzeitig auch den Beginn des `else`-Blocks. Es ist zu beachten, dass es zu jedem `#if` nur ein einziges `#endif` gibt. Sollen mehrere `#if`-Befehle aneinander gereiht werden, so ist dazu die `#elif`-Anweisung zu verwenden.

Beispiel 5.1-5

Quelltext	Beschreibung

``...``
``#define WERT_2``
``#define DEF_WERT 1``
 	
``...``
``#if DEF_WERT == 1``
`` cout << "Ausgabe A";``
``#elif DEF_WERT == WERT_2``
`` cout << "Ausgabe B";``
``...``
	Definieren der define-Werte.
	
	Abfragen des define-Werts.
	
	Verwenden des elif-Zweigs bei geändertem define-Wert.

Bedingte Befehle können behilflich sein, Konflikte zwischen gleichnamigen Headern, die inkludiert wurden, zu vermeiden. Daneben stehen mit den Anweisungen `#ifdef` und `#ifndef` zwei Möglichkeiten zur Verfügung, um zu überprüfen, ob Argumente definiert sind oder nicht. Je nach Ergebnis kann eine Übersetzung erfolgen. Die Namen der Anweisungen lassen bereits auf die jeweilige Verwendung schließen: `#ifdef` bedeutet „wenn definiert" und `#ifndef`: „wenn nicht definiert".

In C++-Programmen werden die Zeilen mit 1 beginnend aufwärts nummeriert. Diese Einstellung kann jedoch mit dem #line-Befehl den eigenen Anforderungen angepasst und ein bestimmter Startwert angegeben werden.

#line

5.2 Namensräume

Eine der Neuerungen in C++ ist die Einführung von Namensräumen. Ihre Aufgabe liegt in der Bereitstellung von definierten Bereichen, in denen sich Namen von Bezeichnern befinden. Damit sollen Namenskonflikte unterbunden werden, die bei einer Vielzahl von Funktionen und Bibliotheken in C ein wesentliches Problem darstellen. Diesem wird begegnet, indem alle Elemente ihre eigenen Sichtbarkeitsbereiche erhalten.

namespace

Quelltext
| ```
#include <bibliothek_a.h>
#include <bibliothek_b.h>

int main()
{int param;
 funktion_xyz(param); …
}
``` |

Beispiel 5.2-1

Seien bibliothek_a und bibliothek_b von zwei unterschiedlichen Firmen. Beide Bibliotheken enthalten aber die gleichnamige Funktion funktion_xyz(). Dann stellt sich im obigen Beispiel die Frage, welche Funktion aus welcher Bibliothek genommen werden soll? Daraus ergibt sich der Schluss, dass beide Funktionsbibliotheken nicht nebeneinander in einem globalen Namensraum existieren können. C++ bietet aber nun die Möglichkeit, für jede Bibliothek eigene Namensräume und somit eine eindeutige Zuweisung zu schaffen. In diese Namenräume werden die aus einer Bibliothek benötigten Funktionen aufgenommen und können anschließend eindeutig angesprochen werden.

```
namespace name { Deklarationen }
```

Quelltext	Beschreibung
| ```
#include <bibliothek_a.h>
#include <bibliothek_b.h>

namespace bib_a
{int a;
 funktion_xyz(int x) {cout << x;}
}
``` | Übernehmen der Funktion aus der Bibliothek a in den Namensraum bib_a. |

Beispiel 5.2-2

Quelltext	Beschreibung
`int main()` `{ bib_a::funktion_xyz(10) }`	Benutzt `funktion_xyz` aus dem Namensraum `bib_a`.

Da Namensräume nichts anderes als Sichtbarkeitsbereiche sind, werden die im Bereich enthaltenen Elemente über den Bereichsauflösungsoperator (::) angesprochen. So kann ein Element innerhalb eines Namensraumes direkt aufgerufen werden. Die Beispiele aus den vorigen Abschnitten zeigen, dass ein Namensraum zu Beginn mit der Bezeichnung `std` unter Verwendung des `using`-Operators bekannt gemacht wird. Es handelt sich dabei um den Standard-Namensraum von C++. Die `using`-Anweisung spielt eine große Rolle in der Handhabung der Namensräume. Sie existiert in zwei verschiedenen Ausprägungen:

```
using namespace name
using name::Bezeichner
```

In der ersten Variation wird der genannte Namensraum im gesamten Programm sichtbar und somit können die einzelnen Elemente ohne den Bereichsauflösungsoperator angesprochen werden. In der zweiten Variante kann auf die sich im Namensraum enthaltenen Elemente explizit mit dem Bereichsauflösungsoperator zugegriffen werden.

Selten erstrecken sich Programme nur über eine Datei. Für den Fall, dass sich ein Namensraum über mehrere Dateien erstrecken muss, kann dieser zu zwei gleichnamigen Namensräumen separiert werden. In der Ordnung der Namensräume werden keine Namen überschrieben.

Beispiel 5.2-3

Quelltext	Beschreibung

`#include <iostream>`
`using namespace std;`
 	
`namespace raum`
`{ int a; }`
 	
`namespace raum`
`{ int b; }`
	Erstellen von zwei Namensräumen mit identischen Bezeichnern.

`int main()`
`{raum::a = 5;`
` raum::b = 10;`
	Zugriff auf die Elemente aus `raum` über den Bereichsauflösungsoperator.

` using namespace raum;`
` cout << a+b;`
` return 0;`
`}`
	Sichtbar machen des gesamten Namensraums `raum` durch den `using`-Operator.

Abschließend seien noch Namensräume erwähnt, die keinen Namen besitzen. Diese anonymen Namensräume haben dieselbe Eigenschaft wie der `static`-Modifikator. Durch ihn wird der Geltungsbereich beispielsweise von Variablen auf die Datei beschränkt, in der sie definiert wurden. Genauso verhält sich eine Variable, die sich in einem anonymen Namensraum befindet. Ein anonymer Namensraum beschränkt den Geltungsbereich seiner Elemente auf die Datei, in der er bekannt gemacht wurde.

Anonyme Namensräume

5.3 Ausnahmebehandlung

Analog zu Java unterstützt C++ die Behandlung von Ausnahmen durch das Prinzip von `try`- und `catch`-Blöcken. Tritt während des Programmablaufs ein Fehler auf, so wird eine Ausnahme ausgelöst. Diese Ausnahme ruft, wenn sie nicht behandelt wird, die Funktion `terminate()` auf. Diese wiederum führt zum Ausführen der Funktion `abort()` und somit zum sofortigen Abbruch des Programms. Die Ausnahmebehandlung dient dazu, diese unkalkulierbaren und abrupten Programmabläufe zu vermeiden und die auftretenden Laufzeitfehler in angemessener Weise zu beseitigen.

try
throws
catch

C++ bietet für den Umgang mit Laufzeitfehlern das Fehlerkonzept `try`, `throw` und `catch` an. Der kritische Programmtext, der einen Fehler erzeugen könnte, wird in einen Versuchsblock (`try`) eingeschlossen. Tritt innerhalb dieses Blocks ein Fehler auf, so kann eine **Ausnahme (Exception)** erzeugt werden, die aus dem Versuchsblock geworfen (`throw`) wird. Die Exception muss hinter dem Versuchblock aufgefangen (`catch`) und verarbeitet werden.

Prinzipieller Aufbau

```
try
{ // Anweisungen…           }

catch (Typ1 Ausnahme)
{ // Anweisungen…           }
…
catch (TypN Ausnahme)
{ // Anweisungen…           }
```

Unter Verwendung des Schlüsselwortes `throw` kann in C++ eine Ausnahme erzeugt werden. Diese beschreibt den Fehler, der sowohl durch einen elementaren Datentyp als auch durch eine selbst geschriebene Klasse repräsentiert wird. Die Verwendung von eigenen Klassen hat den Vorteil, dass Objekte erzeugt werden können, die den Fehler explizit beschreiben.

Die `throw`-Anweisung muss entweder direkt im Versuchsblock oder indirekt über eine Funktion, die in einem `try`-Block aufgerufen wird, zu finden sein. Die so geworfene Exception verlässt sofort den `try`-Block und kann dann von einem `catch`-Block aufgefangen werden. Der auf die `throw`-Anweisung folgende Programmtext im `try`-Block wird nicht mehr ausgeführt.

Zu einem `try`-Block können ein oder mehrere `catch`-Blöcke gehören, die sich aber in ihrem Ausnahmetyp unterscheiden müssen. Bei der Erzeugung einer Ausnahme wird die passende `catch`-Anweisung entsprechend dem Ausnahmetyp ausgeführt. Findet sich zu dem Ausnahmetyp keine passende `catch`-Anweisung, so wird die Bibliotheksfunktion `terminate()` aufgerufen.

Beispiel 5.3-1

Quelltext	Beschreibung
| ```
int main ()
{int i;

  try
  { cout << "Positive Zahl eingeben:";
    cin  >> i;
    if (i < 0) throw i;
    else       cout << i << endl;
  }

  catch (int ausnahme)
  { cout << i << " ist eine negative Zahl"
         << endl;
  }
``` | Direkte Erzeugung einer Ausnahme vom Typ `int`. |

Beispiel 5.3-2

Quelltext	Beschreibung
| ```
double teilen (double a, double b);

int main ()
{double d1,d2;
 try
 { …
   cout<< teilen (d1,d2) << "="
       << d1 << "/" << d2 << endl;}

 catch (int ausnahme)
 { … }
 …
}

double teilen (double a, double b)
{
 if (b == 0)   throw 0;
 return a/b;
}
``` | Indirekte Erzeugung einer Ausnahme vom Typ `int`. |

Beispiel 5.3-3

Quelltext	Beschreibung
| ```
...
if (teilen (d1,d2))
 cout << teilen (d1,d2) << "="
     << d1 << "/" << d2 << endl;
...
double teilen (double a, double b)
{ double erg = 0;
   try
   {   if (b == 0) throw 0;
       erg = a/b; }
   catch (int ausnahme)
   {cout<<"Fehler: Division durch Null !"
       << endl;}
   return erg;
}
``` | Lokale Erzeugung einer Ausnahme vom Typ `int`. |

Solange das Programm fehlerfrei läuft, sind die `catch`-Blöcke bedeutungslos. Tritt aber eine Ausnahme auf, so werden die `catch`-Befehle der Reihenfolge nach auf ihren passenden Typ hin untersucht und bei Typgleichheit ausgeführt.

Bei der Erzeugung von Ausnahmen aus Objekten einer Basisklasse und deren abgeleiteten Klassen muss die `catch`-Anweisung zum Auffangen der Ausnahme der abgeleiteten Klasse vor der Anweisung zum Auffangen der Ausnahme der Basisklasse stehen. Andernfalls würde der `catch`-Block der Basisklasse alle abgeleiteten Klassen auffangen.

In C++ ist es möglich, mit einer einzigen `catch`-Anweisung alle Ausnahmen unabhängig von ihrem Typ aufzufangen. Wird diese Anweisung als letzte in einer Reihe von `catch`-Befehlen verwendet, eignet sie sich, Ausnahmen, die nicht explizit behandelt wurden, abzufangen.

Neben diesem uneingeschränkten Auffangen von Ausnahmen kann der Typ der Ausnahmen, die eine Funktion auslösen darf, beschränkt werden. Hierzu wird der Funktionskopf um `throw (Typliste)` erweitert, wobei in der Typliste die Datentypen, durch Kommata getrennt, aufgeführt werden, die eine Funktion als Ausnahme nach außen abgeben darf. Ist die Typliste leer, so darf die Funktion keine Ausnahme werfen. Innerhalb der Funktion kann ein `try`-Block jeden Ausnahmetyp erzeugen und behandeln. Lediglich der Versuch, einen Fehler nach außen abzugeben, der nicht in der Typliste zugelassen ist, führt zum fehlerhaften Programmabbruch. Die hierdurch aufgerufene Funktion `unexpected()` ruft ihrerseits immer die Funktion `terminate()` auf.

Beispiel 5.3-4

Quelltext	Beschreibung
| ```
void test (int t)
throw (int,char);
``` | Funktion darf nur Ausnahmen vom Typ `int` und `char` erzeugen. |

5.3 Ausnahmebehandlung

Eine Ausnahme darf erneut ausgelöst werden. Hierzu reicht es aus, in der catch-Anweisung throw ohne Angabe einer Ausnahme erneut aufzurufen. Die aktuelle Ausnahme wird so automatisch an die nächst höhere try-catch-Ebene weitergeleitet.

Neben selbst definierten Ausnahmen kann über die Header <exception> und <stdexcept> auf Klassen und Funktionen zurückgegriffen werden, die die Ausnahmebehandlung unterstützen. Im Header <exception> werden die zwei Klassen exception und bad_exception definiert. Die Klasse exception ist die Basisklasse aller Ausnahmeklassen, die in der C++-Standardbibliothek definiert werden. Der Header <stdexcept> definiert Ausnahmen, die von Funktionen der C++-Bibliotheken und/oder dem Laufzeitsystem verursacht werden können.

Die Bibliotheksfunktionen terminate() und unexpected() führen zum sofortigen Programmabbruch, sobald ein Fehler in der Ausnahmebehandlung auftritt. Nun können unter Einbeziehung des Headers <exception> diese Funktionen so abgewandelt werden, dass vor Programmabbruch noch wichtige Aufgaben, wie z. B. das Schließen von Dateien, ausgeführt werden. Dazu sind die in exception definierten Datentypen terminate_handler bzw. unexpected_handler durch die entsprechenden Funktionen set_terminate() und set_unexpected() zu ändern. Anschließend muss das Programm direkt verlassen werden.

Beispiel 5.3-5

Quelltext	Beschreibung
```# include <iostream># include <cstdlib># include <exception>using namespace std;void e_handler_neu (){ cout <<"Daten könnten jetzt" <<"gesichert werden" <<endl; terminate(); }```	Definition der neuen Funktion unexpected.
```void test (int t) throw (int){ if (t == 1)throw t; else throw 'a'; }int main (){ set_unexpected (e_handler_neu); try { test (2); } catch (int i) { cout << "Fehler"; } return 0;}```	Setze die neue Ausnahmebehandlungsfunktion.

5.4 Templates

Eine der sehr nützlichen Eigenschaften von C++ ist die Erzeugung von generischen Funktionen und Klassen durch **Templates**. Häufig werden in einem Programm Klassen und Funktionen benötigt, die bis auf ihre Datentypen identisch sind. Als Beispiel sei der abstrakte Datentyp Liste genannt, der z. B. in einem Programm als Behälter für Zahlen und auch für Zeichenketten verwendet werden soll.

Möchte man diese Elemente nun implementieren, so kann dies sicherlich über Kopieren und Einfügen des Programmtexts unter Berücksichtigung der verschiedenen Datentypen umgesetzt werden. Eleganter lässt es sich dies aber unter Verwendung von Templates realisieren.

Eine als Template erzeugte generische Funktion oder Klasse benötigt keinen konkreten Datentyp, sondern nur einen Platzhalter. Dieser wird später vom Compiler durch den im Programmtext dann vorliegenden Datentyp ersetzt. Durch Templates können somit Schablonen erzeugt werden, auf die mehrere verschiedene Datentypen angewendet werden können.

Definition

Generische Funktionen bieten sich an, um verallgemeinerte Routinen zu schreiben, die nicht nur in einem bestimmten Programm nützlich sein können. C++ bietet zwei Möglichkeiten, wie ein Template auch anderen Programmen zugänglich gemacht werden kann. Mit Hilfe des Schlüsselwortes `export` vor der Template-Definition können auch andere Dateien darauf zugreifen. Die Dateien müssen lediglich die Template-Deklaration erneut angeben. Daneben bietet das Einbinden von Templates in eigene Header einen geschickten Weg, die generischen Elemente möglichst vielen Anwendungen zur Verfügung zu stellen.

export

Eine generische Funktion ist eine allgemeine Beschreibung einer Operation, die auf verschiedenen Datentypen arbeiten kann. Hierdurch ist es möglich, logisch gleiche Algorithmen, wie z. B. das Vergleichen oder Sortieren von Daten, auf verschiedenen Datentypen anzuwenden. Die Definition erfolgt durch das Schlüsselwort `template`.

Generische Fuktionen

```
template <class P> Rück-Typ Funkt-Name (Parameterliste)
{   Anweisungen   }
```

Alternativ kann in dieser Definition `class` durch den Namen eines Datentyps ersetzt werden. Weiter ist P ein beliebiger Bezeichner, der als Platzhalter für einen wahlfreien Datentyp steht und innerhalb der Funktion als Datentyp benutzt wird. Für diesen Bezeichner wird üblicherweise ein einzelner großer Buchstabe verwendet, damit der parametrisierte Datentyp direkt zu erkennen ist. In der Parameterliste werden wie gewohnt die Argumente der Funktion aufgelistet. Neben den generischen Datentypen können hier auch nicht generische Datentypen angegeben werden. Der Compiler erzeugt dann eine dem Aufruf entsprechende Funktion. Diese spezifische Version wird auch als Spezialisierung bezeichnet.

Beispiel 5.4-1

Das nachfolgende Beispiel definiert eine generische Funktion, die zwei Datentypen miteinander vergleicht. Um die Funktionalität nutzen zu können, muss die Klasse die logischen Operatoren überladen.

Quelltext	Beschreibung

`template <class E> int vergleichen`
`                         (E a, E b)`
`{`
` int erg = 0;`
` if (a > b)      erg = 1;`
` else if (a < b)erg = -1;`
` return erg;`
`}`
...
	Template-Funktion: E steht als Platzhalter für den Datentyp.
	
	Klassen, die die Funktion 'vergleichen()' nutzen möchten, müssen die Operatoren >, < und == überladen.

` int i1 = 5, i2 = 3;`
` char c1 = 'g', c2 = 'g';`
` Buch b1 ("C++",25.95);`
` Buch b2 ("Java", 29.89);`
` Person p1("Paul",25);p2("Paul",49);`
	Der Compiler erzeugt Spezialisierungen zum Vergleich von ...

` cout <<vergleichen (i1,i2) << endl;`	...int-Werten
` cout <<vergleichen (d1,d2) << endl;`	...double-Werten
` cout <<vergleichen (c1,c2) << endl;`	...char – Werten
` cout <<vergleichen (b1,b2) << endl;`	...Büchern
` cout <<vergleichen (b2,b1) << endl;`	
` cout <<vergleichen (p1,p2) << endl;` ...	...Personen

Beispiel 5.4-2

Quelltext	Beschreibung

`template <class X>`
`          X potenz (X a, int p)`
`{ X erg = a;`
`  for (int i = (p-1); i; i--)`
`    { erg *= a; }`
`  cout << "Potenzfunktion -> ";`
`  return erg;`
`}`
...
	Template mit gemischter Parameterliste.

Eine Template-Funktion darf mehrere variable Datentypen beinhalten. Hierzu werden die Platzhalter in <...> durch Kommata getrennt angegeben. Ferner darf eine Template-Anweisung auf zwei Arten überladen werden. Zum einen kann ein weiteres Template erzeugt werden, welches sich in der Parameterliste unterscheidet, zum anderen kann eine generische Funktion explizit überladen werden. Bei einer solchen Spezialisierung wird das Template durch die konkrete Angabe von Datentypen überschrieben. Diese Funktion sollte durch Voranstellen von `template < >` kenntlich gemacht werden.

Beispiel 5.4-3

Quelltext	Beschreibung
| ```cpp
template <class X, class Y>
bool gleich (X a, Y b)
{ bool erg;
  a == b ? erg = true: erg = false;
  cout <<"Original Template";
  return erg;
}
``` | Template mit zwei parametrisierten Datentypen. |
| ```cpp
template <class X>
bool gleich (X a, X b, X c)
{ bool erg = false;
  if ((a == b) && (a ==c)) erg = true;
  cout<<"Ueberladene Templatefunktion">";
  return erg;
}
``` | Überladen der Template-Funktion. |
| ```cpp
template <>
bool gleich (int a, int b)
{ bool erg;
  a == b ? erg = true: erg = false;
  cout<< "Explizite Spezialisierung";
  return erg;
}
...
``` | Explizite Spezialisierung. |

Generische Klassen

Neben Template-Funktionen können auch generische Klassen erzeugt werden. Diese parametrisierten Klassen enthalten ebenfalls Platzhalter anstatt eines oder mehrerer Datentypen. Die Template-Klassen stellen verallgemeinerte Mechanismen zur Verfügung, die von einer Klasse benötigt werden. Erst bei der Erzeugung eines Objekts wird der tatsächliche Datentyp bestimmt und der Compiler erstellt die dazu gehörenden Funktionen und Variablen. Generische Klassen sind z. B. besonders geeignet für Listen, Stacks und Vektoren, in denen durch gleiche Operationen beliebige Datentypen verwaltet werden können. Zur Definition einer generischen Klasse wird das Schlüsselwort `template` und die Liste der Platzhalter vor den Klassenkopf gesetzt.

```cpp
template <class P1 > class Klassenname
{   Anweisungen   }
```
```

Wie bei den generischen Funktionen kann `class` in den spitzen Klammern durch `typename` ersetzt werden. Eine Klasse kann einen oder mehrere generische Datentypen besitzen. Darüber hinaus dürfen in der Template-Spezifikation Integer, Zeiger und Referenzen als nicht-generische Parameter angegeben werden, wobei die Argumente, die als Parameter übergeben werden, Konstanten oder Zeiger auf globale Operationen und Objekte sein müssen. Werden mehrere Parameter für eine Template-Klasse benötigt, so sind diese in der Liste durch Kommata getrennt anzugeben.

Alle Funktionen, die innerhalb einer generischen Klasse definiert werden, sind ebenfalls generisch. Auf das Voranstellen des Schlüsselwortes `template` kann dann verzichtet werden.

Zur Erzeugung eines Objekts aus einer generischen Klasse müssen die Datentypen und Argumente konkret in spitzen Klammern angegeben werden.

Instanziierung

Klassenname <Datentyp> Objektbezeichner

Als Datentyp dürfen sowohl elementare Datentypen als auch selbst definierte Typen wie Klassen oder Aufzählungstypen eingesetzt werden.

Beispiel 5.4-4

In diesem Beispiel wird die generische Klasse `Schlange` realisiert. Eine Schlange arbeitet nach dem First-In-First-out-Prinzip (FIFO).

Quelltext	Beschreibung
... `const int SIZE = 10;`	Initialisierung einer Konstanten für die Feldgröße.

`template <class X>`
`class Schlange`
`{ int groesse;`
`  int vorne;`
`  int hinten;`
`  X *sch;`
`public:`
	Elementvariablen

`  Schlange (): groesse(0),`
`            vorne(0),hinten(0)`
`  {  sch = new X[SIZE];    }`
	Konstruktor

`  int anzahl_Elemente ()` `  {   return groesse;      }`	Operationen

`  bool voll ()`
`  { bool test  = false;`
`    if (groesse == SIZE)`
`                 test = true;`
`    return test;       }`
	Die Operation `voll` testet, ob alle Elemente der Schlange belegt sind.

Quelltext	Beschreibung
| ```
  void add (X &x);
  X &loeschen ();
};

template <class X>
void Schlange<X>:: add (X &x)
{ ... }

template <class X>
X &Schlange <X> :: loeschen ()
{ ... }
}

int main ()
{Schlange <char> s1;
 char a='a',b='b',c='c';
 string st1 ="Hallo",
 string st2 ="Welt";
 Schlange <string> s2;
 ...
``` | Die Operation add fügt ein Element (Übergabe als Referenz) ans Ende der Schlange.<br><br>Die Operation loeschen entfernt ein Element am Anfang der Schlange und liefert dies als Referenz zurück.<br><br>Instanziierung einer Schlange vom Typ char.<br><br>Instanziierung einer Schlange vom Typ string. |

Beispiel 5.4-5

Quelltext	Beschreibung
| ```
template <class X, int SIZE>
class Schlange
{ ... };

template <class X,int SIZE>
void Schlange<X,SIZE>::add(X &x)
{ ... }

int main ()
{  Schlange <char,10> s1;
...
}
``` | Alternative zur generischen Klasse Schlange: Angabe eines 'normalen' Arguments in der Template-Spezifikation. Die Größe der Schlange kann nun bei der Instanziierung angegeben werden.<br><br>Instanziierung eines Objekts. |

In Template-Klassen darf sowohl den generischen als auch den nicht generischen Parametern ein Defaultargument zugewiesen werden. Hierzu wird der Defaulttyp bzw. -wert einmal bei der Klassendefinition in der Typenliste angegeben. Besitzt eine Klasse die Angabe eines Defaultarguments kann bei der Instanziierung eines Objekts das entsprechende Argument ausgelassen werden. Der Compiler setzt dafür automatisch den Defaultwert ein.

Quelltext	Beschreibung
| ```
template <class X= int,int SIZE =
10> class Schlange
{ ... };
``` | Weitere Alternative zur generischen Klasse Schlange: Angabe von Default-Argumenten. |

Beispiel 5.4-6
```

Quelltext	Beschreibung

`int main ()`
`{`
`  …`
`  Schlange <> s3;`
`  …`
`}`
	Instanziierung eines Objekts.

Eine generische Klasse kann selbst als Typ für die Instanziierung eines Objekts einer anderen generischen Klasse dienen. Bei einer derartigen Verschachtelung ist allerdings darauf zu achten, dass zwischen zwei spitzen Klammern ein Leerzeichen eingefügt wird, da zwei aufeinander folgende Klammern sonst als Rechtsshift-Operator interpretiert werden.

5.5 Standard Template Library

STL

Die Entwicklung der **Standard Template Library** (STL) durch Alexander Stepanov und Meng Lee und deren Aufnahme in den C++-Standard erweiterte die Programmiersprache weit über die anfängliche Definition hinaus. Die STL bietet eine enorme Menge an generischen Funktionen und Klassen, die flexibel, erweiterbar und sehr effizient auf fast jeden Datentyp anwendbar sind.

🌐 www.sgi.com/tech/stl/
🌐 www.boost.org

Aufgrund der Größe der STL kann dieser Abschnitt nur dazu dienen, einen kleinen Überblick über die STL zu liefern. Für darüber hinausgehende Informationen sei auf die Literaturliste oder auf Internet-Dienste verwiesen. Empfehlenswert sind die Seiten www.sgi.com/tech/stl/ und www.boost.org, auf denen neben dem kostenlosen Download der STL eine ausführliche Dokumentation zu finden ist. Da die STL komplett im Quelltext vorliegt, können die einzelnen Komponenten mit einem beliebigen Editor angesehen werden.

Container

Ein Objekt, welches verschiedene Objekte des gleichen Typs aufnehmen und verwalten kann, wird als **Container** bezeichnet. Es werden drei verschiedene Arten unterschieden. Die Sequenzcontainer beschreiben Strukturen, die mit einer linearen Liste übereinstimmen (`vector`, `list`, `deque`). Assoziativcontainer erlauben den schnellen Zugriff über einen Schlüssel (`set`, `multiset`, `map`, `multimap`), wohingegen Containeradapter (`stack`, `queue`, `priority_queue`) einen Zugriff über das Ende bzw. den Anfang der Objektmenge gewähren. Die Tabelle 5.5.-1 liefert eine Übersicht der in der STL definierten Container.

Tab. 5.5-1: Container der STL

Container	Header	Beschreibung
`bitset`	`<bitset>`	Menge von Bits.

Container	Header	Beschreibung
deque	<deque>	Warteschlange mit zwei Enden.
list	<list>	Bidirektionale lineare Listen.
map	<map>	Menge von Schlüssel-Werte-Paaren mit eindeutiger Zuordnung.
multimap	<map>	Menge von Schlüssel-Werte-Paaren, wobei ein Schlüssel mehrfach vorkommen darf.
multiset	<set>	Menge von Elementen ohne eindeutige Schlüsselzuordnung.
priority_queue	<queue>	Warteschlange mit Priorität.
queue	<queue>	Warteschlange
set	<set>	Menge von Elementen mit eindeutiger Schlüsselzuordnung.
stack	<stack>	Stapel / Keller
vector	<vector>	Dynamisches Feld.
string	<string>	Zeichenkette

Die Container stellen eigene Operationen zur Verfügung, mit denen Elemente hinzugefügt, entfernt oder manipuliert werden können. Darüber hinaus werden in allen Containern mit Ausnahme der Containeradapter sowohl der Zuweisungsoperator als auch die Vergleichsoperatoren überladen.

Beispiel 5.5-1

Quelltext	Beschreibung

``cpp
# include <stack> 	
# include <list> 	
…
int main ()
{ string n1 = "C++", n2 = "Java",
         n3 = "C#";
  stack<string,list<string> > st1;
  st1.push (n1);
  st1.push (n2);
  st1.push (n3);
 	
  cout << "oberstes Element: "
       << st1.top ()<< endl;
  st1.pop();
…
}
``
	Anwendung eines Kellers.
	
	Initialisierung eines Kellers.
	Elemente hinzufügen.
	
	Oberstes Element erfragen und anschließend entfernen.

Neben elementaren Datentypen können auch selbst definierte Typen aus Klassen in einem Container gespeichert werden. Allerdings ist dabei zu beachten, dass je nach Compiler bei diesen Klassen gewisse Strukturen implementiert werden müssen. Die Definition eines Standardkonstruktors, Destruktors, Kopierkonstruktors und das Überladen des Zuweisungs-,

Iteratoren

Gleichheits-, und Vergleichsoperators `<` sind zwingend. Darüber hinaus verlangen einige Compiler noch das Überladen der übrigen Vergleichsoperatoren (`!=`, `>`, `<=`, `>=`).

Die STL stellt verschiedene Iteratoren zur Verfügung, mit denen Container vorwärts, rückwärts oder auch wahlfrei durchlaufen werden können. Ein **Iterator** ist ein Objekt, welches ähnlich einem Zeiger auf ein Element verweist. Mit dem `*`-Operator kann auf das Element zugegriffen werden, auf das der Iterator zeigt. Ist dieses Element ein Objekt einer Klasse, so werden die Attribute und Operationen über den Pfeiloperator (`->`) angesprochen. Durch Inkrementieren bzw. Dekrementieren kann der Iterator auf das jeweilige nächste Element verschoben werden.

Algorithmen

Operationen, die auf verschiedenen Datenstrukturen – insbesondere Container – angewandt werden können, werden als **Algorithmen** bezeichnet. Die STL stellt neben den Operationen der einzelnen Container eine große Anzahl von Algorithmen zur Verfügung, um komplexe und umfangreiche Aufgaben, wie Suchen, Sortieren oder Prüfen, durchführen zu können. Die Umsetzung erfolgt mit Hilfe von Iteratoren. Zur Einbindung dieser Standardalgorithmen muss der Header `<algorithm>` eingebunden werden. Einzige Ausnahme sind hierbei die numerischen Algorithmen, die den Header `<numeric>` benötigen.

Weitere STL-Komponenten: Allokatoren

Neben Containern, Algorithmen und Iteratoren stellt die STL weitere Standardkomponenten bereit.

Die **Allokatoren** unterstützen die Speicherverwaltung eines Containers, in dem sie Funktionen zum Reservieren und Freigeben von Speicher definieren. Die STL stellt im Header `<memory>` den Standardallokator `allocator` bereit, der von allen Containern genutzt wird. Daneben können aber auch selbst definierte Allokatoren implementiert werden.

Funktionsobjekte

Die Standard Template Library nutzt intensiv Funktionsobjekte. Funktionsobjekte sind Objekte von Klassen, in denen der Funktionsaufrufoperator `operator()` überladen ist. Sie können Funktionszeiger ersetzen. Es werden binäre und unäre Funktionsobjekte unterschieden. Binäre Funktionsobjekte erwarten zwei Argumente, unäre hingegen nur eins. Mit Hilfe von Bindern können binäre Funktionsobjekte in einstellige umgewandelt werden. Der Header `<functional>` stellt vordefinierte Funktionsobjekte zur Verfügung.

5.6 Dateien und Ströme (I/O)

Transport von Daten

Für den Transport von Daten zwischen verschiedenen Ein- und Ausgabegeräten bzw. für das Speichern oder Lesen von Daten aus Dateien bietet C++ das abstrakte Konzept der **Ströme** (Streams) an. Ströme bilden sozusagen eine Abstraktionsebene, auf der mit Daten gearbeitet werden kann, ohne genau festlegen zu müssen, ob diese Daten letztendlich z. B. auf einen Bildschirm oder einen Drucker ausgegeben werden, oder ob es sich bei einer Datenquelle um die Tastatur oder eine Datei handelt. Alle Ströme sind von Grund auf gleich und haben dieselben Eigenschaften.

Wenn im Folgenden von der Standard-Ein- und -Ausgabe gesprochen wird, dann wird davon ausgegangen, dass es sich bei dem Eingabegerät um die Tastatur und bei dem Ausgabegerät um den Monitor handelt.

Standard-Ein- und -Ausgabe

Ströme repräsentieren Objekte, die zum einen eine Folge von Bytes liefern bzw. aufnehmen und zum anderen diese ausgeben können. Die Standard-Datenströme sind in der folgenden Tabelle dargestellt.

Tab. 5.6-1: Standard-Streamobjekte

Stream	Funktion	Default-Gerät
cin	Eingabe (Standard)	Tastatur
cout	Ausgabe (Standard)	Bildschirm
cerr	Ausgabe (Standard)	Bildschirm

Sämtliche Klassen, die für den jeweiligen Gebrauch, sei es für die Ein- oder die Ausgabe (im weiteren Verlauf durch E/A gekennzeichnet), benötigt werden, leiten sich aus der Basis-Klasse ios_base ab. Abbildung 5.6-1 zeigt die Hierarchie der Klassentemplates für die E/A für den Datentyp char. Wird den einzelnen Klassen die Kennzeichnung basic_ vorangesetzt, so ergibt sich die Klassenhierarchie für beliebige Zeichentypen. Gemäß der Vererbungshierarchie vereint die Klasse ios alle Gemeinsamkeiten.

Klassenhierarchie

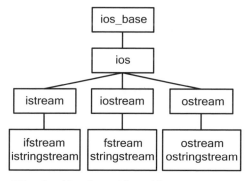

Abb.5.6-1: Vererbungshierarchie

Für die Verwendung von Strömen muss zu Beginn eines Programms der Header <iostream> eingebunden werden. Die Funktion des Bindeglieds zwischen den jeweiligen Anweisungen übernimmt der überladene Links- bzw. Rechtsverschiebeoperator (<< bzw. >>), der dem Eindruck des Strö-

Datenquelle und -senke

mens von Daten optisch noch Nachdruck verleiht. Dieser Operator wurde in den vorangegangenen Beispielen bereits sehr häufig eingesetzt.

Der jeweils durch ein >> oder ein << dargestellte Datenfluss besitzt eine Quelle, von der die Informationen kommen und eine Senke, zu der die Informationen gelangen. Bei der cout-Anweisung beispielsweise wird automatisch der in einer Variablen gespeicherte Wert aus seiner internen Darstellung in eine lesbare Zeichenfolge umgewandelt und ausgegeben. Ebenso ist die Kombination der einzelnen Operatoren hintereinander möglich. Bei der Eingabe über die Tastatur werden die Daten in einem Tastaturpuffer zwischengelagert und aus diesem nach und nach wieder ausgelesen. Beim Einlesen von Zeichenketten ist zu beachten, dass die Daten nur bis zum ersten Leerzeichen ausgelesen werden. Die restlichen Worte verbleiben im Tastaturpuffer und können nur über weitere cout-Anweisungen ausgelesen werden. Diese Prozedur wird durch die Verwendung der getline() Funktion bei Zeichenketten wesentlich vereinfacht, da diese in der Lage ist, ganze Zeilen einzulesen.

Flags zur Formattierung

Die von C++ vorgegebenen Einstellungen der Ein- und Ausgabe können bei Bedarf beliebig beeinflusst werden. Die dabei verwendeten so genannten **Flags** sind Konstanten eines Bitmaskentyps. Das Spektrum erstreckt sich von definierten Nachkommastellen über Vorzeichenanzeigen bis hin zu spezifizierten Zahlenbasen.

Dazu muss das Format-Flag eines Stroms gesetzt werden. Dieses beinhaltet die jeweilige Änderung des Formats. Die Flags können nicht willkürlich verändert werden, sondern es existiert eine Menge an vordefinierten Werten.

Ebenfalls in der Klasse ios enthalten ist die Funktion setf(), mit der die einzelnen Flags gesetzt werden können. Ihr Zustand lässt sich mit dem von Schaltern vergleichen, die entweder ein- oder ausgeschaltet sind. Sollen mehrere Flags gleichzeitig gesetzt werden, lassen sich die jeweiligen Anweisungen mit „|" verbinden.

Beispiel 5.6-1

Quelltext	Beschreibung

``int main()
{ cout.setf(ios::scientific);
  cout.setf(ios::showpos);
  cout << 11.11   }```
	Ausgabe: +1.1110e+01

Formatierte Flags können mit der Funktion unsetf() wieder gelöscht werden. Für den Fall, dass nur der Zustand eines Flags abgefragt werden soll, hält C++ die Funktion flags() bereit, die in ihrer allgemeinen Form wie folgt aussieht:

```
fmtflags flags();
```

Dateien

Auch der Umgang mit **Dateien** ist ein wesentlicher Bereich der E/A. Hierzu gibt es ebenfalls die Operatoren >> und <<. Des Weiteren muss der Header <fstream> eingebunden werden, der unter anderem die Klassen ifstream, ofstream und fstream bereitstellt. Sie stehen im Einzelnen für InputFile-, OutputFile- und File-Stream. Die durch diese Klassen realisierten Objekte ermöglichen den Datenstrom in eine Datei hinein bzw. aus einer Datei heraus zu leiten.

Bevor in eine Datei etwas geschrieben oder etwas aus ihr gelesen werden kann, muss sie zunächst geöffnet werden. Dies kann über zwei Wege geschehen: Eine Möglichkeit ist, dem Konstruktor den Dateinamen als Argument zu übergeben oder über ein bereits bestehendes Objekt eine Datei mittels der Operation open() zu öffnen.

Beispiel 5.6-2

Quelltext	Beschreibung
ofstream ausgabe; ausgabe.open("test.txt");	Erzeugen eines Objekts. Öffnen der Datei.

Damit immer bekannt ist, an welcher Stelle gerade Informationen gelesen oder geschrieben werden, wird bei jedem Öffnen einer neuen Datei ein Zeiger auf den Anfang gesetzt, der je nach Anweisung seine Position aktualisiert. Überdies können dem Konstruktor der open()-Funktion einige Modifikatoren mit übergeben werden, die Einfluss darauf haben, wie eine Datei geöffnet wird.

Tab. 5.6-2: Dateiöffnungsmodifikatoren

Modifizierer	Auswirkung
ios::ate	Beim Öffnen der Datei wird der Zeiger auf das Ende der Datei gesetzt.
ios::app	Hinzukommende Daten werden an das Ende der zu öffnenden Datei gehängt.
ios::binary	Datei wird im Binär-Modus geöffnet.
ios::in	Datei kann Eingaben ausführen.
ios::out	Datei kann Ausgaben ausführen.
ios::trunc	Eine bestehende Datei mit gleichem Namen wird vernichtet.

Wie bereits bei den Werten, können auch die Modifikatoren mittels „|" verbunden werden. Neben dem Öffnen gibt es einen expliziten Prozess des Schließens einer Datei, der durchgeführt werden sollte, sobald eine Datei nicht mehr benötigt wird. Neben diesem Aspekt merkt sich ein Stream-Objekt allerdings, wenn es in Verbindung mit einer geöffneten Datei steht.

Wird dieses über seinen Destruktor zerstört, schließt es die Datei selbstständig. Nur für den Fall, dass ein bestehendes Stream-Objekt in einem anderen Zusammenhang nochmals benötigt werden sollte, muss das Schließen vom Programmierer übernommen werden. Das folgende Programm demonstriert das Erstellen einer Datei, in der einfache Werte abgelegt werden.

Beispiel 5.6-3

Quelltext	Beschreibung

`#include<fstream>`
`...`
`int main()`
`{`
`  ofstream out ("Adressliste.txt");`
	Erzeugen einer Datei, in die geschrieben werden kann.

`  if(!out)`
`  {cout`
`    <<"Fehler beim öffnen der Datei\n";`
`    return 1;`
`  }`
	Abfangen möglicher Fehler.

`  out << "Marc"    << endl;`
`  out << 123.123  << endl;`
`  out << "Susanne"<< endl;`
`  out << 654.456  << endl;`
	Dateneingabe in die Datei.

`  out.close();`
`  return 0;`
`}`
	Schließen der Datei.

Die so erstellte Text-Datei lässt sich mit dem Editor betrachten oder kann mit einem Stream-Objekt wieder gelesen werden.

Beispiel 5.6-4

Quelltext	Beschreibung

`...`
`int main()`
`{ifstream in ("Adressliste.txt");`
	Öffnen der Datei zum Auslesen des Inhalts.

`  if(!in)`
`  {cout`
`    <<"Fehler beim Öffnen der Datei \n";`
`    return 1;}`	

`  char puffer[20];` `  float nummer;`	Puffervariable

`  in >> puffer;`
`  cout << puffer <<"\n" ;`
`  in >> nummer ;`
`  cout << nummer <<"\n";`
	Einlesen und Ausgeben der Informationen.

Quelltext	Beschreibung
| ```
  in >> puffer;
  cout << puffer <<"\n" ;
  in >> nummer ;
  cout << nummer <<"\n";

  in.close();
  return 0;
}
``` | Schließen der Datei. |

5.7 Typinformationen und cast-Operatoren

Bisweilen ist es unabdingbar, Informationen über einen Datentyp zur Laufzeit des Programms zu erhalten oder Typumwandlungen vorzunehmen. Durch den Einsatz von **Cast-Operatoren** und durch die **Laufzeit-Typidentifizierung** (**Run-Time-Type-Identifikation** (RTTI)) können beide Anforderungen in C++ umgesetzt werden.

Run-Time-Type-Identifikation (RTTI)

Eine wichtige Eigenschaft von polymorphen Klassen und Objekten ist, dass sich oft erst zur Laufzeit entscheidet, welchen konkreten Typ ein Objekt besitzt. Durch den Header <typeinfo> kann in C++ zur Laufzeit eine Identifizierung eines Datentyps stattfinden. In <typeinfo> wird der Operator typeid (Objekt) zur Verfügung gestellt. Dieser liefert eine Referenz auf ein Objekt der Klasse type_info, welche das zu untersuchende Objekt beschreibt. Die Klasse type_info stellt folgende Funktionen zur Verfügung:

Identifikation von Datentypen zur Laufzeit

Tab. 5.7-1: Funktionen aus type_info

Funktion	Beschreibung
`bool operator ==` `(const type_info &ob);`	Überprüft zwei Objekte auf Gleichheit.
`bool operator !=` `(const type_info &ob);`	Überprüft zwei Objekte auf Ungleichheit.
`bool before (const type_info &ob);`	Liefert true, wenn das aufrufende Objekt vor dem übergebenen Objekt liegt.
`const char *name()`	Liefert den Typnamen.

Hauptsächlich wird typeid auf Zeiger polymorpher Basisklassen angewendet. Diese lösen, wenn sie auf Null zeigen, die Ausnahme bad_typeid aus. Bei der Benutzung des typeid-Operators auf Objekte einer Template-Klasse ist der Datentyp, mit dem die Instanz erzeugt wurde, entscheidend für die RTTI. Zwei Objekte, die mit dem gleichen Datentyp erzeugt werden, werden als typgleich angesehen.
```

Beispiel 5.7-1

Quelltext	Beschreibung
| ``````c++
# include <typeinfo>
...
class Immobilie
{ ...
 virtual int miete ()
 { return flaeche * 8; }
};
`````` | Klasse `Immobilie` mit virtueller Funktion. |
| ``````c++
class Wohnung : public Immobilie
{ ... };
class Buero : public Immobilie
{ ... };
`````` | Die Klasse `Wohnung` und `Buero`, abgeleitet aus `Immobilie` Überschreiben die Funktion `miete`. |
| ``````c++
int main ()
{ ...
  Immobilie *ob ;
...
`````` | Zeiger auf Basisklasse |
| ``````c++
 switch (wahl)
 {case 1: ob = new Immobilie; break;
  case 2: ob = new Wohnung; break;
  case 3: ob = new Buero; break;
  default: ob = 0;
  cout <<"Falsche Ausgabe"
       << endl; }
`````` | Benutzerauswahl.<br><br>Erzeugen neuer Objekte entsprechend der Benutzerwahl. |
| ``````c++
 if (ob)
 { cout << "Erzeugt wurde: "
   << typeid(*ob).name() <<endl;

 if(typeid(*ob)==typeid(Immobilie))
   cout
     <<"Mietangabe ohne Nebenkosten"
     << endl;
 }
 return 0;
}
`````` | Verhindert Zugriff auf einen Nullzeiger.<br>Laufzeittypbestimmung. |

Da RTTI für den Compiler recht aufwändig ist, sollte diese Eigenschaft nur begrenzt eingesetzt werden. Bei vielen Compilern muss die Option erst aktiviert werden (z. B. bei GNU-Compilern: `-frtti`). Darüber hinaus empfiehlt es sich, vor allen anderen Headern die Datei `<typeinfo>` einzubinden.

cast-Operatoren

Neben der Bestimmung eines Datentyps kann es für spezielle Zwecke notwendig sein, eine Typkonvertierung durchzuführen. Hierzu stellt C++ den **cast**-**Operator** sowie vier zusätzliche Operatoren zur Verfügung, die die Ausführung von Umwandlungen auf bestimmte Effekte begrenzen.
``````

Tab. 5.7-2: cast-Operatoren

cast-Operator	Beschreibung
`dynamic_cast`	Typkonvertierung verwandter Datentypen zur Laufzeit mit Prüfung, ob diese gültig ist.
`static_cast`	Umwandlung zur Übersetzungszeit zwischen verwandten Datentypen.
`reinterpret_cast`	Konvertierung zur Übersetzungszeit zwischen nicht verwandten Datentypen.
`const_cast`	Beseitigung der `const` oder `volatile` Eigenschaft eines Objekts.

```
Operator-Name <cast-Type> (Argument)
```
Definition

Der Operator `dynamic_cast` wird zur Konvertierung polymorpher Typen verwendet. Er fordert sowohl für den zu konvertierenden als auch für den Zieltyp einen Zeiger oder eine Referenz. Eine Umwandlung wird immer dann erfolgreich durchgeführt, wenn der Zeiger des Arguments auf ein Objekt des Zieltyps oder dessen abgeleitete Klassen zeigt. Ansonsten löst die Konvertierung eine Ausnahme vom Typ `bad_cast`-Exception aus. Aufgrund dieser Eigenschaft kann `dynamic_cast` zuweilen die `typeid`-Anwendung ersetzen. Wird der Operator auf Templates angewendet, ist darauf zu achten, dass nur Zeiger auf Objekte von Basisklassen und abgeleiteten Klassen umgewandelt werden können, wenn der Datentyp bei der Erzeugung der Template-Objekte gleich ist.

Beispiel 5.7-2

Quelltext	Beschreibung

``int main ()
{ ...
   Immobilie *ob ;
   /* Buero *b;
       Wohnung *w; */
   ...
   if (ob)
   { /*w = dynamic_cast<Wohnung *>(ob)
       if (w)   ...*/
     if (dynamic_cast<Wohnung *>(ob))
        cout << "Wohnung" << endl;
     else
     if (dynamic_cast<Buero*> (ob))
        cout << "Buero" << endl;
     else
        cout << "Immobilie" << endl;
   } ...
   return 0;
}```
	Hier wird ein `dynamic_cast` auf das Beispiel aus 5.7.1. angewendet.
	
	Zeiger werden bei einer expliziten Zuweisung benötigt.
	Explizite Zuweisung.

5.7 Typinformationen und cast-Operatoren

5.8 Grafische Oberflächen

GUI-Programmierung

Neben den umfangreichen Funktionsbibliotheken existiert auch im Bereich der Erstellung von grafischen Benutzungsoberflächen eine Vielzahl an Möglichkeiten.

Im Gegensatz zu Java besitzt C++ keine eigenen Klassen, mit denen GUIs erstellt werden können. Sie müssen entweder in Form von Bibliotheken importiert werden oder sind bereits in kompletten Entwicklungsumgebungen eingebunden. Hauptbestandteile solcher Umgebungen sind neben einer Vielzahl an unterschiedlichsten Hilfswerkzeugen Editoren, Klassenbrowser und Debugger. Im Zuge der objektorientierten Programmierung unterstützen einige der aktuellen Produkte auch das Anlegen von UML-Modellen.

MFC und Visual C++

Ein häufig verwendetes Werkzeug im Bereich der Programmierung ist VisualC++ von Microsoft. Es beinhaltet neben den oben genannten Bestandteilen (außer den Werkzeugen zur UML-Modellierung) das so genannte **MFC**-Framework (Microsoft Foundation Classes), welches die zentrale Bibliothek zur Erstellung von Windows-Programmen ist. Die MFC ist eine Klassenbibliothek, welche Windows-APIs (Application Programming Interface) kapselt, die für die unterschiedlichsten Anwendungen notwendig sind. Dabei leiten sich (fast) alle Objekte vom zentralen Element CObject ab. Folgende Tabelle liefert eine grobe Betrachtung der daraus entstehenden Hierarchie.

Tab 5.8-1: CObject-Hierarchie

Klasse	Realisiert	

Applikations-Architektur (CWinApp)	Threads
	Applikationen
	Document
	Templates
	Document Items
	OLE-Klassen
		`CWinThread`
		`CWinApp`
		`CDocument`
		`CDocTemplate`
		`CDocItem`
		`COleObjectFactory`

Fensterunterstützung (CWnd)	Frame Window
	ViewWindow-Dialoge
	Controls
		`CFrameWnd`
		`CView`
		`CDialog`
		`CControlBar`

Grafikunterstützung	GDI-Objekte-Device Contexts	`CGdiObject` `CFile`

Systemunterstützung	Exceptions
	File-Objekte
	Synchronisation
	Windows Sockets
	ODBC
	DAO
		`CException`
		`CFile`
		`CSyncObject`
		`CAsyncSocket`
		`CDatabsae`
		`CDaoDatabase`

VisualC++ unterstützt die Erstellung von Windows-Anwendungen durch so genannte MFC-Applikations- oder Klassen-Assistenten. Bei dieser Vorgehensweise erzeugt der MFC-Applikations-Assistent ein Grundgerüst, auf dem der weitere Quelltext aufgebaut und vom Klassenassistenten bearbeitet werden kann. Unter Umständen kann es als Nachteil empfunden werden, sich erst durch den automatisch generierten Code arbeiten zu müssen, um dann eine Übersicht der einzelnen Elemente und Bindungsstellen für eigene Bestandteile zu bekommen.

In das erzeugte Dialogfeld können nun diverse Steuerelemente wie Schaltflächen, Optionsfelder, Kontrollkästchen usw. eingefügt werden. Ein Programm, das die MFC verwendet, besteht immer aus mindestens einer Anwendungsklasse, die aus CWinApp abgeleitet wird. Diese übernimmt die Programmbearbeitung, allerdings nicht die Erstellung des Hauptfensters. Wird ein Programm unter Windows gestartet, ruft dies die Funktion WinMain() der Windows-API auf, dessen Aufgaben in der Erzeugung des Hauptfensters und der Verarbeitung der ankommenden Informationen (z. B. Aktionen des Benutzers) liegt. Die „Mutter" aller Fenster ist die Basisklasse CWnd, aus der sich alle wichtigen Fensterklassen ableiten. Wichtige Funktionalitäten der Klasse CWnd sind Initialisierung und Erzeugung von Fenstern, Funktionen zum Abfragen des Fensterstatus, Veränderung der Position und Größe des Fensters, Identifikation eines Fensters, Update- und Zeichenfunktionen, Manipulation der Fenstertexte, Drag-und-Drop-Eigen-schaften, Setzen und Löschen von Zeitgebern, Alarmfenster und Nachrichtenfenster u. v. m.

Alternativ zur MFC können auch Bibliotheken anderer Hersteller genutzt werden. Eine Übersicht einiger Bibliotheken, Werkzeuge und Umgebungen, ohne den Anspruch auf Vollständigkeit, bietet die Tabelle 5.8-2.

Tab. 5.8-2: Produktlinks zu GUIs

Bezeichnung	Adresse
GUI	
wxWindows	http://www.wxwindows.org/
Qt	http://www.trolltech.com/
Gtk--	http://www.gtk.org/
Gimp	http://www.gtk.org/
V	http://www.objectcentral.com/vgui/vgui.htm
Compiler	
Forte C++	http://www.sun.com/forte/cplusplus/index.html
Visual C++	http://msdn.microsoft.com/visualc/
Visual Age C++	http://www.ibm.com/software/ad/visualage_c++/
Code Warrior	http://www.metrowerks.com/desktop/mac_os/

6 | C# (Einführung)

Die noch recht junge Programmiersprache C# wurde von der Firma Microsoft speziell für die .NET-Entwicklungsumgebung entworfen. C# baut auf Java und C++ auf, verknüpft die Vorteile beider Sprachen und erweitert sie um eigene Konzepte. In diesem Kapitel werden die funktionalen und objektorientierten Basiselemente der Sprache beschrieben.

Übersicht

6.1	**Geschichte**	178
6.2	**Produktübersicht**	178
6.3	**Eigenschaften**	179
6.4	**Programmerstellung**	183
6.5	**Funktionale Sprachelemente**	184
6.6	**Felder**	209
6.7	**Klassen und Objekte**	213
6.8	**Vererbung**	225
6.9	**Sichtbarkeit**	230
6.10	**Überladen von Operatoren**	231
6.11	**Interfaces**	234

6.1 Geschichte

In der Absicht eine Sprache zu schaffen, die in ihren Fähigkeiten exakt auf die Bedürfnisse des .NET-Frameworks der Fa. Microsoft zugeschnitten ist, entstand im Sommer 2000 unter der Leitung von **Anders Hejlsberg** und **Scott Wiltamuth** eine neue Programmiersprache mit der Bezeichnung **C#** (sprich „C Sharp"). Hejlsberg hat sich bereits vor seinem Wechsel zu Microsoft 15 Jahre lang mit Entwicklungsumgebungen wie Turbo Pascal und Delphi beschäftigt, an deren Entwicklung er maßgeblich beteiligt war. Bei Microsoft arbeitete er vor C# unter anderem an Spracherweiterungen in Zusammenhang mit Visual J++.

Hejlsberg errichtete die Sprache auf Fundamenten bereits etablierter Sprachen. Die primären Designaspekte lagen dabei auf C/C++ und Java. Darüber hinaus waren es Sprachen wie Eiffel, Sather und Component Pascal, die Einfluss auf die Entwicklung von C# namen. C# wurde in seiner Gesamtheit recht einfach gehalten und ist mit knapp einem Dutzend eingebauten Datentypen und ca. 80 Schlüsselwörtern übersichtlich. Neben dem Einsatz in komponentenbasierten und strukturierten Implementierungen ist C# insbesondere für objektorientierte Anwendungen geeignet.

6.2 Produktübersicht

.NET-Framework

Common Language Infrastructure (CLI)

Trotz der jungen Geschichte von C# und der Konzeption dieser Sprache für das **.NET-Framework** geht deren Nutzung auch über die Windows-Plattformen hinaus. Zur Standardisierung des .NET-Frameworks unter der Bezeichnung **Common Language Infrastructure (CLI)** durch ECMA (European Computer Manufacturers Association) veröffentlichte Microsoft einen Teil seines Quelltexts. Dies erlaubte die Realisierung weiterer Implementierungen, die die GUI- und ADO-unabhängigen (ADO = ActiveX Data Objects) Anteile des .NET-Framework sowie die damit verbundene Sprache C# umfassen. Sie sind unter dem Namen „Shared-Source-Version der CLI" oder auch „**Rotor**" publiziert. Die bislang veröffentlichten Implementierungen können kostenlos aus dem Internet bezogen werden.

CLI-Implementierungen

Tab. 6.2-1: Implementierungen der CLI

Projektbezeichnung	Plattform	Internet
.NET-Framework	Windows 98, ME, NT4, 2000, XP, .NET-Server	msdn.microsoft.com/netframework/downloads/howtoget.asp
.NET-Compact-Framework	Windows CE.net	msdn.microsoft.com
DotGNU	alle Desktopsysteme	www.dotGNU.org

Projektbezeichnung	Plattform	Internet
Mono	Linux/x86, Linux/PPC, StrongARM, SPARC	www.go-mono.org
Rotor-Portierung auf Linux	Linux	www.oreillynet.com/pub/a/dotnet/2002/07/01/rotorlinux.html

Aufgrund des noch nicht veröffentlichten Quelltexts der GUI- und ADO-Komponenten wird das .NET-Framework von Microsoft auch zukünftig eine entscheidende Rolle spielen. Derzeit steht das .NET-Framework SDK in der Version 1.1 zur Verfügung.

Parallel zur Entwicklung des .NET-Frameworks gibt es eine Reihe verschiedener Editoren und Entwicklungsumgebungen. Zu nennen sei hier das Visual Studio .NET 7.0 von Microsoft, welches in verschiedenen Versionen unterschiedlich komfortable Werkzeuge, wie z. B. das automatische Vervollständigen und Auflisten der Elemente einer Klasse (IntelliSense) oder das Code-Behind-Modell, zur Verfügung stellt. Eine Alternative hierzu bietet sich dem C#-Entwickler durch den kostenlosen Editor Sharp Develop. In der folgenden Tabelle 6.2-2 ist eine Auswahl von Editoren und Entwicklungsumgebungen sowie deren Bezugsquellen angegeben.

Tab. 6.2-2: .NET-Entwicklungsumgebungen

Produkt	Internet	Bemerkung
Visual Studio .NET	www.microsoft.com	kostenpflichtig
PrimalCode	www.sapien.com	kostenpflichtig
Delphi	www.borland.com	kostenpflichtig
Rational XDE Professional .NET-Edition	www.rational.com/products/xde/dotneted/index.jsp	kostenpflichtig
ASP.NET	www.asp.net/download.aspx	kostenlos
Sharp Develop	sourceforge.net/projects/	kostenlos
C# for Emacs	sourceforge.net/projects/csde	kostenlos
Poorman IDE	www.geocities.com/duncanchen/poormanide.htm	kostenlos

.NET-Entwicklungsumgebungen

6.3 Eigenschaften

Ziel der Entwicklung von C# war eine einfache, innovative, sichere, objektorientierte und portable Programmiersprache zu schaffen, die zur Pro-

Ziel der Sprache

grammierung von .NET-Anwendungen geeignet ist. Da C# auf C++ und Java aufbaut, lassen sich viele der guten Eigenschaften dieser beiden Sprachen in C# wieder finden. Aus C++ wurden z. B. das **Überladen von Operatoren** und die an C angelehnte Syntax übernommen. Der Einfluss von Java spiegelt sich beispielsweise im **Garbage Collector** zur automatischen Speicherverwaltung und in der Übernahme des Schnittstellenkonzepts (**Interface**) wider.

Einfachheit

Neben der Übernahme von Konzepten aus Java und C++ wurde gleichzeitig die Nutzung von komplizierten und fehleranfälligen Strukturen stark eingeschränkt bzw. ganz abgeschafft. C# unterstützt keine **Mehrfachvererbung**, der Gebrauch von Zeigern und Präprozessoranweisungen ist zwar noch zulässig, jedoch nur in Ausnahmefällen notwendig. Die Nähe von C# zu den Programmiersprachen Java und C++ macht die Sprache leicht erlernbar.

Typkonzept

C# bietet eine Reihe von vordefinierten Datentypen an, die sich in Wert- und Verweistypen unterteilen lassen. Sie ist eine **streng typisierte** Sprache, die Typkonvertierungen nur in einem beschränkten Maß zulässt. Durch das Konzept der **Ausnahmebehandlung** können Programmfehler aufgefangen und behandelt werden.

Objektorientierung

Wie alle modernen Programmiersprachen ist C# objektorientiert. **Objekte** beschreiben Gegenstände der realen Welt. Sie besitzen Eigenschaften, die durch **Attribute** festgelegt werden und weisen ein durch **Operationen** bestimmtes Verhalten auf. Die Daten gleichartiger Objekte, welche sich nur in ihrer Ausprägung unterscheiden, werden abstrahiert und in einer **Klasse** zusammengefasst, die als eine Art Schablone dient. Die Klasse repräsentiert einen neuen Datentyp, der in Form eines Objekts zur speziellen Problemlösung beiträgt. Alle Objekte werden in C# als Referenztypen behandelt. Alle Datentypen, einschließlich der elementaren Typen, stammen von der obersten Klasse `System.Object` ab.

Vererbung

Anders als C++ unterstützt C# nur die **Einfachvererbung**. Um eine Klasse jedoch zu verpflichten, eine gewisse Funktionalität zur Verfügung zu stellen, können beliebig viele Schnittstellen (Interfaces) implementiert werden.

Struktur

Mit **Strukturen** (`struct`) führt C# eine leichtgewichtige Klasse ein, deren Ausprägungen wie Wertetypen behandelt werden und so die Effizienz von Programmen steigern können. Strukturen unterliegen der Einschränkung, dass sie keine Vererbungshierarchie aufbauen können.

Komponenten-orientierung

Zusätzlich zu Klassen wird die **komponentenbasierte Programmierung** in C# z. B. durch Eigenschaften, Delegates, Ereignisse und Attribute unterstützt. Eigenschaften können den Zugriff auf die Variablen einer Klasse regulieren. Delegates sind Objekte, die zur Laufzeit eine einzelne oder eine Kette von Operationen (Multicasting) aufrufen. Die Operationen der Delegates werden häufig dann angesprochen, wenn ein Ereignis stattgefunden hat, das eine Benachrichtigung aussendet. Durch Attribute können in Klassen,

Strukturen und deren Elemente zusätzliche Informationen hinzugefügt werden, die z. B. die Verwendung der Elemente festlegen.

C# kann als Programmiersprache nicht isoliert betrachtet werden. Die Sprache wurde speziell für das **.NET-Framework** der Fa. Microsoft entworfen und kann die umfangreichen Werkzeuge und Komponenten der Programmierumgebung in vollem Umfang ausnutzen.

.NET-Framework

Mit einer äußerst vielschichtigen Klassenbibliothek bildet die **Common Language Runtime (CLR)** die Laufzeitumgebung für erstellte Applikationen und somit den Kern für das .NET-Framework. Einen umfassenden Überblick über die Klassenbibliothek bietet z. B. die Dokumentation im Visual Studio .NET 7.0. Die Basisklassen des .NET-Frameworks stellen neben Eigenschaften zur Ein- und Ausgabe, Textbearbeitung, Collections etc. Klassen zur Verfügung, die versuchen den Ansprüchen einer immer komplexer und globaler werdenden, vernetzten Welt gerecht zu werden. Das .NET-Framework bietet Komponenten zum **Sicherheitsmanagement**. Durch **Threads** wird das Ausführen von parallelen Prozessen in einer Anwendung ermöglicht. **Marshaling** und **Remoting** realisieren die Anwendung von Prozessen in einem Netzwerksystem.

Common Language Runtime (CLR)

Auf den Basisklassen aufbauend verfügt das .NET-Framework über Klassen, mit denen **XML**-Dateien bearbeitet werden können oder sich Anwendungen für das World Wide Web über ASP.NET erstellen lassen. Die persistente Speicherung von Daten in einer Datenbank kann in C# sowohl durch Klassen für die **SQL**-Schnittstelle (Standard Query Language) als auch durch die Klassen des ADO.NET umgesetzt werden, die die Datenbankinteraktionen verwalten.

XML und SQL

Das .NET-Framework liefert darüber hinaus eine umfangreiche Klassensammlung zur Erstellung und Bearbeitung von grafischen Benutzungsoberflächen und Grafikdarstellungen. Die GUI-Werkzeuge (**Grafical User Interfaces**) WinForms und WebForms ermöglichen die Erzeugung von Benutzungsoberflächen für Windows- bzw. Web-Anwendungen. Durch **GDI+ (Graphics Device Interface)** wird die Grafikbearbeitung auf der zweidimensionalen Ebene unterstützt.

Grafische Benutzungsoberflächen

Die Klassenbibliothek bildet mit der Common Language Runtime den Kern des .NET-Frameworks. Die CLR stellt die Laufzeitumgebung für .NET-Applikationen bereit und führt den Quelltext, der den Regeln des Common Type System (CTS) und der Common Language Specification (CLS) entspricht, aus. Jede Sprache, die nach den Gesichtspunkten der Spezifizierung ausgerichtet ist, kann uneingeschränkt unter der Beobachtung der CLR laufen. Im Lieferumfang der Version 1.1 des .NET-Frameworks sind Compiler für die Sprachen C#, Visual C++, Visual Basic.NET und JScript.NET enthalten. Sie können durch einen bei Microsoft erhältlichen Compiler für J# erweitert werden. Daneben sind zahlreiche Compiler für verschiedene

Entwicklungsumgebung

6.3 Eigenschaften

Common Type System (CTS)

Common Language Specification (CLS)

Microsoft Intermediate Language (MSIL)

Programmiersprachen wie z. B. Delphi, Perl, COBOL oder Fortran im Internet erhältlich.

Um zwischen den im Zusammenhang mit dem .NET-Framework erwähnten Sprachen eine Kompatibilität zu erreichen, sind die CLS und das CTS definiert worden. In der CLS befinden sich die Regeln, die eine Sprache erfüllen muss, um unter Kontrolle der CLR ausgeführt werden zu können. Die CTS spezifiziert die formalen Parameter für die Datentypen. Die Verständigung auf einen gemeinsamen Regelsatz ermöglicht eine Interaktion der verschiedenen Sprachen und die Erzeugung von gemischt sprachlichen Anwendungen.

Die verwendeten, sprachspezifischen Compiler, wie z. B. der C#-Compiler, erzeugen eine Art Zwischensprache, die **Microsoft Intermediate Language (MSIL)**, die erst zur Programmausführung durch die CLR in Maschinencode umgewandelt wird. Der generierte MSIL-Code gleicher Programme, die in unterschiedlichen .NET-Programmiersprachen verfasst worden sind, ist identisch (vgl. Abb. 6.3-1). Ein weiterer Vorteil des MSIL-Codes liegt darin, dass die Zwischensprache nicht vom Prozessortyp und Betriebssystem abhängig ist. Sie ist somit plattformunabhängig.

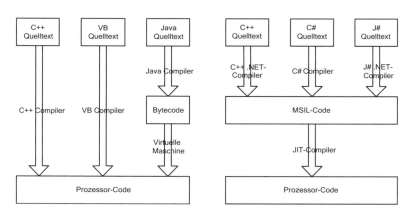

Abb. 6.3-1: *traditionelle Kompilierung (l.) versus Kompilierung mit der CLR (r.)*

Just-In-Time-Compiler

Die Programmausführung wird durch die Laufzeitumgebung CLR umgesetzt. Der MSIL-Code wird auf Verlangen (on demand) mit dem Just-In-Time-Compiler in Maschinencode übersetzt, insofern er nicht schon als solcher vorliegt. Der **Just-In-Time-Compiler (JIT)** ermöglicht es, portablen MSIL-Code ohne größere Verluste der Performanz auszuführen. Ein .NET-Programm wird im Verlauf schneller, da bereits kompilierter Code wieder verwendet wird.

6.4 Programmerstellung

Die Erstellung eines C#-Programms kann grundsätzlich über zwei Ansätze erfolgen. Zum einen kann mit dem **Befehlszeilen-Compiler** (csc), der mit der CLI-Implementierung mitgeliefert wird, sehr direkt und schnell ein Programm erzeugt werden. Zum anderen bietet die Nutzung einer Entwicklungsumgebung vor allem bei der Erstellung größerer Anwendungen viele benutzerfreundliche Werkzeuge an. Um eine ausführbaren Datei unter Nutzung des **csc-Compilers** zu erzeugen, müssen die in Tabelle 6.4-1 angegebenen vier Schritte durchgeführt werden.

Tab. 6.4-1: Programmerstellung

Schritt	Beschreibung	Beispiel
1	Erstellen des Quelltexts mit einem beliebigen Editor.	
2	Abspeichern der Datei mit der Endung .cs.	Hallo_Welt.cs
3	Aufruf des Befehlszeilen-Compilers csc über die Konsole unter Berücksichtigung der jeweiligen Pfadangaben.	csc Hallo_Welt.cs
4	Ausführen der entstandenen .exe-Datei.	Hallo_Welt

Hinter der .exe-Datei verbirgt sich keine ausführbare Datei im herkömmlichen Sinne, sondern die MSIL-Version des Programms. Zur Ausführung wird das .NET-Framework oder eine entsprechende Implementierung benötigt. Beim Start des Programms ruft die Common Language Runtime automatisch den Just-In-Time-Compiler auf.

Beispielhaft soll das inzwischen schon traditionelle „Hallo Welt"- Programm erstellt werden.

Beispiel 6.4-1

Quelltext
```
using System;
class Hallo_Welt
{public static void Main ()
  { Console.WriteLine ("Hallo Welt");    }
}
```

Nach der Durchführung der oben angegebenen vier Schritte schreibt das Programm die Zeile „Hallo Welt" auf die Console.

Der Quelltext des Beispiels beginnt mit der Zeile using System;, durch die der Zugriff auf die Klassen des Namensraums System gesichert wird. Das .NET-Framework liefert eine umfassende Sammlung von Klassen, die

using

| | zur Vermeidung von Namenskonflikten in Unterbereiche, die so genannten Namensräume (`namespace`), unterteilt sind. Mit der Anweisung `using` können unter Angabe des Bezeichners eines Namensraums die Klassen, die sich diesem befinden, direkt genutzt werden. |

class
C# ist eine rein objektorientierte Sprache. Alle Sprachkomponenten müssen innerhalb einer Klasse definiert werden. Dies wird durch das Schlüsselwort `class` mit der Wahl eines beliebigen Namens gewährleistet. Eine Klasse wird durch geschweifte Klammern begrenzt, in denen die Anweisungen der Klasse zusammengefasst werden.

Main()
Im obigen Beispiel wird der Quelltext zwischen den Klammern mit einem Unterprogramm, der Funktion `Main()`, fortgesetzt. Mit dieser Funktion beginnt der eigentliche Programmstart, da der JIT-Compiler diese als erstes ausführt. Zur Deklaration der `Main()`-Funktion werden weitere Schlüsselwörter benötigt. Durch `static` ist es möglich, die Funktion unabhängig von der Erzeugung eines Objekts aufzurufen, und das Schlüsselwort `void` signalisiert dem Compiler, dass die Funktion keinen Wert zurückliefert. Grundsätzlich kann aber eine `Main()`-Funktion auch einen Wert zurückgeben. Der Zugriffsbezeichner `public` ist fakultativ. Durch ihn ist die Funktion öffentlich, sie kann innerhalb und außerhalb der Klasse aufgerufen werden. Der in einer Funktion befindliche Quelltext wird ebenfalls in geschweifte Klammern eingeschlossen.

WriteLine()
Die Zeile `Console.WriteLine("Hallo Welt");` gibt den in Anführungsstrichen gesetzten Text und eine neue Zeile auf der Konsole aus. Zur Ausgabe wird die Operation `WriteLine` aus der vordefinierten Klasse `Console` im Namensraum `System` aufgerufen. Der Klassenname und die Funktion sind über eine Punktnotation miteinander verbunden. In C# müssen alle Anweisungen mit einem Semikolon abgeschlossen werden.

6.5 Funktionale Sprachelemente

Wie auch in den Kapiteln 2 und 4 werden zunächst die funktionalen Sprachelemente von C# eingeführt, um im Anschluss daran die objektorientierten Aspekte von C# darzustellen.

6.5.1 Zeichensatz

Unicode-Zeichensatz
Ein C#-Programm besteht aus den Zeichen des 16-Bit-Unicode-Zeichensatzes und unterstützt dadurch alle Zeichen, die in den Verkehrssprachen der Welt vorkommen.

6.5.2 Kommentare

Für die Erstellung eines guten Programms ist es nicht nur wichtig, einen möglichst effizienten, schnellen und sicheren Quelltexts zu entwickeln, er sollte aus Gründen der Wartbarkeit und Erweiterbarkeit auch verständlich und nachvollziehbar sein. In C# wird dies durch die Nutzung von Kommentaren erreicht. **Kommentare** erklären den Quelltext, spielen aber bei der Programmausführung keine Rolle, da der Compiler sie ignoriert. C# bietet drei verschiedenen Möglichkeiten, einen Kommentar in den Code einzufügen.

Quelltext

```
// Einzeilige Kommentare:
// Ein einzeiliger Kommentar beginnt hinter zwei Schräg-
// strichen (//) und behält seine Gültigkeit bis zum
// Zeilenende.

/* Mehrzeilige Kommentare:
   Sie beginnen hinter einer Schrägstrich-Sternchen-
   Kombination und können über mehrere Zeilen gehen.
   Das Ende wird durch das Setzen eines Sternchen und
   eines Schrägstrichs kenntlich gemacht. */

/// <summary>
/// Dokumentationskommentare im XML-Stil:
/// Kennzeichnend für einen Dokumentationskommentar sind
/// drei Schrägstriche, die vor jeder Zeile eingefügt
/// werden. Daneben wird der Beginn und das Ende des
/// Kommentars zusätzlich mit Dokumentationstags
/// dargestellt.
/// </summary>
```

Beispiel 6.5-1

Dokumentationskommentare können vom Compiler unter Verwendung des Befehlsarguments /doc zu einer XML-Datei zusammengefasst werden:

Dokumentationskommentar

`csc Dateiname.cs /doc:XMLDoc.XML`

Neben dem im obigen Beispiel verwendeten Tag `<summary>` stellt C# weitere Tags für Dokumentationskommentare, wie z. B. `<exception>` und `<example>`, zur Verfügung. Eine komplette Übersicht ist in der C#-Programmierreferenz zu finden.

6.5.3 Elementare Datentypen

Referenztyp und Werttyp

C# bietet (wie auch Java und C++) zwei grundsätzliche Kategorien von Datentypen. Die **Referenztypen**, z. B. Objekte, werden in einem speziellen Speicherbereich (heap) abgelegt und über eine Speicheradresse referenziert. **Werttypen** hingegen werden auf dem Speicherbereich abgelegt, der als Keller (stack) bezeichnet wird. Die Adressierung erfolgt über den Namen. Als elementare Datentypen werden die Werttypen angesehen, so dass diese zunächst hier beschrieben werden.

Elementare Datentypen

C# ist eine streng typisierte Sprache. Jeder Variablen muss ein bestimmter Datentyp zugewiesen werden, da der Compiler jede Operation einer strengen Prüfung der Typverträglichkeit unterzieht. Zur Realisierung dieses Konzepts stellt C# insgesamt dreizehn **elementare Datentypen** als Werttypen zur Verfügung. Sie schließen die Wahrheitswerte (`bool`), Zeichen (`char`), ganze Zahlen (`int`), Fließkommazahlen (`double`, `float`) und den numerischen Datentyp `decimal` ein. Integrale Werte können sowohl vorzeichenlos als auch vorzeichenbehaftet angegeben werden. Die integralen Datentypen sind im eigentlichen Sinne einfache Klassen (Strukturen), die mit einem Alias-Namen versehen wurden und darüber angesprochen werden können. Ein Überblick über die elementaren Datentypen und deren Wertebereiche ist in der Tabelle 6.5-1 aufgeführt. Darüber hinaus verweist die Tabelle auf die zugrunde liegenden .NET-Strukturen.

Tab. 6.5-1: Elementare Datentypen

Datentyp	.NET-Typ	Länge in Bytes
bool	Boolean	1
byte	Byte	1
sbyte	Sbyte	1
char	Char	2
short	Int16	2
ushort	UInt16	2
int	Int32	4
uint	UInt32	4
long	Int64	8
ulong	UInt64	8
float	Single	4
double	Double	8
decimal	Decimal	12

Wertebereich

Der Wertebereich der elementaren Datentypen ist fest vorgegeben und im Gegensatz zu C++ nicht vom Compiler oder Prozessor abhängig. Dies ermöglicht die Portabilität von C#-Programmen. Der Datentyp `bool` beschreibt ausschließlich die Werte `true` und `false`. Eine Umwandlung in ganzzahlige Werte oder umgekehrt, wie in C++ möglich, ist in C# nicht definiert. Als neuen Datentyp fügt C# den numerischen Datentyp `decimal` hinzu, der vorwiegend in der Finanzmathematik zur Währungsrechnung verwendet wird. Die Darstellung eines `decimal`-Typs erfolgt über die Punktnotation, sofern der Wert zur Übersetzungszeit festgelegt wird. Bei der Eingabe des Werts zur Laufzeit über die Tastatur wird die landestypische Notation erwartet. Analog wird mit Fließkommazahlen verfahren. Abschließend sei auf das Schlüsselwort `void` hingewiesen, das wie in Java und C++ anzeigt, dass eine Operation keinen Wert zurückliefert.

6.5.4 Bezeichner

Der Name von Variablen, Operationen, Klassen, Objekten etc. wird in C# mit einem **Bezeichner** festgelegt. Die Syntax definiert, dass ein Bezeichner nur mit einem Unicode-Buchstaben oder einem Unterstrich beginnen darf, der dann mit einer Ziffer, einem Buchstaben oder einem Unterstrich fortgesetzt werden kann. Leer- und Sonderzeichen sind nicht zugelassen. Die Länge eines Bezeichners kann ein oder mehrere Zeichen umfassen. Da zwischen Groß- und Kleinschreibung unterschieden wird, muss dies bei der Wahl der Bezeichner berücksichtigt werden.
Grundsätzlich dürfen keine Schlüsselworte als Bezeichner gewählt werden. Dieses Prinzip kann umgangen werden, indem ein @-Zeichen dem Bezeichner vorangestellt wird.

```
int class;   //class ist ein ungültiger Bezeichner
int @class;  //class ist jetzt ein gültiger Bezeichner
```
Beispiel 6.5-2

6.5.5 Schlüsselwörter

Wörter, die in C# für die Syntax reserviert sind, werden als **Schlüsselwörter** bezeichnet. In C# beginnen alle Schlüsselwörter mit Kleinbuchstaben. Eine Übersicht bietet die folgende Tabelle:

Tab. 6.5-2: *Schlüsselwörter*

abstract	event	new	struct
as	explicit	null	switch
base	extern	object	this
bool	false	operator	throw
break	finally	out	true

byte	fixed	override	try
case	float	params	typeof
catch	for	private	uint
char	foreach	protected	ulong
checked	goto	public	unchecked
class	if	readonly	unsafe
const	implicit	ref	ushort
continue	in	return	using
decimal	int	sbyte	virtual
default	interface	sealed	void
delegate	internal	short	volatile
do	is	sizeof	while
double	lock	stackalloc	
else	long	static	
enum	namespace	string	

6.5.6 Variablen

Variable = Behälter für Wert

Eine **Variable** dient dazu, einen Speicherbereich für einen Wert, der vom Programm benötigt wird, im Arbeitsspeicher zu reservieren. In diesem Bereich kann das Programm Daten wie in einen Behälter ablegen, entnehmen oder ändern.

Mittels eines gültigen Datentyps und eines Bezeichners wird eine Variable deklariert. Durch Angabe mehrerer Namen, die durch Kommata getrennt werden, können verschiedene Variablen gleichen Datentyps parallel erzeugt werden. Die Deklaration einer Variablen kann durch einen Modifikator ergänzt und muss durch ein Semikolon abgeschlossen werden.

Beispiel 6.5-3

```
char einZeichen, einBuchstabe;
int zahl, n;
double pi;
```

Im Gegensatz zu C++ existieren in C# keine globalen Variablen. Jede Variable muss innerhalb einer Klasse oder Funktion deklariert sein. Allerdings werden in C# drei Variablentypen unterschieden: lokale Variablen, Klassenvariablen und Instanzvariablen. Ihre Eigenschaften werden im weiteren Verlauf dieses Kapitels ausführlich beschrieben.

6.5.7 Zuweisung und Initialisierung

In C# muss einer Variablen vor ihrer ersten Nutzung ein Wert zugewiesen werden. Dies kann bei der Deklaration der Variablen, in einem separaten zweiten Schritt oder dynamisch über weitere Werte (z. B. durch Addition) geschehen. Die Initialisierung erfolgt mittels des Zuweisungsoperators (=).

Beispiel 6.5-4

Quelltext	Beschreibung
`int zahl;`	Deklaration der Variablen `zahl`.
`zahl = 3;`	Initialisierung der Variablen `zahl`.
`double dzahl = 6.9;`	Deklaration und Initialisierung von `dzahl`.
`char buchstabe = 'a';`	Deklaration und Initialisierung von `buchstabe`.
`int a, b=1, c=99;`	Deklaration und teilweise Initialisierung von Integer-Variablen.
`a = b + c;`	Dynamische Initialisierung.
`char x,y,z;`	Deklaration mehrerer `char`-Variablen und anschließende Initialisierung.
`x = y = z = 't';`	

Wird eine lokale Variable, also eine Variable, die nur in ihrem Anweisungsblock bekannt ist, vor ihrer ersten Nutzung nicht initialisiert, so wird dies vom Compiler als Fehler angemerkt. Nach der Initialisierung kann sie im ganzen Gültigkeitsbereich genutzt werden.

Variablen, die zu einem Objekt oder einer Klasse gehören, werden mit Standardwerten belegt, wenn sie nicht explizit initialisiert werden. Numerische Datentypen (`int`, `float` etc.) und Enumerationen erhalten den Wert `0`, Zeichen den Wert `\0`, Elemente vom Typ `bool` sind `false` und Referenzen werden gleich `null` gesetzt.

Standardwerte

In C# erfolgt die Zuweisung über feste Werte, so genannte Literale. Literale können Integer-Werte, Zeichen, Fließkommazahlen etc. sein. Im obigen Beispiel wären z. B. `6.9` ein Fließkommaliteral `a` ein Zeichenliteral und `99` ein Integerliteral. Jedes Literal besitzt einen Datentyp, der von C# festgelegt wird. Ein Integerliteral wird automatisch, in Abhängigkeit von der Größe des Werts, einem `int`, `uint`, oder `ulong` zugeordnet; ein Fließkommaliteral wird immer als `double` angesehen. Erfordert das Programm einen anderen als den durch die Literale vorgegebenen Datentyp, so muss dieser durch Anhängen eines Suffixes an das Literal, wie im nachfolgenden Beispiel dargestellt, explizit erzeugt werden. Ein Suffix kann alternativ auch in Großbuchstaben angegeben werden.

Literale

Beispiel 6.5-5

Quelltext	Beschreibung
`int a = 12;`	Wird implizit als `int`-Wert behandelt.
`long b1 = 12;`	Wird als `long`-Wert behandelt.
`long b = 12l;`	
`uint c = 12u;`	
`ulong d = 12ul;`	
`double e = 1.3;`	
`float f = 1.3f;`	
`decimal g= 1.3m;`	

6.5 Funktionale Sprachelemente

6.5.8 Konstanten

Variablen enthalten Werte, die von einem Programm manipuliert werden können. **Konstanten** hingegen sind im Verlauf des Programms unveränderlich. Die Zuweisung des Werts muss direkt bei der Deklaration erfolgen. Der Compiler erkennt Konstanten an dem vorangestellten Schlüsselwort `const`. Die allgemeine Syntax zur Deklaration und Initialisierung einer Konstanten lautet:

Konstante

```
const Datentyp BEZEICHNER = Wert;
```

Es besteht die Konvention, Bezeichner von Konstanten komplett in Großbuchstaben anzugeben, um sie direkt von anderen Variablen unterscheiden zu können.

Beispiel 6.5-6

```
const double PI = 3.14;
const int HOEHE = 5;
```

6.5.9 Backslash-Konstante

Escape-Sequenz

Zeichenliterale können außer Unicode-Zeichen spezielle, aus zwei Merkmalen bestehende Sequenzen aufnehmen. Die so genannte Escape-Sequenz wird immer einem Backslash (\) eingeleitet, woher auch die alternative Bezeichnung **Backslash-Konstante** stammt. Eine Übersicht der von C# zur Verfügung gestellten Escape-Sequenzen wird in Kapitel 9 vorgestellt.

6.5.10 Zeichenketten

Strings

Neben einzelnen Zeichen können in C# **Zeichenketten** (**Strings**) angegeben werden. Ein String ist eine unveränderbare Kette aus Unicode-Zeichen, die zwischen hochgestellten Anführungszeichen eingeschlossen wird.
Ein String ist ein Objekt der Klasse `System.String`, die von der .NET-Class-Library zur Verfügung gestellt wird. Die Klasse umfasst viele nützliche Operationen zum Bearbeiten, Vergleichen und Durchsuchen von Zeichenketten. Zur Erzeugung einer Zeichenkette wird einer Variablen unter Verwendung des Schlüsselwortes `string` eine Zeichenfolge in hochgestellten Anführungszeichen zugewiesen.

Beispiel 6.5-7

```
string text = "Dies ist eine Zeichenkette";
```

Durch einfache Addition werden zwei Zeichenketten miteinander verbunden. Darüber hinaus können in einer Zeichenkette Escape-Sequenzen verwendet werden, um z. B. die Ausgabe zu formatieren. Die Verwendung der Backslash-Konstanten wird in vielen Anwendungen durch die Nutzung des ***verbatim* String-Literals** ersetzt. Ein *verbatim* String-Literal ist durch das Voranstellen des @-Zeichens vor die Zeichenkette gekennzeichnet und signalisiert, dass alle eingegebenen Zeichen, einschließlich der Escape-Sequenzen, als normale Zeichen der Zeichenkette zu nutzen sind.

***verbatim* String-Literal**

Beispiel 6.5-8

Quelltext	Beschreibung

<pre>using System;
class Test
{ public static void Main ()
  { string text="Dies ist ein String.";
    Console.WriteLine (text);
    Console.WriteLine ();</pre>
	Ausgabe des Strings text.
	Einfügen einer Leerzeile.

<pre>   Console.WriteLine ("Hallo Welt\n"
    +"Willkommen im Buch der "
    +"objektorientierten Sprachen\n"
    +"Folgende Sprachen werden
                   vorgestellt:\n"
    +"Java\tC++\tC#\tRuby");
    …</pre>
	Ausgabe eines Strings unter Verwendung von Escape-Sequenzen und + Zeichen.

<pre>   Console.WriteLine (@"Hallo Welt
    Willkommen auf der CD-ROM der
    objektorientierten Sprachen
    Folgende Sprachen werden
                   vorgestellt:
    Java   C++   C#   Ruby");
    Console.WriteLine ();
  }
}</pre>
	Ausgabe mit einem *verbatim* String-Literal.

<pre>Ausgabe:
Dies ist ein String.
 	
Hallo Welt
Willkommen im Buch der objektorientierten Sprachen
Folgende Sprachen werden vorgestellt:
Java   C++   C#   Ruby
 	
Hallo Welt
Willkommen auf der CD-ROM der objektorientierten Sprachen
Folgende Sprachen werden vorgestellt
Java C++ C# Ruby</pre>	

6.5.11 Hexadezimale Literale

C# unterstützt die Verwendung von hexadezimalen Literalen, die im Gegensatz zum Dezimalsystem auf dem Zahlensystem zur Basis 16 beruhen. Im hexadezimalen System werden die Ziffern 0 bis 9 und die Buchstaben A bis F zur Darstellung der Zahlen 0 bis 15 genutzt. Um ein hexadezimales Literal von einem Wert im dezimalen System unterscheiden zu können, werden dem Wert die Zeichen 0x vorangestellt. In C# werden im Gegensatz zu C++ keine oktalen Zahlenwerte unterstützt.

Beispiel 6.5-9

```
int a = 0x12;        // 18 dezimal
int b = 0xD3         // 211 dezimal
```

6.5.12 Operatoren

Zu den Grundbestandteilen einer jeden Programmiersprache zählen die **Operatoren**. Sie informieren den Compiler, dass Daten verändert bzw. in einen logischen Zusammenhang zueinander gesetzt werden sollen. In C# lassen sich vier Gruppen von Operatoren unterscheiden: arithmetische, relationale, logische und bitweise Operatoren. Darüber hinaus werden neben dem Zuweisungsoperator noch weitere geeignete Operatoren für spezielle Manipulationen zur Verfügung gestellt.

Zuweisungsoperator

Das einfache Gleichheitszeichen (=) symbolisiert in C# den **Zuweisungsoperator**. Mit ihm wird dem Ausdruck der linken Seite der Wert der rechten Seite zugewiesen. Da C# eine streng typisierte Sprache ist, müssen die Datentypen kompatibel sein.

Arithmetische Operatoren

Die **arithmetischen Operatoren** dienen zur Ausführung der einfachen mathematischen Grundrechenarten Addition, Subtraktion, Multiplikation und Division. Erweitert wird dieses Konzept durch den Modulo-Operator (%). Die Division zweier Integer-Datentypen liefert nur den ganzzahligen Quotienten, der Rest der Division geht verloren. Mit dem Modulo-Operator kann dieser abgefragt werden.

Vielfach ist es notwendig, den Wert einer Variablen durch eine arithmetische Operation neu zu berechnen und der Variablen wieder zuzuweisen. Alternativ kann dies auch mit Hilfe der verkürzten Zuweisung beschrieben werden.

Beispiel 6.5-10

Ausführliche Zuweisung	Verkürzte Zuweisung
a = a - 3;	a -= 3;
b = b / 2;	b /= 2;
c = c % 3;	c %= 3;

Additions- bzw. Subtraktionsausdrücke können noch weiter verkürzt werden, wenn zur Variablen nur der Wert 1 hinzugezählt (inkrementiert) bzw. abgezogen (dekrementiert) wird. C# realisiert diese Form durch den Inkrement- (++) bzw. Dekrementoperator (--).

Ausführliche Zuweisung	Inkrement- /Dekrementoperator
m = m+1; n = n-1;	m++; n--;

Beispiel 6.5-11

Inkrement- und Dekrementoperatoren können jeweils in zwei Ausprägungen angewendet werden. Werden die Operatoren vor die Variable (**Präfix**-Inkrement bzw. -Dekrement) gesetzt, so wird der Wert der Variable zu Beginn um eins verändert, bevor er für eventuell weitere Ausführungen genutzt werden kann. Bei der **Postfixnotation** wird die Addition bzw. Subtraktion mit Eins durch Nachstellen der Operatoren erst am Ende ausgeführt.

Inkrementoperator und Dekrementoperator

Quelltext	Beschreibung	

int c, a = 0, b = 1;
 	
c = ++a + ++b;
	Präfix:	1. Inkrementieren von a.
		2. Addition a + .
		2.1. Inkrementieren von b.
		2.2. Addition a+b.
		3. Wert zuweisen.

	=>	c = 3, a = 1, b = 2

int c, a = 0, b = 1;
 	
c = a++ + b++;
	Postfix:	1. Addition a +.
		1.1. Inkrementieren von a.
		2. Addition a+b .
		2.2. Inkrementieren von b.
		3. Wert zuweisen.

	=>	c = 1, a = 0, b = 2

Beispiel 6.5-12

Zwei Variablen können durch **relationale Operatoren** miteinander verglichen werden. Das Ergebnis der Überprüfung liefert einen Wert vom Typ `bool` (`true` oder `false`) zurück. Zur Verknüpfung zweier oder mehrerer boolescher Ausdrücke werden in C# **logische Operatoren** verwendet. Sie können für die logischen Grundfunktionen AND, OR, XOR und NOT genutzt werden. C# unterstützt, wie Java, die Eigenschaften der Shortcircuit-Berechnung für die Operatoren OR und AND. Der Rückgabewert logischer Operatoren ist ebenfalls vom Typ `bool`.

Relationale Operatoren

Logische Operatoren

6.5 Funktionale Sprachelemente

Tab. 6.5-3: Logische Operatoren

Operator	Beschreibung	Beispiel/Anwendung
&&	Logisches UND (AND) Shortcircuit	`((a == 3) && (b == 4));` /* Die gesamte Bedingung ist wahr, wenn a==3 und b==4 wahr ist. Sollte a falsch sein, wird b nicht mehr überprüft. */
&	Logisches UND (AND)	`((a == 3) & (b == 4));` /* Die gesamte Bedingung ist wahr, wenn a==3 und b==4 wahr ist. b wird auch dann überprüft, wenn a falsch ist. */
||	Logisches ODER (OR) Shortcircuit	`((a == 3) || (b == 4));` /* Die gesamte Bedingung ist wahr, wenn a==3 oder b==4 wahr ist. Sollte a wahr sein, wird b nicht mehr überprüft. */
|	Logisches ODER (OR)	`((a == 3) | (b == 4));` /* Die gesamte Bedingung ist wahr, wenn a==3 oder b==4 wahr ist. b wird auch dann überprüft, wenn a wahr ist. */
^	Logisches exklusives OR (XOR)	`((a == 3) ^(b == 4))` /*Die gesamte Bedingung ist wahr, wenn entweder a ==3 oder b==4 wahr ist. */
!	Logisches NICHT (Negation)	Negation des Ausdrucks.

Bitweise Operatoren

Bisher wurden die Manipulationen der Variablen über Ausdrücke und Literale umgesetzt. Daten können aber auch dadurch verändert werden, dass auf ihre Bit-Darstellung zurückgegriffen wird. Die **bitweisen Operatoren**, die auf den einzelnen Bits der jeweiligen Ausdrücke arbeiten, bieten diese Möglichkeiten an. Die Ausdrücke dürfen dabei allerdings nur aus Integer-Datentypen bestehen.

Eine vergleichende Darstellung der arithmetischen, relationalen und bitweisen Operatoren wird in Kapitel 9 vorgestellt. Tabelle 6.5-4 weist weitere Operatoren aus, die sehr unterschiedliche Aufgaben übernehmen und im weiteren Verlauf dieses Abschnitts näher beschrieben werden.

Tab. 6.5-4: Sonstige Operatoren

Operator	Beschreibung	Beispiel/Anwendung
? :	Bedingungs-Operator	Kann eine `if-else`-Anweisung ersetzen und in Ausdrücken verwendet werden.
`sizeof`	Größenoperator	Liefert die Länge einer Variablen.

Operator	Beschreibung	Beispiel/Anwendung
`typeof`	Objektoperator	Gibt den Typ eines Objekts zurück.
`.`	Punkt-Operator	Dient für den direkten Zugriff auf Elemente von Klassen und Strukturen.
`[]`	Eckige Klammern	Kommen bei Feldern zum Einsatz.
`()`	Runde Klammern	Werden verwendet, um Ausdrücke zu gruppieren.
`new`	new-Operator	Dient der Erzeugung eines Objekts.
`type) Ausdruck`	cast-Operator	Führt eine explizite Typkonvertierung durch.
`checked`	checked-Operator	Erzwingt die Überprüfung auf einen arithmetischen Überlauf.
`unchecked`	unchecked-Operator	Unterdrückt die Überprüfung auf einen arithmetischen Überlauf.
`is`	is-Operator	Gibt `true` zurück, wenn der Typ des linken Operanden gleich dem Typ des rechten ist oder zu diesem kompatibel ist.
`as`	as-Operator	Führt eine Typkonvertierung durch, wenn der Typ des linken Operanden gleich dem Typ des rechten oder zu diesem kompatibel ist.
`&`	Adressoperator Referenzierungsoperator	`a = &b;` Liefert die Speicheradresse des Operanden.
`*`	Zeigeroperator Dereferenzierungs-operator	`c = *a;` Liefert den Wert, der sich unter der Adresse a befindet.
`->`	Pfeiloperator	Dient dem Zugriff auf Zeiger von Elementen aus Strukturen.

Bei der Anwendung der verschiedenen Operatoren muss berücksichtigt werden, dass sie unterschiedliche Prioritäten besitzen, die eine Ausführungsreihenfolge bestimmen. Die nachfolgende Tabelle zeigt die hierarchische Ordnung der Operatoren, wobei die Priorität von oben nach unten abnimmt.

Tab. 6.5-5: Hierarchie der Operatoren

Operator	Verknüpfung
`() [] -> . ++(postfix) --(postfix) new`	Von links nach rechts
`typeof checked unchecked sizeof`	Von rechts nach links
`! - ~ ++(praefix) --(praefix)(type) * &`	Von rechts nach links
`* / %`	Von links nach rechts
`+ -`	Von links nach rechts

6.5 Funktionale Sprachelemente

Operator	Verknüpfung
`<<  >>`	Von links nach rechts
`<  <=  >  >=  is  as`	Von links nach rechts
`==  !=`	Von links nach rechts
`&`	Von links nach rechts
`^`	Von links nach rechts
`|`	Von links nach rechts
`&&`	Von links nach rechts
`||`	Von links nach rechts
`? :`	Von rechts nach links
`=  +=  -=  *=  /=  %=  &=  |=  ^=  <<=  >>=`	Von rechts nach links

In C# ist es möglich Operatoren zusätzliche oder variierte Funktionsweisen zuzuweisen, die sich von den hier dargestellten Anwendungen unterscheiden. Diese Variation wird durch das Konzept des Überladens von Operatoren ermöglicht, welches im Abschnitt 6.10 erläutert wird.

6.5.13 Typkonvertierung

Implizite Konvertierung

Aufgrund der strengen Typisierung von C# müssen die Datentypen in Anweisungen kompatibel zueinander sein. Durch die Typkonvertierung kann die Umwandlung eines Datentyps in einen anderen erreicht werden. Die **implizite Konvertierung** beschreibt eine automatische, verlustfreie Typumwandlung, die dadurch garantiert werden kann, dass kleinere Datentypen in größere und ganzzahlige Typen in Fließkommazahlen umgewandelt werden dürfen. Die Umkehrung dieser Regeln würde zu einer Fehlermeldung des Compilers führen. Innerhalb eines Ausdrucks können verschiedene kompatible Datentypen miteinander vermischt werden. Die Daten werden in der Regel in den größten Datentyp umgewandelt, soweit die implizite Änderung zugelassen ist.

Konvertierungsoperation

Eine Erweiterung der impliziten Konvertierung kann durch den Einsatz der **Konvertierungsoperationen** aus `System.Convert` für geeignete Datentypen erreicht werden. Diese Konvertierung setzt voraus, dass der Wertebereich des Typs, in den konvertiert werden soll, kleiner oder gleich groß zum Wertebereich der Zielvariablen ist. Im Gegensatz zur impliziten Konvertierung können somit Fließkommatypen in Ganzzahltypen gewandelt werden, wobei die Nachkommastellen allerdings verloren gehen. Neben der Umwandlung von elementaren Datentypen ist in `System.Convert` auch die Operation `ToString()` zu finden, mit der Basistypen als Zeichenketten dargestellt werden können.

Tab. 6.5-6: *wichtige Konvertierungsfunktionen*

Operation	Konvertierung in
Variable.ToString() Convert.ToString (Typ)	string
Convert.ToBoolean (Typ)	boolean
Convert.ToChar (Typ)	char
Convert.ToInt16 (Typ)	short
Convert.ToInt32 (Typ)	int
Convert.ToInt64 (Typ)	long
Convert.ToDouble (Typ)	double

Beispiel 6.5-13

Quelltext	Beschreibung

`int k;`
 `double d = 4.5;`
 `byte b = 102;`
 `string st;`
 	
 `k = Convert.ToInt32(b);`
 `k = Convert.ToInt32(d);`
 	
 `st = k.ToString();`
 `st = Convert.ToString(d);`
	Typkonvertierung von byte in int.
	 Typkonvertierung von double in int führt zu Datenverlust (k= 4).
	 Konvertierung von Zahlen in einen String.

Die implizite Typkonvertierung ist nur sehr eingeschränkt anwendbar. Ein erweiterter Einsatz wird in C# durch den cast-Operator ermöglicht. Der Operator kann mit zwei kompatiblen Datentypen benutzt werden und erzwingt explizit die Umwandlung in den in Klammern angegebenen Datentyp, unabhängig davon, ob es zu Informationsverlusten kommt oder nicht. Ein weiteres Vorgehen zur Umwandlung eines Datentyps wird noch im Zusammenhang des Überladens von Operatoren vorgestellt.

Explizite Konvertierung

`(Typ) Wert`

cast-Operator

Quelltext	Beschreibung

`int k = 299;`
 `double d = 4.5;`
 `byte b;`
 `b = (byte) k;`
 `k = (int) d;`
 `int a = 20;`
 `Console.WriteLine`
 `    ((float) a/6);`
	Explizite Typkonvertierung von int in byte führt zu Datenverlust (b = 43).
	 Explizite Typkonvertierung von double in int führt zu Datenverlust (k = 4).
	 Explizite Typkonvertierung in float.

Beispiel 6.5-14

6.5 Funktionale Sprachelemente

6.5.14 Einfache Ein- und Ausgabe

Write()
WriteLine()
Read()
ReadLine()

Die **Ein- und Ausgabe** einfacher Datentypen und Zeichenketten über die Tastatur und den Monitor wird in C# über vier elementare Befehle der Klasse `Console` durchgeführt. Die Operationen `Write()` und `WriteLine()` geben einen Text auf dem Monitor aus und unterscheiden sich dadurch, dass `WriteLine()` zusätzlich einen Zeilenwechsel durchführt. Mit `Read()` und `ReadLine()` können Zeichen von der Tastatur gelesen werden, wobei `Read()` ein einzelnes Zeichen liest. Da die interne Darstellung als `int` erfolgt, muss das Zeichen zur weiteren Verwendung in den Typ `char` umgewandelt werden. Die mit `ReadLine()` zeilenweise eingelesenen Daten werden als Zeichenkette betrachtet und müssen zur Weiterverarbeitung mit den Konvertierungsoperationen aus Abschnitt 6.5.13 in den entsprechenden Datentyp umgewandelt werden. Alternativ kann die Operation `Parse()` aus der dem Datentyp entsprechenden Struktur aufgerufen werden.

Beispiel 6.5-15

Quelltext	Beschreibung
`Console.Write("Bitte ganze Zahl eingeben: ");`	Einlesen einer ganzen Zahl.
`str = Console.ReadLine();` `i = Convert.ToInt32 ( str );`	Einzelner Aufruf von `ReadLine()` und `ToInt32()`.
`j = Int32.Parse (str);`	Aufruf der Operation `Parse()` für `Int32`.
`Console.Write("Bitte Fließkommazahl eingeben: ");`	Einlesen eines Wertes vom Typ `Double`.
`d = Convert.ToDouble (Console.ReadLine ());`	Schachtelung von `ReadLine()` und `ToDouble(.)`
`Console.Write("Bitte einen Namen eingeben: ");` `str = Console.ReadLine();`	Einlesen eines Strings.
`Console.Write("Bitte ein Zeichen eingeben: ");` `c = (char) Console.Read();`	Einlesen eines Zeichens.
`Console.Write (c + "\n");` `Console.WriteLine(c);`	Ausgabe `Write()` versus `WriteLine()`.

Platzhalter

Neben der Verwendung des Konkatenationsoperators (+) zum Einfügen von Daten in die Ausgabe, kann ein **Platzhalter** für die Variable in Form einer Ziffer, die in geschweifte Klammern eingeschlossen wird, angegeben werden. Der Variablenname muss durch Kommata getrennt an den Ausgabestring angehängt werden. In einem Ausdruck können mehrere Platzhalter für verschiedene Variablen vorhanden sein. Sie werden durch Kommata getrennt. Der Wert im Platzhalter richtet sich nach den angegebenen Variablen und deren Reihenfolge.

Beispiel 6.5-16

Quelltext
| ```
string name = "Lindemann";   string vorname = "Erwin";
int alter = 76;              float groesse = 1.85f;

Console.WriteLine ("Mein Name ist {0} {1}. Ich bin {2}
Jahre alt und {3} groß", vorname, name, alter, groesse);
``` |

Formatspezifizierer

Platzhalter bieten den Vorteil, dass durch sie landesspezifische Merkmale in die Ausgabe übernommen werden können. Zudem kann durch die Spezifizierung der Platzhalter eine Formatierung der Ausgabe vorgenommen werden. Die in Tabelle 6.5-7 aufgeführten Kennzeichnungen werden mit einem Doppelpunkt hinter die Zahl in der Klammer eingetragen.

Tab. 6.5-7: Formatspezifizierer

Spezifizierer	Beschreibung
C	Währungsangabe, inklusive Währungseinheit.
D	Dezimalzahl: kann durch die Angabe der Nachkommastellen ergänzt werden (z. B. D3 => 3 Nachkommastellen).
F	Gleitkommazahl: kann durch die Angabe der Nachkommastellen ergänzt werden (z. B. F2 => 2 Nachkommastellen).
E	Gleitkommazahl in Exponentialschreibweise.
G	Wählt die kürzeste Zahlendarstellung aus.
N	Gleitkommazahl, die zusätzlich die Tausenderstellen markiert.
X, x	Hexadezimalzahl: ermöglicht die Angabe der Gesamtstellen.
0	Platzhalter für eine Stelle in einer Zahl. Fehlt die Zahl, wird an ihre Position eine Null gesetzt.
#	Platzhalter für eine optional verwendbare Ziffer. Legt die Maximalanzahl der Nachkommastellen fest.
.	Trennt Vor- und Nachkommastellen.
,	Dient in den Vorkommastellen zur Angabe der Tausendertrennpunkte.

Beispiel 6.5-17

Quelltext	Beschreibung
| ```
double d = 25367.54;
Console.WriteLine("{0:C}",d);

Console.WriteLine("{0:E}",d);

Console.WriteLine("{0:F4}",d);

Console.WriteLine
     ("{0:#,#.00#}",d);
``` | Währung<br>    25367,54 €<br>Exponentialdarstellung<br>    2,536754E+004<br>Dezimalzahl mit vier Stellen<br>    25367,5400<br>Zahl mit max. drei, aber mind. zwei Nachkommastellen und Kennzeichnung der Tausenderstellen.    25.367,54 |

6.5.15 Kontrollfluss

Variablen und Operatoren werden in einem Programm zu einem Ausdruck zusammengesetzt, der den Computer veranlasst, bestimmte Aufgaben auszuführen. Ausdrücke sind die kleinste Einheit, um ein Programm zu steuern. Sie werden mit einem Semikolon abgeschlossen. Sofern keine weiteren Kontrollstrukturen vorgegeben sind, werden sie von oben nach unten abgearbeitet.

Anweisungsblock

Mehrere Anweisungen können in C# zu einem **Anweisungsblock** zusammengefasst und in geschweifte Klammern eingeschlossen werden. Blockstrukturen sind ineinander verschachtelbar. Die in einem Block deklarierten Variablen werden als lokale Variablen bezeichnet, da sich ihr Geltungsbereich nur auf den Anweisungsblock erstreckt. Außerhalb des Blocks sind sie unbekannt.

```
class Test
{ public static void Main ()
  { Anweisung1;
    { Anweisung1.1; ... }
    Anweisung2; ...
  }
}
```

Selektionsanweisung

Steht die Ausführung einer Anweisung oder eines Anweisungsblocks in Abhängigkeit zu einer oder mehreren Bedingungen, so handelt es sich um eine **Selektionsanweisung**. Durch die Anweisungen if und switch wird in C# dieses Anweisungsprinzip umgesetzt.

Geht einem Ausdruck oder Block eine if-**Anweisung** voraus, so wird er nur ausgeführt, wenn die aufgeführten Bedingungen wahr sind, ansonsten wird er übersprungen. Zur Überprüfung von Bedingungen dürfen in C# ausschließlich Ausdrücke verwendet werden, die einen booleschen Wert zurückliefern.

if-Anweisung

```
if (Bedingung)    Anweisung;
if (Bedingung)  { Anweisungen;  }
```

Der if-Ausdruck kann fakultativ um eine else-Anweisung ergänzt werden, die ausgeführt wird, wenn die Bedingung des if-Blocks als falsch ausgewertet wird.

Beispiel 6.5-18

Quelltext	Beschreibung
| ```
int x;
Random r = new Random();
int zufall = r.Next(0,100);

Console.WriteLine("Bitte Zahl
  zwischen 0 und 100 raten: ");
x = Convert.ToInt32
        (Console.ReadLine());
if (x != zufall)
  Console.WriteLine
    ("Leider falsch geraten!");
else
  Console.WriteLine
            ("Richtig!");
``` | Erzeugen eines Zufallszahlengenerators.<br>Erzeugen einer Zufallszahl zwischen 0 und 100.<br><br><br><br><br>Bedingung überprüft, ob die Zufallszahl mit der eingegebenen Zahl übereinstimmt. |

Die bedingten Anweisungen if und else können verschachtelt werden, wobei auf die richtige Zuordnung des else-Zweigs zu achten ist. Innerhalb eines Blocks bezieht sich ein else auf das letzte if, welchem noch kein else zugeordnet ist. In C# kann eine einfache if-else-Anweisung durch den **Bedingungsoperator** (? :) ersetzt werden.

Bedingungsoperator

Bedingung ? Anweisung_1 : Anweisung_2;

Die erste Anweisung nach dem Fragezeichen wird dann ausgeführt, wenn die Bedingung den Wert true zurückgibt. Ist die Bedingung nicht wahr, so wird die zweite Anweisung abgearbeitet. Der ?-Operator kann in C# nicht autonom genutzt werden. Er muss im Zusammenhang mit einer Zuweisung, einem Aufruf, einer Zu- bzw. Abnahme oder einem neuen Ausdruck verwendet werden.

Beispiel 6.5-19

Bedingungsoperator
| ```
str = (x % 2) == 0 ? "x ist gerade" : "x ist ungerade";
Console.WriteLine(str);
``` |
| **if-Anweisung** |
| ```
if ((x %2) == 0)
  Console.WriteLine ("x ist gerade");
else
  Console.WriteLine ("x ist ungerade");
``` |

Geschachtelte if-Anweisungen können in vielen Fällen durch die leichter lesbaren switch-**Anweisungen** ersetzt werden. Diese Selektionsanweisung kann alternativ zum if angewendet werden, wenn ein Wert mit einer vorgegebenen Liste verglichen wird und bei Übereinstimmung eine Aktion folgen soll. Neben byte-, char-, short- und int-Werten können einer

switch-Anweisung
```

switch-Anweisung in C# Zeichenketten und Daten eines Aufzählungstyps (Enumeration) übergeben werden. Anhand des Ausdrucks wird dann in einer Liste von case-Werten der entsprechende herausgefiltert und die dazugehörigen Anweisungen ausgeführt. Passt kein Argument zum Wert des Ausdrucks, so werden die Anweisungen des default-Zweigs ausgeführt. Das Setzen eines default-Befehls ist optional. Sollte er fehlen, so wird die switch- Anweisung bei Nicht-Übereinstimmung direkt verlassen.

```
switch (Ausdruck)
{ case Konstante_1: Anweisung_1; break;
  case Konstante_2: Anweisung_2; break;
  case Konstante_3: Anweisung_3_1; Anweisung_3_2; break;
  ...
  default: Anweisung; break;  }
```

In einem switch-Block muss jede Abfolge von Anweisungen innerhalb eines case oder default mit einer break-Anweisung abgeschlossen werden. In C# ist es nicht erlaubt, von einem Fall einfach in den nächsten Fall zu gelangen („not-fall-through-Regel"), es sei denn, der case-Zweig besitzt keine Anweisungen. Die Verschachtelung von switch-Anweisungen ist erlaubt.

Beispiel 6.5-20

Quelltext
```
string str;
Console.WriteLine ("Wählen Sie einen Monat:");
str = Console.ReadLine();

switch (str)
{case "Januar":        case "März":        case "Mai":
 case "Juli":          case "August":      case "Oktober":
 case "Dezember": Console.WriteLine
                          ("Der Monat hat 31 Tage.");break;

 case "April":         case "Juni":    case "September":
 case "November": Console.WriteLine
                          ("Der Monat hat 30 Tage.");break;

 case "Februar":       Console.WriteLine
                          ("Der Monat hat 28 Tage.");break;

 default: Console.WriteLine ("Falsche Eingabe!");break;
}
```

Iterationsanweisung

Durch die **Iterationsanweisungen** ist eine weitere Möglichkeit gegeben, den Programmfluss zu steuern. Iterationsanweisungen, auch **Schleifen** genannt, führen eine Anweisungsfolge so lange aus, wie eine zugehörige Bedingung den Wert `true` liefert.

C# besitzt vier Arten von Iterationsanweisungen, die durch die Art und den Zeitpunkt der Bedingungsdefinition variieren. In diesem Abschnitt werden zunächst die Schleifen `for`, `while` und `do-while` vorgestellt. Diese drei Anweisungen können durch einfache Umformungen leicht ineinander überführt werden. Die in C# neu hinzugefügte `foreach`-Schleife wird im Abschnitt 6.6 ausführlich beschrieben.

Die Syntax einer `for`-**Schleife** ist durch die Initialisierung einer Schleifenkontrollvariablen, der Angabe der Bedingung und der Anweisung für die Kontrollvariable gekennzeichnet. Bei einer `for`-Schleife wird die Bedingung zu Beginn überprüft, nachdem zuvor die Schleifenkontrollvariable initialisiert, und evtl. auch deklariert wurde. Sollte die Bedingung wahr sein, so wird die nachfolgende Anweisung oder der Anweisungsblock ausgeführt, an dessen Ende die Zählvariable entsprechend der Anweisung verändert wird. Solange die Bedingung nicht `false` zurückliefert, wird dieser Ablauf fortgeführt. Nach Rückgabe des Wertes `false` durch die Bedingung fährt das Programm mit der ersten Anweisung fort, die unmittelbar auf den `for`-Block folgt.

for-Schleife

Quelltext	Beschreibung

`for (int i = 1; i <= 10; i++)`
`   Console.Write ("{0} ", i*13);`
`Console.WriteLine();`
	Ausgabe: Vielfache von 13 bis einschließlich 130.

Beispiel 6.5-21

Initialisierung, Bedingung und Anweisung dürfen in einer `for`-Anweisung teilweise oder auch vollständig fehlen. Ist keine Bedingung angegeben, so wird der Wert `true` angenommen. Ferner können, durch Kommata getrennt, mehrere Variablen und Anweisungen definiert werden.

Quelltext	Beschreibung

`for (; faktor != 0;)`
`{produkt *= faktor;`
` Console.WriteLine`
`         ("Bitte Zahl eingeben: ");`
` Console.WriteLine`
`         (" \"Zum Beenden => 0\"");`
` faktor = Convert.ToInt32`
`         (Console.ReadLine());`
`}`
	Eine Schleife multipliziert die eingegebenen Zahlen miteinander.
	
	Das Programm kann durch Eingabe der Zahl Null unterbrochen werden.

Beispiel 6.5-22

Sehr ähnlich zur `for`- arbeitet die `while`-**Schleife**. In einer `while`-Schleife ist eine Bedingung definiert, die entscheidet, ob die Anweisung oder der Anweisungsblock abgearbeitet wird. Solange die Bedingung wahr ist, gilt

while-Schleife

das Prinzip der Wiederholung. Im Gegensatz zur `for`-Schleife entfallen die Variableninitialisierung und die entsprechende Änderungsanweisung.

Beispiel 6.5-23

Quelltext	Beschreibung

`int i = 1;`
`while (i <= 10)`
`{Console.Write("{0} ", i*17);`
`  i++;    }`
	Ausgabe: Vielfache von 17 bis einschließlich 170.

do-while-Schleife

Die `for`- und die `while`-Schleife überprüfen die Bedingung immer vor der Ausführung des entsprechenden Programmcodes. Dies kann dazu führen, dass ein Anweisungsblock gar nicht betreten wird, weil die Bedingung falsch ist. Im Gegensatz dazu überprüft die `do-while`-**Schleife** die Bedingung erst am Ende des Anweisungsblocks, so dass ihre Anweisungen mindestens einmal ausgeführt werden. Daher eignet sie sich besonders zur Erfassung von Benutzerabfragen.

Beispiel 6.5-24

Quelltext	Beschreibung

`...`
`do`
`{Console.Write ("Bitte Zahl zwischen`
`             0 und 100 eingeben: ");`
`  wahl = Convert.ToInt32`
`             (Console.ReadLine());`
`  if (wahl < zufall)`
`    Console.WriteLine`
`             ("{0} ist zu klein!", wahl);`
`  if (wahl > zufall)`
`    Console.WriteLine`
`             ("{0} ist zu gross!", wahl);`
`  count++;`
`}while (wahl != zufall);`
	Das Ratespiel aus Beispiel 6.5.18 wird so erweitert, dass der Benutzer so lange eine Zahl eingeben kann, bis er die richtige Zahl erraten hat.
	In count werden die Rateversuche gezählt.

Sprunganweisung

C# bietet mit den Sprunganweisungen `break`, `continue`, `goto` und `return` Anweisungen, mit denen ein Programm vom gerade bearbeiteten Befehl in eine andere Programmzeile umgelenkt werden kann. Im Gegensatz zu Iterations- und Selektionsanweisungen ist hierzu keine Bedingungsprüfung erforderlich. Die `return`-Anweisung dient dem Verlassen von Funktionen, welche im Abschnitt Klassen und Objekte ausführlich behandelt werden.

break

Die `break`-**Anweisung** findet ihre Anwendung in den Iterations- und `switch`-Anweisungen. In beiden Fällen wird der entsprechende Anweisungsblock direkt verlassen und mit der Programmzeile fortgesetzt, die sich unmittelbar an den Schleifen- bzw. `switch`-Block anschließt.

continue

Das `continue`-**Kommando** wird ebenfalls im Zusammenhang mit den Iterationsanweisungen verwendet. Während ein `break` die Schleife endgültig verlässt, unterbricht `continue` nur den aktuellen Schleifendurchlauf und überspringt die unmittelbar nachfolgenden Anweisungen, um dann mit dem nächsten Iterationsschritt fortzufahren.

Um innerhalb einer Funktion ohne Bedingungsprüfung von einer Programmzeile in eine andere wechseln zu können, wird die Sprunganweisung `goto` verwendet. Für eine `goto`-**Anweisung** muss ein Label gesetzt werden, welches durch einen gültigen Bezeichner und einen Doppelpunkt definiert ist. Wird im Programmablauf dann die `goto`-Anweisung mit dem Bezeichner vorgefunden, so springt das Programm zu dem Label und setzt von da ab seine Ausführung fort. Der `goto`-Befehl und das Label müssen sich innerhalb derselben Funktion befinden.

goto

Quelltext	Beschreibung

`int i = 1;`
`int summe = 0;`
`back:`
`  summe += i;`
`  i++;`
`if (i <=10) goto back;`
	Es werden die Zahlen von 1 bis 10 aufsummiert.
	Definition des Labels `back`.
	
	Programm springt zum Label zurück.

Beispiel 6.5-25

6.5.16. Enumeration

Eine **Enumeration** beschreibt eine Aufzählung von Begriffen, die vom Compiler durch einen ganzzahligen Datentyp als Werttyp ersetzt werden. Eine Enumeration wird durch das Schlüsselwort `enum` außerhalb einer Operation erzeugt.

enum

```
[Attribute] [Modifier] enum Name [:Datentyp]
{ Aufzählungsliste };
```

Die Angabe des Datentyps ist fakultativ. Den Enumerationseinträgen wird standardmäßig ein Integer-Wert zugeordnet, wenn die explizite Angabe fehlt. Jeder andere ganzzahlige Datentyp, außer `char`, muss explizit hinter dem Namen ausgewählt werden.

Die Elemente einer Enumeration können über ihren Namen, der dem Bezeichner der Aufzählung über eine Punktnotation folgt, angesprochen werden. Zur Darstellung des internen Wertes ist die entsprechende Typkonvertierung vorzunehmen. Die numerische Zuordnung der Enumeration beginnt bei 0 und erhöht sich in Abhängigkeit der Reihenfolge um eins. Der Wert eines jeden Aufzählungselements kann durch Zuweisung während der Deklaration variiert werden, wodurch sich aber auch die nachfolgenden Werte entsprechend verändern.

Beispiel 6.5-26

Quelltext	Beschreibung

```enum koerper {Kopf,Rumpf=10,Arm,Bein=20};```
 ```public static void Main()```
 ```{Console.WriteLine("{0} entspricht {1}",```
 ```   koerper.Kopf, (int) koerper.Kopf);```
 ```Console.WriteLine("{0} entspricht {1}",```
 ```   koerper.Rumpf, (int) koerper.Rumpf);```
 ```… }```
	Erzeugen einer Enumeration. Den Elementen werden verschiedene Werte zugewiesen.

6.5.17 Präprozessoranweisungen

Bedingte Kompilierung

In Anlehnung an C++ können in C# ebenfalls **Präprozessoranweisungen** verwendet werden. Der Präprozessor ist in C# kein separates Programm mehr, welches der eigentlichen Kompilierung vorgelagert ist, sondern er ist in den Compiler integriert. Durch den Präprozessor wird das Programm nach den entsprechenden Anweisungen, welche durch eine Raute (#) gekennzeichnet sind, durchsucht. Je nach Befehl wird das gekennzeichnete Fragment von der Kompilierung ein- bzw. ausgeschlossen. Dieser Mechanismus wird auch als bedingte Kompilierung bezeichnet.

Tab. 6.5-8: Präprozessoranweisungen

Syntax	Beschreibung
`#define Symbol`	`#define` dient zur Definition eines Symbols. Die Anweisung muss als Erste in den Code eingefügt werden (auch vor `using`). Mit `#define` kann kein Makro definiert werden.

`#if Symbol`
 `   Anweisungen`
 `#endif`
	`#if` testet, ob `Symbol` definiert wurde. Ergibt die Überprüfung `true`, werden die nachfolgenden Anweisungen kompiliert, ansonsten übersprungen. `#endif` kennzeichnet das Ende des `#if`-Blocks.

`#if Symbol`
 `   Anweisungen`
 `#else`
 `   Anweisungen`
 `#endif`
	Mit `#else` können Anweisungen definiert werden, welche nur dann ausgeführt werden, wenn die `if`-Prüfung `false` liefert.

`#if Symbol1`
 `   Anweisungen`
 `#elif Symbol2`
 `   Anweisungen`
 `…`
 `#endif`
	Die Verkettung in Anweisungen zur bedingten Kompilierung kann durch `#elif` im Zusammenhang mit `#if` realisiert werden.

`#undef Symbol`	`#undef` hebt die Definition von `Symbol` auf.
`#error Text`	`#error` stoppt die Kompilierung und gibt die in `Text` angegebene Meldung aus.

Syntax	Beschreibung
#warning *Text*	#warning gibt die in *Text* angegebene Meldung aus, ohne die Kompilierung zu unterbrechen.
#line *Nummer Datei*	#line stellt der Datei eine Zeilennummer und einen Dateinamen zur Verfügung. Diese werden zur Ausgabe von Fehler- und Warnmeldungen während der Kompilierung verwendet.
#region *Codefragment* # endregion	Zwischen #region und #endregion kann Quelltext eingeschlossen werden, der dann in der Entwicklungsumgebung Visual Studio .NET ein- bzw. ausgeblendet werden kann.

Präprozessoranweisungen sind höchstens eine Zeile lang. Sie brauchen nicht mit einem Semikolon abgeschlossen zu werden. Text oder Symbole können direkt hinter der Anweisung eingegeben werden, sie dürfen jedoch nicht als Zeichenkette gekennzeichnet werden.

Quelltext — **Beispiel 6.5-27**
```
# define Max
using System;
class Test
{public static void Main ()
 { #if Max
      Console.WriteLine ("Max ist definiert.");
   #else
      #warning Wert ist nicht definiert!
   # endif
 }
}
```

6.5.18 Zeiger

Ein **Zeiger** (**Pointer**) ist eine Variable, die die Speicheradresse einer anderen Variablen entgegennimmt. Über den Zeiger können Manipulationen an der Speicheradresse oder an dem Wert, den die Speicheradresse beinhaltet, vorgenommen werden. Zur Deklaration eines Zeigers wird der Dereferenzierungsoperator (*) an den Datentyp angefügt. — **Pointer**

Datentyp* Pointername; — **Zeiger**

Im Gegensatz zu C++, wo der Dereferenzierungsoperator für jeden Pointer separat angegeben werden muss, gilt die Zeigerdeklaration in C# für die gesamte Zeile.

Beispiel 6.5-28

```
int *x,y; // C#: Integer-Zeiger x und Integer-Zeiger y
int *x,y; // C++:Integer-Zeiger x und Integer-Variable y
```

Der Zeigertyp muss mit dem Datentyp der Variablen, dessen Adresse gespeichert werden soll, übereinstimmen. Ein Zeiger darf in C# nur auf elementare Datentypen und Strukturen angewendet werden. Sie können zwar nicht auf von der Common Language Runtime (CLR) verwaltete Objekte zeigen, wohl aber auf deren Elemente, wenn diese Basistypen sind. Über den Adressoperator & wird dem Zeiger eine Adresse einer Variablen zugewiesen. Durch die Referenzierung zeigt der Pointer auf die Variable.

Adressoperator

Pointername = & Variablenname;

Der direkte Zugriff auf den Wert, der in der Speicheradresse abgelegt ist, und dessen Änderung kann über den Zeigeroperator (*) erfolgen. Es gilt zu beachten, dass arithmetische Operationen, die an einem Zeiger ausgeführt werden, nicht den Wert, sondern die Speicheradresse in Abhängigkeit von der Datentypgröße verändern. Zeigt ein Pointer auf eine Struktur, so erfolgt der Aufruf eines Strukturelements über den Pfeiloperator (->) anstelle des Punktoperators.

Zeiger gelten als unsicherer Programmtext

Obwohl in C# Zeiger, wie sie in C und C++ bekannt sind, als redundant betrachtet werden, werden sie weiterhin unterstützt. Sie gelten allerdings als unsicherer Code, da sie nicht von der CLR verwaltet werden. Der nicht verwaltete Quelltext muss durch das Schlüsselwort unsafe gekennzeichnet werden.

In C# werden verwaltete Objekte automatisch vom Garbage Collector entfernt, wenn keine Verweise mehr für das Objekt zu finden sind. Da Zeiger nicht unter der Kontrolle der CLR laufen, würde das Entfernen des Objekts, auf dessen Elementen noch ein Zeiger steht, dazu führen, dass der Zeiger auf ein falsches Objekt zeigt. Durch die Nutzung des Modifikators fixed wird das Objekt für die Zeit der Ausführung des anschließenden Blocks an der gleichen Adresse fixiert, da es vom Garbage Collector nicht erfasst werden kann.

fixed

```
fixed (Datentyp *Pointername = & Objektelement)
{    Anweisungen         }
```

Beispiel 6.5-29

Quelltext	Beschreibung

`class Buchstabe`
`{ public char x;`
`  public Buchstabe(){x = '-';}  }`
	Definition einer Klasse (vgl. Kap. 6.7).

Quelltext	Beschreibung
| ```
class Test
{unsafe public static void Main()
 { int *zeiger;
   int y = 15;
   zeiger = &y;
   Console.WriteLine(*zeiger);

   zeiger++;
   Console.WriteLine(*zeiger);

   Buchstabe bst= new Buchstabe();
   fixed (char* pointer = &bst.x)
   {Console.WriteLine
    ("Vor der Zuweisung "
           +*pointer);
    *pointer = 'a';
    Console.WriteLine
    ("Nach der Zuweisung "
    + bst.x +" (Objektvariable)");}
 }
}
``` | Operation als unsafe kennzeichnen.<br>int-Zeiger deklarieren.<br>zeiger wird die Adresse von y zugewiesen.<br>Zugriff auf den Wert über den Zeiger.<br>Zeigerinkrementierung<br><br>Erzeugung eines Objekts Buchstabe.<br>Die Adresse der Objektvariablen x wird dem Zeiger pointer unter Verwendung von fixed zugewiesen, damit das Objekt nicht vom Garbage Collector erfasst wird. |

6.6 Felder

Bisher konnten Variablen und ihre Werte nur als singuläre Ausdrücke in einem Programm behandelt werden. Vielfach ist es jedoch erstrebenswert, Variablen, die im gleichen Kontext genutzt werden und in Beziehung zueinander stehen, zu gruppieren. Durch den Einsatz von Feldern kann dieser Anspruch umgesetzt werden. In einem **Feld (Array)** können Variablen, die den gleichen Datentyp besitzen, zusammengefasst werden. C# implementiert ein Feld als Objekt (vgl. Kap. 6.7). Es werden eindimensionale, mehrdimensionale und irreguläre Felder unterschieden.

Array

```
Datatyp[] Name;
Name = new Datentyp [Größe];
```

Eindimensionales Feld

Die Deklaration kann alternativ auch in einem Schritt erfolgen. Der Datentyp legt den Typ der Variablen fest, die in dem Feld verwaltet werden sollen. Durch die einfachen eckigen Klammern hinter dem Datentyp wird dem Compiler angezeigt, dass es sich um ein eindimensionales Feld handelt. In C# ist es zwingend, die eckigen Klammern direkt hinter den Datentyp zu setzen. Durch den new-Operator wird ein neues Objekt erzeugt und Speicher reserviert. Der benötigte Speicherplatz richtet sich nach der Anzahl der Feldelemente, die durch Größe angegeben wird. Bei der Deklaration werden
```

den Elementen eines Feldes automatisch die Standardwerte für den vorgegebenen Datentyp zugewiesen.

Die Elemente eines Feldes können über ihre Position und über den Index, welcher dem Feldnamen in eckigen Klammern folgt, angesprochen werden. Ein Feld, welches n Elemente umfasst, beginnt immer mit der Position 0 und endet mit dem Index n-1. Die Größe eines Feldes kann durch die Eigenschaft Length, welche durch die Klasse System.Array definiert ist, ermittelt werden. Die festgelegte Feldgröße ist im weiteren Programmverlauf nicht mehr veränderbar. Darüber hinaus kontrolliert C#, dass die Bereichsgrenzen eingehalten werden. Jeder Versuch auf einen Bereich außerhalb der Arraygrenzen zuzugreifen, führt zu einem Laufzeitfehler.

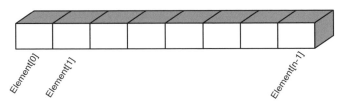

Abb. 6.6-1: *Eindimensionales Feld*

Den Elementen eines Feldes können über den Indexzugriff Werte zugewiesen werden. Ferner kann ein Feld direkt bei der Deklaration initialisiert werden. Die nachfolgende Syntax beschreibt die zwei möglichen Alternativen für eine direkte Deklaration, wobei auf die Größenangabe verzichtet werden kann, da der Compiler sie aus der Anzahl der angegebenen Werte ermittelt.

Array-Initialisierung eindimensional

```
Typ [] Name = new Typ [] {Wert_1, Wert_2, …, Wert_n};
Typ [] Name = {Wert_1, Wert_2, …, Wert_n};
```

Beispiel 6.6-1

Quelltext	Beschreibung
`int[] feld1 = new int [10];`	Deklaration eines int-Arrays der Größe 10.
`char[] feld2 = {'R','o','s','e','n'};`	Deklaration und Initialisierung eines char-Arrays.
`for(int i = 0; i < 10; i++)` `  feld1[i] = (i+1)*3;`	Initialisierung von feld1. Den Arrayelementen werden Vielfache von 3 zugewiesen. Der Zugriff erfolgt über eine Schleife.

`for(int i=0;i<feld1.Length;i++)`
`  Console.Write("{0}",feld1[i]);`
…
	Ausgabe von feld1: Die Schleifenbedingung wird über die Eigenschaft Length überprüft.

`feld2[1] = 'a';` `feld2[4] = 'r';`	Elementen von feld2 werden neue Werte zugewiesen.

Ein mehrdimensionales Feld setzt sich aus zwei oder mehr Dimensionen zusammen. Eine Dimension in diesem Feld besitzt immer die gleiche Anzahl an Elementen, weshalb auch von einem rechteckigen Feld gesprochen wird. Die Betrachtung eines zweidimensionalen Feldes verdeutlicht den Begriff, da hier eine Dimension als Zeile und eine weitere Dimension als Spalte gesehen wird.

Mehrdimensionales Feld

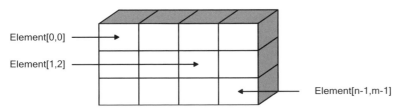

Abb. 6.6-2: *Zweidimensionales Feld*

Die Syntax zur Deklaration eines mehrdimensionalen Feldes unterscheidet sich von der Deklaration in anderen Programmiersprachen. Die Größe der Dimensionen wird innerhalb der eckigen Klammern durch Kommata getrennt angegeben:

```
Typ [,,...,] Name = new Typ [Gr_1,Gr_2,..., Gr_n];
```

Die Anzahl der im gesamten Feld verwalteten Elemente ergibt sich aus der Multiplikation der Größe der Dimensionen. Für den Indexzugriff auf das Feld müssen die Positionen aller Ebenen ebenfalls durch Kommata getrennt hinter dem Feldnamen angegeben werden. Für mehrdimensionale Felder kann analog zu eindimensionalen Feldern eine direkte Initialisierung realisiert werden, wie exemplarisch für ein zweidimensionales Feld im nachfolgenden Beispiel vorgestellt wird.

```
Typ[,] Name = { {Wert_11, Wert_12, ..., Wert_1n}
                ...
                {Wert_m1, Wert_m2, ..., Wert_mn} };
```

Initialisierung eines mehrdimensionalen Feldes

Beispiel 6.6-2

Quelltext	Beschreibung

`double[,] d_feld =`
`            new double [5,10];`
 	
`for (int i = 0; i < 5; i++)`
`{for (int j = 0; j < 10; j++)`
`  { d_feld[i,j]=(double)(j+1)/10 +i; }`
`}`
	Deklaration eines zweidimensionalen double-Arrays mit 5 Zeilen à 10 Elemente.
	
	Füllen der Zeilen und Spalten über zwei for-Schleifen.

Irreguläres Feld

Ein irreguläres Feld ist ein zweidimensionales, ungleichmäßiges Feld (jagged Array) aus einzelnen Feldern, die sich im Gegensatz zu zweidimensionalen Feldern in ihrer Länge unterscheiden. Es wird durch zwei eckige Klammern gekennzeichnet, die bei der Deklaration hinter den Datentyp gesetzt werden.

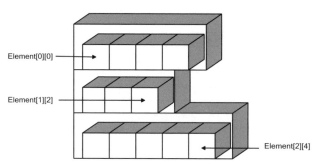

Abb. 6.6-3: *Irreguläres Feld*

```
Typ [][] Name = new Typ [Größe][];
```

Die Anzahl der Zeilen wird durch Größe festgelegt. Im Anschluss daran werden die inneren Felder wie bei eindimensionalen Feldern unter Verweis auf die Zeile deklariert. Um auf die Elemente zugreifen zu können, müssen hinter dem Feldnamen die Zeilenposition und der Index des inneren Feldelements getrennt in eckigen Klammern angegeben werden.

Beispiel 6.6-3

Quelltext	Beschreibung

`int [][] i_feld = new int [3][];`
 	
`i_feld[0] = new int [4];`
`i_feld[1] = new int [2];`
`i_feld[2] = new int [6];`
 	
`for (int i=0;i<i_feld[0].Length;i++)`
`{ i_feld[0][i] = i+1;         }`
 	
`for (int i=0;i<i_feld[1].Length; i++)`
`{ i_feld[1][i] = i+1 + i_feld[0][3];}`
 	
`for (int i=0;i< i_feld[2].Length;i++)`
`{ i_feld[2][i] = i+1 + i_feld[1][1];}`
	Erzeugen eines 3-zeiligen irregulären Feldes.
	Erzeugen der inneren Felder.
	
	Füllen der inneren Felder.

Da C# Felder als Objekte betrachtet, wird bei der Zuweisung eines Feldes zu einem anderen immer eine Referenz übergeben. Änderungen an den Elementen der zugewiesenen Referenz wirken sich daher auch auf das Original aus. Bei der Zuweisung von Feldern muss auf die Kompatibilität der Elementtypen geachtet werden.

C# führt einen neuen Schleifentyp ein, dessen Verwendung am Beispiel von Feldern deutlich gemacht werden kann. Die foreach-**Schleife** durchläuft ein Feld oder eine Gruppe von Objekten (Collection) von vorne nach hinten. Die Elemente der Objekte können dabei lediglich betrachtet und untersucht werden, eine Wertänderung ist nicht erlaubt. Der Datentyp der Variable in foreach muss kompatibel zum Datentyp der Elemente der Collection sein.

foreach-Schleife

```
foreach (Datentyp Name in Collection)
```

Quelltext	Beschreibung

`double[,] d_feld = new double [5,10];`
 	
`for (int i = 0; i < 5; i++)`
`{for (int j = 0; j < 10; j++)`
`  { d_feld[i,j]=(double)(j+1)/10 +i; }`
`}`
	Deklaration eines zweidimensionalen double-Arrays mit 5 Zeilen à 10 Elementen.

`foreach (double x in d_feld)` `{ Console.Write ("{0} ", x);         }`	Ausgabe über foreach-Schleife.

Beispiel 6.6-4

6.7 Klassen und Objekte

In der objektorientierten Programmierung werden Daten und Funktionen zu einer Einheit, der so genannten **Klasse** zusammengefasst. **Objekte** stellen eine konkrete Instanz einer Klasse dar, in der alle gemeinsamen Aspekte wie Werte und Funktionen abgelegt werden können, die zur Beschreibung notwendig sind. Jede Klasse ist ein einzelner Datentyp aus dem neue, konkrete Instanzen erstellt werden können, die dazu dienen einen Sachverhalt oder eine Situation aus der realen Welt abzubilden. Differenziert werden die einzelnen Objekte einer Klasse durch die unterschiedlichen Ausprägungen ihrer Instanzvariablen. Diese heißen **Elementvariablen** und dienen dazu Werte unterschiedlichster Art aufzunehmen. Ebenso werden die in Klassen enthaltenen Funktionen **Elementfunktionen** oder **Operationen** genannt. Im weiteren Verlauf der C#-Kapitel sind alle Elemente einer Klasse, wie z. B. Elementvariablen, Elementfunktionen oder Eigenschaften, zusammenfassend auch als **Member** bezeichnet. Eine neue Klasse wird unter Verwendung des Schlüsselworts class deklariert.

Klasse, Objekt, Elementvariable und Elementfunktion

```
[Attribute] [Zugriffsmodifikatoren]
class Klassenname [:Basisklasse]
{   Klassenrumpf   }
```

Klassendeklaration

Beispiel 6.7-1(a)

Quelltext	Beschreibung
| ```
class Buch
{
  string titel;
  int seitenzahl;
  double preis;

  public void auskunft()
  {Console.WriteLine("Titel :{0}",titel);
   Console.WriteLine("Seiten:{0}",seitenzahl);
   Console.WriteLine("Preis :{0}",preis); }
}
``` | Klassendeklaration<br>Variablendeklaration<br><br>Funktion zum Ausgeben der einzelnen Werte. |

Objekte sind Referenztypen

Mit einer Klasse allein kann allerdings nicht gearbeitet werden. Es werden konkrete Objekte benötigt, die unter Verwendung folgender Syntax erstellt werden. Bei der Erzeugung von neuen Objekten handelt es sich um **Referenztypen**. Diese werden nicht wie einfache Werttypen im Stack, sondern im Heap erzeugt. Dabei wird das Schlüsselwort new verwendet, welches für das Objekt dynamisch zur Laufzeit Speicher anfordert.

Objektinstanziierung

```
Klassenname Objektname = new Objektname();
```

Bei der Instanziierung eines Objekts wird zum einen eine neue Variable erzeugt, die vom Typ der Klasse ist. Zum anderen wird eine physische Kopie des Objekts erstellt, die einen Verweis auf die neue Variable erteilt. Die Variable ist also nur eine Referenz auf das tatsächliche Objekt. Der Zugriff auf die Instanzvariablen und Operationen erfolgt über den Punktoperator (.), dem der Objektname vorangestellt wird.

Beispiel 6.7-1(b)

Quelltext	Beschreibung
| ```
class Buch
{ ... }

static void Main()
{ Buch csharp = new Buch();
  csharp.titel ="csharp lernen";
  csharp.seitenzahl = 300;
  csharp.preis = 39.80;
  csharp.auskunft();
}
``` | Erzeugen eines Objekts der Klasse Buch.<br>Zuweisen der Werte durch die Punktnotation.<br><br>Ausgeben der Werte. |

Bei der Deklaration von Klassen besteht die Möglichkeit, Elementvariablen mit einem definierten Wert zu belegen. Ohne explizite Zuweisung werden Defaultwerte gesetzt. Die Variablen und Funktionen einer Klasse sind standardmäßig als `private` (vgl. Kap. 6.9) deklariert. Ihr Sichtbarkeitsbereich beschränkt sich auf die eigene Klasse. Soll ein Zugriff von außen ermöglicht werden, muss das Zugriffsrecht in `public` geändert werden.

Quelltext	Beschreibung
| ```
class Buch
{ string titel = "csharp lernen";
  int seitenzahl = 300;
  double preis = 39.80;
  … }
``` | Direkte Initialisierung der Variablen mit Startwerten. |

Beispiel 6.7-2

Im Sinne der objektorientierten Programmierung sollte der Zugriff auf die Elemente eines Objekts kontrolliert erfolgen. Neben der Möglichkeit die Attribute direkt per Punktnotation anzusprechen, können sie in C# über **Eigenschaften** zugängig gemacht werden. Dahinter verbergen sich Zugriffsfunktionen, auch **Accessoren** genannt, die eine Zuweisung und Abfrage der betreffenden Attribute gestatten. Die lesende Zugriffsfunktion wird mit dem Schlüsselwort `get` und die schreibende mit `set` deklariert. Des Weiteren wird der schreibenden Funktion ein Wert immer als Parameter `value` übergeben.

Accessoren

```
[Zugriffsmodifikator] Werttyp Name
{ get { Accessorcode }
  set { Accessorcode }      }
```

Eigenschaft

Situationsbedingt kann `get` ohne `set` implementiert werden, wodurch nur ein lesender Zugriff gestattet ist. Umgekehrt erlaubt eine Verwendung von `set` ohne `get`, dass ein Wert nur gesetzt werden darf, ohne ihn von außen einzusehen. Durch eine individuelle Erweiterung des Accessorcodes können die beiden Zugriffsfunktionen genutzt werden, um z. B. Überprüfungen oder Zusammenstellungen von Listen zu veranlassen. Die Eigenschaften werden wie die Instanzvariablen über den Punktoperator angesprochen.

Quelltext	Beschreibung
| ```
class Buch
{ private string titel;
  private double preis;

  public double buchpreis
  { get{return preis;}
    set{preis = value;}   }
``` | Eigenschaft mit `get` und `set`. Übergabe der Werte durch va- |

Beispiel 6.7-3

6.7 Klassen und Objekte

Quelltext	Beschreibung
| ```
    public string buchtitel
    { get{return titel;}
      set{titel = value;} }
}
static void Main()
{ Buch lehrbuch = new Buch();
   lehrbuch.buchtitel=
                "Programmieren lernen";
   lehrbuch.buchpreis = 29.80;

   Console.WriteLine
   ("Das Buch >{0}< kostet{1}€",
    lehrbuch.buchtitel,lehrbuch.buchpreis);
}
``` | lue an die Variable.<br><br>Einfache Zuweisung der Werte durch Punktnotation. |

this

Ruft ein Objekt unter C# eine Operation oder ein Variable auf, so beinhaltet diese Anweisung automatisch einen Verweis des aufrufenden Objekts. Diese, sich auf die aktuelle Instanz beziehende Referenz trägt den Namen **this**. Sie stellt eine Art verborgener Zeiger auf nicht-statische Elemente dar.

6.7.1 Funktionen

In der Objektorientierung übernehmen Funktionen die wichtige Aufgabe der Datenmanipulation, da in ihnen logisch zusammengehörende Programmsequenzen gebündelt werden. In C# existieren keine globalen, also sich außerhalb einer Klasse befindenden Funktionen und Variablen, da sich C# als eine rein objektorientierte Sprache versteht. Jede Funktion besitzt einen konkreten Klassen- bzw. Objektbezug.

Funktion

```
[Zugriffsmodifikatoren]
Rückgabetyp Funktionsname (Parameterliste)
{ Anweisung_1;
   ...
   Anweisung_n; }
```

call-by-value und call-by-reference

In der Parameterliste können einer Funktion die Parameter die sie bearbeiten soll, unter Angabe ihres verwendeten Datentyps übergeben werden. Dabei wird die Übergabe nach den beiden unterschiedlichen Aufrufmechanismen **call-by-value** und **call-by-reference** unterschieden. Standardmäßig werden in C# Werttypen in der Form call-by-value übergeben, wobei eine temporäre Kopie des zu bearbeitenden Wertes in der Operation erzeugt
```

wird. Die Übergabeform call-by-reference veranlasst einen Aufruf über einen Verweis, wodurch im Gegensatz zu call-by-value die im Aufruf verwendeten Argumente verändert werden können.

Soll erreicht werden, dass die Manipulation an einem übergebenen Werttyp ebenfalls nach außen sichtbar ist, kann der Parameter zu diesem Zweck mit `ref` versehen werden. Ein nicht initialisierter Parameter, der mit `out` gekennzeichnet ist, bietet die Möglichkeit, einen Wert aus einer Funktion zurückzuliefern. Somit kann die Begrenzung von nur einem zurückgegebenen Wert durch die Anweisung `return` erweitert werden. `ref` und `out` müssen sowohl bei der Deklaration als auch bei der Übergabe explizit angegeben werden.

ref und out

Beispiel 6.7-4

Quelltext	Beschreibung
| ```
public class EinfacheKlasse
{public void funktion (int wert1,
     ref int wert2, out int wert3)
 {wert1 *= 2;
  wert2 *= 2;
  wert3 = wert1 * wert2; }

 static void Main()
 {int p1 =5;
  int p2 =10;
  int p3;
  einfacheKlasse ek=
          new EinfacheKlasse();
  ek.funktion(p1, ref p2,out p3); }
}
``` | Funktionsdeklaration: `wert1` bleibt unverändert, `wert2` und `wert3` werden call-by-reference übergeben, bearbeitet und zurückgeliefert. |

Für den Fall, dass von vornherein nicht genau feststeht, wie viele Parameter an eine Funktion übergeben werden, stellt C# die Möglichkeit zur Verfügung, die Parameterliste in Form eines Feldes entgegenzunehmen. Durch die Verwendung des Schlüsselworts `params` kann einer Funktion eine beliebige Anzahl von Parametern desselben Datentyps überreicht werden. Bei der Übergabe an die Funktion genügt es, die Parameter durch Kommata getrennt weiterzuleiten.

params

Beispiel 6.7-5

Quelltext	Beschreibung
| ```
public class Buchtitel
{public void isbn(params int []isbnnr)
 {foreach (int i in isbnnr)
    Console.Write(i + " " ); }
}
...
Buchtitel bt = new Buchtitel();
bt.isbn(3,5265,2546,8);
``` | Deklaration der Funktion mit Parameterarray, die jedes enthaltene Element ausgibt. Aufrufen der Funktion mit Übergabe einer Parameterliste beliebiger Länge. |

6.7 Klassen und Objekte

return

Es gibt zwei Arten, eine Funktion zu beenden. Die einfachste Möglichkeit besteht im Erreichen der schließenden geschweiften Klammer, die das Blockende der Funktion repräsentiert. Alternativ kann mit der `return`-Anweisung der Ablauf an einer beliebigen Stelle unterbrochen werden, um von dort aus zum aufrufenden Befehl zurückzukehren. Normalerweise geschieht das am Ende eines Blocks, doch auch mitten im Verlauf sind Abbrüche möglich. Anweisungen, die auf eine `return`-Anweisung folgen, werden übergangen und nicht mehr ausgeführt. Da in diesem Fall von der Funktion kein Wert zurückgeliefert wird, muss sie als `void` gekennzeichnet werden. In C# kann ein leeres `return` gesetzt werden, was bedeutet, dass eine als `void` gekennzeichnete Funktion trotzdem ein `return` beinhaltet.

void

Beispiel 6.7-6

Quelltext	Beschreibung
| ```
class Schleife
{int var;
 public void abbruch()
 {for (var = 20; var >=0; var--)
   {if ( var == 10){ return;  }
    Console.WriteLine("Wert:"+var);}
 }
}
static void Main()
{ Schleife s = new Schleife();
   s.abbruch();  }
``` | Deklaration einer Schleife, die rückwärts von Zwanzig bis Null zählt und jeden Wert mit zehn vergleicht. Abbruch bei Übereinstimmung mit zehn. Der Rest wird nicht mehr ausgegeben. Erzeugen eines Objekts. Schleife mit anschließendem Funktionsaufruf. |

Rückgabewert von Funktionen

Obwohl `void`-Funktionen eine große Präsenz in Programmen besitzen, liegt die eigentliche Stärke von Funktionen darin, einen bearbeiteten Wert an seinen Aufrufer zurückzuliefern. Dieser Wert kann das konkrete Ergebnis einer Berechnung sein oder im Falle einer booleschen Abfrage über Erfolg oder Misserfolg einer Untersuchung berichten. Bei der Deklaration der Funktion muss der Datentyp des Rückgabewertes festgelegt werden. Der zurückgegebene Datentyp wird auf Gleichheit überprüft. Erwartet ein Aufrufer einen `int`-Wert, so muss auch ein `int`-Wert von der Funktion zurückgeliefert werden. Eine Funktion ist nicht nur auf eine `return`-Anweisung beschränkt. Sie kann durchaus über mehrere Anweisungen verfügen, die z. B. durch `if`-Anweisungen gekoppelt, dazu benutzt werden können, mehrere Ausstiegsbedingungen in einer Funktion zu definieren.

Überladen von Funktionen

Grundlegend werden Funktionen anhand ihrer Signatur unterschieden. Diese setzt sich aus dem Namen und der ihr übergebenen Parameterliste zusammen. Um Funktionen mit gleichem Namen, die sich in ihren auszuführenden Operationen ähneln und sich lediglich in ihrer Argumentliste unterscheiden, nutzen zu können, bietet C# die Möglichkeit, diese zu überladen. Dabei unterscheiden sich lediglich die Parameterlisten in ihrem Umfang und/oder in ihren Datentypen. Die Variation der Rückgabewerte ist für die Unterscheidung der Funktionen nicht ausreichend. Werden zwei
```

Funktionen formuliert, die eine identische Signatur besitzen und sich nur im Rückgabetyp unterscheiden, reagiert der Compiler mit einer Fehlermeldung.

Beispiel 6.7-7

Quelltext	Beschreibung
| ```
class DigitalesBild
{string titel;
 public void bildinfo(int farben)
 { if (farben ==16)
    Console.WriteLine
     ("Das Bild{1} beinhaltet {0} Farben",
      farben,titel); }

 public void bildinfo(int dpi, int bit,
                     double hoehe)
 {double groesse = hoehe/2.54*dpi*bit;
   Console.WriteLine
     ("Das Bild{1} ist {0} Bit groß.",
      groesse,titel); }
 … }
``` | Erstellen einer Funktion mit einem Integer-Parameter.<br><br>Überladen der ersten Funktion durch Erweitern der Parameterliste mit weiteren Werten. Der Name der Funktion bleibt erhalten. |
| ```
static void Main()
{ DigitalesBild db = new DigitalesBild();
  db.titel = "Sonnenblumen";
  db.bildinfo(16);
  db.bildinfo(300,24,29.7);      }
}
``` | Aufrufen der überladenen Funktionen. |

Main() – Operation

In C# ist die **Rekursion**, also die Eigenschaft, dass innerhalb einer Funktion diese selbst wieder aufgerufen wird, erlaubt. Ein Nachteil der Rekursion liegt in der Performanz, da für jeden Durchlauf eine Kopie des Objekts auf dem Stack abgelegt wird. Lediglich die Argumente sind immer anders. Das beeinflusst zum einen die Geschwindigkeit einer Anwendung negativ, zum anderen kann es bei einer großen Anzahl an Aufrufen schnell zu einem Stack-Overflow führen.

Rekursion

Beispiel 6.7-9

Quelltext	Beschreibung
| ```
public int fibo (int wert)
{ if (wert < 2)
   { return 1; }
  return fibo(wert - 2)
        +fibo(wert - 1); }
``` | Funktionsdeklaration zur rekursiven Berechnung der Fibonacci-Zahlen. |

6.7.2 Konstruktoren

Eine sehr spezielle Form einer Operation in C# ist der so genannte **Konstruktor**. Er weist denselben Namen der Klasse auf, der er zugehörig ist,

Initialisierung von Objekten

6.7 Klassen und Objekte
```

besitzt allerdings keinen Rückgabewert. Die Aufgabe eines Konstruktors liegt in der Initialisierung eines Objekts, nachdem es erzeugt wird.

Konstruktor

```
public Klassenname (Parameterliste)
{  // Initialisieren der Member und Aufrufen von
   // Funktionen (optional)             }
```

Ein Konstruktor kann als Teil einer Klassendefinition eigens erstellt werden oder wird von der CLR standardmäßig gesetzt. In diesem Fall erhalten alle Werte, die zu dem Objekt gehören, ihre Defaultwerte. Der Standardkonstruktor der CLR ist parameterlos. Ein Konstruktor wird verwendet, damit ein Objekt einen gültigen Zustand erlangt und Einfluss auf die Startwerte genommen werden kann. Sind dem Konstruktor bei der Initialisierung eines Objekts konkrete Werte übergeben worden, spricht man von einem parametrisierten Konstruktor. Da es sich bei einem Konstruktor um eine Operation handelt, werden die Parameter in einer Parameterliste übergeben.

Beispiel 6.7-10

Quelltext	Beschreibung

`class Buch`
`{...`
`  public Buch (string titel,`
`          int seitenzahl, double preis)`
`  { this.titel = titel;`
`    this.seitenzahl = seitenzahl;`
`    this.preis = preis;     }`
`... }`
	Erstellen eines Konstruktors. Es werden drei Parameter übergeben.

`static void Main()`
`{ Buch csharp = new Buch("csharp`
`                 lernen",300,39.80);`
`... }`
	Erzeugen eines neuen Objekts durch einen Konstruktor.

Um eine größere Flexibilität bei der Erstellung von Objekten zu erhalten, bietet C# die Möglichkeit, Konstruktoren zu überladen. Genau wie bei Operationen muss dafür die Parameterliste variiert werden. So können Objekte auf unterschiedliche Art und Weise erzeugt werden.

Beispiel 6.7-11

Quelltext	Beschreibung

`class Leuchtmittel`
`{public Leuchtmittel ()`
`  { ... }`
`  public Leuchtmittel(int watt)`
`  { ... }`
`  public Leuchtmittel(int laenge,int farbe)`
`  { ... }`
	Überladen des Default-Konstruktors. Erstellen eines Konstruktors mit einem bzw. zwei Parametern.

Quelltext	Beschreibung

`static void Main()`
`{Leuchtmittel typ1 =new Leuchtmittel(75);`
` Leuchtmittel typ2 =`
`         new Leuchtmittel(120,100); }`
`}`
	Erstellen von Objekten, denen jeweils in den Konstruktoren entsprechende Parameter übergeben werden.

6.7.3 Garbage Collection und Destruktoren

Werden Objekte neu angelegt, ist dies immer mit der Belegung von freiem Speicherplatz verbunden. Da Speicherplatz keine unbegrenzte Ressource ist, muss diese auch organisiert und im Falle eines Mangels zurückgefordert werden können. Als moderne Programmiersprache verfügt C# über einen Mechanismus namens **Garbage Collection**, der automatisch zur Laufzeit belegten Speicher nicht genutzter Objekte lokalisiert und bei Bedarf auch freigibt. Diese Maßnahme geschieht ohne jegliche Intervention des Programmierers. Aus Gründen der Performanz wendet das C#-Laufzeitsystem diesen Prozess nur bei Bedarf an.

Garbage Collection

Soll vor dem Löschen eines Objekts noch eine bestimmte Aufgabe erfüllt werden, kann in C# ein Destruktor eingesetzt werden. Seine Aufgabe liegt darin, Aktionen durchzuführen, die zur korrekten Beendigung laufender Prozesse dienen können, beispielsweise das Schließen geöffneter Dateien oder das Beenden eines Datentransfers. Die Destruktorfunktion wird kurz vor der Garbage Collection aufgerufen und ist ebenso wenig vorhersehbar. Ferner wird ein Destruktor nicht ausgeführt, wenn das Programm vor dem Garbage Collector beendet wird. Von daher sollten Destruktoren, genau wie in Java, mit der notwendigen Vorsicht eingesetzt werden.

Destruktor

```
~Klassenname()
{  // Anweisungen, die vor einer Zerstörung des
   // Objekts durchgeführt werden müssen     }
```

6.7.4 Statische Elemente

Besitzt eine Klasse Elemente, die nicht an eine Instanz, also ein konkretes Objekt gebunden werden sollen, so werden diese als statisch bezeichnet. In diesem Fall sind sie ein Teil der Klasse und nicht Teil eines Objekts. Sie besitzen die Eigenschaft, im Gegensatz zu Objektelementen, noch vor ihrer Initialisierung über den Klassennamen angesprochen werden zu können. Statische Elemente werden auch als **Klassenvariablen** bzw. **Klassenopera-**

static

tionen bezeichnet. Um ein Attribut oder eine Operation als statisches Element zu kennzeichnen, wird das Schüsselwort `static` vorangestellt.

Der Zugriff auf die statischen Bestandteile einer Klasse erfolgt über den Klassennamen, gefolgt vom Punktoperator. Ein Beispiel einer statischen Operation ist `Main()`. Sie wird, noch bevor ein reales Objekt erzeugt wird, aufgerufen und ausgeführt. Die Gültigkeit der `static`-Elemente ist auf ihre Klasse beschränkt.

Beispiel 6.7-12

Quelltext	Beschreibung
| ```
class EinObjekt
{ public static int objektZaehler;
  public EinObjekt()
  { objektZaehler++;   }

  public static void anzahl()
  { Console.WriteLine("Es wurden {0}
    Objekte erstellt.",objektZaehler);   }
}
``` | Deklarieren einer statischen Variablen zum Zählen der Objekte. |

Bezieht sich die `static`-Deklaration auf eine Operation, so kann diese nur auf `static`-Variablen arbeiten. Ein Zugriff auf Instanzvariablen ist unterbunden. Ebenso kann eine `static`-Operation nur andere statische Operationen ohne Konflikte ansprechen, ein Austausch mit Operationen der eigenen Klasse kann hingegen nicht stattfinden.

6.7.5 System.Object

System.Object

Verfolgt man den Gedanken der Generalisierung dahingehend, alle Klassen, inklusive Werttypen, zu verallgemeinern, ergibt sich eine spezielle Klasse mit der Bezeichnung `Object`. Es handelt sich bei dieser von C# definierten Klasse, um ein Grundkonstrukt aus dem beliebige Klassen und Typen abgeleitet werden können. Als Basisklasse besitzt sie die Bezeichnung `System.Object` und ist integraler Bestandteil des .NET-Frameworks. Durch den Prozess der Verallgemeinerung ergeben sich eine Reihe von Operationen, die von jedem Objekt genutzt werden können.

Tab. 6.7-1: Operationen der Klasse `System.Object`

Operation	Bedeutung
`Equals()`	Liefert `true`, wenn zwei Instanzen einer Klasse inhaltsgleich sind, ansonsten `false`.
`GetType()`	Fragt den Typ eines Objekts ab.
`ToString()`	Operation, um ein Objekt als Zeichenkette darzustellen.
```

Operation	Bedeutung
MemberwiseClone()	Operation zum Erstellen von Kopien eines Objekts.
ReferenceEquals()	Überprüft, ob zwei Objekte auf dieselbe Instanz verweisen.

6.7.6 Boxing und Unboxing

Bisher wurden nur Typwandlungen innerhalb der Wert- bzw. Verweistypen betrachtet. In manchen Situationen ist es jedoch erforderlich, einen Werttyp in einen Referenztyp und umgekehrt zu wandeln. C# löst dies durch das Konzept des Boxing und Unboxing. Beim **Boxing** wird ein Werttyp in einen Referenztyp verwandelt, indem der Wert in ein Objekt der Klasse Object gepackt wird. Dieser Vorgang geschieht automatisch, wenn anstelle einer geforderten Referenz ein Werttyp vorgefunden wird. Der Prozess des Entpackens eines Verweistypen in einen Werttyp wird als **Unboxing** bezeichnet. Im Gegensatz zum Boxing erfolgt das Unboxing nicht implizit, sondern es muss durch die explizite Angabe des erwarteten Werttyps und die Zuweisung zu einer Variablen gleichen Typs umgesetzt werden.

Boxing und Unboxing

Viele Operationen nutzen die Prozesse des Boxing und Unboxing. So erwartet z. B. die Operation Console.WriteLine() ein Objekt. Wird der Funktion nun ein Wert vom Typ double übergeben, so wandelt sie diesen durch Boxing in Object um. Im Anschluss daran wird implizit auf diesem Objekt die Funktion ToString() aus der Klasse Object aufgerufen, die das Objekt als Zeichenkette darstellt. Die Realisierung des Boxing- und Unboxing-Konzepts ist möglich, da sowohl die Wert- als auch die Verweistypen von der höchsten Klasse System.Object abgeleitet sind.

Quelltext	Beschreibung
| ```
double d1 = 2.45;
object o;
o = d1;
double d2 = (double)o;
Console.WriteLine(244.ToString());
int a = invers (5);
...
public static int invers
                (object ob)
{  return -(int) ob;   }
``` | Boxing<br>Unboxing<br>Boxing von 244.<br>Boxing von 5, um es an die Funktion zu übergeben.<br>Operation gibt das Inverse eines Objekts zurück. Operation erwartet eine Referenz.<br>Unboxing von ob. |

Beispiel 6.7-13
```

6.7.7 Strukturen

Benutzerdefinierte Werttypen

Eine Struktur stellt einen benutzerdefinierten Werttyp in C# dar. Sie ist eine alternative Ausführung einer Klasse, die die gleichen Charakteristika wie Operationen, Variablen, Konstruktoren, Eigenschaften usw. hat. Der wesentliche Unterschied liegt in der Erzeugung der Datentypen. Eine Klasse erzeugt eine Referenz, wohingegen eine Struktur einen Werttyp bildet. Mit der Verwendung von Strukturen kann die Effizienz eines Programms gesteigert werden, da der Zugriff auf Werttypen direkt erfolgt. Eine Struktur wird durch das Schlüsselwort `struct` deklariert.

Struktur

```
[Attribute] [Zugriffsmodifikator]
struct Name [:Interface]
{    Struct-Elemente    }
```

Die Verwendung von `new` zur Objektinstanziierung ist bei Strukturen optional. Ein nicht mit `new` erzeugtes Objekt ist allerdings nicht initialisiert. Um eine Fehlermeldung des Compilers zu vermeiden, muss die Wertzuweisung vor der ersten Nutzung der Instanz über die Variablen direkt nachgeholt werden. Erst im Anschluss daran können sie über die Eigenschaften angesprochen werden. Die Elemente des mit `new` erzeugten Objekts erhalten die den Datentypen entsprechenden Standardwerte. Die Elemente einer Struktur werden über den Punktoperator aufgerufen.

Beispiel 6.7-14

Quelltext	Beschreibung

`struct Kinofilm`
`{ public string titel;`
`  public int jahr;`
`  public double e_preis;`
	Definition einer Struktur.
	Variablen

`  public Kinofilm(string t,int j,double e)`
`  {   titel = t;`
`      jahr = j;`
`      e_preis = e;   }`
	Konstruktor

`  public string t`
`  {   get { return titel; }`
`      set { titel = value;} }`
 	
`  public int j`
`  {   get { return jahr; }`
`      set { jahr = value;} }`
 	
`  public double e`
`  {   get { return e_preis; }`
`      set { e_preis = value;}      }`
	Eigenschaften

Quelltext	Beschreibung
| ```
public override string ToString ()
{ return (String.Format ("Titel: {0}
   \nJahr: {1}\nEintrittspreis: {2}\n",
          titel, jahr, e_preis));   }
}
``` | Operation |
| ```
...
public static void Main ()
{ Kinofilm k1 = new Kinofilm ();
``` | Impliziter Aufruf des Standardkonstruktors. |
| ```
  Kinofilm k2 = new Kinofilm
        ("Harry Potter 1",2001, 5.90);
``` | Expliziter Aufruf des selbst definierten Konstruktors. |
| ```
  Kinofilm k3;

  k3.titel = "Harry Potter 2";
  k3.jahr = 2002;
  k3.e_preis = 8.50;
... }
``` | Deklaration ohne new.<br>Initialisierung der Elemente von k3. |

Strukturen unterliegen einigen Beschränkungen. Sie können zwar Interfaces (vgl. Kap. 6.11) implementieren jedoch können sie weder erben noch vererben (vgl. Kap. 6.8), obwohl sie von der Klasse System.Object abgeleitet werden. Für Strukturen dürfen kein Destruktor und kein selbst definierter, parameterloser Konstruktor deklariert werden.

6.8 Vererbung

Eines der wichtigsten Grundkonzepte der Objektorientierung ist die **Vererbung**. Der Zweck dieses Mechanismus liegt in der Erschaffung von Hierarchien, in denen jede erbende Klasse die vorhandenen Attribute und Funktionen einer Oberklasse übernimmt, diese aber wahlweise durch weitere Attribute und Funktionen ergänzt. So können allgemeingültige Bestandteile in der Oberklasse (**Basisklasse**) festgehalten und nach Bedarf in den jeweiligen erbenden Unterklassen spezialisiert werden. Man spricht in diesem Zusammenhang auch von **Spezialisierung** und **Generalisierung**. Die Umsetzung einer Vererbung erfolgt mittels der Doppelpunktnotation unter Angabe der Basisklasse.

Spezialisierung
Generalisierung

```
[Attribute] [Zugriffsmodifikatoren]
class Klassenname : Basisklasse
{ Klassenrumpf }
```

Vererbung

Beispiel 6.8-1

Quelltext	Beschreibung
| ```
class Tontraeger
{ public string interpret;
  public string titel;
  public void t_info ()
  { Console.WriteLine("Ein Tonträger von
      {0} mit dem Titel {1}",
      interpret,titel);      }
}
``` | Erstellen einer Oberklasse. |
| ```
class Tonband : Tontraeger
{ public double preis;
  public double spieldauer;
  public void tb_laenge ()
  { Console.WriteLine("Die Spieldauer des
      Titels {0} beträgt {1} Minuten"
             ,titel,spieldauer); }
}
``` | Die Klasse Tonband erbt alle Attribute der Klasse Tonträger und ergänzt sie durch Preis und Spieldauer. |

Bereits in den vergangenen Abschnitten wurde darauf hingewiesen, dass die Attribute einer Klasse per Definition `private` deklariert sind. Ist eine Variable einer Basisklasse derart gekennzeichnet, so kann aus einer abgeleiteten Klasse nicht auf sie zugegriffen werden. Durch Verwendung des Schlüsselwortes `protected` (vgl. Kap 6.9) kann das Zugriffsrecht für die erbende Klasse erweitert werden.

base

In einer Sequenz abgeleiteter Klassen existiert die Möglichkeit, neben der Basisklasse in jeder einzelnen Klasse eigene Konstruktoren zu erstellen, die explizit auf die jeweiligen Merkmale eingehen können. Konflikte bezüglich der Befugnisse einzelner Konstruktoren untereinander gibt es nicht, da die Hierarchie klare Richtlinien vorgibt. So ist im Falle einer einfachen Vererbungshierarchie der Konstruktor der Basisklasse für die Erstellung des Grundobjekts und der Konstruktor der abgeleiteten Klasse für die spezifischen Ausprägungen zuständig. Besteht eine Hierarchie aus mehreren nacheinander abgeleiteten Klassen, so ruft eine Klasse den unmittelbaren Basiskonstruktor der Vorgängerklasse auf. Muss auf den Basisklassenkonstruktor einer Hierarchie zugegriffen werden, hält C# das Schlüsselwort `base` bereit. Dieses folgt auf den Konstruktor der abgeleiteten Klasse unter Verwendung eines Doppelpunkts. Erwartet der Konstruktor der Oberklasse eine Parameterliste, muss diese vom Konstruktor der Unterklasse angefordert und unter Verwendung von `base` weitergeleitet werden. Für den Fall, dass eine Basisklasse mehr als einen Konstruktor besitzt, wird derjenige aufgerufen, der mit den übergebenen Parametern übereinstimmt. Die Unterklasse ist dazu verpflichtet einen Konstruktor zu implementieren, sobald die Oberklasse einen parametrisierten Konstruktor und keinen Standardkonstruktor aufweist.

Beispiel 6.8-2

Quelltext	Beschreibung
| ```
class Buch
{ public string titel;
  public int seiten;
  public Buch(string titel,int seiten)
  { this.titel = titel;
    this.seiten = seiten;   }

  public void auskunftBuch()
  { Console.WriteLine("Werte:{0}{1}",
      titel,seiten);   }
}

class Kochbuch : Buch
{ public double preis;
  public Kochbuch(string titel,
    int seiten,double preis)
        :base(titel,seiten)
  {    this.preis=preis;   }

  public void auskunftKBuch()
  { Console.WriteLine("Das Buch {0} hat
      {1} Seiten und kostet {2}€",
      titel, seiten,preis);}
}
``` | Weiterleiten der Attribute titel und seiten an den Konstruktor der Oberklasse. |
| ```
static void Main(string[] args)
{ Kochbuch kb =
   new Kochbuch("ChinaFood",87,34.95);
  kb.auskunftKBuch();       }
``` | Ausgeben aller Attribute. |

Neben der Eigenschaft Variablen und Operationen einer Basisklasse erben zu können, besitzt das Konzept der Vererbung einen weiteren wichtigen Aspekt: die **Polymorphie**. Durch sie erlangt die Vererbung ihre eigentliche Stärke. Das Überschreiben von Operationen in den abgeleiteten Klassen setzt das Konzept der **dynamischen Bindung** zur Laufzeit um.

Dynamische Bindung

Während sich der Prozess des Überladens dadurch auszeichnet, dass Funktionen mit gleichen Bezeichnern und unterschiedlicher Parameterliste ohne Konflikte nebeneinander existieren können, dürfen Operationen, die bereits in einer Basisklasse definiert wurden, in einer abgeleiteten Klasse, unter Verwendung desselben Namens, neu definiert werden. Dies ist jedoch an die Bedingung geknüpft, dass bei der Deklaration der Funktion diese in der Basisklasse als überschreibbare virtuelle Funktion gekennzeichnet wurde. C# stellt hierfür das Schüsselwort virtual bereit.

```
virtual void virtuelleFunktion()
```

Virtuelle Funktion

Die Signatur der Operationen in der Basisklasse muss mit der Signatur in der abgeleiteten Klasse übereinstimmen. Soll eine Funktion in einer abgeleiteten Klasse neu definiert werden, muss ihr das Schlüsselwort override vorangestellt werden.

override

```
override void virtuelleFunktion()
```

Die Besonderheit dieses Mechanismus liegt darin, dass erst zum Zeitpunkt des Aufrufs einer Operation über einen Basisklassenverweis vom System festgelegt wird, welche Version der Operation umgesetzt werden soll. Dabei bestimmt der Typ des Objekts, auf das verwiesen wird, die Version der Operation. Das bedeutet, dass durch die unterschiedlichen Ausprägungen einer Basisklasse auch verschiedene Versionen einer virtuellen Funktion entstehen können.

Beispiel 6.8-3

Quelltext	Beschreibung

`class Tonträger`
`{ public virtual void identifikation()`
`    { Console.WriteLine("Dies ist ein`
`        allgemeiner Tonträger");  }`
`}`
	Erstellen einer virtuellen Funktion.

`class Cd : Tonträger`
`{ public override void identifikation()`
`    { Console.WriteLine("Dies ist eine CD"); }`
`}`
	Überschreiben der virtuellen Funktion.

`class Lp : Tonträger`
`{ public override void identifikation()`
`    { Console.WriteLine("Dies ist eine LP"); }`
`}`
	Überschreiben der virtuellen Funktion.

`static void Main()`
`{ Tonträger t = new Tonträger();`
`  Cd nena = new Cd();`
`  Lp heino = new Lp();`
`  Tonträger verweis;`
 	
`  verweis = t;`
`  verweis.identifikation();`
 	
`  verweis = nena;`
`  verweis.identifikation();`
 	
`  verweis = heino;`
`  verweis.identifikation();`
`}`
	Erstellen von drei Objekten.
	
	Erstellen eines Objektverweises der Klasse Tonträger.
	
	Individuelles Aufrufen der überschriebenen Funktionen.

Weiterhin können in C# so genannte **abstrakte Klassen** deklariert werden. Sie unterscheiden sich zu normalen Klassen darin, dass ihre Operationen keinen Rumpf besitzen. Zwar werden Operationen in abstrakten Klassen deklariert, beinhalten aber keinerlei Funktionalität. Lediglich ihre Signatur wird festgehalten. Erst in einer abgeleiteten Klasse werden sie konkret implementiert. Sobald eine Klasse eine abstrakte Operation beinhaltet, muss diese automatisch als `abstract` gekennzeichnet werden. Es können keine Instanzen direkt von einer abstrakten Klasse erstellt werden. Die benötigten Objekte müssen erst über eine abgeleitete Klasse realisiert werden. Um eine als `abstract` deklarierte Operation mit Inhalt zu füllen, wird diese in der abgeleiteten Klasse mittels `override` modifiziert.

Abstrakte Klasse

```
abstract public Rückgabetyp Funktionsname ();
```

Abstrakte Operation

Quelltext	Beschreibung

`abstract class PrintMedium`
`{ …`
`  public abstract double neuerPreis`
`      (double waehrung);   }`
 	
`class Buch : PrintMedium`
`{…`
`  public override double neuerPreis`
`      (double waehrung)`
`  { return base.pM_preis*waehrung; }`
`}`
	Erzeugen einer abstrakten Klasse.
	Deklarieren einer abstrakten Funktion.
	Erstellen einer abgeleiteten Klasse.
	Überschreiben der abstrakten Funktion.

Beispiel 6.8-4

Bei der Verwendung von identischen Bezeichnern sowohl in der Basisklasse als auch in der abgeleiteten Klasse reagiert C# mit der Ausblendung des Bezeichners der Basisklasse. Ein Element, welches denselben Namen besitzt wie ein Element in einer abgeleiteten Klasse, verliert seine Zuständigkeit und an dessen Stelle tritt das Element der abgeleiteten Klasse. Allerdings muss das betreffende Element der abgeleiteten Klasse mit `new` kenntlich gemacht werden. Ansonsten reagiert der Compiler mit einer Warnmeldung. Im Gegensatz zu `new` erlaubt `base` eine Verwendung eines identischen Bezeichners, allerdings mit dem Verweis auf das Element der Basisklasse.

Quelltext	Beschreibung

`class OberKlasse`
`{ public int variable = 0;  }`
`class Ableitung_1 : OberKlasse`
`{ public new int variable = 0;`
`  public Ableitung_1(int uebergabe)`
`  { base.variable = uebergabe;`
`    variable = uebergabe * 2;  } }`
	Ausblenden der Variablen mit `new`.
	Anschießend wird der übergebene Wert mittels `base` der Oberklasse zugewiesen.

Beispiel 6.8-5

6.8 Vererbung

sealed — Soll eine Klasse gegen jede Form der Vererbung und Ableitung geschützt werden, so kann man diesen Zustand mit dem Schlüsselwort `sealed` herbeiführen. Diese Form der Typmodifikation ermöglicht es, Klassen in einen unantastbaren Zustand zu versetzen, vorausgesetzt sie beinhalten keine abstrakten Operationen, die im Verlauf einer Vererbung noch implementiert werden müssen.

6.9 Sichtbarkeit

private
public
protected
protected internal
internal

Grundsätzlich sind in C# alle Elemente einer Klasse nur in der Klasse selbst (`private`) sichtbar. Zusätzlich werden die Zugriffsmodifikatoren `public`, `protected`, `protected internal` und `internal` zur Verfügung gestellt, mit denen die Zugriffsrechte erweitert werden können. Die Zugriffsbezeichner müssen den einzelnen Variablen bzw. Operationen vorangestellt werden, für die sie die Rechte festlegen sollen.

Die Zugriffsrechte unterscheiden sich durch die verschiedenen Ebenen, für die die Elemente sichtbar gemacht werden können. Neben dem öffentlichen, geschützten oder privaten fügt C# einen internen Bereich hinzu, der den Zugriff auf ein **Assembly** reduziert. Ein Assembly fasst alle Dateien zusammen, die zu einem einzelnen Programm gehören. Es vereinigt MSIL-Code, Versions-, Metadaten-, Sicherheits- und Bereitstellungsinformationen zu einem Programm.

Tab. 6.9-1: Zugriffsrechte

Modifier	Übersetzung	Erklärung
`public`	öffentlich	Die Elemente können von allen Operationen aller Klassen angesprochen werden.
`internal`	intern	Auf die Elemente können nur Operationen zugreifen, die zum selben Assembly gehören.
`protected`	geschützt	Die Elemente können von Funktionen der eigenen oder vererbten Klassen aufgerufen werden.
`protected internal`	geschützt oder intern	Der Zugriff auf die Elemente kann durch Operationen der eigenen Klasse oder der abgeleiteten Klassen oder durch die Operationen desselben Assemblys erfolgen.
`private`	privat	Die Elemente sind nur in der eigenen Klasse sichtbar.

Elemente einer Klasse vom Typ `private` müssen nicht explizit gekennzeichnet werden. Die Darstellung des Programmtexts kann jedoch dadurch verbessert werden, dass alle Zugriffsrechte, einschließlich private, ausdrücklich angegeben werden.

6.10 Überladen von Operatoren

Operatoren können in C# wie gewöhnliche Operationen überladen und damit um ein Vielfaches ihrer Funktionalität erweitert werden. Das Überladen kann sowohl für unäre als auch für binäre Operatoren erfolgen. Überladene Operatoren dienen dazu, die Verhaltensweisen eines Operators an die bestehenden Bedürfnisse anzupassen.

Operatorfunktion

```
// # ist Platzhalter für Operatortyp
public static
Rückgabetyp operator #(Typ Element1, Typ Element2)
```

Es dürfen nur Standardoperatoren überladen werden. Ferner müssen die Operatorfunktionen mit static gekennzeichnet werden. Unäre Operatoren beziehen sich nur auf ein Argument und dürfen nur unär überladen werden. Beim Überladen binärer Operatoren werden der Parameterliste zwei Operanden übergeben. Mindestens einer der beiden Operatoren muss denselben Typ wie seine Klasse aufweisen. Auf noch nicht initialisierte Objekte können keine Operatoren angewendet werden. Darüber hinaus muss die Operatorfunktion einen Wert zurückgeben, void als Rückgabetyp ist jedoch nicht gestattet und die Verwendung der Parameter ref und out ebenfalls nicht. Wird ein Operator überladen, so behält er seine ursprüngliche Funktion uneingeschränkt bei.

Tab. 6.10-1: Überladbare Operatoren

Operatoren	Überladbarkeit
+, -, !, ~, ++, --, true, false	Können unär überladen werden.
+, -, *, /, %, &, |, ^, <<, >>	Können binär überladen werden.
==, !=, <, >, <=, >=	Müssen paarweise überladen werden. Wird z. B. == überladen, so muss auch != überladen werden.

Beispiel 6.10-1

Quelltext	Beschreibung

`public struct neuerInteger`
 `{...`
 `  public static neuerInteger operator+`
 `      (neuerInteger wert_a,`
 `       neuerInteger wert_b)`
	Überladen des +- Operators durch Übergabe zweier Werte, die addiert

Quelltext	Beschreibung
| ```
{ return (new neuerInteger
       (wert_a.value + wert_b.value)); }
...
public static neuerInteger operator--
       (neuerInteger wert_a)
{return (new neuerInteger
           (wert_a.value-1)); }
}
``` | als neues Objekt zurückgegeben werden. |
| | Analog dazu der Operator --. |
| ```
static void Main()
{ neuerInteger i = new neuerInteger(12);
  neuerInteger i2=new neuerInteger(10);
  neuerInteger i3=new neuerInteger(0);
  i3 = i2+i; }
``` | Erstellen von drei Integer-Objekten, von denen zwei mit Werten belegt, addiert und dem Dritten zugewiesen werden. |

Konvertierungs-operatoren

Um eine größere Handlungsfreiheit zwischen Objekten und elementaren Datentypen zu erreichen, können die vorgegebenen Konvertierungsmöglichkeiten durch Operatoren erweitert werden. Mit ihnen ist es möglich, ein Objekt direkt in einen einfachen Datentyp zu konvertieren, bzw. diesen Prozess in entgegen gesetzter Richtung durchzuführen. Die Definition der überladenen Typkonvertierung kann mittels der Operatoren implicit und explicit realisiert werden. Eine überladene Konvertierung, die als explicit gekennzeichnet wurde, erfordert die Verwendung des Typcastoperators, eine implizite Typumwandlung hingegen erfolgt automatisch.

implicit und explicit

```
[Zugriffsmodifiziere]
static implicit Zieltyp (Quelltyp){..}
[Zugriffsmodifizierer]
static explicit Zieltyp (Quelltyp){..}
```

Die Verwendung von **Konvertierungsoperatoren** unterliegt gewissen Einschränkungen. So können unter anderem keine Konvertierungen an integrierten Typen durchgeführt werden. Eine Konvertierung von einer Basisklasse in eine abgeleitete Klasse sowie eine Konvertierung von oder nach Object ist ebenfalls nicht möglich.

Beispiel 6.10-2

Quelltext	Beschreibung
| ```
class Waehrung
{string w_typ;
 double w_wert;

 public Waehrung(string t,double we)
 { w_typ = t;
   w_wert = we;      }
 public Waehrung(double we)
``` | |
```

Quelltext	Beschreibung
| ```
  { w_typ = "Euro";
    w_wert = we;       }

  public static implicit operator
       Waehrung(double we)
  { return new Waehrung (we); }
``` | Impliziter Konvertierungs-operator. |
| ```
  public static explicit operator
       double(Waehrung wa)
  { return wa.w_wert; }
…}
``` | Expliziter Konvertierungs-operator. |
| ```
…
Waehrung w1 =
   new Waehrung("Franken",123.43);
``` | Erzeugung von Währungsobjekten. |
| ```
Waehrung w2;
w2 = 45.65;
``` | Implizite Konvertierung einer `double`-Zahl in ein Währungsobjekt. |
| ```
double d = 3*(double)w2;
…
``` | Explizite Konvertierung eines Währungsobjekts in eine `double`-Zahl. |

Ein Vorteil von Feldern liegt in der schnellen und direkten Zugriffsmöglichkeit über einen Index auf die einzelnen Elemente. Um ein vergleichbares Verhalten in Bezug auf ein Objekt herbeizuführen, können die eckigen Klammern von Feldern überladen werden. Man bedient sich so genannter **Indexer**, um in Objekten Elementvariablen ansprechen zu können, die der Form einer Auflistung entsprechen. Die Indexer stellen, genau wie Eigenschaften, die Accessoren `get` und `set` zur Verfügung, mit denen kontrolliert Werte verwaltet werden können. Durch Indexer können Objekte wie ein- bzw. mehrdimensionale Felder indiziert werden.

Indexer

```
Elementtyp this [ int index ]
{ get { Accessorcode }
  set { Accessorcode } }
```

Das in der Deklarationsvorschrift verwendete `this` ist hierbei eine Referenz auf das aufrufende Objekt. Genau wie Eigenschaften können Indexer dahingehend erweitert werden, den lesenden und schreibenden Zugriff auf Objekte mit prüfenden, informativen oder einschränkenden Eigenschaften auszustatten.
```

Beispiel 6.10-3

Quelltext	Beschreibung
| ```
public class ISBN
{private int[] Code = new int[4];

  public ISBN(int sprachgruppe,
     int verlag,int titel,int pruefziffer)
  { Code[0] = sprachgruppe;
    Code[1] = verlag;
    Code[2] = titel;
    Code[3] = pruefziffer;      }
``` | Erstellen eines neuen Integer-Feldes. |
| ```
  public ISBN(int[] ISBN_Code)
  { for(int i = 0; i < 4; i++)
       Code[i] = ISBN_Code[i];    }
  public int this[int Position]
  { get {   return Code[Position];  }
    set {   Code[Position] = value; }  }
}
…
``` | Erzeugen eines Indexers mit den Funktionen get und set. |
| ```
ISBN buch = new ISBN(3, 6674, 5747, 4);
Console.WriteLine("Die deutsche ISBN
    lautet: {0}.{1}.{2}.{3}",
    buch[0], buch[1], buch[2], buch[3]);

buch[0] = 4;
…
``` | Zugriff auf die erste Feldposition zum Ändern der Länderkennung. |

6.11 Interfaces

Schnittstelle

Bisweilen muss sichergestellt werden, dass eine Klasse Verhalten aus anderen Klassen übernimmt und dieses bei Bedarf dynamisch zur Laufzeit aufgerufen werden kann. Da es in C# keine Mehrfachvererbung gibt, wurde das Konzept der **Schnittstelle (Interface)** in die Sprache aufgenommen. Ein Interface ist eine Schnittstelle, die das Verhalten einer Klasse festlegt, aber nicht vorschreibt, wie dieses implementiert wird. Sie garantiert die Unterstützung der deklarierten Operationen, Eigenschaften, Indexern und Ereignissen. Syntaktisch unterscheiden sich Interfaces und Klassen dadurch, dass eine Schnittstelle ausschließlich abstrakte Operationen beinhaltet. Ein Interface implementiert keines seiner Elemente. Die Deklaration einer Schnittstelle erfolgt über das Schlüsselwort interface.

Interface

```
[Attribute][Zugriffsmodifizierer]
interface IName [:InterfaceListe]
{   Signaturen  }
```
```

Ein Bezeichner eines Interfaces beginnt vielfach mit einem „I". Diese Konvention ist aber nicht bindend. Ein Interface kann als Erweiterung anderer Schnittstellen dienen. Zu diesem Zweck werden die Basisinterfaces durch Kommata getrennt hinter einem Doppelpunkt nach dem Bezeichner angegeben. Innerhalb der Schnittstelle sind die abstrakten Elemente durch Angabe des Rückgabewertes, des Operationsnamens und der Parameterliste deklariert. Die Deklaration wird durch ein Semikolon abgeschlossen. Einer Interfaceoperation darf kein Zugriffsmodifikator zugeordnet werden, da sie implizit immer als `public` erklärt ist.

Beispiel 6.11-1(a)

Quelltext	Beschreibung

`interface IGeometrie`
`{int umfang ();`
` int flaeche ();`
` int a {get; set;}`
` int b {get; set;}    }`
	Definition eines Interfaces:
	abstrakte Operationen
	abstrakte Eigenschaften.

Eine Schnittstelle kann unabhängig von einer Vererbungshierarchie von vielen Klassen implementiert werden. Syntaktisch unterscheidet sich die Implementierung eines Interfaces nicht von der Ableitung einer Klasse. Der Schnittstellenbezeichner wird, beginnend mit einem Doppelpunkt, hinter dem Namen der Klasse aufgeführt. Eine Klasse darf von einer Basisklasse erben und gleichzeitig mehrere Interfaces realisieren, wobei zu beachten ist, dass zunächst die Oberklasse aufgeführt werden muss. Die Interfaces können dann durch Kommata getrennt folgen. Die implementierende Klasse verpflichtet sich, alle Operationen der Interfaces zu definieren. Diese müssen als `public` definiert werden und der Operationskopf muss exakt mit der Vorgabe des Interfaces übereinstimmen.

Beispiel 6.11-1(b)

Quelltext	Beschreibung

`class Rechteck : IGeometrie`
`{…`
` public int a`
` { get { return seite_a;}`
`   set { seite_a = value; } }`
` public int b`
` { get { return seite_b;      }`
`   set { seite_b = value; } }`
 	
` public int umfang ()`
` { return 2*(a + b); }`
` public int flaeche ()`
` { return a*b; }`
`}`
	Klasse `Rechteck` implementiert das Interface `IGeometrie`.
	Implementierung der Eigenschaften von `IGeometrie`.
	
	Implementierung der Operationen aus `IGeometrie`.

Interfaces können durch Vererbung anderer Schnittstellen erweitert bzw. durch die Verknüpfung mehrerer Schnittstellen neu angelegt werden. Die benötigten Basisinterfaces werden, wie bei der Vererbung, durch einen Doppelpunkt hinter dem Bezeichner aufgeführt. Wird ein Interface als Kombination vorhandener Schnittstellen definiert, ist das Hinzufügen neuer Operationen fakultativ. Eine Klasse, die diese Schnittstellen benutzt, muss alle zugrunde liegenden Operationen implementieren.

Ein Interface kann keine direkte Instanz erzeugen. Durch die Instanz der implementierenden Klasse ist es jedoch möglich, eine Interface-Referenz zu erzeugen. Durch diese Referenz kann auf die Interface-Operationen zugegriffen werden, was die polymorphe Verwendung der Schnittstelle ermöglicht.

Interface-Referenz

```
IName Bezeichner = (IName) Objektname
```

is und as

Das Objekt der implementierenden Klasse muss explizit in den Interface-Typ konvertiert werden. Die Umwandlung in einen Schnittstellenverweis, der nicht von der Klasse des Objekts implementiert wird, löst eine Ausnahme aus. C# unterstützt zwei Operatoren zur vorherigen Prüfung auf Kompatibilität. Der is-**Operator** liefert true zurück, wenn ein Ausdruck von einem bestimmten Typ ist oder sich kompatibel zu diesem Typ verhält. Der as-**Operator** führt implizit die Überprüfung wie ein is-Operator durch und wandelt das Objekt in den Zieltyp um, wenn die Abfrage true ist. Ansonsten wird null zurückgegeben. Die Operationen des Interfaces werden über den Namen der Referenz und den Punktoperator angesprochen. Bei der Verwendung von Interface-Referenzen ist zu beachten, dass Änderungen, die nach der Erzeugung der Referenz am Objekt direkt durchgeführt werden, nicht nach außen bzw. Änderungen über die Referenz nicht im Objekt sichtbar werden.

Die von einem Interface implementierten Operationen dürfen in einer Vererbungshierarchie überschrieben werden. Werden in einer Klasse verschiedene Schnittstellen eingebunden, die Operationen mit der gleichen Signatur deklarieren, so muss bei der Implementierung explizit der Name des Interfaces mit dem Punktoperator dem Bezeichner vorangestellt werden. Durch die voll qualifizierte Namensangabe kann eine eindeutige Zuordnung gesichert werden. Darüber hinaus ist es durch die explizite Schnittstellenimplementierung möglich, die Operation nach außen zu verbergen. Der voll qualifizierte Name setzt gewissermaßen das Zugriffsrecht auf private herab.

7 | C# (Erweiterte Konzepte)

Auch C# bietet außer den Basiskonzepten der Objektorientierung noch viele weitere nützliche Eigenschaften und Konzepte an. Neben den Namensräumen und der Ausnahmebehandlung, die beide zum Schreiben von lesbaren und wartbaren Programmen beitragen, gibt es auch eine stattliche Anzahl vordefinierter Klassen, die zur einfachen Verwaltung von Daten und Objekten genutzt werden können. Der Umgang mit Dateien, Strömen und der Objektserialisierung ist ebenfalls Thema dieses Kapitels. Parallele Prozesse in Form von Threads, die Ereignisverarbeitung und die Konzepte der Assemblys werden zusätzlich beschrieben. Das Kapitel endet mit einem Überblick zur Erstellung grafischer Benutzungsoberflächen.

Übersicht

7.1	**Namensräume**	**238**
7.2	**Ausnahmebehandlung**	**239**
7.3	**Collections**	**244**
7.4	**Dateien, Ströme und Objektserialisierung**	**246**
7.5	**Delegates und Ereignisse**	**254**
7.6	**Threads**	**259**
7.7	**Assemblys, Attribute, Reflection**	**264**
7.8	**Grafische Oberflächen**	**272**

7.1 Namensräume

Erstellung von Anwendungen

Softwareanwendungen bestehen i. d. R. aus einer Vielzahl von Elementen und Klassen. Dabei wird auf vordefinierte Klassen des .NET-Frameworks (z. B. `System`, `System.IO`, `System.Collections` etc.) oder auf Klassenbibliotheken von Fremdanbietern zurückgegriffen, die zur Umsetzung des gestellten Anwendungsproblems durch eigene Klassen ergänzt werden. Diese Vielzahl zusammenfassend in zweckmäßige Bereiche zu strukturieren, ohne dass es zwischen den verschiedenen Elementen zu Namenskonflikten kommt, ist Aufgabe der **Namensräume** (namespace).

Namensräume können Programmelemente wie Klassen, Interfaces, Delegates, Enumerationen, Strukturen und andere Namensräume zu einem Bereich zusammenfassen. Alle zu einem Namensraum gehörenden Elemente sind nur innerhalb des Bereichs bekannt.

Zur Nutzung der Klassen eines Namensraums stellt C# zwei Wege zur Verfügung. Durch die Verwendung des Schlüsselworts `using` zu Beginn einer Datei vor der ersten Deklaration kann der komplette Namensraum sichtbar gemacht werden. Im Gegensatz dazu wird durch die voll qualifizierte Namensangabe nur eine einzelne Klasse nutzbar gemacht. Neben den vordefinierten Namensräumen können die Elemente auch in selbst definierten Namensräumen gekapselt werden.

Namensraum

```
namespace Name { Programmelemente }
```

Die zu einem Namensraum gehörenden Programmelemente werden analog zu den vordefinierten Namensräumen sichtbar gemacht. Namensräume können ineinander verschachtelt werden. Ebenso darf sich ein Namensraum mit demselben Namen über mehrere Dateien erstrecken. Er kapselt somit all die Elemente, die von den einzelnen Deklarationen hinzugefügt werden.

Beispiel 7.1-1

Quelltext	Beschreibung

`using Person;`
`namespace Person`
`{`
` class Person`
` { public string name;`
`   public Person (string n)`
`   {name = n;}}`
 	
` class Student : Person`
 `{ public string studienfach;`
`   public Student(string n,string s)`
`                     : base (n)`
	Der Namensraum `Person` wird für die gesamte Datei sichtbar gemacht. Deklaration des Namensraums `Person`, der die Klassen `Person` und `Student` beinhaltet.

Quelltext	Beschreibung
| ```
  { studienfach = s; }
  }
}
class Test
{ public static void Main ()
  {Student st;
   st = new Student("Müller","Bio");
   System.Console.WriteLine
     (st.name + " ->"+st.studienfach);
  }
}
``` | Da der gesamte Namensraum sichtbar gemacht wurde, kann auf die Klassen direkt zugegriffen werden.<br>Zugriff auf die Operation `WriteLine` aus der Klasse `Console` im Namensraum `System` durch die voll qualifizierte Namensangabe. |

Neben der Sichtbarkeit des Geltungsbereichs von Elementen kann using zur Deklaration eines Alias-Namens für Klassen und Namensräume verwendet werden. Der gewählte Alias-Bezeichner ist dann in der gesamten Datei anstatt des ursprünglichen Namens verfügbar.

7.2 Ausnahmebehandlung

Um eine weitreichende Sicherheit und Stabilität von Programmen zu gewährleisten, bietet C# einen Mechanismus zur Kontrolle von Ausnahmen. Eine **Ausnahme** bezeichnet einen während der Laufzeit auftretenden Fehler, der beispielsweise durch eine Bereichsüberschreitung eines Feldes oder eine Division durch Null auftritt. Werden diese Fehler nicht kontrolliert und abgefangen, führen sie zu einem irregulären Programmabbruch. Mit der **Ausnahmebehandlung** unterliegt dieses Abfangen und Verarbeiten dem Programmierer. Die Umsetzung der Ausnahmebehandlung erfolgt unter Verwendung der Schüsselwörter try, catch, throw und finally. Ein möglicherweise fehleranfälliges Programmstück wird dabei in einen try-Block eingeschlossen, in welchem es kontrolliert ausgeführt wird. Kommt es zu einem Fehler im try-Block, so wird dieser in Form eines Ausnahmeobjekts an einen catch-Block weitergeleitet, der die Ausnahme abfängt und behandelt. Dieser Block wird auch als **Exception-Handler** bezeichnet.

Exception

```
try
{ Fehleranfälliger Codeblock }
catch (Ausnahmetyp1 Objekt)
{ Exception-Handler für den Ausnahmetyp }
…
catch (AusnahmetypN Objekt)
{ Exception-Handler für den Ausnahmetyp }
```

try
catch
throw
finally
```

Eine Ausnahme kann auch explizit durch das Schlüsselwort throw ausgelöst werden. Treten im try-Block keine Fehler auf, wird der catch-Block übersprungen. Optional kann einer try-catch-Anweisung ein finally-Block folgen, der Anweisungen enthält, die ungeachtet des Auslösens einer Exception immer ausgeführt werden. Eine durch einen Fehler ausgelöste Ausnahme wird in C# durch eine Klasse realisiert, welche aus der Klasse Exception abgeleitet ist.

Beispiel 7.2-1

Quelltext	Beschreibung
| ```
class Test
{…
  public void ausnahme()
  {try
    { ergebnis = a/b; }
    catch (DivideByZeroException)
    { … }
  }
  static void Main()
  { Test t = new Test();
    t.ausnahme(); }
}
``` | Einfügen der fehlerauslösenden Anweisungen in einen try-Block. Erstellen eines catch-Blocks, der die Ausnahme „Division durch Null" abfängt. |

Das dem catch-Block übergebene Exception-Objekt entstammt einer komplexen Klassenhierarchie von Ausnahmen. Um eine komplette Übersicht der Ausnahmen zu erhalten, sei an dieser Stelle auf die .NET-Dokumentation verwiesen.

Exception-Handler

Die Anzahl der auf einen try-Block folgenden Exception-Handler ist nicht beschränkt. Es können mehrere catch-Blöcke mit einem try-Block verknüpft werden. Sie müssen sich allerdings in ihrem Typ des Ausnahmeobjekts unterscheiden. Kommt es zu einer Ausnahme, werden die catch-Blöcke der Reihe nach auf einen kompatibeln Typ hin untersucht. Wird kein passender Exception-Handler gefunden, findet eine automatische Verarbeitung vom Laufzeitsystem statt.

Beispiel 7.2-2

Quelltext	Beschreibung
| ```
class Test
{ int [] feld = {-1,0,1,};
  int i;
  int a = 1;

  public void ausnahme()
  { for ( i = 0 ; i < 4 ; i++)
    {try
      {Console.WriteLine(a / feld[i]);}
``` | try-Block, in dem zwei Fehler erzeugt werden. Zum einen eine Division durch Null und zum anderen eine Feldüberschreitung. |

Quelltext	Beschreibung

`        catch (DivideByZeroException)`
`        { ... }`
`        catch(IndexOutOfRangeException)`
`        { ... }`
`      }`
`    }`
`...}`
	`catch`-Block zum Abfangen des Divisionsfehlers.
	`catch`-Block zum Abfangen der Feldüberschreitung.

Auch die Schachtelung von `try`-Blöcken wird seitens C# unterstützt. In diesem Fall wird eine Ausnahme, die im inneren `try`-Block ausgelöst wird und dort keinen kompatiblen `catch`-Block findet, an den nächst äußeren `try`-Block weitergeleitet. Dies geschieht solange, bis ein passender Handler gefunden wird. Ist kein passender Exception-Handler vorhanden, findet ebenfalls eine Verarbeitung seitens des Laufzeitsystems statt.

Nicht immer ist zur Compilezeit abzusehen, welche Ausnahme zur Laufzeit ausgelöst werden kann. Neben der Option, einen Ausnahmetyp explizit anzugeben, kann ein universeller Handler erstellt werden, der sämtliche Ausnahmen abfangen kann. Dieser „catch-all-Handler" verzichtet dabei auf die Annahme eines speziellen Exception-Objekts.

catch

`catch { Ausnahmebehandlung }`

Quelltext	Beschreibung

`class Test`
`{ ...`
`    try`
`    {Console.WriteLine(a / feld[i]);}`
`    catch`
`    { ... }`
`...}`
	Abgewandeltes Beispiel 7.2-2.
	
	Universeller `catch`-Block, mit dem alle Ausnahmen abgefangen werden.

Beispiel 7.2-3

Alle bisher betrachteten Ausnahmen wurden implizit von der Laufzeitumgebung des Programms erzeugt. Mit dem Schlüsselwort `throw` kann ein Abbruch explizit durch den Programmierer herbeigeführt werden. Für das Auslösen einer Ausnahme muss `throw` angegeben werden, gefolgt von einem mit `new()` erzeugten Exception-Objekt.

throw

`throw new Ausnahmeobjekttyp();`

Beispiel 7.2-4

Quelltext	Beschreibung
| ```
class Test
{…
  public void ausnahme()
  {try
    {Console.WriteLine(a/b);
      throw new DivideByZeroException();}
      catch (DivideByZeroException)
      { … }}
  …}
``` | Auslösen einer Ausnahme mittels throw mit gleichzeitigem Erzeugen eines Ausnahmeobjekts. |

finally

Eine abrupte Ausnahmebehandlung kann einen unerwünschten Nebeneffekt mit sich bringen. Wird beispielsweise eine geöffnete Datei nach einer Ausnahmebehandlung nicht ordnungsgemäß geschlossen, können unter Umständen wichtige Daten verloren gehen. Mit dem Schlüsselwort finally kann ein optionaler Anweisungsblock definiert werden, der diesen Zustand behandelt und auf jeden Fall nach einer Ausnahmebehandlung ausgeführt wird.

```
finally { Anweisungen }
```

Beispiel 7.2-5

Quelltext	Beschreibung
| ```
class Test
{…
  catch (DivideByZeroException)
  { … }
  finally
  {Console.WriteLine("Die verwendeten
   Zahlen waren{0} und {1}",a,b);}
  …}
``` | Da keinerlei Informationen über den Abbruch bekannt sind, wird ein finally-Block definiert, der über die verwendeten Zahlen informiert. |

Exception

Die Klasse Exception, aus der sich alle Ausnahmeobjekte ableiten, definiert eine Reihe von unterschiedlichen Eigenschaften, die nähere Informationen über eine Ausnahme liefern. Sie können über das Ausnahmeobjekt, welches dem catch-Block übergeben wird, abgerufen werden. Zwei sehr nützliche Eigenschaften sind Source und Message. Über Source kann die Klasse oder Anwendung erfragt werden, in der die Ausnahme aufgetreten ist. Message hingegen beschreibt die Ursache der Ausnahme. Folgende Tabelle zeigt eine komplette Übersicht der angebotenen Eigenschaften.

Tab. 7.2-2: *Eigenschaften*

Eigenschaft	Beschreibung
StackTrace	Eine Stapelüberwachung zur Bestimmung der Stelle, an der ein Fehler aufgetreten ist.
Message	Liefert eine konkrete, textuelle Beschreibung des aufgetretenen Fehlers.
HelpLink	Liefert eine Hilfedatei in Form einer URL, die bei Bedarf auch selbst definiert werden kann.
Source	Liefert den Namen der Anwendung oder des Objekts, in dem der Fehler aufgetreten ist.
TargetSite	Liefert die Operation, durch die ein Fehler ausgelöst wurde.
HResult	Beschreibt einen für jeden Fehler individuellen 32-Bit-Wert.
InnerException	Liefert den Wert, der an den Konstruktor übergeben wurde.

Benutzerdefinierte Ausnahme

Neben der Verwendung vordefinierter Klassen, die sich auf eine allgemeine Beschreibung der Ausnahme beschränken, können eigene Ausnahme-Klassen erzeugt werden. Dies hat den Vorteil, dass ein Fehler anwendungsspezifisch beschrieben werden kann. Um eine Ausnahme-Klasse selbst zu erstellen, genügt es, eine von ApplicationException abgeleitete Klasse zu definieren. Die Klasse ApplicationException stellt Ausnahmen bereit, die in Anwendungen auftreten. Da es sich bei dieser Klasse um eine von Exception abgeleitete Klasse handelt, stehen ihr somit alle Eigenschaften und Operationen von Exception zur Verfügung.

Erfolgt in einem Programm eine mehrstufige Hierarchie abgeleiteter Klassen zur Ausnahmebehandlung, so unterliegt das Abfangen, also die Reihenfolge der catch-Blöcke, einer strikten Ordnung. Befinden sich sowohl selbst definierte Ausnahmen als auch Ausnahmen der Basisklasse in einem Programm, müssen als erstes die eigens definierten Ausnahmen aufgeführt werden, gefolgt von den Ausnahmen der Basisklasse. Geschieht dies in umgekehrter Reihenfolge, so fängt der catch-Block der Basisklasse alle weiteren abgeleiteten Ausnahmeklassen automatisch mit ab und übergeht sie damit.

checked unchecked

Neben der Verwendung von try-/catch-Blöcken kontrolliert C# arithmetische Überläufe, die in Folge einer expliziten Typkonvertierung erfolgen. Eine Anweisung in C# kann dabei unter einem aktiven oder inaktiven Aspekt ausgeführt werden. Während in einem aktiven Kontext ein arithmetischer Überlauf eine Ausnahme auslöst, wird in einem inaktiven Kontext ein arithmetischer Überlauf ignoriert und das Ergebnis entsprechend dem Wertebereich abgeschnitten. Die Umsetzung erfolgt in C# mit den Schlüsselwörtern checked und unchecked. Beide Formen der Überwachung können entweder in einer Blockanweisung oder direkt am zu überprüfenden Ausdruck erfolgen.

```
checked   { zu überprüfende Blockanweisung }
checked   ( zu überprüfende Anweisung )
unchecked { Blockanweisung, die den Überlauf ignoriert }
unchecked ( Anweisung, die den Überlauf ignoriert )
```

Beispiel 7.2-6

Quelltext	Beschreibung

`try`
`{checked`
`  {for (s = 254; s < 260; s++)`
`  {b = (byte)s;`
`   Console.WriteLine(b);}}}`
`catch(OverflowException)`
`{Console.WriteLine`
`  ("Arithmetischer Überlauf");}`
	Ausgabe der checked-Version:
	254 255
	Arithmetischer Überlauf
	Ausgabe bei unchecked:
	254 255 0 1 2 3 4

7.3 Collections

Auflistungsklasse

Auf zahlreiche Klassen, mit denen Daten und Objekte gleichen Typs verwaltet werden können, erhält der Programmierer Zugriff über die Namensräume `System.Collections` und `System.Collections.Specialized`. Diese Klassen werden auch **Collections** oder **Auflistungsklassen** genannt. Ihre besondere Eigenschaft liegt darin, dynamisch zur Laufzeit ihre Größe entsprechend dem Einfügen und Entnehmen von Elementen anzupassen. Auf diese Weise existieren durch die Entnahme von Elementen keine unbelegten Elementpositionen. Die einzelnen Collection-Klassen unterscheiden sich bezüglich der Speicherung, des Zugriffs und der Performance bei der Suche enthaltener Elemente. Dieser Abschnitt beschäftigt sich mit den Klassen `ArrayList`, `SortedList`, `Hashtable`, `Queue` und `Stack`.

Tab. 7.3-1: Collections

Collections (Klassen von System.Collections)	
ArrayList	BitArray
CaseInsensitiveComarer	CaseInsensitiveHashCodeProvider
CollectionBase	Comparer
DictionaryBase	Hashtable
Queue	ReadOnlyCollectionBase
SortedList	Stack

Collections (Klassen von System.Collections.Specialized)	
ListDictionary	NameObjectCollectionBase
NameObjectCollectionBase.KeysCollection	NameValueCollection
StringCollection	StringDictionary
StringEnumerator	

Um eine größtmögliche Kompatibilität unter den Auflistungsklassen zu erzielen, stehen die Interfaces IEnumerable, ICollection, IDictionary und IList im .NET-Framework zur Verfügung. Die oberste Stelle der Vererbungshierarchie wird von der Schnittstelle IEnumerable eingenommen. Sie besitzt als einzige Operation GetEnumerator(), die ein Objekt zurückliefert, welches die Schnittstelle IEnumerator implementiert. Dieses Objekt beschreibt eine Art Positionszeiger, mit dem eine Auflistung von Elementen Schritt für Schritt iteriert werden kann. Die Daten einer Auflistung können mit einem Enumerator allerdings nur gelesen und nicht geschrieben werden.

ArrayList

Eine der bereits in C# vordefinierten Sammlungen ist die ArrayList. Gegenüber einem gewöhnlichen Feld passt sie ihre Größe dynamisch zur Laufzeit dem Bedarf an. Während bei der normalen Deklaration auf die Angabe einer Dimension verzichtet wird, nimmt eine überladene Form des Konstruktors einen Wert entgegen, der die ArrayList in der entsprechenden Größe erzeugt.

In einer ArrayList wird dem ersten Objekt der Index 0 zugewiesen, dem zweiten der Index 1 und so weiter. Das letzte Element in einer n-elementigen Liste besitzt den Index n-1, wobei jeweils zwischen der Index-Position und einem Element keine feste Bindung besteht. Durch das Entfernen eines Objekts an einer Stelle rücken alle nachfolgenden Elemente um diese frei gewordenen Position nach vorne.

Hashtable

Die Klasse Hashtable beschreibt eine Auflistungsklasse, die auf das schnelle Auffinden enthaltener Elemente ausgerichtet ist. Sie enthält Paare vom Typ (Schlüssel, Wert). Dabei wird einem Schlüssel, wie bei einem Wörterbuch, ein konkreter Wert zugeordnet, der im späteren Verlauf wieder abgerufen werden kann. Eine Hashtable ist dabei in der Lage, jede Art von Schlüsseltyp mit jedem beliebigen Werttyp zu kombinieren. Die Struktur einer Hashtable entspricht einem Feld, dessen einzelne Elemente wieder aus Feldern bestehen. Man spricht in diesem Zusammenhang von einem Feld verketteter Listen. Das Ablegen und Auffinden der einzelnen Positionen, in denen ein Wert abgespeichert wird, berechnet sich über einen individuellen Hashcode aus dem zugehörigen Schlüssel.

SortedList

Eine SortedList ist im Wesentlichen mit einer Hashtable identisch, die jedoch die in ihr abgelegten Elemente automatisch sortiert. Neben der Verwaltung von Paaren des Typs (Schlüssel, Wert), ist in einer SortedList der

Zugriff auf Elemente über einen Index möglich. Eine `SortedList` besteht aus zwei Feldern, von denen das eine als Container für Schlüssel und das andere als Container für Werte dient. Die Reihenfolge der sortierten Elemente richtet sich nach dem Schlüssel eines Werts. Dieser wird durch die Operation `CompareTo()` der Schnittstelle `ICompare` mit den bereits vorhandenen verglichen und entsprechend einsortiert.

Queue und Stack

Die Klasse `Queue` repräsentiert eine Auflistungsklasse, die nach dem First-In-First-Out-Prinzip (FIFO) arbeitet. Dabei kann das Element, welches als erstes in die `Queue` abgelegt wird, auch als erstes wieder entnommen werden. Das Pendant zu einer `Queue` ist die Klasse `Stack`. Sie funktioniert nach Last-In-First-Out-Prinzip (LIFO). Bei dieser Vorgehensweise wird das letzte abgelegte Element als erstes Element wieder entnommen.

7.4 Dateien, Ströme und Objektserialisierung

Stream

Der Datenaustausch zwischen verschiedenen Kommunikationsebenen ist in C# über **Ströme (Streams)** organisiert, die sich aus Bytes zusammensetzen. Unter Kommunikationsebenen können sowohl physische periphere Geräte, Netzwerkverbindungen und auch Dateien verstanden werden.

Ein Byte-Strom ist die unterste Ebene des Eingabe- und Ausgabe-Systems von C#, in dem eine bestimmte Anzahl von Bytes zu Paketen zusammengefasst wird. Die Byte-Ströme bilden die Grundlage für die zeichenbasierten Character-Ströme und binär formatierten Binary-Ströme. Beide Ströme verpacken den Byte-Strom, sodass das gewünschte Datenformat geschrieben bzw. gelesen werden kann. Das Konzept der Ströme ermöglicht es, gleiche Operationen z. B. für das Lesen von Daten aus einer Datei oder aus einer Netzwerkverbindung zu nutzen.

System.IO

Alle Klassen, die zur Organisation der Ein- bzw. Ausgabe benötigt werden, sind im Namensraum `System.IO` zu finden. Ferner stellt der Namensraum `System` die drei Ströme `Console.In`, `Console.Out` und `Console.Error` für die Standard-Ein bzw. -Ausgabe über die Tastatur und den Bildschirm zur Verfügung.

Tab. 7.4-1: Klassen zur Ein- und Ausgabe

Basisklasse	abgeleitete Klasse	Beschreibung
`Directory`		Umfasst statische Elemente zur Bearbeitung von Verzeichnissen.
`File`		Liefert statische Elemente zur Bearbeitung von Dateien.
`FileSystemInfo`	`DirectoryInfo`	Stellt Funktionen zum Bearbeiten von Verzeichnissen zur Verfügung.

Basisklasse	abgeleitete Klasse	Beschreibung
	`FileInfo`	Mit den Operationen dieser Klasse können Dateien bearbeitet werden.
`Stream`	`FileStream`	Erzeugt Ströme zum Lesen und Schreiben einer Datei.
	`BufferedStream`	Definiert Ströme für die gepufferte Ein- und Ausgabe.
	`MemoryStream`	Bildet Ströme, um Daten in den Arbeitsspeicher zu schreiben bzw. daraus zu lesen.
	`NetworkStream`	Erzeugt Ströme für Netzwerkverbindungen.
`TextReader`	`StreamReader`	Klasse, die aus einem Byte-Strom Zeichen liest.
	`StringReader`	Liest Zeichen aus einem String.
`TextWriter`	`StreamWriter`	Klasse zum Schreiben zeichenbasierter Daten in einem Byte-Strom.
	`StringWriter`	Schreibt Zeichen in einen String.
`BinaryReader`		Verpackt Byte-Ströme, um Daten mit binären Werten zu lesen.
`BinaryWriter`		Verpackt Byte-Ströme zum Schreiben binärer Daten.

Das Arbeiten mit Klassen des `System.IO` kann eine Vielzahl von Ausnahmen wie z. B. `FileNotFoundException`, `NotSupportedException` oder `IOException` auslösen, die bei Bedarf abgefangen werden können. Neben den Klassen werden im Namensraum `System.IO` Enumerationen definiert, die bei der Anwendung der IO-Klassen benötigt werden.

Tab. 7.4-2: Enumerationen aus System.IO

Enumeration.Name	Beschreibung
`FileMode.Append`	Öffnet eine existierende Datei und fügt die Daten an das Ende der Datei an. Ansonsten wird eine neue Datei erstellt.
`FileMode.Create`	Es wird eine neue Datei erstellt. Eine eventuell schon vorhandene Datei wird überschrieben.
`FileMode.CreateNew`	Erstellt eine neue Datei.
`FileMode.Open`	Öffnet eine Datei. Wenn sie nicht existiert, wird eine Ausnahme ausgelöst.
`FileMode.OpenOrCreate`	Öffnet eine Datei. Wenn diese nicht existiert, wird eine neue Datei erstellt.
`FileMode.Truncate`	Öffnet eine Datei, um ihren Inhalt abzuschneiden.

Enumeration.Name	Beschreibung
`FileAccess.Read`	Lesender Zugriff.
`FileAccess.ReadWrite`	Lesender und schreibender Zugriff.
`FileAccess.Write`	Schreibender Zugriff.

Verwendung von Strömen

Der grundlegende Umgang mit Strömen wird exemplarisch an den Klassen `FileStream` und `StreamWriter`/`StreamReader` vorgestellt.

`FileStream` ist von der abstrakten Klasse `Stream` abgeleitet, deren Unterklassen byte-orientierte Datenströme erzeugen. Durch einen `FileStream` können Daten in eine Datei geschrieben oder aus ihr gelesen werden. Sie sollten immer dann zur Anwendung kommen, wenn eine Datei nicht ausschließlich aus Textdaten besteht. Sowohl `Stream` als auch `FileStream` bieten Operationen zum Erstellen, Öffnen, Lesen, Schreiben etc. einer Datei.

Tab. 7.4-3: Funktionen und Konstruktoren von `Stream` / `FileStream`

Stream/FileStream - Operationen	Beschreibung
`FileStream(string, FileMode)`	Konstruktor: Der String gibt den Dateipfad an. `FileMode` repräsentiert den Erstellungsmodus.
`FileStream(string, FileMode, FileAcccess)`	Konstruktor: `FileAccess` ergänzt den obigen Konstruktor um eine Konstante, die die Lese-/Schreibberechtigung festlegt.
`void Close()`	Schließt die Datei.
`void Flush()`	Löscht alle Puffer, die zu dem Stream gehören.
`int Read(byte[] array, int offset, int count)`	Liest aus einer Datei die Werte zwischen `offset` und `offset+count-1` und speichert diese in `array`. Der Rückgabewert umfasst die Gesamtzahl der gelesenen Bytes.
`int ReadByte()`	Liest ein Byte und geht in der Datei eine Position vor. Das Byte wird als Integer-Wert zurückgeliefert, -1 repräsentiert das Dateiende.
`long Seek(long offset, Seekorigin s)`	Setzt die Position in einer Datei. `offset` ist der Punkt relativ zum Bezugspunkt s, der mit `Begin`, `Current` oder `End` bestimmt werden kann. Der Wert an der neuen Position wird zurückgegeben.
`void Write(byte[] array, int offset, int count)`	Schreibt einen Block von Bytes in den Stream. `offset` gibt an, ab welchem Index in `array` gelesen werden soll. `count` gibt die maximale Anzahl der Bytes pro Schreibvorgang vor. Die Position im Stream verschiebt sich bei erfolgreichem Schreibvorgang den Bytes entsprechend.
`void WriteByte(byte v)`	Schreibt einen Byte in den Stream.

Beispiel 7.4-1

Quelltext	Beschreibung
| ```
class FileStreamTest
{public static void Main()
 {byte [] b_array = new byte [58];
  for(int i=0;i<b_array.Length;i++)
    b_array [i]=(byte)((int) 'A'+i);

  FileStreamTest fst =
            new FileStreamTest ();
  fst.schreiben(b_array);
  fst.lesen ();
 }

 public void schreiben(byte[]
                          b_array)
 {FileStream f_in = new
    FileStream(@"C:\C#Testdatei.dat",
            FileMode.OpenOrCreate,
            FileAccess.Write);
  try
  {f_in.Write (b_array,0,
                b_array.Length);}
  catch (IOException e)
  {Console.WriteLine (e);}

  f_in.Close();
 }

 public void lesen ()
 {FileStream f_out = new
    FileStream @"C:\C#Testdatei.dat",
            FileMode.Open,
            FileAccess.ReadWrite);
  byte[] b1_array = new byte [58];
  try
  {f_out.Read (b1_array,0,58);}
  catch (IOException e)
  {Console.WriteLine(e);}
  f_out.Close();
 }
}
``` | Ein Array wird mit dem Alphabet in Groß- und Kleinbuchstaben und 6 Sonderzeichen gefüllt.<br><br>Erzeugen eines Objekts der Klasse FileStreamTest.<br><br><br><br>Erzeugen eines Objekts der Klasse FileStream unter Angabe des Pfadnamens. Die Datei soll geöffnet oder erstellt werden. Der Strom erhält einen schreibenden Zugriff.<br>Array wird komplett in die Datei geschrieben.<br><br><br>Schließen der Datei.<br><br>Erzeugen eines Objekts der Klasse FileStream, welches die Datei öffnet. Es ist schreibender und lesender Zugriff erlaubt.<br>Array initialisieren, welches die Werte aus der Datei aufnimmt.<br>Alle Daten aus der Datei lesen.<br><br>Schließen des Stroms. |

Alle Stromklassen unterstützen die synchrone und asynchrone Ein- und Ausgabe. Bei der asynchronen Ausgabe kann z. B. neben dem Lesen einer Datei ein weiterer Prozess gestartet werden, wohingegen bei der synchronen Verarbeitung das Ende des Lesevorgangs abgewartet werden muss. Zur asynchronen Ein- und Ausgabe kommen die Funktionen `BeginRead()`, `BeginWrite()`, `EndRead()` und `EndWrite()` zur Anwendung.

Synchrone und asynchrone Ein- und Ausgabe
```

Die Klassen `StreamWriter` und `StreamReader` werden zum Schreiben und Lesen von Textdateien eingesetzt. Beide können Zeichen auf der Grundlage des Unicode-Zeichensatzes verarbeiten. Hierzu wird der originäre Byte-Strom in einen Zeichen-Strom 'verpackt' (engl.: wrap), wodurch sich die Bezeichnung „Wrapper-Klassen" erklärt. Die Klasse `StreamWriter` liefert die Funktionen, um einen zeichenbasierten Strom in eine Datei schreiben zu können. Durch Operationen aus `StreamReader` können die Daten gelesen werden.

Tab. 7.4-4: Operationen der Klassen `StreamWriter` und `StreamReader`

Operationen	Beschreibung
der Klasse `StreamWriter`	
`StreamWriter(Stream)`	Konstruktor: Instanz wird für den übergebenen Strom erzeugt.
`StreamWriter(string)`	Konstruktor: Der String gibt den Datei-Pfad an. Ist dieser noch nicht vorhanden, wird eine neue Datei erstellt.
`StreamWriter(string,bool)`	Konstruktor: Durch den booleschen Ausdruck wird bestimmt, ob schon vorhandene Daten überschrieben (`false`) oder Daten angehangen werden (`true`).
`void Close ()`	Schließt den `StreamWriter`.
`void Flush ()`	Löscht alle Puffer.
`void Write (Typ)`	Schreibt Daten in eine Zeile ohne Zeilenumbruch. Bei Typ kann es sich sowohl um einen elementaren Datentyp als auch um ein Objekt handeln.
`void WriteLine ()`	Schreibt eine Zeile mit Zeilenumbruch.
`void WriteLine (Typ)`	Schreibt die Daten des angegebenen Datentyps in eine Zeile inklusive eines Zeilenumbruchs.
der Klasse `StreamReader`	
`StreamReader(Stream)`	Konstruktor: Instanz wird für den übergebenen Stream erzeugt.
`StreamReader(string)`	Konstruktor: Der `String` gibt den Namen der zu öffnenden Datei an.
`void Close ()`	Schließt den `StreamWriter`.
`int Read ()`	Liest das nächste Zeichen. Das Dateiende wird durch die Rückgabe von -1 angezeigt.
`String ReadLine()`	Gibt eine Zeile von Zeichen zurück. Der Rückgabewert bei Erreichen des Dateiendes ist `null`.
`int Peek()`	Liest das nächste Zeichen, ohne es zu verarbeiten. Ist das Ende der Datei erreicht, wird -1 ausgegeben.

Beispiel 7.4-2

Quelltext	Beschreibung
| ```
...
public static void Main ()
{ CharStreamTest cst =
            new CharStreamTest ();
  cst.schreiben ();
  cst.lesen ();}

public void schreiben ()
{ string str = "";
  Console.WriteLine("Bitte Text eingeben\n"
  + "Zum Beenden bitte \"Ende\" in eine "
  + "separate Zeile eingeben");

  FileStream f_in = new FileStream
            (@"C:\C#Testdatei_2.txt",
             FileMode.OpenOrCreate);
  StreamWriter str_in =
            new StreamWriter(f_in);
  do
  { str_in.WriteLine (str);
    str = Console.ReadLine();
  }while (!str.Equals("Ende"));
  str_in.Close();
}

public void lesen ()
{ FileStream f_out = new FileStream
            (@"C:\C#Testdatei_2.txt",
                 FileMode.Open);
  StreamReader str_out =
            new StreamReader(f_out);
  string str_1;
  while((str_1=str_out.ReadLine())!=null)
  { Console.WriteLine(str_1);}

  str_out.Close();}
}
``` | FileStream-Objekt erzeugen.<br><br>StreamWriter-Objekt mit dem f_in initialisieren<br>Text in den Strom schreiben.<br>Texteingabe lesen.<br>Strom schließen.<br><br>FileStream-Objekt erzeugen.<br>StreamReader wird mit f_out erzeugt.<br>Daten werden aus dem Strom gelesen, solange nicht null zurückgegeben wird.<br>Ausgabestrom schließen. |

Die Standardströme In, Out und Error können durch die statischen Funktionen SetIn(TextReader Eingabe), SetOut(TextWriter Ausgabe) und SetError(TextWriter Ausgabe), welche ebenfalls Operationen der Klasse Console sind, direkt in einen weiteren Strom vom Typ TextReader oder TextWriter umgeleitet werden. Die umgeleiteten Ströme der Standardeingabe und -Ausgabe sind dann zur Erstellung von Protokolldateien oder zu Eingaben über Netzverbindungen nutzbar.
```

Beispiel 7.4-3

Das Beispiel zu `TextWriter` und `TextReader` wurde im Folgenden so abgewandelt, dass die Ausgabe des Textes neben der Konsolenausgabe direkt in eine weitere Datei geschrieben wird.

Quelltext	Beschreibung
```public void lesen ()``` ``` { ...``` ``` StreamWriter log =``` ``` new StreamWriter(@"C:\log.txt");``` ``` ...``` ``` while ((str_1=str_out.ReadLine())!=null)``` ``` { Console.SetOut(log);``` ``` Console.WriteLine(str_1);}``` ``` str_out.Close();``` ``` log.Close();``` ```}```	Umlenken der Daten in die Datei log.txt.

Serialisierung

Wie Java unterstützt C# das Konzept der **Serialisierung**. Bei der Serialisierung werden alle Informationen, die für den Zustand eines Objekts relevant sind, in einen Byte-Strom umgewandelt. Aus diesem kann dann bei Bedarf das Objekt durch die **Deserialisierung** rekonstruiert werden. Zur Serialisierung eines Objekts muss die erzeugende Klasse durch das Attribut `[Serializable]` gekennzeichnet sein. Innerhalb eines Objekts wird die Serialisierung für die einfachen Datentypen und Zeichenketten automatisch durch die CLR übernommen. Enthält ein Objekt andere durch z. B. Klassen definierte Datentypen, müssen diese ebenfalls als `[Serializable]` markiert sein.

Die Serialisierung und Deserialisierung wird von Formatierern übernommen. C# stellt zwei verschiedene Formatierertypen zur Verfügung. Bei Desktopanwendungen sollte der `BinaryFormatter` angewendet werden, der ein Binärformat erstellt. Der `SoapFormatter` eignet sich besonders für Internetanwendungen, da er die Daten in das auf XML basierende SOAP-Format (Simple Object Access Protocol) konvertiert. Die Klassen der Formatierer gehören zu den jeweiligen Namensräumen:

```
System.Runtime.Serialization.Formatters.Binary
System.Runtime.Serialization.Formatters.Soap
```

Durch Aufruf der Operation `Serialize()` aus `BinaryFormatter`, der der erzeugte Strom und ein Objekt übergeben werden, kann die Konvertierung durchgeführt und der Bytestrom weiterverarbeitet werden. Der Zugriff auf die Operation `Deserialize()` unter Angabe des Stroms führt zur Deserialisierung der Daten.

Einzelne Objektmerkmale können von der Serialisierung ausgenommen werden, indem das Attribut `[NonSerialized]` vorangestellt wird. Durch die Implementierung der Operation OnDeserialization (Object sender) des Interfaces IDeserializableCallback können nach der Deserialisierung die noch fehlenden Objektinformationen aufgearbeitet werden.

Beispiel 7.4-4

Quelltext	Beschreibung
| ```
using System.IO;
using System.Runtime.Serialization;
using System.Runtime.Serialization.
            Formatters.Binary;
…

[Serializable]
class Person:IDeserializationCallback
{…
  [NonSerialized] private int alter;
  …
  public virtual void OnDeserialization
                          (Object o)
  {alter = 2003 - geb_jahr;}
  …}

[Serializable]
class Adresse
{ … }
class Test
{public static void Main()
 {Person[] p_ser= new Person[2];;
  Person[] p_deser = new Person[2];
  Adresse a1 = new Adresse
    ("BVB Str. 09","44227","Dortmund");
  Adresse a2 = new Adresse
    ("Kurze Str. 1","59457", "Werl");
  p_ser[0] = new Person
              ("Meyer",1979,a1);
  p_ser[1] = new Person
              ("Müller",1964,a2);
  …
  serialisieren(p_ser);
  p_deser = deserialisieren();
 …}
  public static void serialisieren
                      (Person[] p)
  {FileStream fin = new FileStream
        ("Person.txt",FileMode.Create);
   BinaryFormatter bf =
              new BinaryFormatter();
   bf.Serialize (fin,p);
   fin.Close(); }
``` | Namensräume zur Nutzung von IDeserialization Callback und zur Serialisierung und Deserialisierung.<br><br>Klasse als serialisierbar kennzeichnen und Implementierung der Schnittstelle IDeserialization Callback.<br>Attribut von der Serialisierung ausschließen.<br>Operation stellt nach der Deserialisierung das Attribut alter wieder her.<br>Klasse als serialisierbar kennzeichnen, damit Adresse in Person serialisiert werden kann.<br>Felder, welche Personen zur Serialisierung bzw. nach der Deserialisierung aufnehmen können.<br><br><br><br><br><br>Serialisierungs-Operation aufrufen.<br>Deserialisierungs-Funktion aufrufen.<br>Operation serialisiert ein Personenfeld.<br>FileStream erzeugen.<br>Binären Formatierer instanziieren.<br>Operation Serialize() aufrufen.<br>FileStream schließen. |
```

Quelltext	Beschreibung

`public static Person[]`
`             deserialisieren ()`
`{FileStream fout = new FileStream`
`   ("Person.txt",FileMode.Open);`
`BinaryFormatter bf =`
`          new BinaryFormatter();`
`Person[] tmp = new Person[2];`
 	
`tmp=(Person[]) bf.Deserialize(fout);`
`fout.Close();`
`return tmp; }`
`}`
	Operation dient zur Deserialisierung. Es wird ein Personenfeld zurückgeliefert.
	`FileStream` erzeugen.
	Formatierer-Objekt erzeugen.
	Hilfsfeld initialisieren.
	Aufruf der Operation `Deserialize()`.
	`FileStream` schließen.

7.5 Delegates und Ereignisse

Ereignissteuerung

Ein wichtiger Ansatz moderner Programmierung ist die Ereignissteuerung. Die Rolle eines Benutzers ist nicht mehr passiv, indem seine Einflussnahme auf das Programm streng reglementiert wird. Der Benutzer kann häufig in einem Programm eine oder mehrere Aktionen über eine grafische Oberfläche auswählen, die dann im laufenden Programm direkt abgearbeitet werden müssen. Jede gewählte Aktion löst ein Ereignis aus, welches wiederum durch eine geeignete Maßnahme beantwortet wird. Da jedoch zur Übersetzungszeit die Auswahl des Benutzers nicht vorhersehbar ist, wird zur Laufzeit nicht eine bestimmte Operation oder ein bestimmtes Objekt, sondern ein Stellvertreter für einen Funktionstyp aufgerufen. Dieser delegiert dann die Ausführung an eine geeignete Operation.

In C# ist ein **Delegate** ein Objekt, das auf eine oder mehrere Funktionen verweisen kann, die erst zur Laufzeit festgelegt werden. Über den Referenztyp können die Funktionen aufgerufen werden, deren Rückgabetyp und Parameterliste mit dem Delegate übereinstimmen. Delegates haben Ähnlichkeit mit Funktionszeigern in C/C++, bieten aber den Vorteil objektorientiert und typsicher zu sein.

Delegate

`[Modifier] delegate Rückgabetyp Name (Parameterliste)`

Die Deklaration eines Delegates führt zu einer automatischen, internen Erstellung einer Klasse, die den gleichen Namen wie das Delegate trägt. Diese Klasse wird von der Oberklasse `System.MulticastDelegate` abgeleitet, die wiederum von `System.Delegate` erbt.

Da die Erzeugung eines Delegates intern eine Klassendefinition darstellt, kann ein Delegate auch außerhalb einer Klasse deklariert werden. Um jedoch den logischen Zusammenhang zu erhalten, sollte das Delegate in der Klasse gebildet werden, mit der er eine schlüssige Einheit bildet.

Ein Delegate kann jede Operation kapseln, die die gleiche Parameterliste übergibt und den gleichen Datentyp zurückliefert, wie es in der Deklaration des Delegates festgelegt wird. Die zugehörigen Funktionen können sowohl Objekt- als auch Klassenoperationen sein.

Beispiel 7.5-1

Quelltext	Beschreibung
| ```
class Konto
{...
  public delegate double
    KontoDelegate (double d);
  ...
  public double einzahlen(double betrag)
  { k_kontostand += betrag;
    return k_kontostand;   }

  public double auszahlen(double betrag)
  { k_kontostand -= betrag;
    return k_kontostand;   }

  public static double dispokredit
                      (double gehalt)
  {return (gehalt*3)/2;    }
...}

public class Test
{public static void Main ()
 {Konto k1 = new Konto ("Mueller");
  Konto k2 = new Konto ("Schmitt");
  Konto.KontoDelegate kd;

  kd = new Konto.KontoDelegate
       (Konto.dispokredit);
  kd (2500);
  kd = new Konto.KontoDelegate
       (k1.einzahlen);
  kd (124.24);
  kd = new Konto.KontoDelegate
       (k1.auszahlen);
  kd (143.85);
 }
}
``` | Deklaration eines Delegates, der Funktionen kapseln kann, die in der Parameterliste einen double Wert übergeben und einen double Wert zurückliefern.<br><br>Deklaration eines Delgate-Objekts. Instanziierung des Delegate-Objekts. Die Klassenfunktion dispokredit wird über das Delegate aufgerufen.<br><br>Zuweisung weiterer Delegate-Objekte, welchen die Funktionen einzahlen und auszahlen übergeben werden. |

Delegates können in der zugeordneten Klasse erzeugt und wie Instanzvariablen benutzt werden, wenn sie Objektfunktionen einbinden. Klassenoperationen werden über statische Delegates angesprochen. Dies bietet den Vorteil, dass die aufrufende Klasse keinen Delegate erzeugen muss. Die in der Klasse instanziierten Delegate-Objekte können durch Eigenschaften ersetzt
```

werden, so dass ein Delegate nur dann erzeugt wird, wenn es benötigt wird. Ferner können sie als Objekte in einem Feld abgelegt werden, wodurch es z. B. dem Benutzer ermöglicht wird, die Reihenfolge von Funktionsausführungen zur Laufzeit festzulegen.

Mit Hilfe von Delegates wird in C# das Multicasting umgesetzt, was bedeutet, dass über ein Delegate automatisch eine Kette von Funktionen aufrufbar ist. Delegates können als abgeleitete Klasse von `MulticastDelegates` über eine interne Liste auf eine Vielzahl von Funktionen verweisen. Durch `Combine()` und `Remove()` können sie zu dieser Liste hinzugefügt bzw. entfernt werden. Alternativ werden die überladenen Additions- bzw. Subtraktionsoperatoren und deren verkürzte Schreibweise += und -= verwendet. Ein Delegate, welcher Multicasting umsetzt, muss nicht zwingend `void` zurückgeben. Jedoch umfasst der Wert, der am Ende der Aktionen zurückgeliefert wird, den Rückgabewert des zuletzt aufgerufenen Delegates.

Beispiel 7.5-2

Quelltext	Beschreibung
| ```
class Rechner
{public delegate void RechnerDelegate
            (int a, int b);
 public static void addieren
            (int a, int b)
 {Console.WriteLine("{0} + {1} = {2}",
            a,b,a+b);}
 public static void subtrahieren
            (int a, int b)
 { … }
 public static void multiplizieren
            (int a, int b)
 { … }
 public static void dividieren
            (int a, int b)
 { … }
}
public class Test
{public static void Main ()
 {Rechner.RechnerDelegate plus, minus,
            mal, geteilt, alle;
  plus = new Rechner.RechnerDelegate
            (Rechner.addieren);
  minus = new Rechner.RechnerDelegate
            (Rechner.subtrahieren);
  mal = new Rechner.RechnerDelegate
            (Rechner.multiplizieren);
  geteilt = new Rechner.RechnerDelegate
            (Rechner.dividieren);
  alle = plus + minus;
  alle += mal;
  alle = (Rechner.RechnerDelegate)
      Delegate.Combine (alle, geteilt);
``` | Erzeugen eines Delegates. Klassenoperationen<br><br>Deklaration von Delgate-Objekten.<br>Instanziierung von Delegate-Objekten.<br><br><br><br><br>Delegates zum Muliticast-Delegate |
```

Quelltext	Beschreibung

`foreach (Delegate d in`
`              alle.GetInvocationList())`
`{Console.WriteLine(d.Method.ToString());`
`}`
	alle hinzufügen.
	
	Ausgabe der Delegate-Liste.

`alle (2,4);`
`…}`
`}`
	Aufruf der Operationen mit dem Multicast-Delegate.

Neben der Möglichkeit Operationen, die zur Übersetzungszeit noch unbekannt sind, zur Laufzeit aufzurufen, bilden Delegates die Grundlage für Ereignisse. Durch ein **Ereignis (Event)** werden andere Objekte informiert, dass eine Aktion, z. B. ein Mausklick oder die Beendigung einer Datenübertragung, stattgefunden hat. Das auslösende Ereignis kann beliebig festgelegt werden, es sind nicht nur Aktionen aus der grafischen Benutzungsoberfläche darunter zu verstehen.

Ereignis

Die Objekte, die benachrichtigt werden möchten, müssen sich zuvor über ein Delegate anmelden. Das Auslösen eines Ereignisses führt dann zum automatischen Aufruf aller registrierten Delegates. Da Delegates die erzeugten Ereignisse behandeln, werden sie auch als **Event-Handler** bezeichnet.

```
[Attribute] [Modifikatoren] event Typ Event-Name
[Attribute] [Modifikatoren] event Typ Event-Name
{ add {…}
  remove {…} }
```

Event

In der obigen Definition legt `Typ` den Delegate-Typ fest. Ein Ereignis ähnelt einer Deklaration eines Feldes. Innerhalb der Klasse, die das Ereignis deklariert, stimmt ein Ereignis mit einem Feld vom Typ Delegate überein. Zu diesem Feld kann von außen nur über die Operatoren `+=` und `-=` ein Event-Handler hinzugefügt bzw. entfernt werden. Die zum Hinzufügen und Entfernen benötigte Implementierung wird mit `add()` und `remove()` implizit erzeugt. Zur flexibleren Handhabung können die Accessoren alternativ auch explizit definiert werden, wobei immer beide zusammen behandelt werden müssen.

Zur Ereignisbehandlung muss bei Instanzfunktionen jedes Objekt einer Klasse einzeln zur Eventbenachrichtigung angemeldet werden. Bei statischen Operationen reicht eine einmalige Registrierung aus. Durch Events kann wie bei Delegates Multicasting unterstützt werden.

Das folgende Beispiel beschreibt einen einfachen Tempomat. In Abhängigkeit von der Geschwindigkeit eines Autos wird ein Ereignis ausgelöst

Beispiel 7.5-3

7.5 Delegates und Ereignisse

Quelltext	Beschreibung
| ```
class Tempomat
{...
 public delegate void TempomatDelegate
                             (Auto a);
 public event TempomatDelegate
                   TempomatEvent1;
 public event TempomatDelegate
                   TempomatEvent2;
 ...
 public void kontrolle (Auto a)
 {if ((TempomatEvent1 != null)&&
          (TempomatEvent2 != null))
  {if (a.a_geschwindigkeit >
                     geschwindigkeit)
     {TempomatEvent1 (a); }

   if (a.a_geschwindigkeit <
                     geschwindigkeit)
   {TempomatEvent2 (a); }
  }}
 }
``` | Deklaration eines Delegates.<br>Deklaration von zwei Ereignissen, die als Event-Handler auf `TempomatDelegate` zurückgreifen.<br><br>Funktion, die die Events auslöst.<br><br>Auslösen von `Tempomat-Event1`.<br><br>Auslösen von `Tempomat-Event2`. |
| ```
class Auto
{ ... }
``` | Klasse `Auto`, legt die aktuelle Geschwindigkeit fest. |
| ```
class Motor
{public static void weniger_gas(Auto a)
  { a.a_geschwindigkeit -= 5; }

 public static void mehr_gas (Auto a)
  { a.a_geschwindigkeit += 5; }
}
``` | Klasse `Motor` stellt zwei Operationen zur Verfügung, die die gleiche Signatur wie das Delegate haben. |
| ```
class Bremse
{public static void bremsen (Auto a)
  { a.a_geschwindigkeit -= 5; }
}
``` | Klasse `Bremse` definiert eine Funktion, die über `TempomatDelegate` aufgerufen werden kann. |
| ```
public class Test
{public static void Main ()
 {Auto a1 = new Auto (120);
  Auto a2 = new Auto (80);
  Tempomat t = new Tempomat (100);
  t.TempomatEvent1 +=
     new Tempomat.TempomatDelegate
                  (Motor.weniger_gas);
  t.TempomatEvent1 +=
     new Tempomat.TempomatDelegate
                  (Bremse.bremsen);
  t.TempomatEvent2 +=
     new Tempomat.TempomatDelegate
                  (Motor.mehr_gas);
``` | Die EventHandler `TempomatDelegate` werden den jeweiligen Ereignissen zugeordnet |
```

Quelltext	Beschreibung

`while (a1.a_geschwindigkeit !=`
`             t.geschwindigkeit)`
`{ t.kontrolle (a1); }`
 	
`while (a2.a_geschwindigkeit !=`
`             t.geschwindigkeit)`
`{ t.kontrolle (a2); }`
`}`
`}`
	Aufruf der Operation kontrolle, die bei Bedarf die Events aufruft.
	
	Aufruf der Operation kontrolle, die bei Bedarf die Events aufruft.

Zur besseren Darstellung wird dem Namen eines Events häufig der Präfix On vorangestellt. Darüber hinaus besteht die Konvention, dass ein Event-Handler zwei Parameter, das auslösende Objekt und ein Objekt der Klasse EventsArgs übergibt und void zurückliefert.

7.6 Threads

In modernen Betriebssystemen stellt eine gleichzeitige Verwendung mehrerer Programme keine Besonderheit mehr dar. Diese Parallelverarbeitung wird auch als **Multitasking** bezeichnet, bei der jedes laufende Anwendungsprogramm als separater Prozess betrachtet wird. Da in einem Einprozessor-System real immer nur ein Prozess laufen kann, muss eine Koordination bezüglich der CPU-Nutzung erfolgen. Als Kontrollinstanz bestimmt das Betriebssystem, welcher Prozess wie viel CPU-Leistung zu welchem Zeitpunkt erhält. Zu diesem Zweck wird die Leistung der CPU in so genannte Zeitscheiben eingeteilt, die wiederum einzelnen Prozessen zugewiesen und hintereinander abgearbeitet werden. Ist die einem Prozess zugewiesene Zeit abgelaufen, so entzieht ihm das Betriebssystem die Berechtigung zu handeln und erteilt sie einem anderen Prozess. Das Verfahren wird auch als **Scheduling** bezeichnet.

Multitasking

Ein Prozess kann auch in weitere Einheiten aufgeteilt werden. Eine solche Einheit wird **Thread** genannt und verwaltet immer eine einzige Funktion. Da jeder Thread eine Aktion verkörpert (z. B. Daten versenden, Berechnungen ausführen usw.) können in modernen Anwendungen mehrere Aktionen gleichzeitig ausgeführt werden. Ein einzelner Thread erhält dabei soviel Zeit, wie der Thread-Scheduler des .NET-Frameworks ihm zuweist. Sie ist unter anderem abhängig von der Zeitscheibe, die dem Prozess bewilligt wurde, sowie von weiteren Faktoren wie beispielsweise Prozessorgeschwindigkeit und weiteren laufenden Programmen. Der Wechsel von einem Thread zu einem anderen wird als Kontextwechsel bezeichnet. Den Hauptunterschied zu normalen Prozessen bildet der zwischen allen Threads eines

Thread

Zustände eines Threads

Prozesses geteilte Speicher. Gleichzeitig besitzt jeder Thread einen eigenen lokalen Speicherbereich, in dem unter anderem die lokalen Variablen verwaltet werden. Aus diesen Gründen werden Threads auch als „lightweight processes" (leichtgewichtige Prozesse) bezeichnet.

Ein Thread kann sich im Verlauf seiner Existenz in unterschiedlichen Zuständen (z. B. existent, laufend, blockiert, aktivierbar, wartend, suspendiert oder abgebrochen) befinden, die entweder vom Programmierer oder vom Laufzeitsystem herbeigeführt bzw. verändert werden können.

Aufruf von Threads

Da es sich bei Threads in C# um Klassen handelt, wird ein neuer Thread durch die Erstellung eines neuen Objekts realisiert. Um jedoch die von C# zur Verfügung gestellte Klasse Thread nutzen zu können, muss dies dem Compiler mittels using System.Threading bekannt gemacht werden. Der Konstruktor der Klasse Thread besitzt ein Argument vom Typ Delegate. Diese Klasse ThreadStart wird von der CLR zur Verfügung gestellt und verweist auf eine Funktion, die im Thread ausgeführt werden soll. Gestartet wird ein Thread durch den Aufruf der Operation Start() unter Angabe des Thread-Objekts.

```
Thread name = new Thread ( new ThreadStart(Funktion));
```

Nimmt ein Programm seine Arbeit auf, so wird ein Thread automatisch erzeugt und gestartet. Es handelt sich dabei um den so genannten Haupt-Thread. In ihm wird in aller Regel die Main()-Operation abgearbeitet. Alle weiteren erzeugten Threads werden als Neben-Threads betrachtet. Existieren mindestens zwei Threads in einem Programm ohne weitere Kontrollmechanismen, beschreiben sie ein unsynchronisiertes Verhalten.

Beispiel 7.6-1

Im folgenden Beispiel wird ein Thread mitten beim Ausführen einer Operation beendet. Daraufhin nimmt ein weiterer Thread seine Arbeit auf, wird nach einiger Zeit beendet und der erste Thread setzt seine Arbeit von dem Punkt an fort, an dem er aufhören musste.

Quelltext	Beschreibung
``using System.Threading;
…
public void vor()
{for(int i=65;i<=90;i++)
{Console.Write("Alphabet
vorwärts:");
Console.WriteLine((char)i); }
}```	Anmelden von System.Threading. Definieren der Operation vor, die im Thread Alphabet1 ausgeführt werden soll.

Quelltext	Beschreibung
| ```
public void zurueck()
{for(int i=90;i>=65;i--)
  {Console.Write("Alphabet
                  rückwärts:");
   Console.WriteLine((char)i); }
}
``` | Definieren der Operation zurueck, die in im Thread Alphabet2 ausgeführt werden soll. |
| ```
public void start()
{Thread Alphabet1 = new Thread
        (new ThreadStart(vor));
 Thread Alphabet2 = new Thread
        (new ThreadStart(zurueck));
``` | Erzeugen der Thread-Objekte. |
| ```
 Alphabet1.Start();
 Alphabet2.Start(); }
``` | Explizites Starten der Thread-Objekte durch Start(). |
| ```
static void Main()
{ Test t = new Test();
  t.start();
}
...
``` | Ausgabe (beispielhaft):<br>Alphabet vorwärts:<br>Alphabet rückwärts :Z<br>A<br>Alphabet vorwärts :B<br>Alphabet rückwärts :Y<br>... |

Die einem Thread zugewiesene Zeit wird neben den oben beschriebenen Einflüssen durch den Faktor Priorität bestimmt. Zu Beginn erhält jeder Thread die Priorität normal. Sie ist eine der fünf möglichen Prioritätsstufen `Highest`, `AboveNormal`, `Normal`, `BelowNormal` und `Lowest`, die über die Eigenschaft `Priority` eingestellt werden können. Der Thread mit der höchsten Priorität erhält soviel Zeit, wie er zur Beendigung seiner Aufgabe benötigt und danach den Zustand „laufend" verlässt oder von einem Thread höherer Priorität abgelöst wird. Ziel des Schedulers ist es, den Thread mit der höchsten Priorität kontinuierlich laufen zu lassen. Besitzen mehrere Threads die gleiche Priorität, so verfährt der Scheduler nach dem Round-Robin-Verfahren, bei dem alle Prozesse gleichlange Zeitscheiben erhalten. Dieses ermöglicht eine annähernd gerechte Verteilung der CPU-Nutzung unter Threads gleicher Priorität.

Priorität

Innerhalb eines Prozesses werden Objekte, die identische Anforderungen an einen Thread-Zugriff stellen, in logische Container gefasst und als **Apartments** bezeichnet. Alle in einem Apartment vorhandenen Objekte können Aufrufe von Threads entgegennehmen, solange sich diese ebenfalls im selben Apartment befinden. Da seitens des .NET-Frameworks keine Verwendung von Apartments besteht, sind verwaltete Objekte, also Objekte, die innerhalb der Common Language Runtime erstellt wurden, eigens für eine sichere Verwendung und das Freigeben von Ressourcen verantwortlich. Das

Apartments

Arbeiten mit Thread-Objekten erfordert eine Reihe von Funktionen und Eigenschaften.

Tab. 7.6-1: Funktionen und Eigenschaften für Thread-Objekte

Operation	Beschreibung
CurrentThread	Eigenschaft, die den aktuell laufenden Thread liefert.
IsAlive	Eigenschaft, die einen Wert liefert, der den aktuellen Ausführungsstatus eines Threads beschreibt.
Name	Eigenschaft zum Abrufen bzw. Setzen des Thread-Namens.
Abort()	Löst eine ThreadAbortException aus, die eine Beendigung eines Threads einleitet.
Join()	Sperrt den aufgerufenen Thread solange, bis ein anderer abgeschlossen ist.
Resume()	Führt einen angehaltenen Thread weiter aus.
Sleep()	Unterbricht einen Thread entsprechend der übergebenen Zeitdauer (Angabe entweder als Integer in Millisekunden oder als Time-Span-Objekt).
Start()	Startet einen Thread.

Race Conditions

Die Reihenfolge, in der Threads ausgeführt werden, hat oftmals weitreichende Auswirkungen auf ein Ergebnis. Ferner wird die einem Thread zugebilligte Zeitspanne immer wieder vom Scheduler neu berechnet und ist daher nicht abzusehen, weswegen eine Kontrolle bezüglich der Abfolge von Threads von besonderer Bedeutung ist. Inkonsistenzen oder Fehler, die aufgrund einer falschen Reihefolge von Thread entstehen werden Race Conditions genannt. Zur Vermeidung solcher **Race Conditions** kann ein Thread dazu veranlasst werden, auf die Beendigung eines weiteren Threads zu warten, bevor er seine Arbeit wieder aufnimmt. Somit kann eine korrekte Abfolge gewährleistet werden. Eine solche Vereinigung zweier oder mehrerer Threads wird mit Join() erreicht. Der Aufruf dieser Operation veranlasst einen Thread solange zu warten, bis ein anderer Thread vollständig beendet wurde.

Suspendierung

Eine weitere Form der Einflussnahme auf die Abfolge von Threads ist die Suspendierung. Durch sie wird ein Thread für einen definierten Zeitraum angehalten. Die statische, überladene Funktion Sleep() nimmt dabei diesen Zeitraum in zwei verschiedenen Parameterformen entgegen. Entweder einen Integer-Wert, der für die Anzahl an Millisekunden steht oder in Form eines Objekts der Klasse TimeSpan. Die Instanz eines solchen Objekts beschreibt den Wert an enthaltenen Ticks. Ein Tick wiederum steht für eine Nanosekunde und kann sowohl positiv als auch negativ sein. Es müssen bei dieser Art der Parameterübergabe mindestens 100 Ticks angegeben werden. Besonders interessant ist die Verwendung dieser Funktion in der Form

Sleep(1). Durch sie erhält der Scheduler die Anweisung, einem anderen Thread den Vorrang zu geben.

Ein Thread wird vorzeitig durch Abort() abgebrochen. Das Aufrufen dieser Funktion löst eine ThreadAbortException aus, die wiederum ihrerseits durch einen geeigneten catch-Block verarbeitet werden muss. Die Besonderheit dieses Vorgehens liegt darin, dass dem Thread noch die Möglichkeit gegeben wird, von ihm belegte Ressourcen wieder freizugeben. Er wird also nicht völlig rückhaltlos aus einem Kontext gerissen.

Abbruch

Das bisherige, unsynchronisierte Verhalten von Threads erschwert deren Umgang besonders in Bezug auf eine gemeinsam genutzte Ressource. Um zu verhindern, dass mehrere Threads ein Objekt bearbeiten und es im Zuge eines Kontextwechsels zu einer Inkonsistenz der Daten kommt, müssen solche Vorgänge synchronisiert werden. Ein Anweisungsblock in dem Inkonsistenzen entstehen können, wird als **kritischer Bereich** (critical section) bezeichnet. In ihm findet durch die Synchronisation ein gegenseitiger Ausschluss von Threads statt, was bedeutet, dass immer nur ein Thread aktuell Zugriff auf ein Objekt erhält und einem weiteren Thread erst dann der Zugang gestattet wird, wenn der erste Thread den kritischen Bereich wieder verlassen hat. C# verfügt über Mechanismen zur Synchronisation, deren Beschreibung in diesem Abschnitt repräsentativ durch die Verwendung der Klasse Monitor geschehen soll. Mit den Operationen Enter() und Exit(), die von dieser Klasse bereitgestellt werden, kann ein oben beschriebener Bereich erstellt werden. Mit Enter() wird ein Objekt gesperrt und eine gefährdete Funktion solange für andere Threads blockiert, bis sie wieder explizit durch Exit() freigegeben wird. Das zu sperrende Objekt wird als Argument übergeben. Es handelt sich bei diesen beiden um statische Funktionen, die keine Objektreferenz benötigen. Ferner ist der Konstruktor der Klasse Monitor private deklariert, weswegen aus ihr keine Instanzen erzeugt werden können.

Synchronisation

```
Monitor.Enter(Ausdruck);
{   Kritischer Bereich   }
Monitor.Exit(Ausdruck);
```

Monitor

Quelltext	Beschreibung

`class Test`
`{...`
`  public void a_bis_z()`
`  {Monitor.Enter(this);`
`    while(!a)`
`    {Console.WriteLine("Alphabet vorwärts:"`
`                      +(char)position);`
`      position++;`
`      if ( position == 91) a = true; }`
	Betreten des mit einem Monitor gesicherten kritischen Bereichs. Da zwei Threads mit dieser Funktion arbeiten, kann es bei einem Kontextwechsel zu Inkonsistenzen bei

Beispiel 7.6-2

Quelltext	Beschreibung
| ```
  Monitor.Exit(this);
}
public void start()
{Thread t1 = new Thread(new   ThreadStart
                              (a_bis_z));
   Thread t2 = new Thread(new ThreadStart
                              (a_bis_z));
   t1.Start();
   t2.Start();
}
static void Main()
{Test t = new Test();
   t.start(); }
}
``` | der Ausgabe kommen. |
	Freigeben des Bereichs.
	Erstellen von zwei Threads, die mit derselben Funktion arbeiten.
	Ausgabe:
	Alphabet vorwärts: A
	...
	Alphabet vorwärts: Z

Deadlocks

Zwei weitere Operationen, die von der Klasse Monitor bereitgehalten werden, sind `Wait()` und `Puls()`. Ihre Aufgaben liegen darin, den Wechsel unter Threads zu ermöglichen, die in einem Monitor arbeiten wollen. Durch `Wait()` wird der aktuelle Thread blockiert und verlässt den Monitor, behält aber die Möglichkeit ihn wieder zu betreten. Danach ist die Sperrung des Objekts wieder aufgehoben. Durch `Puls()` wird ein beliebiger, blockierter Thread informiert und aufgefordert, seine Arbeit am Objekt (wieder) aufzunehmen. `Wait()` kann durch beliebige Mechanismen, wie Abfragen oder Schleifen, gesteuert werden. Beide Operationen können nur aus dem Synchronisationsobjekt heraus aufgerufen werden. Kommt es durch eine ungünstige Konstellation aus Scheduling und Programmablauf dazu, dass alle Threads aufeinander warten, ohne dass ein einziger Thread arbeitet, wird ein **Deadlock** hervorgerufen, der zu einem fehlerhaften Programmabbruch führt. Eine Strategie gegen Deadlocks liegt in einer möglichst kurzen Sperrzeit der Objekte, sowie in möglichst kurzen zu sperrenden Anweisungen.

7.7 Assemblys, Attribute und Reflection

Einsatz weiterer Programme

Die bisher betrachteten C#-Programme wurden als Einzelanwendungen programmiert, die weitestgehend unbeeinflusst von anderen Programmen ablaufen. Als Sprache des .NET-Frameworks können C#-Anwendungen jedoch auf Module anderer Programme zugreifen und diese mitbenutzen. Die gemeinsame Nutzung ist dabei unabhängig von einer durch das .NET-Framework unterstützten Programmiersprache.

Der Schlüssel zum Verständnis, wie das .NET-Framework die Wiederverwendung, Versionsverwaltung und Verteilung von Programmdateien vornimmt, liegt in den so genannten **Assemblys**. Assemblys können mit Hilfe der **Reflection** zur Laufzeit nicht nur analytisch betrachtet, sondern sogar
```

erzeugt werden. Durch Attribute lassen sich Anmerkungen in das Assembly einfügen.

Dieser Abschnitt beschränkt sich auf die Darstellung der grundlegenden Eigenschaften und Funktionen sowie der Implementierungsschritte im Groben. Zur konkreten Implementierung sei auf weiterführende Literatur und die Dokumentation des .NET-Frameworks verwiesen.

Ein Assembly ist eine selbst beschreibende Binärdatei, die als Portable Executable (PE) in Form einer ausführbaren Datei (.exe) oder dynamic link library (.dll) auf der Festplatte vorhanden ist. Sie enthält den plattformunabhängigen MSIL-Code, beschreibt mittels Metadaten alle Typen, beinhaltet die Verknüpfung mit zusätzlichen Ressourcen und dokumentiert im Manifest die Eigenschaften des Assemblys selbst. Das Manifest eines Assemblys beinhaltet seinen Namen, die Versionsnummer, eine Liste mit Referenzen auf interne und externe Module sowie optionale Angaben zur Sicherheit oder zum Gebietsschema.

Assembly Manifest

Bei der Übersetzung eines Programms wird automatisch ein Assembly erstellt. Mit Hilfe des Programms `ildasm.exe` (Intermediate Language Disassembler) können Assemblys aufgerufen und angesehen werden. Die einzelnen Komponenten lassen sich durch Doppelklick detaillierter darstellen. Durch die Tastenkombination STRG+M können die Metadaten der einzelnen Typen betrachtet werden. Das Programm befindet sich im Lieferumfang der Entwicklungsumgebung und ist unter folgendem Pfad zu finden: `Laufwerk:\...\Microsoft.Net\SDK\Versionsnummer\Bin`.

Ein Assembly kann aus einem oder mehreren **Modulen** bestehen, es darf aber nur einen Einstiegspunkt besitzen, der z. B. bei einer Konsolenanwendung durch die Operation `Main()` festgelegt wird. Jedes Modul kann als eine gültige Datei betrachtet werden und besitzt ein eigenes Manifest. Besteht ein Assembly nur aus einer Datei, so entsprechen sich Modul- und Assembly-Manifest. Bei einem Multimodul-Assembly werden die verschiedenen Dateien logisch über das Assembly verknüpft, welches in seinem Manifest auf die entsprechenden internen und externen Module verweist.

Module

Es werden private und gemeinsam genutzte Assemblys unterschieden, die im Folgenden als Private und Shared-Assemblys bezeichnet werden. Private-Assemblys sind nur von der Anwendung nutzbar, für die sie geschrieben wurden. Auf Shared-Assemblys können verschiedene Anwendungen zugreifen.

Private und gemeinsam genutzte Assemblys

Ein Private-Assembly ist eine isolierte Einheit, die nur von dem Programm genutzt werden kann, für das es erzeugt wurde. Von einem Private-Assembly hängt nur seine eigene Ausführung ab. Es muss sich im selben Verzeichnis wie die Anwendung oder in einem zugehörigen Unterverzeichnis befinden. Alternativ kann ein anderes Unterverzeichnis gewählt werden, wenn dies durch eine XML-Konfigurationsdatei bei der Bindung eines Assemblys angegeben wird. Die Konfigurationsdatei muss denselben, aber

Private-Assembly

um den Zusatz `.config` erweiterten Namen, wie die aufrufende Anwendung tragen.

Private-Assemblys können einen beliebigen Namen tragen. Sie werden über diesen und ihre Version identifiziert. Auf eine Versionskontrolle wird jedoch bei Private-Assemblys verzichtet, da nur die Anwendung das Assembly kennen muss.

Programme können einfach installiert, kopiert und gelöscht werden, indem der Anwendungsordner des Assemblys in das entsprechende Dateiverzeichnis eingefügt bzw. aus diesem entfernt wird. Da die Dateistruktur als isoliertes System betrachtet wird, brauchen keine Registry-Einträge oder fest codierte Pfadangaben in Binärdateien vorgenommen werden.

Shared-Assemblys

Unter Shared-Assemblys werden Assemblys verstanden, auf die verschiedene Anwendungen gemeinsam zugreifen können. Sie befinden sich nicht im Verzeichnis der Anwendung, sondern werden im zentralen Verzeichnis Globale Assembly Cache (GAC) abgelegt, welches sich im Verzeichnis `Laufwerk:\WINNT\assembly` befindet.

An die Erstellung einer anwendungsübergreifenden Klassenbibliothek werden strenge Richtlinien gestellt. Das Assembly muss einen so genannten starken Namen (Strong-Name) erhalten und sich im GAC-Verzeichnis befinden. Der Strong-Name setzt sich aus einem eindeutigen Namen, der Versionsspezifizierung, einem öffentlich/privaten Schlüsselpaar und einer digitalen Signatur zusammen.

Um einen Strong-Namen zu erzeugen, muss zunächst ein öffentliches/privates Schlüsselpaar generiert werden. Mit dem privaten Schlüssel wird ein aus dem Namen und den Dateien des Assemblys bestehender Hash verschlüsselt und gemeinsam mit dem öffentlichen Schlüssel in das Manifest des Assemblys eingefügt. Das Assembly muss dann im GAC abgelegt werden. Beim Laden eines Assemblys durch die CLR wird mittels des öffentlichen Schlüssels der Hash dekodiert. Damit kann sichergestellt werden, dass die Dateien nicht verändert worden sind.

Wird die Anwendung in einem beliebigen Editor erstellt, werden die Verweise bei der Kompilierung über das Flag `/reference:` hinzugefügt, wobei die entsprechenden Endungen der Assemblys (`.dll` oder `.exe`) angegeben werden müssen:

Reference-Flag

Compiler-Befehl `/reference:` *Assemblyname*

Ein Shared-Assembly wird über seinen Namen und die Versionsnummer identifiziert. Im GAC können Assemblys enthalten sein, die den gleichen Namen haben, sich aber in ihrer Versionsnummer unterscheiden. Dies ermöglicht eine einfache Verwaltung von parallel existierenden Versionen auf einem Rechner. Jede Anwendung weiß, welches Assembly sie zu laden hat, da eine Versionsüberprüfung mit den im Manifest abgelegten Vorgaben durchgeführt wird. Darüber hinaus kann durch eine Konfigurationsdatei der Anwendung die Versionswahl unabhängig von den Angaben im Manifest des ladenden Assemblys festgelegt werden. Dieses Versionsverwaltungskonzept vermeidet das Überschreiben von .dll-Dateien.

Die Kennzeichnung der Version erfolgt automatisch bei der Erzeugung eines Assemblys. Sie kann aber auch über entsprechende Assembly-Attribute gesetzt werden. Eine Versionsnummer besteht immer aus vier durch Punkten getrennte Zahlenfolgen. In der ersten Zahlenfolge steht die Haupt-Versionsnummer, gefolgt von der Neben-Versionsnummer. Als dritte Zahl wird die Revisionsnummer vor der so genannten Buildnummer angegeben (z. B. 1.4.341.33).

Durch **Attribute** können die vom Compiler erzeugten Metadaten eines Assemblys um Deklarationsinformationen erweitert werden. Ein Attribut ist ein Objekt einer aus `System.Attribute` abgeleiteten Klasse, welches auf ein Attributziel angewendet werden kann. Das Ziel eines Attributes können Klassen, Strukturen, Interfaces, Klassenmember, Assemblys oder Module sein. Das .NET-Framework stellt eine Vielzahl von Attributen zur Verfügung. Die folgende Tabelle zeigt einen kleinen Auszug.

Attribute

Tab. 7.7-1: Attribute des .NET-Framework

Attribut	Beschreibung
`SerializableAttribute`	Markiert, dass die Klasse oder Struktur serialisierbar ist.
`NonSerializedAttribute`	Schließt ein Element von der Serialisierung aus.
`DescriptionAttribute`	Gibt beschreibende Informationen eines Elements an.
`AttributeUsageAttribute`	Legt bei der Definition eines Attributes fest, für welchen Zieltyp es verwendet werden kann.
`TypeConverterAttribute`	Bestimmt den Konvertertyp, der für das Zielobjekt verwendet werden soll.

Die Zuweisung zu einem Zielobjekt erfolgt durch Voranstellen des Attributs in eckigen Klammern, wobei eventuell benötigte Parameter übergeben werden können. Da mit der Angabe eines Attributs ein Objekt erzeugt wird, hängen die zu übergebenen Parameter unmittelbar mit der Definition der Konstruktoren zusammen.

```
[Attribute (Parameter)] Element
```

In C# ist es erlaubt, den Suffix `Attribute` bei der Zuweisung auszulassen. Globale Attribute, die Module und Assemblys zum Ziel haben, erhalten die Kennung `assembly:` oder `module:`. Sie müssen direkt nach der `using`-Anweisung angewendet werden.

```
[assembly: Attribute (Parameter)] Element
```

Für ein Element können mehrere Attribute angezeigt werden, die unabhängig von ihrer Reihenfolge entweder in separaten eckigen Klammern oder in einer Klammer, durch Kommata getrennt, angegeben werden.

Neben der Nutzung der im System vorhandenen Attribute können in C# auch selbst definierte Attribute durch die Erzeugung einer Klasse, die von `System.Attribute` abgeleitet wird, angelegt werden. Die Klasse sollte sowohl geeignete Konstruktoren sowie Eigenschaften für die Elementvariablen besitzen. Bei der Klassendefinition sollte der Name mit dem Suffix `Attribute` versehen werden. Dieser Suffix kann aber bei der späteren Nutzung entfallen. Werden die Zielobjekte eines Attributes nicht durch das Attribut `AttributeUsage` eingeschränkt, so kann es auf alle Elemente angewendet werden.

Beispiel 7.7-1

Die Klasse `MyAttribute` definiert ein benutzerdefiniertes Attribut, mit dem der Programmname, zu dem eine Klasse gehört, und der Autor einer Klasse in das Assembly geschrieben werden kann. Das Attribut `AttributeUsage` legt fest, dass das nachfolgend definierte Attribut nur für eine Klasse verwendet werden darf.

Quelltext	Beschreibung

...
`[AttributeUsage(AttributeTargets.Class)]`
`public class MyAttribute : Attribute`
`{ private string text;`
`  private string autor;`
`  public MyAttribute () {}`
`  public MyAttribute (string t,string a)`
`  {   text = t;`
`      autor = a;     }`
`  public string Text`
`  {   get { return text;    }`
`      set { text = value; } }`
`  public string Autor`
`  {   get {return autor;    }`
`      set { autor = value;} }`
`}`	

Quelltext	Beschreibung
| ```
using System.Reflection;
…
[assembly: AssemblyTitle ("Mein Titel")]

[MyAttribute("Der Tempomat",
             "Der 1.Programmierer")]
class Tempomat { … }

[MyAttribute("Der Tempomat",
             "Der 2.Programmierer")]
class Auto { … }
[My("Der Tempomat","Der 3.Programmierer")]
class Motor { … }
[My("Der Tempomat","Der 4.Programmierer")]
class Bremse { … }
}
[MyAttribute("Der Tempomat",
             "Der 1.Programmierer")]
public class Test { … }
``` | Globales Assembly, welches dem Assembly den Titel `Mein Titel` gibt. Die Klassen verwenden das benutzerdefinierte Attribut `MyAtrribute` sowohl in ausführlicher als auch in Kurzform. |

Reflection

Durch die bisher betrachteten Themen Assemblys und Attribute wurde die innere Struktur der vom .NET-Framework genutzten Binärdaten vorgestellt. Durch `Reflection` können diese Informationen zur Laufzeit betrachtet und untersucht werden. Darüber hinaus können dynamisch Member über das Assembly geladen oder sogar Assemblys erzeugt werden. Die Reflexion erhält dann Bedeutung, wenn ein Programm auf .NET-Ebene mit anderen Sprachen oder anderen Programmen interagieren muss. Es kann sinnvoll genutzt werden, wenn Objekte zur Übersetzungszeit unbekannt sind, vorhandene Elemente durch späte Bindung genutzt werden sollen oder fehlende Typen durch Erzeugung eines Assemblys zur Laufzeit erzeugt werden müssen.

Zur Betrachtung und Untersuchung eines Assemblys zur Laufzeit können die zahlreichen Operationen verwendet werden, die die Klassen des Namensraums `System.Reflection` sowie die Klasse `System.Type` aus dem Namensraum `System` zur Verfügung stellen.

Durch die Klasse `System.Type` können Typdeklarationen wie Klassen, Interfaces, Enumerationen, Arrays, Strukturen und Zeiger sowie deren Member dargestellt werden. Ein Objekt der Klasse `Type` bildet die Basis für den Zugriff auf die Metadaten. Da es sich bei `Type` um eine abstrakte Klasse handelt, kann eine Instanz nur indirekt über eine Operation z. B. `GetType()` oder das Schlüsselwort `typeof(string KlassenName)` erzeugt werden.

Im Namensraum `System.Reflection` sind Klassen und Schnittstellen zusammengefasst, die eine Untersuchung der mit einem Typ verbundenen Member wie Funktionen, Eigenschaften, Felder etc. erlauben. Hierzu muss
```

das Assembly zunächst über die statischen Funktionen aus der Klasse `System.Reflection.Assembly`

Assembly

```
Assembly Assembly.Load(string AssemblyName)
Assembly Assembly.LoadFrom (string Dateipfad)
```

in den Arbeitsspeicher geladen werden, um im Anschluss die enthaltenen Typen zu erfassen und deren Member zu ermitteln. Der Namensraum `System.Reflection` verfügt über verschiedene Typen, die die Selektion der Elemente unterstützt.

Tab. 7.7-2: System.Reflection-Typ-Member

System.Reflection-Typ	Beschreibung
`Assembly`	Enthält Member zur Untersuchung von Assemblys.
`Module`	Ermöglicht die Betrachtung eines bestimmten Moduls in einem Assembly.
`MemberInfo`	Abstrakte Klasse, die die Attribute und die Metadaten eines Members ermittelt.
`MethodInfo, ConstructorInfo FieldInfo ...`	Aus `MemberInfo` abgeleitete Klassen, die Informationen zu dem entsprechenden Member beinhalten.

Beispiel 7.7-2

Quelltext	Beschreibung
| ```csharp
class TestReflection
{public static void Main ()
 { Assembly asm = Assembly.Load
   (@"Delegates_Ereignisse_5,
    Version=0.0.0.0,Culture=neutral,
    PublicKeyToken=null");

   Console.WriteLine(asm.GetName()+
                          "\n\n");
   holeKlasse(asm);
...}


 public static void holeKlasse
                 (Assembly a)
 { Type[] t_feld = a.GetTypes();
   foreach (Type t in t_feld)
   {Console.WriteLine("* {0} *",t);
    holeElemente (t);}}

 public static void holeElemente
                     (Type t)
 {MemberInfo[] info= t.GetMembers();
  foreach (MemberInfo i in info)
``` | Namensraum, um Assembly und MemberInfo erzeugen zu können.<br>Erzeugen einer Assembly-Instanz durch Laden eines Assemblys unter Angabe des vollständigen Namens.<br><br>Ausgabe des Namens des Assemblys.<br><br><br>Operation liefert Informationen über die im Assembly vorhandenen Typen.<br>Die Typen des Assemblys werden in einem Feld abgelegt.<br>Ausgabe des Typnamens.<br><br>Operation liefert Informationen über die Elemente einer Klasse. |
```

Quelltext	Beschreibung

`Console.WriteLine("{0} --> {1}",`
`        i.MemberType.ToString(),i);`
`  }`
`…}`
	Die Elemente einer Klasse werden in einem Feld gespeichert.
	Ausgabe des Typs eines Members und dessen Namen.

Um auf ein Member dynamisch zugreifen zu können, muss mittels der Operation `CreateInstance(Type t)` aus der Klasse `System.Activator` ein Objekt erstellt sowie die Informationen zu dem Member in einem Objekt (z. B. `MethodInfo`) geladen werden. Im Anschluss kann dann durch eine geeignete Operation zur Laufzeit auf den Member zugegriffen werden. Für den dynamischen Zugriff auf eine Operation wird die Instanzfunktion `Invoke()` aus `MethodInfo` verwendet, der das Objekt sowie die Parameterliste in Form eines Feldes übergeben werden können. Erfordert die Funktion keine Parameterliste, ist entweder `null` oder ein Feld der Größe 0 zu übergeben.

Beispiel 7.7-3

Quelltext	Beschreibung

`…`
`public static void Main ()`
`{Assembly asm =Assembly.Load`
`   (@"Delegates_Ereignisse_5,`
`    Version=0.0.0.0, Culture=neutral,`
`    PublicKeyToken=null");`
` …`
` dynamisch_laden (asm);`
`}`
`public static void dynamisch_laden`
`                       (Assembly a)`
`{Type auto = a.GetType ("Auto");`
` Object[] param = {120};`
` Object o1=Activator.CreateInstance`
`                      (auto,param);`
` Type bremse = a.GetType ("Bremse");`
`  `
` Object o2 =`
`   Activator.CreateInstance(bremse);`
`  `
` MethodInfo info =`
`       bremse.GetMethod("bremsen");`
`  `
` Object[] parameter = new Object[1];`
` parameter[0] = o1;`
`  `
` info.Invoke(o2,parameter);`
`}`
	Dynamisches Erzeugen von Objekten aus dem Tempomat-Beispiel, sowie dynamischer Aufruf der Operation bremsen aus Bremse.
	
	Aufruf der Typinformationen.
	Feld nimmt Parameter für den Konstruktor Auto auf.
	Dynamische Erzeugung eines Objekts Auto
	Typinformationen zur Klasse Bremse laden.
	Ein Objekt Bremse erzeugen.
	Informationen zu bremsen von Bremse laden.
	Feld für die Übergabe des Parameters Auto für die Operation bremsen (Auto a) erzeugen.

Durch den Namensraum `System.Reflection.Emit` wird die Funktionalität einer Reflexion stark erweitert. Im Namensraum befinden sich die Typen, die es ermöglichen, zur Laufzeit Assemblys, Module, Typen und Member zu erzeugen. Das dynamische Assembly wird im Arbeitsspeicher erstellt. Auf die Member kann direkt zugegriffen werden und sie können sich optional selbst auf der Festplatte speichern.

7.8 Grafische Oberflächen

WebForms
WinForms

Das .NET-Framework unterscheidet mit **WebForms** und **WinForms**) grundsätzlich zwei Arten von **Grafical User Interfaces** (GUI). WebForms ist eine Bibliothek des ASP.NET (Active Server Pages) und dient zur Erstellung von grafischen Benutzungsoberflächen für Internet-Anwendungen. WebForms-Seiten können in einem beliebigen Browser oder Clientgerät angezeigt werden. Es werden HTTP-fähige Sprachen wie HTML, XML, JavaScript etc. unterstützt. Eine WebForms-Anwendung unterteilt sich in eine visuelle und eine logische Komponente. Die visuelle Komponente beinhaltet den statischen Text und die Steuerelemente der sichtbaren Seite, die dazugehörige Datei wird mit der Endung `.aspx` gespeichert. In einer zweiten Datei mit der Endung `.aspx.cs` wird der Programmtext abgelegt, der die logischen Verknüpfungen zu der WebForms-Seite enthält. Die für die Erstellung einer Seite benötigten Elemente sind in den Namenräumen `System.Web` und `System.Web.UI` zusammengefasst.

Mit WinForms bzw. Windows Forms wird im .NET-Framework die Erzeugung von grafischen Benutzungsoberflächen für Windows-Desktop-Anwendungen realisiert. Die Grundlage einer jeden Benutzeroberfläche ist ein Formular (`Form`). Formulare sind Objekte, die das Erscheinungsbild der Oberfläche, das Verhalten und die Ereignisse für die Interaktion mit dem Benutzer definieren. Durch Hinzufügen von verschiedenen Steuerelementen zur Formularoberfläche können Standard-, MDI- (Mulitple Document Interface), Dialogfenster etc. erstellt werden. Ein Objekt der Klasse `Form` ist selbst ein Steuerelement und befindet sich neben weiteren Steuerelementen (`Testbox`, `Button`, `Label`,...), Komponenten (`Menu`, `MenuItem`, `ToolTip`, ...) und Standarddialogfeldern (`FileDialog`, `MessageBox`,...) im Namensraum `System.Windows.Forms`.

Darüber hinaus kann durch die Nutzung der Klassen der GDI+-Namensräume (`System.Drawing`, `System.Drawing.Drawing2D`, und `System.Drawing.Imaging`) die grafische Oberfläche um 2D-Vektorgrafiken, Images und typografische Elemente erweitert werden. Im Zentrum der GDI+-Schnittstellen steht die Klasse `Graphics`, die die grafische Darstellung von Linien, Rechtecken oder Texten umsetzt.

Zur Erstellung einer Windows-Anwendung mit WinForms muss auf die Shared-Assemblys `System.dll` und `System.Windows.Forms.dll` und bei Nutzung der GDI+-Schnittstellen zusätzlich auf `System.Drawing` verwiesen werden. Wird die Oberfläche in einer Entwicklungsumgebung als Projekt angelegt, werden die Verweise automatisch hinzugefügt.

Jede Oberfläche einer Windows-Anwendung wird durch ein Formular dargestellt, welches von der Basisklasse `System.Windows.Forms.Control` abgeleitet wird. Ein Objekt der Klasse `Control` legt als Basisklasse für alle Steuerelemente die grundlegende Funktionalität und Verhaltensweise eines Objekts der Klasse `Forms` fest.

Formular

Die Elemente der Klasse `Control` steuern beispielsweise die Größe, Position, Hintergrundfarbe, Schriftarten, Drag&Drop-Funktionalität und den Zustand eines Steuerelements. Sie können Tastatur- und Mauseingaben erfassen und implementieren Ereignisse und Funktionen, die eine Reaktion darauf ermöglichen. Durch Eigenschaften können über- bzw. untergeordnete Steuerelemente abgerufen werden.

Tab. 7.8-1: *Funktionen, Eigenschaften und Ereignisse*

Control-Member	Beschreibung
Eigenschaften	
`Bounds, Height, Left, Location, Right, Size, Top`	Bestimmen Größe und Position der Steuerelemente.
`Font, Text`	Dienen der Textbearbeitung.
`Created, Disposing, Enabled, Focused, Visible,`	Geben den aktuellen Zustand als booleschen Wert zurück.
`HasChildren, Parent`	Liefert Informationen zu über- bzw. untergeordneten Steuerelementen.
`MouseButtons, MousePosition`	Statische Eigenschaften. Erfassen die gedrückte Maustaste bzw. die Mausposition.
Operationen	
`Hide(), Show(), BringToFront(),`	Versteckt bzw. zeigt das Steuerelement an oder legt es auf die oberste Ebene.
`Scale(), SetBounds(),`	Verändert die Größe und Position.
`Invalidate(),Update(), Refresh(),`	Erklärt Bereiche für ungültig, zeichnet ungültig erklärte Bereich neu. Durch `Refresh()` wird eine Neuzeichnung erzwungen.
Ereignisse	
`Click, DoubleClick, MouseDown, MouseUp, MouseMove, MouseWheel, KeyPress, Key Down, KeyUp, DragDrop`	Reaktionen auf Mausaktionen, Tastatureingaben oder Drag&Drop-Aktionen.

Applikation

Neben `Control` ist noch die Klasse `Application` aus dem Namensraum `System.Windows.Forms` wichtig. `Application` definiert statische Funktionen und Eigenschaften, mit denen Anwendungen oder Threads gestartet und beendet sowie Windows-Meldungen verarbeitet werden können. Der Start einer Anwendung wird mit dem Aufruf von `Application.Run()` durchgeführt und durch `Application.Exit()` verlassen.

Entwicklungs- umgebungen

Die Entwicklungsumgebungen für die Programmiersprachen des .NET-Framework stellen sehr komfortable Werkzeuge zur Erstellung grafischer Oberflächen zur Verfügung. Bei einem Windows-Forms-Projekt können die benötigten Steuerelemente aus einer Toolbox mit Drag&Drop auf ein Formular gezogen und in Größe und Position ausgerichtet werden. Durch einmaliges Anklicken eines Steuerelements können im Fenster „Eigenschaften" weitere Variablen gesetzt werden. Durch das Konzept des Code-Behind-Modells wird der Quelltext automatisch im Hintergrund erstellt.

Zum Bearbeiten von Benutzeraktionen wie z. B. einem Mausklick oder einer Texteingabe müssen für die Steuerelemente Ereignis-Handler erstellt und beim entsprechenden Event angemeldet werden. Die Funktionen, die dem Delegate übergeben werden können, müssen als Parameter die Objekte `object sender` und `System.EventArgs e` entgegennehmen und `void` als Rückgabewert besitzen.

Ebenfalls automatisch wird bei einer Windows-Forms-Anwendung eine Ressource-Datei (`.resx`) erstellt, die dazu dient, externe Dateien z. B. Bilder oder Texte in das Assembly einzubinden. Dadurch kann die Anwendung unabhängig vom Pfad der eigentlichen Dateien ausgeführt werden. Weiterführende Informationen zum .NET-Ressourcenformat können in der Dokumentation unter dem Stichwort `System.Resources` eingesehen werden.

Manuelle Erstellung von Benutzungsoberflächen

Obwohl es sich empfiehlt zur Erstellung von Windows-Anwendungen eine Entwicklungsumgebung zu nutzen, kann es zum Verständnis der Funktionsweise der Elemente grafischer Oberflächen nützlich sein, diese manuell zu programmieren.

Beispiel 7.8-1

Es wird im folgenden Beispiel ein Fenster erstellt, in dem Name und Vorname in Textfelder eingegeben werden können. Beim Anklicken der Schaltfläche OK erscheinen die Daten in einer Message-Box. Durch Drücken der Schaltfläche Abbrechen wird das Programm verlassen.

Quelltext	Beschreibung

`using System.Windows.Forms;`
`using System.Drawing;`
`...`
`class MyGUI : Form`
`{private Label l_name;`
` private Label l_vorname;`
	MyGUI wird aus Form abgeleitet. GUI-Attribute

Quelltext	Beschreibung
| ```
private TextBox t_name;
private TextBox t_vorname;
private Button b_ok;
private Button b_abbrechen;
public static void Main ()
{  Application.Run (new MyGUI()); }

public MyGUI ()
{this.Text = "MyGUI";
l_name = new Label ();
l_name.Text = "Name:";
l_name.Bounds =
       new Rectangle (10,20,80,30);
l_name.TextAlign =
       ContentAlignment.MiddleRight;
…
t_name = new TextBox ();
t_name.Bounds = new Rectangle
                   (100,20,170,30);
…
b_ok = new Button();
b_ok.Text = "OK";
b_ok.Bounds = new Rectangle
                   (70,120,90,30);
…
this.Controls.Add (l_name);
this.Controls.Add (l_vorname);
this.Controls.Add (t_name);
this.Controls.Add (t_vorname);
this.Controls.Add (b_ok);
this.Controls.Add (b_abbrechen);

this.Size = new Size (300,200);
this.StartPosition =
    FormStartPosition.CenterScreen;

b_ok.Click += new EventHandler
                   (b_ok_click);
b_abbrechen.Click += new EventHandler
                   (b_abbrechen_click);
}
public void b_ok_click
   (object sender, System.EventArgs e)
{ MessageBox.Show("Name:\t"+t_name.Text
     +"\nVorname:\t" +t_vorname.Text);}
public void b_abbrechen_click
   (object sender, System.EventArgs e)
{Application.Exit();}
}
``` | Main() <br><br> Konstruktor <br> Titel des Fensters setzen. <br> GUI-Elemente instanziieren und setzen. <br> Rectangle ist ein Objekt aus dem GDI+-Namensraum. Es wird die Größe und Position des Labels gesetzt. <br> Der Text im Label wird rechtsbündig im Zentrum festgelegt. <br><br><br><br><br><br> Steuerelemente zum Formular hinzufügen. <br><br><br> Größe des Formulars festlegen. <br> Position des Formulars auf dem Bildschirm festlegen. <br> Event-Handler für Button-Klick erzeugen und registrieren. <br><br> Handler-Funktionen definieren. <br> Es wird eine MessageBox erzeugt, die die eingegebenen Daten anzeigt. <br><br> Anwendung wird verlassen. |

7.8 Grafische Oberflächen
```

8 | Ruby

Ruby ist eine vielseitig einsetzbare, rein objektorientierte Skript- und Programmiersprache, die als OpenSource-Projekt entwickelt wurde. Sie unterscheidet sich von den bisher in diesem Buch betrachteten Sprachen in vielen Punkten. Das folgende Kapitel führt in die grundlegende Syntax und die Leitgedanken der Sprache ein.

Übersicht

8.1	Geschichte	278
8.2	Produktübersicht	278
8.3	Eigenschaften	279
8.4	Programmerstellung	279
8.5	Funktionale Sprachelemente	281
8.6	Felder, Hashes und Iteratoren	303
8.7	Klassen und Objekte	309
8.8	Module	315
8.9	Ein- und Ausgabe	316
8.10	Ausnahmebehandlung	319
8.11	Threads und Prozesse	321

8.1 Geschichte

Ruby ist OpenSource

Bei **Ruby** handelt es sich um ein relativ junges OpenSource-Projekt, mit dessen Entwicklung der Japaner **Yukihiro „Matz" Matsumoto** erst 1993 begann. Ruby ist eine rein objektorientierte Skriptsprache, die sich für vielfältige Anwendungen eignet.

Die Ursprünge von Ruby liegen vor allem in den Sprachen Perl und Smalltalk, aber auch Python, Eiffel, Scheme, CLU und Lisp beeinflussten die Syntax.

www.ruby-lang.org

www.rubytalk.com

Bereits im Sommer des Jahres 1993 konnte die erste „Hello World"-Ausgabe auf dem Monitor durch ein Programm erzeugt werden. Nur eineinhalb Jahre später, im Dezember 1994, wurde die Alpha-Version des ersten Release von Yukihiro Matsumoto fertig gestellt. Die erste öffentliche Version erschien 1995. Ein Jahr später gründeten sich Ruby-Foren, die so genannten Ruby-Communities, die sich hauptsächlich mit der Entwicklung von Patches und Bug-Fixes befassten. Bis zu diesem Zeitpunkt hatte Matsumoto die Entwicklung weitestgehend alleine vorangetrieben.

Ruby etablierte sich zu Beginn vorwiegend in Japan. Erst 1997 erschien die erste englischsprachige Dokumentation. Die Schaffung der ruby-talk-mailing-list (www.ruby-lang.org oder www.rubytalk.com), die Matsumoto Ende 1998 ins Leben rief, förderte die Verbreitung der Sprache auch außerhalb des japanische Sprachraums. Bei dieser Liste handelt es sich um ein sehr umfangreiches Ruby-Forum, welches Interessenten die Möglichkeit gibt, offene Fragestellungen zu klären und Diskussionen mitzuverfolgen.

8.2 Produktübersicht

www.ruby-lang.org/
en/download.html

Zur Erstellung eines Ruby-Programms werden ein Interpreter und die zugehörigen Bibliotheken benötigt, die von verschiedenen Anbietern kostenlos aus dem Internet herunter geladen werden können. Die in diesem Abschnitt vorgestellten Beispiele wurden mit dem Ruby-Interpreter Version 1.8.0-9 für Windows erstellt, der neben dem Interpreter und den Bibliotheken zusätzliche Erweiterungen, wie den SciTE Editor und eine Dokumentation beinhaltet.

Daneben existieren entsprechende Interpreter für andere Betriebssysteme, wie z. B. Linux, Unix oder Mac. Die jeweils aktuellste Version ist unter www.ruby-lang.org/en/download.html verfügbar.

8.3 Eigenschaften

Ruby ist eine rein objektorientierte Sprache. Alles in Ruby ist ein Objekt, welches die Eigenschaften und das Verhalten eines konkreten Gegenstands widerspiegelt. Die Abstraktion der Objekteigenschaften wird in Klassen zusammengefasst. Das Prinzip der Objektorientierung ist in aller Konsequenz angewendet, so dass selbst Klassen wiederum Objekte der Klasse `Class` sind. Jede Klasse leitet sich direkt oder indirekt aus der Oberklasse `Object` ab. In Ruby ist nur die Vererbung aus einer Oberklasse zulässig, jedoch kann durch Einbinden von Modulen eine höhere Funktionalität und Abstraktion erreicht werden.

Objektorientierung

Bei Ruby handelt es sich um eine einfache und transparente Sprache, die durch wenige Regeln intuitiv benutzt werden kann und leicht erlernbar ist.

Einfachheit

Ruby ist eine typenlose Sprache, die keine ausdrückliche Typkonvertierung erfordert, wodurch unter anderem die Plattformunabhängigkeit gewährleistet wird. In Ruby wird durch Mehrfachzuweisungen ein sehr anpassungsfähiger Umgang mit verschiedenen Werten umgesetzt.

Typkonzept

Die Sprache unterstützt Felder und Hashtabellen, welche nicht nur eine variable Größe aufweisen, sondern unterschiedliche Typen aufnehmen können. Durch Iteratoren können die Elemente von Aufzählungstypen leicht angesprochen werden. Außerdem wird die Möglichkeit geboten, mit regulären Ausdrücken Mustervergleiche in Texten durchzuführen. Darüber hinaus steht ein Garbage Collector zur Verfügung und auch das Überladen von Operatoren ist möglich.

Datenstruktur

Garbage Collector

Ruby ist sehr vielseitig einsetzbar und verhält sich problemadäquat. Eine integrierte Ausnahme- und Fehlerbehandlung hilft bei der Handhabung von Laufzeitfehlern. Es werden sowohl Threads, Netzwerkzugriffe als auch Client-/Server-Architekturen unterstützt. Ruby kann als Skriptsprache, ähnlich wie Perl eingesetzt werden. Es lassen sich aber auch GUI- und Web-Anwendungen realisieren.

Skriptsprache
GUI- und Internet-Anwendung

8.4 Programmerstellung

Die Quelltextdateien eines Ruby-Programms können in einem einfachen Texteditor oder einem speziell auf Ruby ausgerichteten Editor erstellt werden. Die fertige Datei muss mit der Endung `.rb` gespeichert werden. Unabhängig vom Betriebssystem kann über die Konsoleneingabe `ruby Dateiname.rb` der Ruby-Interpreter aufgerufen und das Programm direkt ausgeführt werden. In Ruby ist keine Übersetzung des Quelltexts erforderlich.

Keine Übersetzung notwendig

Eine sehr komfortable Lösung der Programmausführung ist unter Windows verfügbar. Hier kann durch Aufrufen der Datei mittels Doppelklick eine DOS-Box geöffnet werden, in der die Datei ausgeführt wird. Damit die Kon-

Ausführung unter Windows

Ausführung unter Unix

sole nicht direkt wieder geschlossen wird, sollte am Ende des Quelltexts `$stdin.gets` eingefügt werden. Die Konsole wartet dann, bis der Benutzer eine beliebige Eingabe mit der Return-Taste bestätigt.

Unter Unix muss der Aufruf des Interpreters `#!/usr/local/bin/ruby Dateiname.rb` oder `#!/usr/bin/env ruby Dateiname.rb` lauten. Eine weitere Möglichkeit ist das Ausführen eines Ruby-Programms in der interaktiven Ruby-Shell `irb`. Hier besteht neben der Ausführung des Quelltexts auch die Möglichkeit, diesen zu editieren und die Änderungen direkt auszuführen.

Programmerstellung

Die Schritte zur Erstellung und Ausführung eines Ruby-Programms sind in Tabelle 8.4-1 angegeben.

Tab. 8.4-1: Programmerstellung

Schritt	Beschreibung	Beispiel
1	Erstellen des Quelltextes mit Hilfe eines beliebigen Texteditors.	
2	Abspeichern der Datei mit der Endung `.rb`.	`beispiel.rb`
3	Aufruf des Ruby-Interpreters durch den Befehl `ruby`.	`ruby beispiel.rb`

Beispiel 8.4-1

Das folgende Beispiel zeigt eine einfache Anwendung zur Erstellung eines „Hallo Welt"-Programms. Dabei werden zwei unterschiedliche Möglichkeiten der Realisierung aufgezeigt. Im ersten Teil erfolgt einfach die Ausgabe einer Zeichenkette mit dem bekannten Inhalt. Obwohl dieser Quelltext sehr an die Syntax prozeduraler Programmiersprachen erinnert, behält Ruby auch hier ihre objektorientierten Prinzipien. Die erzeugten Operationen werden im Hintergrund automatisch an ein global verfügbares Objekt der Klasse `Object` gebunden und mit `main` als Empfänger aufgerufen. Im zweiten Teil wird eine Klasse erzeugt, die den klassischen objektorientierten Ansatz wählt.

Quelltext der einfachen Anwendung	Quelltext der komplexen Anwendung
Schritt 1	

`print "Hallo Welt!"`
`print "\n"`
 	
`print"Bitte RETURN druecken"`
`$stdin.gets`
	`class Hallo`
	`  attr_reader :ausgabe`
	`    def initialize`
	`      @ausgabe = "Hallo Welt"`
	`    end`
	`end`
	`h = Hallo.new`
	`puts h.ausgabe`
	
	`print"Bitte RETURN druecken"`
	`$stdin.gets`

Quelltext der einfachen Anwendung	Quelltext der komplexen Anwendung
Schritt 2:	
Abspeichern der Ruby-Anwendung in die Datei `HalloWelt1.rb`.	Abspeichern der Ruby-Anwendung in die Datei `HalloWelt2.rb`.
Schritt 3:	
Ausführen der Ruby-Anwendung durch den Befehl `ruby HalloWelt1.rb`	Ausführen der Ruby-Anwendung durch den Befehl `ruby HalloWelt2.rb`
Ausgabe:	
`Hallo Welt!` `Bitte RETURN druecken`	`Hallo Welt!` `Bitte RETURN druecken`

8.5 Funktionale Sprachelemente

Um den Einstieg in die Sprache zu erleichtern, werden zunächst einige Grundlagen erläutert. In Ruby existieren nur sehr wenige Konventionen, jedoch kann dies auf Anwender, die sich eher in den C-basierten Sprachen auskennen, zunächst etwas ungewöhnlich wirken.

Wenige Konventionen

In Ruby endet jede Anweisung mit dem Zeilenende. Daher muss eine einzeilige Anweisung nicht mit einem Semikolon abgeschlossen werden. Befinden sich jedoch mehrere Anweisungen in einer Zeile, so dient das Semikolon als Trennzeichen. Durch einen Backslash (\) kann die zeilenorientierte Syntax umgangen und eine Anweisung in der folgenden Zeile fortgeführt werden. Sollen einer Funktion Parameter übergeben werden, so können diese entweder einfach hinter dem Funktionsnamen oder in runden Klammern angegeben werden, wobei die öffnende Klammer sich direkt an den Namen anschließt.

Anweisung

In diesem Abschnitt wird zur Kennzeichnung der Daten, die z. B. über die Standardausgabe angezeigt werden, die für Ruby typische Notation `#->` verwendet.

#->

8.5.1 Zeichensatz

Ruby-Programme basieren auf dem **7-Bit-ASCII-Code**, so dass insgesamt 128 Zeichen dargestellt werden können. Darüber hinaus kann durch Verwendung des Kommandozeilen-Befehls `ruby -kcode Dateiname.rb` ein erweiterter Zeichensatz genutzt werden.

ASCII-Code

Tab. 8.5-1: *Kommandozeilen-Option* `kcode`

Zeichensatz	kcode
ASCII-Code	a, A, n, N
EUC	e, E
SJIS	s, S
UTF-8	u, U

8.5.2 Kommentare

Kommentare eignen sich dazu, Programmtext transparent und nachvollziehbar darzustellen, wovon insbesondere bei der eher als kryptisch zu bezeichnenden Ruby-Syntax viel Gebrauch gemacht werden sollte. Bei der Übersetzung eines Programms werden Kommentare nicht berücksichtigt.

Beispiel 8.5-1

Quelltext
```
# Einzeilige Kommentare beginnen mit einer Raute und
# enden am jeweiligen Zeilenende.

=begin
Mehrzeilige Kommentare werden eingeschlossen. Sie können
zur eingebetteten Dokumentation, z. B.  mittels des Ruby-
Dokumentationsformats RD, genutzt werden.
=end
```

8.5.3 Zahlen

Fixnum

Bignum

Da Ruby eine rein objektorientierte Programmiersprache ist, sind sowohl ganze Zahlen als auch Fließkommazahlen jeweils Objektinstanzen. Die Ganzzahlobjekte werden entweder von der Klasse `Fixnum` oder von der Klasse `Bignum` erzeugt. Für Objekte, die Fließkommawerte repräsentieren, ist die Klasse `Float` verantwortlich.

Für ganze Zahlen ist keine Obergrenze festgelegt. Allerdings werden alle Zahlenwerte, die echt größer als 2^{30-1} sind, von der Klasse `Bignum` und alle kleineren Werte von der Klasse `Fixnum` erzeugt. Der Wechsel zwischen den Klassen erfolgt automatisch. Werte von `Bignum` werden zur Vermeidung von Rundungsfehlern immer vollständig mit allen Ziffern abgespeichert. Zur Verbesserung der Übersichtlichkeit großer ganzzahliger Werte besteht die Möglichkeit, diese mit Unterstrichen zu gruppieren.

Float

Fließkommazahlen werden automatisch zu Objekten der Klasse `Float`, wenn in der Zahl ein Dezimalpunkt oder alternativ die E-Notation für Zehnerpotenzen angegeben wird.

Beispiel 8.5-2

Quelltext	Beschreibung

`ZahlFix = 10000`
`ZahlBig = 2500002500`
`ZahlFloat = 1354.45`
 	
`print ZahlFix," ",ZahlFix.class,"\n"`
`print ZahlBig," ",ZahlBig.class,"\n"`
`print ZahlFloat," ",\`
`     ZahlFloat.class,"\n"`
`print 2_500_002_500 == 2500002500`
	Den Variablen werden Werte zugewiesen.
	
	Ausgabe der Variablenwerte. Durch `.class` kann die zugehörige Klasse ermittelt werden.
	Anwendung der Unterstrichnotation.

Ausgabe	

`#-> 10000 Fixnum`
`#-> 2500002500 Bignum`
`#-> 1354.45 Float`
`#-> true`	

Da bei der Verwendung von Float-Zahlen plattformabhängige Rundungsfehler auftreten können, besteht die Möglichkeit, die Klasse `BigFloat` des Japaners Shigeo Kobayashi aus dem **Ruby Application Archive (RAA)** zu verwenden. Hierbei handelt es sich um eine externe Erweiterung der Ruby-Bibliotheken, durch die `Float`-Werte mit einer erhöhten Präzision verarbeitet werden können. Diese Bibliothek gehört nicht zum Standard und muss zusätzlich installiert werden.

BigFloat

8.5.4 Reservierte Wörter

Bezeichner, die für eine bestimmte Verwendung reserviert sind und aus diesem Grund nicht als Name für weitere Variablen, Operationen oder Klassen verwendet werden sollten, sind in Tabelle 8.5-2 aufgelistet.

Tab. 8.5-2: Schlüsselworte

__FILE__	case	end	module	retry	unless
__LINE__	class	END	next	return	until
alias	def	ensure	nil	self	when
and	defined?	false	not	super	while
begin	do	for	or	then	yield
BEGIN	else	if	redo	true	
break	elsif	in	rescue	undef	

8.5.5 Variablen

In Ruby besitzen alle Variablen bis zum Zeitpunkt der Wertzuweisung keinen Typ. Das bedeutet, dass sie nicht mit einem bestimmten Datentyp

Lokale Variable

deklariert werden müssen. Sie repräsentieren immer eine Referenz auf ein Objekt, wobei lokale und globale Variablen sowie Instanz- und Klassenvariablen unterschieden werden.

Lokale Variablen beginnen mit einem Kleinbuchstaben oder einem Unterstrich. Sie werden erzeugt, indem ihnen ein Wert zugewiesen wird. Der Zugriff auf eine nicht initialisierte lokale Variable erzeugt eine `NameError`-Exception. Der Gültigkeitsbereich einer lokalen Variablen beschränkt sich auf einen Anweisungsblock, eine Klasse, eine Funktion oder ein Modul.

Beispiel 8.5-3

Quelltext	Beschreibung

`def multiplikation(b)`
`  a = 3`
`  a*b`
`end`
`print multiplikation(4)`
	`a` ist eine lokale Variable und nur in der Funktion bekannt. `b` wird als Funktionsparameter ebenfalls als lokale Variable behandelt.
	Ausgabe: #->12

Globale Variable

Globale Variablen werden mit einem $-Zeichen gekennzeichnet, das dem Namen voran steht. Im Unterschied zu lokalen Variablen, können globale Variablen aus jedem Teil des Programms angesprochen werden. Änderungen, die an der Variablen vorgenommen werden, wirken sich auf das gesamte Skript aus. Variablen, die noch nicht initialisiert sind, erhalten den Standardwert `nil`, wenn lesend auf sie zugegriffen wird. `nil` ist der Wert für nicht näher bestimmte Werte. Wird der Ruby-Interpreter mit der Option `-w` gestartet, so entsteht an dieser Stelle eine Systemwarnung.

Beispiel 8.5-4

Quelltext	Beschreibung

`$a = 3`
`def multiplikation(b)`
`  $a*b`
`end`
`print multiplikation(4),"\n"`
`$a = 13`
`print multiplikation(4),"\n"`
	`a` ist eine globale Variable und es kann von überall im Programm auf sie zugegriffen werden.
	Ausgabe:
	#->12
	#->52

Instanzvariable

Instanzvariablen gehören zu einem Objekt und beschreiben dessen Eigenschaften. Sie beginnen mit einem @-Zeichen, gefolgt vom Variablennamen. Ihre Gültigkeit beschränkt sich auf die Instanz einer Klasse. Sie müssen im Programm nicht deklariert und initialisiert werden, es ist ausreichend, sie dort zu platzieren, wo sie benötigt werden. Nichtinitialisierte Variable haben den Standardwert `nil`. Wie bei den globalen Variablen kann durch die Kommandozeilen-Option `-w` hierzu eine Systemwarnung ausgegeben werden.

Beispiel 8.5-5(a)

Quelltext	Beschreibung
| ```
class Konto
  def initialize(wert);@kontostand= wert;end
  def ausgabe;print @kontostand;end
end
k = Konto.new(1100)
k.ausgabe
``` | kontostand ist eine Instanzvariable. |
| | Ausgabe:
#->1100 |

Klassenvariable

Variablen, die in einer Klasse (vgl. Kap. 8.7) verfügbar sind und unabhängig von einem Objekt existieren, werden als **Klassenvariablen** bezeichnet. Sie müssen vor dem ersten lesenden Zugriff mit einer Wertzuweisung initialisiert werden. Eine Klassenvariable wird durch Voranstellen von zwei @-Zeichen gekennzeichnet, auf den ein Bezeichner, jedoch kein numerisches Zeichen, folgt.

Beispiel 8.5-5(b)

Quelltext	Beschreibung
| ```
class Konto
  @@zinssatz = 4.3   ...
  def zinsen
    print (@kontostand * @@zinssatz)/100
  end
...
k.zinsen
``` | zinssatz ist eine Klassenvariable |
| | Ausgabe:
#->47.3 |

Systemvariable

Ruby definiert eine Vielzahl von Systemvariablen, die wie globale Variablen im ganzen Programm genutzt werden können.

Tab. 8.5-3: Systemvariablen

Variable	Beschreibung
$!	Referenz auf das letzte Ausnahme-Objekt, das erzeugt wurde.
$@	Feld mit Informationen zum letzten Fehler.
$.	Zeilennummer der zuletzt eingelesenen Zeile aus der aktuellen Eingabedatei.
$_	Der String, der zuletzt über die Funktion gets eingelesen wurde.
$0	Beinhaltet den Namen des aktuellen Skripts.
$*	Kommandozeilenargumente des aktuellen Skripts.
$$	Prozessnummer des Ruby-Interpreters.
$stdin	Beinhaltet die Bezeichnung für die Standardeingabe.
$stdout	Beinhaltet die Bezeichnung für die Standardausgabe.
$stderr	Beinhaltet die Bezeichnung für den Standardfehler.

8.5.6 Zuweisung und Initialisierung

Ruby ist im Gegensatz zu Java, C++ und C# eine **nicht typisierte Sprache**. Einer Variablen muss vor ihrer ersten Nutzung weder ein Typ zugeordnet noch ein Wert zugewiesen werden. Eine Ausnahme dieser Regel bilden die Klassenvariablen, die vor dem ersten Zugriff initialisiert werden müssen.

Zuweisungsoperator

Die Zuweisung eines Werts erfolgt durch den **Zuweisungsoperator** (=). Da eine Variable eine Referenz ist, wird durch die Zuweisung ein Verweis auf den Wert gesetzt. In Ruby können Zuweisungen sehr flexibel gehandhabt werden. Es ist zulässig, einer oder mehreren Variablen ein oder mehrere Werte parallel zu zuordnen, wobei die Anzahl der Werte auf beiden Seiten nicht übereinstimmen muss. Werden einer einzigen Variablen mehrere Werte auf der rechten Seite zugewiesen, so sind diese automatisch in einem Feld (vgl. Kap. 8.6.1) abgelegt. Besteht die linke Seite aus mehr als einer Variablen und überwiegen bei einer Parallelzuweisung die Argumente der rechten Seite, werden die überzähligen Werte ignoriert. Ist die Anzahl der Werte auf der linken Seite größer als auf der rechten Seite, so setzt Ruby die übrig gebliebenen Werte auf nil. Darüber hinaus ist es möglich, überzählige Werte durch die *-Deklaration in einem Feld zu sammeln bzw. ein Feld in Einzelwerte zu zerlegen.

Beispiel 8.5-6

Quelltext	Beschreibung	
a = 5	einfache Zuweisung	#->a = 5
name = "Schmitt"		#->name = Schmitt
b = (c = 4*3) + 7	geschachtelte Zuweisung	#->b = 19
d = a,b,c	eine Variable = viele Argumente	#->d = 51912
e,f = d	Parallelzuweisung	#->e = 5 f = 19
g,h,i = e,f	Parallelzuweisung	#->g = 5 h = 19
		#->i = nil
j, *k = a,b,c	Werte in Feld sammeln	#->j = 5 k = 1912
a,b,c = j, *k	Feld in Werte zerlegen	#->a = 5 b = 19 c = 12
a,b = b,a	Vertauschen von Werten	#->a = 19 b = 5

8.5.7 Konstanten

Eine **Konstante** ist, ebenso wie eine Variable, ein Objektverweis. Konstanten werden durch Zuweisung eines Wertes initialisiert. Ihr Bezeichner muss mit einem Großbuchstaben beginnen. Diese Regel gilt es ebenfalls für Klassenbezeichner zu berücksichtigen, die wie Konstanten behandelt werden. Wie in anderen Programmiersprachen auch, ist es in Ruby ebenfalls üblich, konstante Werte ganz in Großbuchstaben anzugeben.

Ruby unterscheidet sich im Vergleich mit anderen Sprachen dahingehend, dass Objekte, die durch Konstanten referenziert sind, verändert werden dürfen. Der Interpreter erzeugt lediglich eine Warnmeldung. Soll eine Wertänderung einer Konstantne unterbunden werden, so kann durch Aufruf der Operation `freeze` das Objekt eingefroren werden. Dieses ist im Anschluss nicht mehr veränderbar, wohl aber kann die Konstante auf ein anderes Objekt gelenkt werden. Durch `frozen?` kann abgefragt werden, ob ein Objekt unveränderlich ist.

freeze

Beispiel 8.5-7

Quelltext	Beschreibung
`KONSTANTE = "Hallo"`	Konstantendeklaration.
`KONSTANTE << "Ciao"`	Der String der Konstante wird verändert.
`KONSTANTE = "Hola"`	Generiert eine Warnmeldung, da die Konstante schon initialisiert ist.
`KONSTANTE.freeze`	Objekt wird eingefroren und dieser Zustand abgefragt.
`puts KONSTANTE.frozen?`	
`KONSTANTE << "Hey"`	Erzeugt `TypeError`, da versucht wird, das Objekt zu verändern.

Konstanten müssen außerhalb einer Operation definiert werden. In einer Klasse oder einem Modul können die zugehörigen Konstanten direkt angesprochen werden, sofern sie dort festgelegt wurden. Von außen kann auf diese Konstanten nur mittels des Bereichsoperators (::) zugegriffen werden. Für global definierte Konstanten entfällt dieser Modus.

8.5.8 Zeichenketten

Zeichenketten zählen in Ruby neben Zahlen oder Feldern zu den Basistypen der Sprache. Eine Zeichenkette ist ein Objekt der Klasse `String`. Rechnerintern wird eine Zeichenkette als eine Folge von 8-Bit-Ketten behandelt. Dadurch ist es möglich, in einer Zeichenkette neben reinen Textzeichen auch binäre Daten abzulegen.

String

Zeichenketten können auf vielfältige Weise erzeugt werden. Je nach Wahl der Erzeugung werden die Inhalte unterschiedlich interpretiert. Für die Eingabe von Zeichenketten können wie in Java, C++ und C# Backslashkonstanten genutzt werden. Diese werden in Kapitel 9 beschrieben.

Tab. 8.5-4: Erzeugung einer Zeichenkette

String-Erzeugung und Interpretation	Beispiel
Einfache Anführungsstriche: ''	`'Hallo Welt \n'`
Der Inhalt wird dargestellt, wie er eingeben wird. Escape-Sequenzen werden ignoriert. (Ausnahme: \' und \\)	`#->Hallo Welt \n`

String-Erzeugung und Interpretation	Beispiel

`%q( ...)`
Analog zu den einfachen Anführungsstrichen. Alternativ zu den runden Klammern kann der Text zwischen /.../, [...], <...> oder {...} gesetzt werden. Enthält der String keine Leerzeichen, so kann die Umklammerung entfallen.
	`%q(Hallo Welt \n)`
	`%q["Hallo Sie"]`
	
	`#->Hallo Welt`
	`\n"Hallo Sie"`

Doppelte Anführungszeichen " "
Der String wird unter Berücksichtigung von Escape-Sequenzen und #-Ausdrücken ausgewertet.
	`"Hallo Welt \n"`
	`name = 'Willi'`
	`"Hallo #{name}"`
	`#->Hallo Welt`
	`    Hallo Willi`

`%Q( ...)`
Analog zu den doppelten Anführungszeichen. Alternativ zu den runden Klammern kann der Text zwischen /.../, [...], <...> oder {...} gesetzt werden.
	`%Q(Hallo Welt \n)`
	`%Q/"Hallo Du"/`
	
	`#->Hallo Welt`
	`    "Hallo Du"`

`<<Label ... Label`
String geht bis zu der Zeile, in der nur das Label steht.
`<<'Label' ... Label`
String geht bis zu der Zeile, in der nur das Label steht, wobei Ausdrücke nicht ausgewertet werden.
`<<-Label ... Label`
Wie oben, die Endkennung darf jedoch eingerückt werden.
	`str= <<END`
	`Wie alt bist Du?`
	`Ich bin #{6*6}`
	`END`
	`#->Wie alt bist Du?`
	`   Ich bin 36`
	`str= <<-'END'`
	`Wie alt bist Du?`
	`Ich bin #{6*6}`
	`  END`
	`#->Wie alt bist Du?`
	`   Ich bin #{6*6}`

Ein Objekt vom Typ String muss nicht erst durch einen expliziten Aufruf erzeugt werden. Trifft der Interpreter im Quelltext auf eine Zeichenkette, so wird automatisch ein Objekt der Klasse String initialisiert. Daraus ergibt sich aber auch, dass jedes Literal, welches als Parameter oder in einer Zuweisung gebildet wird, zu einer neuen, eigenen Objektinstanz führt. Folgen mehrere Zeichenketten in einfachen oder doppelten Anführungszeichen aufeinander, so werden sie in einem Objekt zusammengefasst. In der Klasse String sind viele Operationen definiert, die den Umgang mit Zeichenketten sehr variabel gestalten. Eine Auswahl der über 75 Funktionen ist nachfolgend aufgeführt.

Tab. 8.5-5: Operationen für Zeichenketten

Operation	Beschreibung
+	Verkettung zweier Zeichenketten, es wird ein neues Objekt erzeugt.
<<	Verkettung zweier Zeichenketten, Modifizierung des ursprünglichen Objekts.

Operation	Beschreibung
`*n`	n-malige Wiederholung der voranstehenden Zeichenkette.
`==`	Inhaltsvergleich zweier Zeichenketten.
`<=>`	Vergleicht die Zeichenketten. Bei Gleichheit wird 0 zurückgegeben. Ist die linke Zeichenkette lexikalisch kleiner als die rechte, ist das Ergebnis -1, ansonsten wird 1 zurückgeliefert.
`strip`	Entfernt Leerzeichen am Anfang und Ende der Zeichenkette.
`index`	Gibt die Position eines Zeichens in einem String zurück. Die Suche beginnt am Anfang.
`rindex`	Liefert wie `index` die Position eines Zeichens, beginnt die Suche aber am Ende.
`sub`	Ersetzt einen Teilstring bei dessen ersten Auftreten durch einen anderen.
`gsub`	Ersetzt einen Teilstring durch einen anderen, so oft der Teilstring in der Zeichenkette vorhanden ist.
`to_i`	Wandelt einen String in eine ganze Zahl.
`to_f`	Konvertiert einen String in ein Floatobjekt.

In Ruby kann nicht wie in anderen Programmiersprachen mittels einer Operation auf Teile einer Zeichenkette zugegriffen werden. Es kann jedoch der Operator `[]` genutzt werden, der sich wie die Index-Notation eines Felds verhält. Ausgehend vom Beginn der Zeichenkette wird ein positiver Index genutzt, wobei der Wert 0 für den ersten Buchstaben steht. Bei rückwärtigem Durchlauf sind die Indizes negativ und der letzte Buchstabe des Strings kann mit dem Wert -1 angesprochen werden (vgl. Abb. 8.6-1).

Beim Zugriff auf Teile einer Zeichenkette kann zwischen verschiedenen Variationen gewählt werden. Mit Hilfe der Bereichsnotation wird ein Ausschnitt von Position i bis Position j aus der Zeichenkette ausgewählt. Alternativ können die Anfangsposition und die Anzahl der Zeichen eingeben, die der Teilstring enthalten soll.

Eine spezielle Form von Zeichenketten sind **Symbole**. Sie können im Gegensatz zu Strings nach ihrer Erzeugung nicht mehr verändert werden. Symbole repräsentieren die interne Darstellung eines Objekts, unabhängig davon, wie der Bezeichner im Programm genutzt wird. Sie werden für Funktionsnamen verwendet, die in anderen Funktionen als Parameter übergeben werden, oder für eine bessere Performanz genutzt. Ein Symbol setzt sich aus einem Doppelpunkt und einem Bezeichner zusammen. Durch `intern` kann darüber hinaus ein Objekt der Klasse `String` in ein Symbol umgewandelt werden.

Symbol

```
a = :symbol
b = "symbol".intern
```

Beispiel 8.5-8

8.5.9 Binäre, oktale und hexadezimale Zeichen

Darstellung von Zahlen

Neben der Dezimaldarstellung können Zahlenwerte auch in anderen Systemen wie dem Binär-, Oktal- oder dem Hexadezimalsystem abgebildet werden. Als Signalzeichen, dass ein anderes Zahlensystem gewählt wurde, benötigt der Ruby-Interpreter spezielle Präfixe. Zur korrekten Interpretation eines Hexadezimalwertes wird diesem `0x` vorangestellt. Für eine Oktalzahl wird die `0` und für Binärwerte das Präfix `0b` verwendet. Sollen die Werte nicht im Dezimalsystem, sondern in einem alternativen System abgebildet werden, muss die Ausgabe zuvor formatiert werden. Hierzu wird die Operation `printf` verwendet, der ein Parameter für das Format übergeben werden muss. Der Parameter `%d` für dezimale Werte kann weggelassen werden. Die Parameter `%x` für hexadezimale, `%o` für oktale und `%b` für binäre Zeichen sind obligat.

Beispiel 8.5-9

Quelltext	Beschreibung		
`0x19 + 0x14`	Hexadezimalzahl	#-> 45	(dezimal)
`printf"%x", 0x19+0x14`		#-> 2d	(hexadezimal)
`0274 - 016`	Oktalzahl	#-> 174	(dezimal)
`printf"%o", 0274-016`		#-> 256	(oktal)
`0b1101 * 0b11`	Binärzahl	#-> 39	(dezimal)
`printf"%b", 0b1101*0b11`		#-> 11011101	(binär)

8.5.10 Operatoren

Ruby unterstützt eine Vielzahl unterschiedlicher Operatoren, durch die Daten manipuliert werden können. Operatoren sind in Ruby i. d. R. Funktionsaufrufe. Dadurch gestattet es Ruby, die Semantik dieser Operatoren in eigenen Klassen zu verändern. Der Aufruf von `a+b` wird als `a.+(b)` interpretiert und bedeutet, dass das Zahlenobjekt `a` (Fixnum, Bignum oder Float) die Operation + aufruft und `b` als Parameter übergibt.

Grundrechenarten

Für **arithmetische** Berechnungen stellt Ruby wie auch Java, C++ und C# die Operationen zur Addition, Subtraktion, Multiplikation, Division und Modulo-Berechnung zur Verfügung. Zusätzlich implementiert sie einen Operator zur Potenzierung (`**`) einer Zahl.

Beispiel 8.5-10

`3**4`   `#-> 81`

Für weitere Operationen muss auf das `Math`-Modul zurückgegriffen werden, welches eine Sammlung von mathematischen Funktionen und Konstanten ist. Im Gegensatz zu Java, C++ und C# existieren weder De- noch Inkrementoperatoren.

Relationale Operatoren

Zur Auswertung vergleichender Ausdrücke können **relationale Operatoren** wie kleiner (<), größer (>), kleiner gleich (<=), größer gleich (>=) verwendet werden. Eine Überprüfung mittels vergleichender Operatoren ergibt entweder true oder false bzw. nil. Letztere gelten beide als falsch. In Ruby ist eine sehr differenzierte Betrachtung der Gleichheit möglich, welches an der Bereitstellung verschiedener Operatoren erkennbar ist.

Tab. 8.5-6: Gleichheits- bzw. Ungleichheits-Operatoren

Operator	Beschreibung	Beispiel/Anwendung
==	Kontrolliert, ob beide Seiten den gleichen Wert haben.	10 = = 10 #-> true
eql?	Überprüft, ob der Wert und die Klassenzugehörigkeit der Objekte gleich ist.	(10).eql?(10.0) #-> false
equal?	Überprüft die Objekt-ID auf Gleichheit.	222.equal?(222) #-> true (3**55).equal?(3**55) #-> false "Sonne".equal?("Sonne") #-> false
===	Vergleichsoperator für eigene Objekte in Case-Anweisungen.	
=~	Mustervergleich bei regulären Ausdrücken.	s. reguläre Ausdrücke
!=	Kontrolliert, ob zwei Werte ungleich sind.	10 != 10 #-> false
!~	Mustervergleich bei regulären Ausdrücken.	

Logischer Operator

Durch die Anwendung von **logischen Operatoren** können boolesche Werte miteinander verknüpft werden. Das Resultat der Verarbeitung ist ebenfalls ein Wahrheitswert. Ruby überprüft bei einer logischen UND- bzw. ODER-Verknüpfung so wenige Argumente wie nötig. Ergibt z. B. die Auswertung des ersten Arguments in einer ODER-Verknüpfung true, wird das zweite Element nicht mehr überprüft. Die zeichenorientierten logischen Operatoren &&, ||, ! unterscheiden sich zu den ausdruckorientierten AND, OR, NOT dahingehend, dass ihre Bindung stärker ist und sie als Argumente in einer Operation genutzt werden dürfen.

Tab. 8.5-7: logische Operatoren

Operator	Beschreibung	Beispiel/Anwendung
&&	logisches UND	if (a==3) && (b==4) # Die Bedingung ist wahr, wenn (a==3) # und (b==4). Ergibt (a==3) false, # so wird (b==4) nicht ausgewertet.

Operator	Beschreibung	Beispiel/Anwendung

`||`	logisches ODER	`if (a==3) || (b==4)`
		`# Die Bedingung ist wahr, wenn (a==3)`
		`# oder (b==4). Ergibt (a==3) true, so`
		`# wird (b==4) nicht mehr ausgewertet.`

`!`	logisches NICHT	`# negiert den Ausdruck`
`AND`	logisches UND	wie `&&`
`OR`	logisches ODER	wie `||`
`NOT`	Logisches Nicht	wie `!`

Bitweiser Operator

Zur binären Bearbeitung ganzzahliger Werte stellt Ruby die **bitweisen Operatoren** `&`, `|`, `^`, `>>`, `<<` zur Verfügung. Diese können ebenso wie arithmetische Opertoren in einer verkürzten Zuweisung genutzt werden.

Beispiel 8.5-11

Quelltext	Beschreibung

`a = 7`
`a += 1`
`a &= 1`
	verkürzte Zuweisung

Eine zusammenfassende Gegenüberstellung der wichtigsten Operatoren wird in Kapitel 9 aufgeführt. Nachfolgend sind noch spezifische Operatoren dargestellt.

Tab. 8.5-8: Sonstige Operatoren

Operator	Beschreibung	Beispiel/Anwendung

`defined?`	Überprüft, ob ein Argument schon definiert ist und liefert dessen Typ zurück, ansonsten nil.	`myString = "Hallo Welt"`
		`defined? myString`
		`  #->local-variable`
		`defined? print    #->method`
		`defined? show     #->nil`

`<=>`	Überprüft, welcher von zwei Werten größer ist.	`12 <=> 15         #->-1`
		`'Hey' <=> 'Hey'    #-> 0`
		`'r' <=> 'a'       #-> 1`

`[]`	Eckige Klammern	`# Elementzugriff`

`? :`	Bedingungsoperator	`print a==0? "Fehler":10/a`
		`# Wenn a==0, dann gib Fehler aus,`
		`# ansonsten dividiere 10 durch a.`

`.`	Punktoperator	Dient zum Zugriff auf Member einer Klasse
`..`	Bereich inklusive Randwert	`print 1..4.to_a    # 1234`
`...`	Bereich exklusive Randwert	`print 1...4.to_a   # 123`
`if`	Bedingungsanweisung	`# s. Kontrollfluss`

Operator	Beschreibung	Beispiel/Anwendung
unless	Bedingungsanweisung	# s. Kontrollfluss
while	Iterationsanweisung	# s. Kontrollfluss
until	Iterationsanweisung	# s. Kontrollfluss

In einem Ausdruck können mehrere Operatoren genutzt werden, wobei sich die Auswertung nach der Bindungsstärke der einzelnen Operatoren richtet, insofern keine runden Klammern gesetzt wurden. In der folgenden Tabelle nimmt die Bindungsstärke der Operatoren von links oben nach rechts unten ab.

Tab. 8.5-8: *Hierarchie der Operatoren*

[]	**	!, ~, +, -
*, /, %	+, -	>>, <<
&	| ^	<=>, ===, ==, !=, =~, !~
&&, ||	.., ...	? :
=, **=, *=, /=, %=, +=, -=	defined?	not
and, or	if, unless	while, until

8.5.11 Einfache Ein- und Ausgabe

Mittels der Standardein- bzw. ausgabe können Werte über die Tastatur eingelesen oder über den Bildschirm ausgegeben werden. Die einfachste Ausgabe in Ruby-Programmen erfolgt mit dem Aufruf der Funktion print. Diesem folgt die Zeichenkette oder Variable, die ausgegeben werden soll. Weitere Möglichkeiten bestehen durch die Operationen p oder puts.

Eingaben von der Tastatur können über die Operationen $stdin.gets, STDIN.gets oder gets in das Programm einfließen. Jede Eingabe muss durch Drücken der Return-Taste bestätigt werden. Die eingelesenen Daten sind Objekte der Klasse String und können entsprechend in das gewünschte Format gewandelt werden.

print
p
puts

$stdin.gets
STDIN.gets
gets

Quelltext	Beschreibung
`puts "Bitte Zahl eingeben"`	Ausgabe
`a = $stdin.gets`	Einlesen des Strings.
`print a.to_i*3,"\n"`	Ausgabe einer Rechenoperation.
`print "Bitte \"return\" zum "\` `    "Beenden druecken"`	Der eingelesene Wert wird in eine Zahl umgewandelt.
`$stdin.gets`	

Beispiel 8.5-12

8.5.12 Kontrollfluss

Zur Steuerung des Programmablaufs müssen Wiederholungen bestimmter Anweisungen, Verzweigungen und Blockbildung möglich sein. Ruby unterstützt verschiedene Möglichkeiten der Umsetzung.

Block

Auf den ersten Blick sieht ein Block in Ruby genau so aus wie in C#, C++ oder Java. Es ist eine in geschweiften Klammern {} oder in do-end-Anweisungen eingefasste Sammlung von Befehlen. Allerdings unterscheiden sich Ruby-Blöcke und Blöcke anderer Programmiersprachen entscheidend: Während in den C-orientierten Sprachen ein Block eine Zusammenfassung von Anweisungen darstellt, die eine logische Einheit bilden, wird in Ruby ein Block als eine Gruppierung verstanden, die die ausführbaren Anweisungen beim Zugriff auf eine Operation spezifizieren kann. Ist der Aufruf einer Funktion um einen Block ergänzt, wird zunächst die Operation angesprochen, die wiederum den Block aufruft. Ein Block muss immer direkt hinter den Operationsaufruf gesetzt werden. Die lokalen Variablen des Blocks werden zwischen | | angegeben.

Um einen Block auszuführen, verfügt Ruby über verschiedene Mechanismen. Zum einen wird der Block als ein Objekt der Klasse `Proc` erzeugt, welches dann mit `call` angesprochen werden kann. Zum anderen kann in der Operation über `Proc.new` ein Objekt der Klasse `Proc` erstellt werden oder der Funktion wird ein mit `&` gekennzeichneter Parameter übergeben, der den Block in das `Proc`-Objekt wandelt.

Beispiel 8.5-13

Quelltext	Beschreibung
| ```ruby
def potenz(basis)
  return proc{|exponent| \
            basis **exponent}
end
potenz2 = potenz(2)
print potenz2.call(3)
print potenz2.call(10)

def potenz_1(*parameter)
  m_Proc = Proc.new
  print m_Proc.call(*parameter)
end
potenz_1 3, 5 do |a,b| a**b end
potenz_1(4,7) {|a,b| a**b }

def potenz_2(*parameter,&m_Proc)
  print m_Proc.call(*parameter)
end
potenz_2 5, 3 do |a,b| a**b end
potenz_2(8,4) {|a,b| a**b }
``` | proc erstellt aus dem Block ein Objekt der Klasse `Proc`.<br><br>Block-Objekt wird mit dem Wert für die Basis initialisiert.<br><br>Block wird mit Werten für Exponenten aufgerufen.<br><br>Übergabe von mehreren Argumenten durch *.<br><br>Erzeugen eines `Proc`-Objekts. Aufruf des Blocks.<br><br>Definition von zwei Blöcken.<br><br>Alternative Erzeugung eines `Proc`-Objekts durch & markierten Parameter. |
```

Quelltext	Beschreibung

`def potenz_3(*parameter,&m_Proc)`
`  print yield(*parameter),"\n"`
`end`
`potenz_3(9,2) {|a,b| a**b }`
	Verwendung der `yield`-Funktion.

Eine weitere Möglichkeit des Blockaufrufs ist durch die Funktion `yield` gegeben, welche zu einer etwas besseren Performanz führt. Jedes Mal, wenn `yield` ausgeführt wird, findet ein Aufruf des im Block enthaltenen Quelltexts statt. Wenn der Block wieder verlassen wird, fährt das Programm nach dem `yield` wie gewohnt fort. Der zuletzt ausgewertete Wert des Blocks kann durch `yield` an die Operation zurückgegeben werden.

Durch **Selektionsanweisungen** kann der Programmfluss in Abhängigkeit von einer oder mehreren Bedingungen gelenkt werden. Eine Ausdrucksprüfung für eine Bedingung sollte in Ruby die Werte `true` oder `false` zurückliefern, wobei jedoch jeder Ausdruck, der nicht `false` oder `nil` ist, als `true` bewertet wird. Eine Selektionsform ist die `if`-**Anweisung**.

if-Anweisung

```
if Bedingung [then] Verarbeitung1
else Verarbeitung2
end
```

Dabei wird die erste Verarbeitung ausgeführt, wenn die Bedingung wahr ist, die zweite, wenn die Bedingung falsch ist.

Daneben existiert in Ruby durch die `unless`-**Anweisung** die Möglichkeit, die inverse Interpretation von `if` durchzuführen. Die Anweisungen, die `unless` folgen, werden nur dann ausgeführt, wenn die Bedingung falsch ist, ansonsten wird der `else`-Teil abgearbeitet.

unless-Anweisung

```
unless Bedingung [then] Verarbeitung1
else Verarbeitung2
end
```

Das Schlüsselwort `then` muss in beiden Formen nur dann verwendet werden, wenn `if` und die Verarbeitungsanweisung in einer Zeile stehen. Die Verwendung des `else`-Zweigs ist ebenfalls optional. Zur tieferen Verschachtelung mehrerer `if`-Abfragen kann `elsif` genutzt werden.

Ruby bietet die Besonderheit, dass das Ergebnis des in der Bedingungsanweisung zuletzt ausgeführten Ausdrucks einer Variablen zugewiesen werden kann. Ferner darf die Bedingungsanweisung auch am Ende einer Ausführungsanweisung stehen.

Beispiel 8.5-14(a)

Quelltext	Beschreibung

`zahl = 101`
`b = if zahl < 0`
`  a = 0`
`elsif zahl>= 0 && zahl< 100`
`  a = zahl`
`else`
`  a = 100`
`end`
`print a, " ",b,"\n"`
	`if`-Anweisung ordnet alle Zahlen in einen bestimmten Zahlenbereich ein. Der Wert, der sich aus der `if`-Abfrage ergibt, wird einer Variablen zugeordnet.

	Zugriff, auf die in der `if`-Abfrage erzeugten Variablen.

`zahl = 24`
`d = unless zahl >= 0`
`  c = 0`
`else`
`  c = zahl`
`end`
`print c, " ",d,"\n"`
	`unless` weist jeder Zahl <0 den Wert 0 zu, ansonsten wird der tatsächliche Wert gesetzt. Der Wert, der sich aus der `unless`-Abfrage ergibt, wird einer Variablen zugeordnet.

	Zugriff, auf die in der `unless`-Abfrage erzeugten Variablen.

Dabei gilt es zu beachten, dass Variablen, die innerhalb des Gültigkeitsbereichs von `if`, `else` oder `unless` definiert werden, auch außerhalb sichtbar und nicht wie in Java, C# oder C++ auf einen Anweisungsblock beschränkt sind.

Dreistelliger Bedingungsoperator

Wie in anderen Programmiersprachen kann eine einfache `if`-Anweisung durch den **Bedingungsoperator** ? : ersetzt werden. Der Operator bewertet eine Bedingung und führt die Anweisung, die dem Fragezeichen ummittelbar folgt, aus, wenn die Überprüfung den Wert `true` ergibt. Ansonsten wird die Anweisung nach den Doppelpunkten abgearbeitet.

Bedingung ? Anweisung1 : Aweisung2

Beispiel 8.5-14(b)

Quelltext	Beschreibung

`zahl = -1`
`f = zahl<0 ? e=0 : e=zahl`
`print e, " ",f,"\n"`
	Bedingungsoperator
	Der Wert, der sich aus dem Operator ergibt, kann einer Variablen zugeordnet werden.

case-Anweisung

Damit sehr lange und verschachtelte `if`-Anweisungen vermieden werden können, bietet Ruby eine `case`-**Anweisung** an. Ihr wird ein beliebiges Objekt übergeben, welches der Interpreter mit den Ausdrücken, die auf ein `when` folgen, in Beziehung setzt. Wird zwischen dem Objekt und einem `when`-Ausdruck eine Übereinstimmung gefunden, so fährt das Programm mit den nachfolgenden Anweisungen fort. Findet sich kein passender Ausdruck, so wird der optionale `else`-Zweig ausgeführt oder die `case`-

Anweisung verlassen. Die Anweisung `then` muss nur dann verwendet werden, wenn Bedingung und Anweisung in einer Zeile aufeinander folgen.

```
case objekt
  when Ausdruck [then] Anweisungen
  ...
  [else Anweisungen]
end
```

Der `case`-Ausdruck ist nicht an einen bestimmten Typ gebunden, sondern es darf ein Objekt einer beliebigen Klasse übergeben werden. Zum Vergleich zweier Objekte in der `when`-Abfrage wird der case-equality-Operator (`===`) verwendet. Er ist für alle Klassen, die von `Class` abstammen, definiert und muss für eigene Klassen, die innerhalb von `case` genutzt werden sollen, implementiert werden. Der Operator wirkt bei Zeichenketten wie der Operator `==` und bei regulären Ausdrücken wie der Operator `=~`.

Beispiel 8.5-15

Quelltext
| ```
case zahl
  when zahl<0 then puts "kleiner 0"
  when 0 then puts „0"
  when 1..4 then puts "kleiner 5"
  when 6..10 then puts "größer 5"
  when 5 then puts "5"
  else puts "größer 10"
end
``` |

Eine wichtige Rolle im Kontrollfluss spielen **Schleifen**. Sie führen eine Folge von Anweisungen so lange aus, bis eine Aussage ihre Gültigkeit verliert. Ruby stellt für die Wiederholung verschiedene Formen zur Verfügung. Die `while`-**Schleife** führt die ihr folgenden Ausdrücke dann aus, wenn die Auswertung der Bedingung den Wert `true` ergibt. Das Pendant dazu ist `until`, das die Negation der Bedingung benötigt, damit sein Schleifenrumpf ausgeführt wird.

Iterationsanweisung

```
while Bedingung [do] Anweisungen
end
```

while

```
until Bedingung [do] Anweisungen
end
```

until
```

Beispiel 8.5-16

Quelltext	Beschreibung

`i = 1`
`while (i <= 10)`
`  print i * 11, "\n"`
`  i +=1`
`end`
	Schleife gibt das Vielfache von 11 bis zur Zahl 110 aus.

`i = 10`
`until (i == 0)`
`  print i * 9,"\n"`
`  i -=1`
`end`
	Schleife gibt die Vielfachen von 9 rückwärts aus.

`summe = 0`
`while (i <= 10) do summe +=i; i += 1`
`end`
	Kurzschreibweise, summiert die Zahlen von 1 bis 10 auf.

Das Schlüsselwort `do` muss in beiden Fällen nur verwendet werden, wenn die Anweisungen sich direkt an die Bedingung anschließen. Obwohl die Schleifen in `do`/`end` eingeschlossen sein können, handelt es sich hierbei nicht um Blöcke.

Wie bei den `if`-Befehlen ist es auch bei der Verwendung von `while` und `until` erlaubt, die Anweisungen dem eigentlichen Quelltext nachzustellen. Sofern der Schleifenkörper zwischen `begin`/`end` gekapselt wird, kann durch Nachstellen von `while` und `until` garantiert werden, dass die Anweisungen vor der ersten Prüfung der Bedingung einmal ausgeführt werden. Bei fehlender Kapselung wird die Bedingung vor der Ausführung überprüft.

Beispiel 8.5-17

Quelltext	Beschreibung

`i = 10`
`begin`
`  print i -= 1`
`end until (i==10 || i==0)`
	Nachgestellte Anweisung mit `begin`/`end`.
	Anweisung wird einmal ausgeführt.

`i = 10` `print i-=1 until(i==10||i==0)`	Nachgestellte Anweisung. Sie wird nie ausgeführt, da zuerst die Bedingung überprüft wird.

for-Schleife

Die `for`-**Schleife** stellt dann eine Alternative zu `while` und `until` dar, wenn ein bestimmter Zahlenbereich nacheinander durchlaufen werden soll. Im Gegensatz zu anderen Programmiersprachen kann die Steuervariable nicht beliebig verändert werden, sie wird vom Programm automatisch um eins erhöht. Dies hängt mit der Implementierung der `for`-Schleife zusammen, die intern durch einen Iterator umgesetzt ist. Iteratoren werden im Abschnitt 8.6 ausführlicher vorgestellt.

```
for Variable in Bereich
  Anweisungen
end
```
for

Quelltext	Beschreibung

`fakul = 1`
`for a in 1..10`
`  fakul *= a`
`end`
	Berechnet die Fakultät von 10.

Beispiel 8.5-18

Weder `for`-Schleifen noch `while` oder `until` definieren einen eigenen Gültigkeitsbereich, wie dies z. B. in den C-orienterten Sprachen üblich ist. Die innerhalb des Schleifenrumpf erzeugten Variablen gehören zum nächst höheren umgebenden Gültigkeitsbereich.

Eine sehr einfache Schleifen-Variante ist die `loop`-**Operation**, die wie eine Endlosschleife arbeitet. Um den Programmfluss dieser Anweisung steuern zu können, müssen ihr Kontrollmechanismen wie `break`, `redo`, oder `next` hinzugefügt werden.

loop

Quelltext	Beschreibung

`i = 0`
`potenz = 1`
`loop do`
`  unless (i == 0)`
`    potenz *= 3`
`  end`
`  print "3 hoch #{i} ist #{potenz}\n"`
`  i += 1`
`  break if (i >10)`
`end`
	Es werden die Potenzen von 1 bis 10 zur Basis 3 berechnet.
	
	Schleife wird unterbrochen.

Beispiel 8.5-19

Wie schon bei der `for`-Schleife vorgestellt, verfügt Ruby über Kontrollmechanismen, mit denen der Programmablauf innerhalb jeder Iterationsanweisung verändert werden kann. Durch `break` wird die Schleife sofort verlassen und das Programm arbeitet ab dem nächsten Ausdruck nach dem Schleifen-Rumpf weiter. Die Anweisung `next` unterbricht den aktuellen Iterationsschritt, um mit dem nächsten Schritt fortzufahren. Soll eine Schleifenstufe wiederholt werden, so kann dies durch `redo` realisiert werden. Demgegenüber führt `retry` zu einem Neustart der gesamten Iteration. Wie in Java, C++ und C# existiert in Ruby die `return`-Anweisung, durch die eine Funktion an einer beliebigen Stelle verlassen werden kann.

Manchmal ist es sinnvoll, aus einer Verschachtelungshierarchie in eine höhere Ebene zurückzukehren. Ruby bedient sich hier des aus Lisp bekannten Konzepts von `throw` und `catch`. Diese Konstrukte sind nicht mit den

Sprunganweisungen

break

next

redo
retry
return

throw
catch

8.5 Funktionale Sprachelemente

gleichnamigen Befehlen anderer Programmiersprachen zur Ausnahmebehandlung zu vergleichen. In Ruby können throw und catch die Fehlerbehandlung zwar unterstützen, sie werden jedoch primär als Sprunganweisung über mehrere Ebenen hinweg genutzt. Durch catch wird ein Block definiert, der durch ein Label benannt ist. Die in dem catch-Block enthaltenen Anweisungen werden ausgeführt, bis ein throw-Statement gefunden wird, welches das gleiche Label wie der Block aufweist. Der throw-Befehl kann dann der catch-Ebene ein Objekt „zuwerfen", welches einer Variablen zugewiesen werden kann. Ist zu einer throw-Anweisung kein passender catch-Block definiert, so wird eine NameError-Ausnahme erzeugt.

Beispiel 8.5-20

Quelltext	Beschreibung
| ```
i = 50; j = 2
zahl = catch(:zurueck) do
  while (i <= 100)
    s=0
    while (j <= i/2)
      if ( i %j == 0)
          s +=1; break
      end
      j += 1
    end
    throw(:zurueck, i) if (s == 0)
    i+=1
  end
end
``` | Es wird die erste Primzahl zwischen 50 und 100 ermittelt.<br>Definition des catch-Blocks.<br><br><br><br><br><br><br><br>throw wirft a zum Label zurueck. |

8.5.13 Bereiche

Range

In Ruby ist es möglich, durch die Erzeugung eines Objekts der Klasse Range einen Bereich von Werten vorzugeben. Hierzu werden ein Anfangs- und ein Endwert festgelegt, die durch Punkte miteinander verbunden werden. Durch die Verwendung von zwei Punkten gehören beide Grenzen zu dem Bereich, wohingegen drei Punkte den Endwert ausschließen. Bereiche können auch für eigene Objekte definiert werden, wenn die zugehörige Klasse die Operationen <=> und succ (Nachfolger) implementieren. Durch die Funktion to_a kann ein Bereich in eine Liste umgewandelt werden. Soll ermittelt werden, ob ein Wert in einem bestimmten Range liegt, so kann dies mittels des case-equality-Operators (===) getestet werden. Die Überprüfung liefert einen Wahrheitswert zurück.

Beispiel 8.5-21

Quelltext	Beschreibung
| ```
print (1..10).to_a
print (10...20).to_a
``` | Ausgabe der Zahlen von 1 bis 10.<br>Ausgabe der Zahlen von 10 bis 19.<br>Ausgabe des "abc". |

Quelltext	Beschreibung
`print ('a'..'z').to_a` `(1..10) === 8`	Abfrage, ob Wert im Intervall liegt.

Darüber hinaus können Bereiche in logischen Ausdrücken verwendet werden, wo sie sich wie eine Art An-/Ausschalter verhalten. Bei jedem Aufruf wird der Bedingungsbereich überprüft. Trifft die erste Bedingung zu, so wird der gesamte Bedingungsbereich auf `true` gesetzt. Erhält die letzte Bedingung ihre Gültigkeit, so ist das Ergebnis im Anschluss der Abfrage `false`. Durch die Zwei-Punkt-Form ist es im Gegensatz zur Drei-Punkt-Form möglich, eine An-/Ausschaltung auf einem Element durchzuführen, da beim ersten Eintritt in den Bereich sowohl die Anfangs- als auch die Endbedingung überprüft werden.

Beispiel 8.5-22

Quelltext	Beschreibung

`for a in 1..20`
`  if ((a%3==0)...(a%2==0))`
`    print "an "`
`  else`
`    print "aus "`
`  end`
`end`
	Schalter wird auf an gesetzt, wenn `a%3==0`. Nach Erreichen der Endbedingung wird Schalter auf aus gesetzt.
	#->aus aus an an aus an an an an an…

`for a in 1..20`
`  if ((a%3==0)..(a%2==0))`
`    print "an "`
`  else`
`    print "aus "`
`  end`
`end`
	Da 6, 12, 18 sowohl durch 3 als auch durch 2 teilbar sind, wird der Schalter direkt zurückgesetzt.
	#->aus aus an an aus an aus aus an an…

8.5.14 Reguläre Ausdrücke

Ruby unterstützt mit regulären Ausdrücken ein vielschichtiges Werkzeug zur Mustererkennung in Zeichenketten. Reguläre Ausdrücke sind Suchmuster, mit deren Hilfe in einem Text sowohl einzelne Zeichen als auch Zeichenfolgen, unabhängig von ihrer Position, gefunden und gegebenenfalls ersetzt werden können.

Suchmuster

Ein regulärer Ausdruck ist ein Objekt der Klasse `Regexp`, welches entweder explizit über `new(String)` oder implizit durch die verkürzten Aufrufe `/muster/` oder `%r/muster/` erzeugt wird. Zum Vergleich kann dann für das Objekt die Operation `match` verwendet werden. Alternativ kann auf die Operatoren `=~` für die Gleichheit oder `!~` für die Ungleichheit zurückgegriffen werden, die die Position des gesuchten Ausdrucks im Text zurücklie-

Regexp

MatchData

fern. Ohne Spezifizierung wird zunächst der erste passende Ausdruck in einer Zeichenkette gefunden.

Die Ergebnisse einer Überprüfung von Textmustern werden in einem Objekt der Klasse MatchData gespeichert und können über dessen Attribute abgefragt werden. In Anlehnung an Perl kann das Prüfresultat aber auch über reservierte Systemvariablen aufgerufen werden. Bei erfolgloser Suche wird nil zurückgegeben.

Tab. 8.5-9: MatchData-Elemente und Systemvariablen

MatchData	Systemvariable	Beschreibung
o[0]	$&	Liefert den gesamten gefundenen String.
o[1]	$1	Liefert bei mehreren Abfragen in einem regulären Ausdruck das erste Teilergebnis.
o[x]	$x	Referenziert das x-te Teilergebnis.
o.pre_match	$`	Gibt den String vor den gefundenen Zeichen zurück.
o.post_match	$'	Gibt den String nach den gefundenen Zeichen zurück.

Quelltext	Beispiel

`text="Ruby ist eine interessante\`
`         Programmiersprache"`
`reg1 = Regexp.new ('ist')`
`reg2 = /eine/`
 	
`md1 = reg1.match(text)`
 	
`print (reg2=~ text),"\n"`
 	
`md2= %r/Hallo/.match(text)`
`…`
`reg3 = /(ist) (eine)/`
`md3 = reg3.match(text)`
`print md3[0],"\n",md3[1],\`
`    "\n",md3[2],"\n"`
`print $&,"\n",$1,"\n",$2`
	Erzeugen eines Regexp-Objekts.
	… durch new
	… durch /muster/
	Aufruf von match. Ergebnis wird in einem MatchData-Objekt abgelegt.
	Verwendung des Gleich-Operators.
	Kompakter Aufruf.
	
	Mehrere Abfragen in einem regulären Ausdruck.
	Zugriff auf Teilergebnisse über das MatchData-Objekt und die Systemvariablen.

Reguläre Ausdrücke können durch eine Vielzahl von Sonderzeichen spezifiziert werden, um eine möglichst flexible Suchabfrage zu gestatten. So ist es möglich, den Anfang und das Ende einer Zeichenkette, Wiederholungen oder auch Alternativen in einem Text zu finden. Bei erfolgreicher Suche kann durch die Operationen sub und gsub eine Ersetzung von Zeichen und Teilen einer Zeichenkette erfolgen.

Tab. 8.5-10: Sonderzeichen für reguläre Ausdrücke

Zeichen	Beschreibung	Beispiel/Anwendung
^	Findet Muster am Anfang einer Zeile.	`"Hallo Du Halbling!"` `/^Hal../` #-> "Hallo"
$	Findet Muster am Ende einer Zeile.	`"Hallo Du Halbling!"` `/ing$/` #-> "ing"
\b	Muster findet Wortgrenzen.	`"Vier mal Vierzig` `/\bVier/` #->"Vier"
Quantifizierer: gelten für die Ausdrücke, denen sie unmittelbar vorstehen		
*	Zeichen wird 0-mal oder öfter gefunden.	`/abc*/` #->"ab" "abc" "abccc"
+	Zeichen wird 1–mal oder öfter gefunden.	`/abc+/` #->"abc" "abcc"
?	Zeichen wird 0- oder 1-mal gefunden.	`/abc?/` #->"ab" "abc"
{n}	Zeichen wird genau n-mal gefunden.	`/ab{3}c/` #->"abbbc"
{n,}	Zeichen wird mindestens n-mal gefunden.	`/a{3,}bc/` #->"aaabc" "aaaabc"
{n,m}	Zeichen wird mindestens n und höchstens m-mal gefunden.	`/abc{3,4}/` #->"abccc" "abcccc"
Zeichenklassen		
.	Findet alle Zeichen, außer \n.	`/ ... /` findet alles, was 3 Zeichen lang und von Leerzeichen eingerahmt ist.
\w (\W)	Enthält alle (nicht) alphanumerischen Zeichen.	`/\w{3}/` #->"12" "Ihr" "A45" `/\W{3}/` #->"|+|" ... -!%
\s (\S)	Findet (keine) Leerzeichen [\s\t\r\n\f].	`/a\sa/` #-> "a a" "a a"
\d (\D)	Findet alle (keine) Ziffern.	`/\d{10}/` findet alle 10-stelligen Zahlen.
[Zeichen]	Findet jedes einzelne Zeichen in der Klammer.	[aeiou] findet Vokale.

8.6 Felder, Hashes und Iteratoren

Felder und Hashes gehören neben Zahlen, Zeichenketten und Bereichen zu den Basisdatentypen von Ruby. In ihnen können verschiedene Objekte unterschiedlicher Datentypen verwaltet werden. Anders als in anderen Programmiersprachen muss die Größe nicht statisch festgelegt werden, sondern wird dynamisch an den Bedarf angepasst. Iteratoren ermöglichen es, eine Objektsammlung schrittweise zu durchwandern.

Basisdatentypen

8.6.1 Felder

Array

In **Feldern** können eine beliebige Anzahl an Objekten gesammelt werden, die über ihre Position im Feld (Index) angesprochen werden. Felder sind Instanzen der Klasse `Array`. Zur Erzeugung eines Felds kann der `new`-Operator angewendet werden, mit dem die Anfangsgröße festgelegt wird. Daneben ist auch durch Aufzählung von Literalen in eckigen Klammern implizit ein Array erzeugbar. Ein Feld von Zeichenketten kann mit Hilfe der `%w`-Notation erstellt werden. Diese Notation erlaubt es, auf die Angabe von Anführungsstrichen zu verzichten.

Erzeugung

```
Feld1 = Array.new(Größe)
Feld2 = [ Objekt1, Objekt2, …, ObjektN ]
Feld3 = %w( String1 String2 … StringN )
```

Wird ein Feld bei der Erzeugung nicht mit Werten belegt, so sind alle Einträge auf `nil` gesetzt. Der Zugriff auf die Objektreferenz in einem Feld erfolgt über die Indexposition, die für das erste Element bei Null beginnt und in einem n-elementigen Feld bei n-1 endet. Wie schon bei den Bereichen kann ein Array auch von hinten durchlaufen werden, wobei das letzte Element den Index -1 und das erste Element, von hinten ausgehend, die Position -n besitzt (vgl. Abb. 8.6-1).

Die Positionen werden über den Indexoperator `[]`, der dem Variablennamen unmittelbar folgt, angesprochen. Es können sowohl einzelne Elemente, Bereiche als auch mehrere Elemente ab einer bestimmten Position indiziert werden. Aus Gründen der Performanz sollte für den Zugriff auf ein einziges Element die Operation `at(Position)` aufgerufen werden.

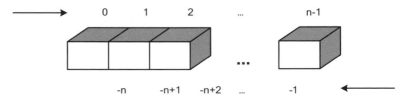

Abb. 8.6-1: *Indexpositionen in einem Feld*

Indizierung

```
Feld1[Indexposition]
Feld1[Bereich]
Feld1[Startposition, Anzahl_Elemente]
```

Mittels des Zuweisungsoperators (=) kann einem Feld eine Objektreferenz hinzugefügt bzw. eine bestehende ersetzt werden. Wird das Feld dabei über einen Bereich oder ein Zahlenpaar angesprochen, so werden alle Elemente in diesem Bereich ausgetauscht. Ist die Anzahl der einzufügenden Elemente größer als die des bestehenden Felds, so wird die Größe dynamisch angepasst. Darüber hinaus kann ein Element eines Felds selbst wieder ein Verweis auf ein Feld sein.

Beispiel 8.6-1

Quelltext	Beschreibung
`feld1 = Array.new (5)`	Erzeugen eines Felds mit der Anfangsgröße 3 durch new.
	Füllen des Felds:
`feld1[0] = 234`	Indexposition des ersten Elements
`feld1[1,2] = "Hey","Ciao"`	Zahlenpaar
`feld1[-2] = 2.6`	Indexposition vorletztes Element, von hinten betrachtet.
`feld1[4] = "Adios"`	
`print feld1[2..4],"\n"`	Zugriff über einen Bereich
`feld1[5] = 3`	Hinzufügen eines zusätzlichen Elements.
`feld2=[ 1, "Ich", 2.4,\` `  "Du",["Wir","Ihr","Sie"]]`	Literale Erzeugung eines Felds, welches selbst ein Feld enthält.

`feld3=%w(Das ist aber \`
`            einfach)`
`for i in 0...4`
`   print feld3[i], "\n"`
`end`
	%w-Notation.

Operationen

Neben der Bearbeitung, die mit dem Indexoperator [] durchgeführt werden kann, stellt die Klasse Array eine Vielzahl von Operationen zur Verfügung. So kann mittels size oder length die Größe des Felds ermittelt werden, mit clear der gesamte Inhalt oder mit delete ein einzelnes Element gelöscht werden. Die Operation concat verbindet zwei Felder miteinander, wobei sich die Änderung jedoch auf das aufrufende Feld auswirkt. Ohne diese Modifikation können zwei Felder über den +-Operator verbunden werden. Durch *, |, &, - können Felder vervielfacht, vereinigt, geschnitten oder subtrahiert werden. Es gilt jedoch zu beachten, dass durch die Operatoren alle doppelten Elemente entfernt werden. Ferner ermöglicht Ruby die Nutzung von Feldern wie Stacks oder Queues, indem z. B. die Operationen pop und push bzw. shift und unshift zur Verfügung gestellt werden, mit denen Elemente am Ende respektive am Anfang entfernt oder hinzugefügt werden können.

8.6.2 Hashes

Hashtabelle

Ein **Hash**, auch **Hashtabelle** genannt, ist eine ungeordnete Sammlung von Objektpaaren, die aus einem Schlüssel und einem Wert zusammengesetzt sind. Schlüssel und Wert können von einem beliebigen Objekttyp sein, wobei der Schlüssel eine gewisse Eindeutigkeit besitzen sollte, da er zur Indizierung des Hashes genutzt wird.

Hashtabellen sind Objekte der Klasse `Hash` und können mit `new` instanziiert werden. Dem `new`-Operator kann ein Parameter übergeben werden, der als Standardwert bei Aufruf eines nicht vorhandenen Schlüssels gesetzt wird. Wie bei Feldern kann eine Hashtabelle durch Literale erzeugt werden.

Hashes

```
Hash1 = Hash.new (Paramemter)
Hash2 = {Schlüssel1 => Wert1, …, SchlüsselN => WertN}
```

Seit Ruby 1.7.2 kann bei der Erzeugung eines Hashes durch `new` ein Block mit übergeben werden. Neben den durch Literale oder `new` erzeugten Hashes, ist es durch die Operationen `update(HashObjekt)` möglich, schon bestehende Hashtabellen zu einer neuen Tabelle zu verschmelzen. Die Operation `replace(HashObjekt)` hingegen ersetzt eine Hashtabelle durch eine andere.

Operation

Die Inhalte eines Paares in einer Hashtabelle können über den Schlüssel, der wie ein Index durch die `[]`-Notation an den Bezeichner des Hashes angehängt wird, angesprochen und manipuliert werden. Ist kein Schlüsseleintrag vorhanden, wird entweder `nil` oder der gesetzte Standardwert zurückgegeben. Die Operation `values_at(Schlüssel, …, Schlüssel)` erlaubt die Abfrage von zwei oder mehreren Schlüsseln, je nach Anzahl der übergebenen Parameter. Die ermittelten Werte werden in einem Feld abgelegt. Über die Operation `index(wert)` kann der Schlüssel zu einem Wert ermittelt werden.

Beispiel 8.6-2

Quelltext	Beschreibung

`h1 = Hash.new`
`puts h1["2"]`
`h2 = Hash.new ("existiert nicht")`
`puts h2["2"]`
	Erzeugung zweier Hashes mittels `new`. h1 gibt als Wert für nicht vorhandene Schlüssel `nil` aus, h2 gibt 'existiert nicht' aus.

`h2[3]=4.6`	Einfügen eines Paares.

`h3={"eins"=>"uno","zwei"=>"due",\`
`    "drei"=>"tre"}`
`h3[4] = "quattro"`
`puts h3.index("due")`
	Literale Erzeugung.
	Einfügen eines Schlüssel-Wert-Paares.
	Finden eines Schlüssels anhand eines Werts.

Quelltext	Beschreibung
`puts h3.values_at("eins",4,"drei")`	Suche nach mehreren Schlüsseln.

`inch = Hash.new {|h4, cm|`
`    h4[cm] = cm/2.54 }`
`inch[24]`
	Übergabe eines Blocks bei der Initialisierung.

In Ruby existieren noch weitere Operationen, um mit Hashtabellen zu arbeiten.

Tab. 8.6-1: *Hash-Operationen*

Operation	Beschreibung
`keys`	Liefert alle Schlüssel.
`values`	Gibt alle Werte zurück.
`has_key(S)`	Abfrage ergibt `true`, wenn Schlüssel S vorhanden ist, ansonsten `false`.
`has_value(W)`	Liefert `true`, wenn Wert W vorhanden ist, ansonsten `false`.
`fetch(S)`	Liefert den Wert zu einem Schlüssel S. Ist der Schlüssel nicht vorhanden und ist kein Defaultwert oder Block definiert, wird eine Ausnahme ausgelöst.
`clear`	Hashtabelle wird geleert.
`delete(S)`	Entfernt das Element mit dem Schlüssel S.
`==`	Elementweiser Vergleich zweier Hashtabellen.
`invert`	Vertauscht Schlüssel und Wert innerhalb eines jeden Elements, wertgleiche Elemente werden überschrieben. Die Reihenfolge der Elemente wird ebenfalls vertauscht.
`length / size`	Die Länge des Hashes wird zurückgegeben.
`sort`	Liefert die nach Schlüssel sortierten Elemente als ein Feld von Feldern zurück.

8.6.3 Iteratoren

Aus Smalltalk wurden in Ruby die **Iteratoren** übernommen, mit denen jedes Element einer Sammlung der Reihe nach angesprochen werden kann. Wie bei vielen Komponenten in Ruby verbirgt sich hinter einem Iterator im Grunde eine Operation, die einen Block aufrufen kann.

```
Collection.Iterator { |Parameterliste| Anweisungen }
```
Iterator

```
[1, 2, 3].each { |wert| print wert," " }     #-> 1 2 3
```
Beispiel 8.6-3

Die meisten Iteratoren können sowohl für Felder als auch für Hashes genutzt werden, wobei jedoch bei einer Hashtabelle unter einem Element ein aus Schlüssel-Wert-Paaren bestehendes Feld verstanden wird. Daneben stehen beiden Kollektionsformen spezielle Iteratoren zur Verfügung, die die jeweiligen Besonderheiten berücksichtigen.

Neben den vordefinierten Iteratoren können durch Ausnutzung der Blockfunktionalität und dem `yield`-Aufruf selbst definierte Iteratoren realisiert werden.

Tab. 8.6-2: Iteratoren

Iterator	Beschreibung
each	Jedes Element wird dem Block übergeben. Die aufrufende Kollektion wird zurückgegeben.
select	Block enthält eine Bedingung. Der Rückgabewert ist die Kollektion mit den Elementen, die die Bedingung erfüllen.
reject	Gegenstück zu `select`. Das Ergebnis enthält alle Elemente, die die Bedingungen des Blocks nicht erfüllen.
delete_if	Entfernt alle Elemente, die die Block-Bedingung erfüllen.
nur für Felder:	
map/collect	Jedes Element wird dem Block übergeben. Die Ergebniswerte werden in einem neuen Feld abgelegt.
each_index	Wie `each`.
nur für Hashtabellen:	
each_key	Jeder Schlüssel des Hashes wird an den Block übergeben.
each_value	Jeder Wert des Hashes wird übergeben.

Beispiel 8.6-4

Quelltext	Beschreibung

`feld=[3,6,9,12,15,18,21,24,27,30]`
`feld.each {|a| puts a}`
`feld1 = feld.map  { |a|   a/3 }`
 	
`feld2 = feld.each_index`
`{ |a| a/3 }`
	Erzeugen eines Felds. Durchläuft das gesamte Feld. Werte werden in einem neuen Feld gespeichert.
	
	„Einfache" Referenzübergabe: feld2 = feld.

`hash={"ich"=>"io","du"=>"tu",\`
`     "er"=>"lui"}`
`hash.each {|e| print e, \`
`  " = ",e[0]," + ",e[1],"\n"}`
`hash1 = hash.select { |e|`
`  if e[0].length ==2`
`     puts e`
`  end`
`}`
	Erzeugung einer Hashtabelle.
	
	Ausgabe des Elements und seiner Komponenten.
	
	Elemente, deren Schlüssellänge == 2 ist, werden in einem neuen Hash abgelegt.

8.7 Klassen und Objekte

Ruby besitzt den Anspruch, eine rein objektorientierte Programmiersprache zu sein. Um dieses Konzept konsequent umzusetzen, wird alles in Ruby durch ein Objekt repräsentiert.

Objektorientierung

Eine objektorientierte Vorgehensweise erfordert das Erstellen von Klassen, die dazu dienen, Abbildungen aus der realen Welt zu schaffen. In einer Klasse werden sich gleichende Eigenschaften und Verhaltensweisen zusammengefasst und bilden somit eine Vorlage, aus der im weiteren Verlauf konkrete Instanzen, auch Objekte genannt, erzeugt werden können. Eine Unterscheidung der erstellten Objekte kann zum einen durch die spezifischen Ausprägungen der Attributwerte, die den Zustand eines Objekts beschreiben, oder zum anderen über dessen Objekt-ID getroffen werden. Diese wird von Ruby automatisch bei jeder Instanziierung eines neuen Objekts generiert. Das Objektverhalten hingegen wird durch Funktionen beschrieben. Sie werden dazu genutzt, um zwischen den einzelnen Objekten zu kommunizieren.

Definiert wird eine neue Klasse durch die Verwendung des Schlüsselworts `class`. Da es sich bei einem Klassennamen um eine Art Konstante handelt, wird er gemäß der Namenskonventionen Rubys groß geschrieben. Abgeschlossen wird eine Klasse durch `end`.

Klassendeklaration

```
class Klassenname
# Attribute
# und Operationen
end
```

Beispiel 8.7-1

Quelltext	Beschreibung

`class Konto`
`  @@zaehler`
`  def initialize(name,vorname,nummer)`
`    @name    = name`
`    @vorname = vorname`
`    @nummer  = nummer`
`    @@zaehler += 1`
`  end`
`end`
	Definition einer Klasse.
	Klassenvariable als Objektzähler.
	Initialisierung der Instanzvariablen.
	Inkrementieren der Klassenvariablen.
	Abschluss der Operationsdefinition durch `end`.

Bei der Objekterstellung übernimmt die Operation `initialize` eine Art Konstruktor-Eigenschaft. Sie wird immer dann aufgerufen, sobald ein neues Objekt durch `new` angefordert wird. Im ersten Schritt erfolgt die Erstellung eines nicht-initialisierten Objekts und anschließend wird `initialize` zur Initialisierung des Objekts aufgerufen. Die Operation kann überschrieben

initialize

Funktion

werden, um Objekte bei der Erzeugung direkt mit Werten zu belegen. Die benötigten Parameter werden über `new` an `initialize` weitergeleitet.

Ganz allgemein beginnt eine Funktionsdeklaration in Ruby durch das Schlüsselwort `def`. Diesem schließt sich der Name an, der mit einem Kleinbuchstaben beginnen sollte. Ein Großbuchstabe löst zwar keine Ausnahme aus, führt aber unter Umständen zu einer Fehlinterpretation, da der Interpreter diesen Ausdruck als eine Konstante betrachtet. Der Name kann darüber hinaus Auskunft erteilen, ob eine Funktion nur eine Information anfordert oder den Empfänger verändert. Im ersten Fall wird der Name um die Endung „?" und im zweiten Fall um „!" ergänzt. Funktionen werden ebenfalls wie Klassen mit `end` abgeschlossen. Sie sind im Programmablauf über den Punktoperator aufrufbar.

```
def Funktionsname( Parameterliste )
# Anweisung
end
```

Parameterübergabe

Ist eine Funktion dazu bestimmt, Werte zu manipulieren, so nimmt sie diese über die Parameterliste entgegen. Ruby bietet verschiedene Möglichkeiten, diese zu gestalten. Für den Fall, dass genau festgelegt ist, wie viele Argumente an die Funktion übergeben werden, kann die Liste mit einer definierten Anzahl an Parametern versehen werden. Erwartet die Funktion keine Parameter, kann komplett auf sie verzichtet werden. Der Aufruf kann ungeachtet einer Parameterliste, mit oder ohne Klammern erfolgen. Ruby stellt dies dem Programmierer frei. In beiden Fällen jedoch müssen die Argumente durch Kommata getrennt werden. Eine variable Gestaltung der Parameterliste kann durch ein Feld in der Parameterliste erfolgen. Dies ist empfehlenswert, wenn nicht genau abzusehen ist, wie viele Parameter übergeben werden. Die Kennzeichnung der als Feld eingesetzten Variable erfolgt durch ein „*". Die Argumente einer Funktion können mit Standardwerten belegt werden, indem ihnen in der Parameterliste ein Wert zugewiesen wird. Parameter, die diese Art der Zuweisung verwenden, müssen immer am Ende der Liste aufgeführt werden.

Rückgabewert

In Ruby findet immer eine automatische Rückgabe des zuletzt in der Operation ausgewerteten Ausdrucks statt, weshalb ein Rückgabetyp im Funktionskopf nicht extra erwähnt werden braucht. Soll die Operation innerhalb des Anweisungsblocks oder an dessen Ende einen ganz bestimmten Wert zurückliefern, kann dieser mittels `return` kenntlich gemacht werden. Durch den Aufruf von `return` wird die Operation an dieser Stelle verlassen und die restlichen Anweisungen bleiben unverarbeitet.

Beispiel 8.7-2

Quelltext	Beschreibung
| ```
class Konto
 def initialize
           (name,vorname,nummer,guthaben)
   @name    = name
   @vorname = vorname
   @nummer  = nummer
   @guthaben = guthaben
 end
``` | Definieren einer Klasse Konto. |
| ```
 def auskunft
   puts "Kontoinhaber:"+@name
 end
 def einzahlen(betrag)
   @guthaben += betrag
   puts @guthaben
 end
end
``` | Erstellen zweier Funktionen. |
| ```
k1 = Konto.new("Müller","Hans",12345,100)
k1.auskunft
k1.einzahlen(100)
``` | Erstellen eines neuen Objekts. Aufrufen der Funktionen. |

Singleton-Funktion

Ruby erlaubt durch die Definition von so genannten **Singleton-Funktionen** das Binden einer Operation an ein einzelnes Objekt. Die Kennzeichnung einer Singleton-Funktion erfolgt durch den Objektnamen, der bei der Deklaration per Punktnotation vor den Funktionsnamen gesetzt wird.

Der Zugriff auf die Funktionen der Klasse des aufrufenden Objekts kann über das Schlüsselwort `self` erfolgen. Dieses muss allerdings im aktuellen Objekt platziert werden, da Ruby einen direkten Zugriff von außen nicht unterstützt.

Beispiel 8.7-3

Quelltext	Beschreibung
| ```
class Konto
...
  def info;puts self.id;end;
end
``` | Aufruf der Objekt-ID mittels `self`. |
| ```
konto_1.info
...
``` | #-> 22235072 (Beispielwert) |

public
private
protected

Auch in Ruby gibt es das Konzept der Modifikatoren, um Operationen und Attribute mit so genannten Sichtbarkeiten zu versehen. Sie werden eingesetzt, um die jeweiligen Elemente auf die Bereiche zu beschränken, für die sie bestimmt sind. Somit kann vermieden werden, dass unerlaubte Zugriffe stattfinden, die zum Beispiel den internen Zustand eines Objekts gefährden. In Ruby eingesetzte Modifikatoren sind `private`, `public` und `protected`. Elemente vom Typ `public` sind im ganzen System sichtbar und verfügbar,
```

während `protected`-Elemente nur innerhalb ihrer Klassen und Unterklassen sichtbar sind. Die Sichtbarkeit eines als `private` gekennzeichneten Elements beschränkt sich ausschließlich auf eine Klasse und für das aufrufende Objekt auf deren Unterklassen, wobei der Aufruf ohne die Verwendung von `self` erfolgt.

Grundsätzlich wird der Zugriff auf Objektattribute von außen unterbunden. Der Zugriff erfolgt in Ruby über `attr_accessor`. Die jeweiligen Attribute werden als Symbol nachgestellt und können dann im weiteren Verlauf einfach über die Punktnotation angesprochen werden. Von `attr_accessor` werden gleichzeitig lesende und schreibende Funktionen bereitgestellt. Soll der Zugriff auf Attribute nur lesend oder schreibend erfolgen, kann anstatt dem `attr_accessor` wahlweise `attr_reader` oder `attr_writer` verwendet werden.

Beispiel 8.7-4

Quelltext	Beschreibung
| ```
class Konto
  def initialize(name, vorname, betrag)
    @name = name
    @vorname = name
    @betrag = betrag
  end
  attr_accessor :betrag, :vorname, :name
end
``` | Zuweisen der Attribute an den `attr_accessor`. |
| ```
konto_1 = Konto.new("Müller","Hans",260)
konto_1.name = "Meier"
puts konto_1.name
``` | Zugreifen auf das Attribut name. |

Klassenvariablen

Operationen und Variablen, die von allen Instanzen einer Klasse gemeinsam genutzt werden und nicht an ein bestimmtes Objekt gebunden sind, werden gemeinhin als **Klassenvariablen** und **Klassenoperationen** bezeichnet. Eine der häufigsten Verwendung einer Klassenvariablen ist z. B. ein Instanzzähler. Die Kennzeichnung von Klassenelementen erfolgt durch ein doppeltes @-Zeichen.

Beispiel 8.7-5

Quelltext	Beschreibung
| ```
class Konto
  @@zaehler = 0
``` | Definition einer Klassenvariablen zaehler. |
| ```
  def initialize(name, vorname, betrag)
    @name = name ; @vorname = name
    @betrag = betrag
    @@zaehler +=1
  end
``` | Inkrementieren der Klassenvariablen. |
| ```
  def instanzen
    puts @@zaehler
  end
``` | Funktion zur Ausgabe der Instanzen. |
```

Quelltext	Beschreibung
| ```
  attr_accessor :betrag, :vorname, :name
end

konto_1 = Konto.new("Müller","Hans",260)
konto_2 = Konto.new("Meier","Heinz",260)
konto_3 = Konto.new("Schmidt","Heinz",260)

konto_3.instanzen
``` | |

Analog zu Klassenvariablen können durch Klassenoperationen Mechanismen geschaffen werden, die unabhängig von einer Instanz jedem Objekt zur Verfügung stehen. Eine Klassenoperation, die standardmäßig von Ruby bei der Erzeugung einer Klasse mitgeliefert wird, ist new. Noch bevor ein konkretes Objekt initialisiert wurde, kann sie über den Verweis der Klasse aufgerufen werden. Der Aufruf unterscheidet sich von üblichen Funktionen durch die Angabe der Klasse, gefolgt von einem Punkt vor dem Funktionsnamen.

Klassenoperation

```
def Klassenname.Operationsname(Parameterliste)
#Operationskörper
end
```

Beispiel 8.7-6

Quelltext	Beschreibung
| ```
class Konto
  Grenze = 0
  def initialize(name, vorname, betrag)
    @name = name;
    @vorname = name;
    @betrag = betrag
  end
  def Konto.pruefe(pruefen)
    return pruefen.betrag >= Grenze
  end
  attr_accessor :betrag, :vorname, :name
end
``` | Definition einer Klassenoperation unter Angabe des Klassennamens. |
| ```
konto_1 = Konto.new("Müller","hans",260)
konto_1.name = "Meier"
Konto.pruefe(konto_1)
``` | Zugriff auf die Operation. |

Eine Spezialisierung von Klassen, kann über das Konzept der **Vererbung** erfolgen. Sie bildet eines der Hauptmerkmale objektorientierter Programmiersprachen und kann dazu eingesetzt werden, Hierarchien von Klassen zu erstellen. In der Objektorientierung existieren zwei Paradigmen der Vererbung. Während C++ eine Mehrfachvererbung erlaubt, bei der eine

Vererbung
```

Klasse von zwei unterschiedlichen Oberklassen erben kann, verfolgen Sprachen wie Java und Ruby eine strikte Einfachvererbung. Bei diesem Ansatz ist das Erben von nur einer Oberklasse gestattet. Dabei werden die Merkmale einer Klasse an eine Unterklasse weitergegeben, um dort um spezifische Eigenschaften erweitert zu werden. Syntaktisch wird eine Vererbung durch die Angabe der Oberklasse bei der Klassendeklaration erreicht.

Vererbung

```
class Klassenname < Oberklasse
# spezifische Eigenschaften der neuen Klasse
end
```

Beispiel 8.7-7

Quelltext	Beschreibung

`class Konto …`
`end`
 	
`class Girokonto < Konto`
`  def initialize`
`           (name, vorname, betrag, dispo)`
`    super(name, vorname, betrag)`
`    @dispo = dispo`
`  end`
`  attr_accessor :dispo`
`  def Girokonto.dispo_info(kontox)`
`    puts kontox.dispo`
`  end`
`end`
	Ableiten der Klasse Girokonto von der Klasse Konto.
	
	Übergabe der Parameter an die Oberklasse durch super.

`konto_1 =`
`Girokonto.new("Müller","hans",260,2000)`
`Girokonto.dispo_info(konto_1)`
	Aufrufen der Klassenfunktion.

Variablen, die über new an das neue Objekt übergeben werden und zur Oberklasse gehören, werden über super an diese weitergeleitet. Somit wird sichergestellt, dass jede Stufe der Hierarchie ihre eigenen Argumente verwaltet.

Funktionen, die sich in Oberklassen befinden, können in der Unterklasse ergänzt oder vollständig überschrieben werden. Der Name beider Funktionen darf sich nicht unterscheiden. Parameter, die an diese übergeben werden, können über super an die Basisklasse weitergeleitet werden. Beim Aufruf der Operation sucht der Interpreter, ausgehend vom aufrufenden Objekt, in der Hierarchie aufwärts, bis er eine entsprechende Operation gefunden hat.

Funktionen der Oberklassen können bei Bedarf in den Unterklassen ausgeblendet werden. Dem Funktionsbezeichner muss hierzu in der entsprechenden Klasse der Modifikator undef vorangestellt werden.

8.8 Module

Oft wird die Mehrfachvererbung für die Fehleranfälligkeit von Programmen verantwortlich gemacht. Birgt doch die Tatsache, von mehreren Klassen gleichzeitig zu erben, prinzipiell Konflikte. Wie auch Java, das keine Mehrfachvererbung unterstützt, verfolgt Ruby seinen eigenen Weg in Bezug auf die Bereitstellung bereits implementierter Lösungen. Über Module, können allgemein verfügbare Lösungen in Klassen eingebracht werden, wobei der Zugriff auf mehrere Module erlaubt ist. Ferner bieten Module einen bedeutenden Vorteil für umfangreiche Projekte, in denen es durch Aufgabenverteilung zur unterschiedlichen Nutzung des gleichen Bezeichners kommen kann. Jedes Modul schafft seinen eigenen Namensraum und kapselt sich gegenüber anderen Modulen vollständig ab. Somit können Funktionen durchaus denselben Namen besitzen, solange sie in unterschiedlichen Modulen eingebettet sind. Der Unterschied zwischen Modulen und Klassen besteht darin, dass in Modulen Elemente zusammengefasst werden, die keine gemeinsame Eigenschaft bilden, sondern i. d. R. nach dem Aspekt der Funktionalität organisiert werden. Von Modulen können keine Instanzen erzeugt werden. Daraus ergibt sich automatisch, dass Module auch keine Instanzvariablen besitzen können.

Moduldeklaration

```
module Modulname
# Funktionalität des Moduls
end
```

Das spätere Einbinden von Modulen in eine Klasse erfolgt über das Schlüsselwort `include`, sofern sich das Modul in derselben Datei befindet. Im Gegensatz zu C++ wird an dieser Stelle jedoch nicht der Quelltext des Moduls eingesetzt, sondern nur auf das entsprechende Modul verwiesen. Ein Modul, welches sich in einer anderen Datei befindet, kann über das Schlüsselwort `require` eingebunden werden. In Ruby wird dieses Einbinden von Modulen in Klassen „Mix-Ins" genannt.

Beispiel 8.8-1

Quelltext	Beschreibung

`module Zeit`
`  def alter(jahr)`
`    puts "#{2003-jahr}"`
`  end`
`end`
	Definition eines Moduls Zeit mit einer Funktion alter.

`class Konto`
`  include Zeit`
`  def initialize(name, vorname, gebjahr)`
`    @name = name;`
`    @vorname = name;`
	Einbinden des Moduls.

Quelltext	Beschreibung

`    @gebjahr = gebjahr`
`  end`
`  attr_accessor :betrag,:vorname,:gebjahr`
`end`
 	
`konto_1 = Konto.new("Müller","hans",1958)`
`konto_1.alter(konto_1.gebjahr)`
	Aufrufen der Instanzfunktion `alter`.

Wie bereits erwähnt, können keine Instanzen von Modulen gebildet werden. Wird allerdings im Programmverlauf die Operation eines inkludierten Moduls aufgerufen, handelt es sich bei ihr nicht mehr um eine Modul- sondern einer Instanzoperation. Aus diesem Grund braucht die Operation auch nicht über einen Punkt zum Modul referenziert werden. An dieser Stelle genügt lediglich die Angabe des Objekts.

8.9 Ein- und Ausgabe

Ruby bietet Ansätze, um die Kommunikation sowohl zwischen Benutzer und Programm als auch zwischen systeminternen Ressourcen zu ermöglichen.

puts
print
printf

Die von Ruby im Modul `Kernel` verzeichneten Funktionen können dazu eingesetzt werden, um dem Anwender Informationen entweder über die Standardausgabe oder eine grafische Oberfläche zu vermitteln. Bereits in vielen Beispielen wurden die Operationen `puts` und `print` bzw. `printf` eingesetzt. Die Operation `puts` stellt die einfachste Ausgabeform dar. Sie liefert alle ihr übergebenen Argumente und beschließt die Ausgabe mit einem Zeilenvorschub. `print` arbeitet wie `puts`, ohne jedoch die Ausgabe mit einer neuen Zeile zu beenden. Eine größere Einflussnahme auf die Ausgabe bietet die Funktion `printf`, da sie eine allgemeine Beschreibungsform für Variablen bietet, die zum Zeitpunkt der Programmierung noch nicht feststehen.

Über Formatierer können unter anderem Stringsubstitutionen und `Float`-Formatierungen vorgenommen werden. Eine Substitution wird über den Formatierer `%s` vorgenommen und bei der Interpretation durch einen Wert ersetzt, der entweder der Formatzeichenkette direkt oder über eine Funktion geliefert wird. Dadurch kann eine hohe Flexibilität im Programm erreicht werden. Die Formatierung einer Gleitkommazahl geschieht über `%a.bf`. Das `f` signalisiert dem Interpreter, dass es sich bei dem Wert um eine Gleitkommazahl handelt, der `a` Stellen vor und `b` Stellen nach dem Komma bereitgestellt werden müssen. Die Folge `#{Ausdruck}` innerhalb einer Zeichenkette wird durch den entsprechenden Ausdruck ersetzt.

Ruby definiert neben den genannten noch weitere, speziellere Operationen, zu deren Beschreibung auf die Ruby-Referenz verwiesen wird.

Quelltext	Beschreibung

`puts "Guten Tag,\n Herr Meier"`
 `print "5+5 ergibt #{5+5}"`
 `printf "Das Produkt kostet %3.2f %s",`
             `123.45, "Euro"`
	#->Guten Tag
	   Herr Meier
	 #->5+5 ergibt 10
	 #->Das Produkt kostet 123.45 Euro

Beispiel 8.9-1

Ein ebenfalls einfaches Konzept verfolgt Ruby beim Einlesen von Informationen über die Tastatur. Am geläufigsten ist dabei das Schlüsselwort `gets`. Es liefert automatisch die nächste Zeile des Eingabestroms und speichert diesen in der globalen Variablen `$_`, die in der Regel für Standardargumente verwendet wird.

gets

Quelltext	Beschreibung

`satz = "Anfang"`
 `while satz.strip != "Ende"`
   `print "Bitte Ende eingeben"`
   `satz = gets`
 `end`
	Solange das Wort ´Ende´ nicht eingegeben wird, wiederholt sich die Eingabeaufforderung.

Beispiel 8.9-2

Ebenfalls zur Ein- und Ausgabe gehört der Informationsfluss zwischen einer Ressource und der Anwendung. Eine Ressource kann eine Datei, einen Drucker oder ein Netzwerk sein. Dieser Abschnitt stellt beispielhaft den Umgang mit einer Datei vor. Im Sinne einer strengen objektorientierten Realisierung verwendet Ruby zu diesem Zweck ein IO-Objekt. Es steht in der Klassenhierarchie für die Ein- und Ausgabe an oberster Stelle und leitet speziell für das Arbeiten mit Dateien die Unterklasse `File` ab. Das Erstellen eines neuen Objekts der Klasse `File` erfolgt über `new`.

Datei-Ein- und -Ausgabe

`File.new( Dateiname [, Flag] )`

File-Instanziierung

Die Anweisung öffnet eine Datei und liefert gleichzeitig ein neues Objekt der Klasse `File` zurück. Die Angabe des Pfades erfolgt unter Verwendung einfacher Anführungsstriche. Diese erlauben den Pfad so zu notieren, wie er auch für gewöhnlich unter Windows angegeben wird. Bei einer Angabe mit doppeltem Anführungszeichen würde der Interpreter ein Backslash als Formatzeichen werten.
Über ein Flag kann das Objekt parametrisiert werden, wobei standardmäßig immer ein bidirektionaler Strom geöffnet wird, in dem gleichzeitig gelesen und geschrieben werden kann.

Tab. 8.9-1: *Flags zur Objektparametrisierung*

Flags	Beschreibung
r+	Lese- und Schreibrechte. Beginnt am Anfang der Datei.
R	Schreibschutz für eine Datei.
w+	Kürzt eine vorhandene Datei auf die Länge Nil oder erzeugt eine neue (Lese- und Schreibrechte).
W	Nur Schreibrechte.
a+	Lese- und Schreibrechte. Beginnt am Ende der Datei.
a	Nur Schreibrechte. Beginnt am Ende der Datei.
b	Erstellt eine Binärdatei (nur unter DOS/WIN).

Das Schließen eines geöffneten Objekts der Klasse File muss explizit durch die Anweisung close erfolgen. Diese folgt dem Quelltext, der auf dem Inhalt des Objekts arbeitet. Alternativ kann ein Objekt der Klasse File auch über open erzeugt werden. Diesem Aufruf muss sich ein Blocksegment anschließen, in dem der Quelltext enthalten ist, der die Bearbeitung beschreibt. Ist der Block vom Interpreter vollständig bearbeitet, wird das Objekt automatisch geschlossen.

File

```
File.open( Dateiname [, Flag] ) Anweisungsblock
```

Beispiel 8.9-3

Quelltext	Beschreibung

`meineDatei=File.new("beispiel.txt","w")`
`meineDatei.puts"Ruby ist rein`
`                    objektorientiert"`
`meineDatei.close`
	Fügt den Satz „Ruby ist rein objektorientiert" in die Datei „beispiel.txt" ein.

Das Lesen der Informationen aus einer Datei, kann per gets erfolgen. Weitaus komfortabler aber ist der Einsatz von Iteratoren, da mit ihnen der Eingabestrom gezielt durchlaufen werden kann. So wird beispielsweise der Inhalt einer Datei mit Hilfe der Operation each_byte byteweise ausgelesen. Um jeweils eine Zeile auszugeben und zu verarbeiten, kann each_line verwendet werden. Dabei besteht die Möglichkeit den Umbruch nach eigenen Vorstellungen umzusetzen. Wird der Operation als Parameter beispielsweise e übergeben, findet nicht nach jedem newline-Zeichen sondern nach jedem e ein Umbruch statt.

Beispiel 8.9-4

Quelltext	Beschreibung

`meineDatei = File.new("beispiel.txt","r")`
`meineDatei.each_byte{|byte|putc byte`
`                    putc ?.}`
`meineDatei.close`
	#->
	.R.u.b.y..i.s.t.
	.e.i.n.e.
	.O.b.j.e.k.t.o.r.i.e.n.t

Quelltext	Beschreibung
	.i.e.r.t.e. .P.r.o.g.r.a.m.m.i.e.r .s.p.r.a.c.h.e.
`meineDatei = File.new("beispiel.txt","r")` `meineDatei.each_line("e"){|zeile|` `puts zeile}` `meineDatei.close`	#->Ruby ist e ine Obje ktorie ntie ...

8.10 Ausnahmebehandlung

Um Programme vor unvorhersehbaren Abläufen oder fehlerhaften Benutzereingaben zu schützen, unterstützt Ruby das Prinzip der Ausnahmebehandlung. Dabei können Programmsegmente, die potenzielle Fehlerquellen beinhalten, in Blöcke zusammengefasst werden. Tritt während der Ausführung des Programms ein Fehler in diesem Block auf, so wird er in ein Objekt gebettet und automatisch an den aufrufenden Stack zurückgeliefert. Das Laufzeitsystem versucht anschließend, passende Anweisungen zu finden, welche in der Lage sind, diesen Fehler zu verarbeiten. Bleibt der Fehler unbehandelt, führt er unweigerlich zum Programmabbruch. Ruby besitzt eine umfangreiche Sammlung an vordefinierten Ausnahmen, die hierarchisch nach Themen sortiert ist. Ferner steht es dem Programmierer frei, selbst eine Klasse zu definieren. Diese sollte allerdings von der Klasse `StandardError` abgeleitet sein, da das System sonst keine entsprechende Verarbeitung vornehmen kann. Der Vorteil bei selbst definierten Ausnahmeobjekten besteht darin, diese mit zusätzlichen Informationen über die Ausnahme auszustatten. Um eine Ausnahme zu behandeln, müssen die Anweisungen zu deren Behebung in einen `begin`/`end`-Block eingeschlossen werden, in dem eine `rescue`-Klausel definiert wird. Diese ist dafür zuständig, den Fehler zu behandeln und/oder über ihn zu informieren.

```
begin
# Anweisung
rescue
# Anweisung
end
```

rescue

Quelltext	Beschreibung
`Begin` `  meineDatei=File.open` `("nicht_existent.txt","r")` `rescue StandardError => fehler`	#-> Fehler beim Öffnen der Datei: No such file or directory -

Beispiel 8.10-1

Quelltext	Beschreibung

`print "Fehler beim Öffnen der Datei:"`
`                              +fehler`
`end`
	nicht_existent.txt > Exit code: 0

Oft genügt aber das einfache Abfangen einer Ausnahme nicht. So können beispielsweise wichtige Informationen verloren gehen, wenn geöffnete Dateien oder offene Verbindungen nicht wieder ordnungsgemäß geschlossen werden. Ruby definiert eine `ensure`-Klausel, die unabhängig von einer ausgelösten Ausnahme ausgeführt wird. In ihr können Dateien oder Verbindungen geschlossen und wichtige Informationen verarbeitet werden. Sie folgt unmittelbar nach dem `rescue`-Block.

ensure

```
ensure
# Anweisung
```

Beispiel 8.10-2

Quelltext	Beschreibung

`begin`
`  a = 5; b = 0 ; c = a/b`
`rescue StandardError => fehler`
`  puts "Fehler bei Berechnung:"+fehler`
`ensure`
`  printf "Verwendete Werte waren: %2.1f ",a`
`  printf " und %2.1f",b`
`end`
	#-> Fehler bei Berechnung: divided by 0 Verwendete Werte waren: 5.0 und 0.0

raise

Bis jetzt wurden Ausnahmen immer nur vom Laufzeitsystem ausgelöst. Ruby bietet aber auch die Möglichkeit diese Entscheidung dem Programmierer zu überlassen. Mittels `raise` kann jederzeit eine Ausnahme im Quelltext ausgelöst werden. Versehen mit einem Ausnahmeobjekt und einer Nachricht besitzt dieser Ausdruck alle Informationen für den `rescue`-Block.

Beispiel 8.10-3

Quelltext	Beschreibung

`begin`
`  a = 5; b = 2; c = a/b`
`  puts c`
`  raise StandardError,"Fehlerhafte Ausgabe!"`
`rescue   => fehler`
`  puts fehler`
`ensure`
`  printf "Verwendete Werte waren:%2.1f ",a`
`  printf " und %2.1f",b`
`end`
	#->2 Fehlerhafte Ausgabe! Verwendete Werte waren: 5.0 und 2.0>Exit code: 0

Abschließend soll noch erwähnt werden, dass Ruby eine `retry`-Anweisung anbietet, die dem Programmierer gestattet, den `begin`/`end`-block erneut zu durchlaufen. Sie kann in den `rescue`-Block eingesetzt werden, für den Fall dass eine mögliche Fehlerbehandlung erfolgt. Sie birgt allerdings die Gefahr eine Endlosschleife zu konstruieren.

retry

8.11 Threads und Prozesse

Dieser Abschnitt gibt zum Abschluss des Kapitels noch eine Übersicht über Threads und Prozesse und deren Implementierung.

Ziel des Einsatzes von Threads und Prozessen ist es, eine Parallelität von Aktionen sowohl intern im Programm als auch extern zu erreichen. Der gleichzeitige Einsatz mehrerer Anwendungen unter einem Betriebssystem wird als „Multitasking" bezeichnet, bei der jede Anwendung einen Prozess repräsentiert. Da eine echte Parallelität mit nur einem Prozessor nicht realisiert werden kann, bedarf es einer Kontrollinstanz, die ungenutzte Prozessorkapazitäten an weitere Anwendungen verteilt. In den meisten Fällen übernimmt das Betriebssystem diese Aufgabe und teilt die Prozessorleistung in so genannte Zeitscheiben (time-slices) ein. Je nach Priorität eines Prozesses erhält dieser mehr oder weniger Zeit, seine Aufgaben zu erledigen. Ist die ihm zugeteilte Zeit abgelaufen, erhält ein anderer Prozess die Berechtigung zur Ausführung. Damit wird versucht, eine maximale Auslastung der CPU zu erreichen.

Parallelverarbeitung

Threads in Ruby besitzen diesbezüglich eine Besonderheit. Sie existieren bis jetzt nur intern, dass heißt im Interpreter und nicht auf der Ebene des Betriebssystems. Eine Eigenschaft, die sie zwar unabhängig von Betriebssystemen machen, im Gegenzug aber auf Vorteile von Threads, so wie sie z. B. in Java und C# vorkommen, verzichten lassen.

Parallelität in Ruby

Ruby bietet zwei unterschiedliche Ansätze zur parallelen Verarbeitung an: Einerseits die Unterstützung von Threads zur Realisierung von parallelen Abläufen, die programmintern stattfinden, andererseits die Verteilung von Aufgaben zwischen mehreren Programmen.

Das Erstellen eines neuen Threads erfolgt über `new`. An diesen Aufruf schließt sich ein Block an, in dem die Verarbeitung der an die `new`-Operation übergebenen Argumente erfolgt.

Erzeugen eines Threads

```
Thread.new( Argumente ) Anweisungsblock
```

Ein wichtiger Aufruf bei der Verwendung von Threads ist der Befehl `join`. Da Ruby ein Programm, ungeachtet aller noch laufenden Aktivitäten, am Ende eines Blocks verlässt, können fehlerhafte Resultate durch nicht beendete Threads entstehen. Der Aufruf von join bewirkt eine Synchronisation, dass ein Programm erst dann verlassen wird, sobald der letzte Thread seine Aufgaben abgeschlossen hat.

Beispiel 8.11-1

Quelltext	Beschreibung
t1 = Thread.new{puts "a";puts"b";puts"c"} t2 = Thread.new{puts "1";puts"2";puts"3"} t1.join; t2.join	#-> a b c 1 2 3

Zustände von Threads

Threads können sich, im Gegensatz zu anderen Objekten, in unterschiedlichen Zuständen befinden. Je nach verwendeter Operation kann ein Thread laufend, wartend (join) oder schlafend sein. Um einen Thread „schlafen zu legen", genügt der Aufruf sleep unter Angabe eines Fixnum-Werts, der für die Sekunden steht. Während ein Thread schläft, nehmen andere Threads die Arbeit auf.

Beispiel 8.11-2

Quelltext	Beschreibung

t1 = Thread.new{puts "a";puts"b"
                 sleep(0.1);puts"c"}
t2 = Thread.new{puts "1";sleep(0.1)
                 puts"2";puts"3"}
t1.join; t2.join
	#->
	a b 1 c 2 3

Prioritäten von Threads

Darüber hinaus können Threads mit Prioritäten belegt werden, wobei Threads mit höheren Prioritäten bei der Vergabe von Zeiteinheiten bevorzugt werden. Die Zuweisung erfolgt über priority = x, wobei x den Grad der Priorität als Integer-Wert speichert. Die Gefahr bei diesem Eingreifen in die Verteilung besteht darin, dass „unwichtige" Threads gegebenenfalls nicht mehr ausgeführt werden.

Beispiel 8.11-3

Quelltext	Beschreibung

threads = Array.new
 	
for zahl in 1..4
  threads << Thread.new(zahl)
  {|meineZahl|
   puts "Erster Aufruf: #{meineZahl}"
   sleep(rand(0)/10.0)
   puts "Zweiter Aufruf:#{meineZahl}"
   sleep(rand(0)/10.0)
   puts "Dritter Aufruf:#{meineZahl}"
  }
end
threads.each {|thread|thread.join}
	Erstellen eines Thread-Felds.
	
	Durchlaufen einer for-Schleife, in der die Threads erzeugt werden und jeweils Werte aus dem Bereich 1..4 ausgeben.

Ein Thread kann auf sämtliche verfügbaren Variablen zugreifen. Schwierigkeiten gibt es hinsichtlich gemeinsam genutzter Variablen, auf die alle Threads, einschließlich des Hauptprogramms, Zugriff haben sollen. Zur Lösung dieses Problems stellt Ruby so genannte Thread-Eigenschaften bereit. Über sie können lokale Thread-Variablen erstellt werden, die aus einem Namen und einem Wert bestehen. Das Ansprechen eines Objekts erfolgt dabei über den Operator [].

Neben den bereits erwähnten Operationen, stehen eine ganze Reihe weiterer Funktionen bereit, mit denen Threads manipuliert werden können.

Tab. 8.11-1: *Thread-Operationen*

Thread-Operationen	Beschreibung
alive?	Liefert true für einen ausführenden Thread.
start	Äquivalent zu new.
stop	Stoppt einen Thread.
run	Weckt einen schlafenden Thread.
current	Liefert den aktuellen Thread.
kill	Beendet einen Thread.
list	Liefert ein Feld mit allen Thread-Objekten.
pass	Fordert den Zeitplaner auf, die Ausführung an einen anderen Thread abzugeben.
abort_on_exception = *boolean*	=true veranlasst alle Threads abzubrechen (inklusive dem Hauptprogramm).
abort_on_exception	Liefert den Zustand von abort_on_exception.
value	Wartet die Bearbeitung in einem Thread ab und liefert den zuletzt bearbeiteten Wert zurück.

Durch den Einsatz von Threads kann es zu inkonsistenten Zuständen von Objekten kommen. Um solchen Problemen zu begegnen, müssen Threads synchronisiert werden. Ein Abschnitt, in dem es zu Daten-Inkonsistenzen kommen kann, wird in diesem Zusammenhang als kritische Sektion bezeichnet. Ruby besitzt zu diesem Zweck die Klasse Mutex. Sie fungiert als Sperre auf eine kritische Sektion und erlaubt aktuell immer nur einem Thread den Zugriff. Alle weiteren Threads werden von diesem Bereich ausgeschlossen und müssen solange warten, bis sie die Berechtigung zum Handeln erteilt bekommen. Dieses Prinzip wird auch als **gegenseitiger Ausschluss** bezeichnet.

Gegenseitiger Ausschluss

Mutex

Beispiel 8.11-4

Quelltext	Beispiel
`wert1 = wert2 = 0` `inkonsistenz = 0`	Unsynchronisiertes Beispiel.

`def einBlock`
 `yield; yield`
`end`	

`Thread.new do`
 `1000.times do`
  `einBlock{wert1 +=1; wert2 +=1}`
 `end`
`end`
	Führt einen Block 1000-mal aus, in dem zwei Variablen gleichzeitig inkrementiert werden.

`Thread.new do`
 `loop do`
  `inkonsistenz +=(wert1-wert2)`
 `end`
`end`
	Prüfschleife, die registriert, wenn Differenzen zwischen den beiden Werten entstehen.

`sleep 1`	`sleep` verzögert Bearbeitung um 1 Sekunde, damit beide Schleifen vollständig durchlaufen werden.

Beispiel 8.11-5

Quelltext	Beschreibung

`require 'thread'`
`sicher = Mutex.new`
`...`
	Synchronisiertes Beispiel. Bereitstellen eines `Mutex`-Objekts.

`sicher.synchronize do`
 `einBlock{wert1 +=1; wert2 +=1}`
`end`
`...`
`sicher.synchronize do`
 `inkonsistenz +=(wert1 - wert2)`
`end`
`...`
	Synchronisieren der beiden Schleifen durch Einschließen der Inhalte in das `Mutex`-Objekt.

Process

Die Umsetzung eines Prozesses zum Ausführen von Anweisungen, die nicht in Ruby verfasst worden sind, erfolgt über das Modul `Process`. Dieses Modul beinhaltet eine Sammlung von Operationen, mit denen ein Prozess auf verschiedene Art und Weise manipuliert werden kann. Dabei stellt die einfachste Verlaufsform eines Prozess dessen Start und Ergebnisrückgabe dar, die ein Befehls- oder Programmaufruf, eine Datenanfrage an ein Host-System oder einfach nur die Systemzeit sein kann.

Grundlage aller Prozesse ist dabei die `Kernel`-Operation `system`. Sie führt den überlieferten Prozess in einem Teilprozess aus und liefert als booleschen Wert `true`, für den Fall dass eine korrekte Umsetzung des Befehls erfolgte. Der Einsatz von Operationen erfordert eine Kennzeichnung durch rückwärts gerichtete Hochkommata.

Beispiel 8.11-6

Quelltext	Beschreibung
`system ("IEXPLORE.EXE")`	Startet den Internet Explorer.
`system ("help")`	Zeigt die DOS-Hilfe in der Ausgabe des Editors.

`system ("tar xzf zeit.tgz")`
`hilfe = ``date```
`puts hilfe`
	Führt den Befehl date in einem Teilprozess aus und liefert die Systemzeit.

Prozesse unter verschiedenen Betriebssystemen

Der Einsatz von Ruby-Prozessen ist abhängig von der jeweiligen Plattform. Da sich Prozesse unter Unix und Windows unterscheiden, existieren plattformabhängige Befehle und Operationen sowohl für das eine als auch für das andere System.

Unter Unix pflegen Prozesse eine Eltern-Kind-Beziehung. Dabei entsteht ein neuer Prozess (Kind), indem die zugehörige Elternklasse einen Systemdienst (fork) anfordert. Dieses Beziehungsverhältnis existiert unter Windows nicht. Beiden Systemen ist aber gemein, dass Prozesse eine individuelle Prozess-ID besitzen. Auch das Zusammenfassen von Prozessen in Gruppen wird seitens Ruby unterstützt. Die folgende Tabelle liefert eine Übersicht der wichtigsten Operationen und Konstanten des Prozess-Moduls.

Tab. 8.11-2: Konstanten und Operationen des Prozess-Moduls

Member des Moduls Prozess	Beschreibung
`PRIO_PGRP`	Speichert die Priorität einer Prozessgruppe.
`PRIO_PROCESS`	Konstante für die Prozesspriorität.
`Process.gid`	Liefert als Ergebnis die Group-ID.
`Process.gid = gid`	Setzt die Group-ID für einen Prozess.
`Process.uid`	Liefert als Ergebnis die User-ID.
`Process.uid = uid`	Setzt die User-ID für einen Prozess.
`Process.exit!([result=0])`	Sofortiger Abbruch des Prozesses. Liefert optional den Exit-Status an das System.
`Process.fork [{ block }]`	Erzeugt Kindprozesse. „block" ist ein Block mit Anweisungen.
`Process.kill(SIGNAL, PID)`	Sendet `SIGNAL` an die angegebene(n) Prozess-ID(s), oder an den aktuellen Prozess, falls PID Null ist. `SIGNAL` steht für Ausnahmenbehandlungen, meist Abbrüche.
`Process.pid`	Liefert die Prozess-ID eines Prozesses.
`Process.ppid`	Liefert die Prozess-ID des Eltern-Prozesses.

9 | Vergleich

Die vier Programmiersprachen Java, C++, C# und Ruby weisen in vielen Konstrukten große Ähnlichkeiten auf, wobei Java, C++ und C# aufgrund ihres Ursprungs in C eine größere Affinität besitzen. Den vielen Gemeinsamkeiten der Sprachen stehen aber auch feine Unterschiede gegenüber, die das Überführen einer Sprache in die andere erschweren können. Das folgende Kapitel stellt die wichtigsten Sprachkonstrukte vergleichend gegenüber.

Übersicht

9.1	**Allgemeines**	328
9.2	**Funktionale Sprachelemente**	328
9.3	**Felder**	336
9.4	**Klassen und Objekte**	337
9.5	**Vererbung**	340
9.6	**Sichtbarkeit**	343
9.7	**Weiterführende Konzepte**	344

9.1 Allgemeines

Programmerstellung Bereits bei der Art der Programmerstellung unterscheiden sich die vier Programmiersprachen gänzlich voneinander: C++ wandelt den Quelltext bei der Übersetzung in Binärcode um, der direkt maschinenlesbar ist. Java erzeugt einen Byte-Code, der bei der Ausführung interpretiert wird. Ruby verwendet ebenfalls einen Interpreter, der den Quelltext direkt umsetzt, ohne ihn zu kompilieren. C# führt ein Programm mit einem Just-In-Time-Compiler aus, der den aus dem Quelltext erzeugten MSIL-Code in die Maschinensprache übersetzt.

Performanz Da C++ als einzige Sprache maschinenlesbaren Code erzeugt, besitzt sie die beste Performanz. Das beinhaltet aber auch den Nachteil, dass sie von einem bestimmten Betriebssystem und einem bestimmten Prozessor abhängig ist. Java, C# und Ruby hingegen sind plattformunabhängige Sprachen. C# kann als Sprache des .NET-Frameworks zudem mit anderen Sprachen interagieren, die die Spezifikation der .NET-Laufzeitumgebung umsetzen.

Präprozessor Im Gegensatz zu C++ existiert weder in Ruby noch in Java ein Präprozessor, der der eigentlichen Übersetzung vorgeschaltet ist. In C# ist der Präprozessor in den Compiler integriert.

Speicherverwaltung Die Speicherverwaltung muss nur in C++ mit Hilfe von new und delete durch den Programmierer festgesetzt werden. Durch den Einsatz eines Garbage Collectors wird die Verwaltung des Speicherplatzes in Java, C# und Ruby automatisch von der Laufzeitumgebung organisiert.

9.2 Funktionale Sprachelemente

9.2.1 Kommentare

Tab. 9.2-1: Kommentare

Sprache	Kommentar
Java, C++, C#	// einzeiliger Kommentar
Ruby	# einzeiliger Kommentar
Java, C++, C#	/* mehrzeiliger Kommentar */
Ruby	=begin mehrzeiliger Kommentar =end
Java	/** Dokumenationskommentar */
C#	/// <tag> /// Dokumentationskommentar im XML-Stil /// </tag>

9.2.2 Elementare Datentypen

C++, Java und C# haben ihre Ursprünge in der Programmiersprache C, was sich auch in den elementaren Datentypen widerspiegelt.

C++ Java C#

In Ruby existieren die vordefinierten Basistypen Zahlen, Zeichenketten, Felder, Hashes, Bereiche, Symbole und reguläre Ausdrücke. Ein Integer-Wert in Ruby ist ein `Fixnum`- oder `Bignum`-Objekt. Ein `Fixnum`-Objekt kann Werte kleiner 2^{30-1} aufnehmen. Bei größeren Werten wird automatisch ein `Bignum`-Objekt angelegt. Eine Zahl, die durch einen Dezimalpunkt oder Exponenten dargestellt wird, wird automatisch in ein `Float`-Objekt konvertiert. Im Gegensatz zu Java, C++ und C# muss eine Variable in Ruby vor der ersten Nutzung nicht deklariert werden. Alle Variablen sind so lange typenlos, bis ihnen ein Wert zugewiesen wird.

Ruby

Tab. 9.2-2: elementare Datentypen

Sprache	Datentyp	Länge (Bytes)	Wertebereich
Java	boolean	1	true, false
C++, C#	bool		
Java, C#	char	2	alle Unicode-Zeichen
C++	(signed) char	1	-127 ... 127
C++	unsigned char	1	0 ... 255
Java	byte	1	-128 ... 127
C#	sbyte		
C#	byte	1	0 ... 255
Java	short	2	-32.768 ... 32.767
C++	(signed) short int		
C#	short		
C++	unsigned short int	2	0 ... 65.535
C#	ushort		
Java, C#	int	4	-2.147.483.648 ... 2.147.483.647
C++	(signed) int	2 (4)	-32.767 ... 32.767 (-2.147.483.648 ... 2.147.483.648)
C++	unsigned int	2 (4)	0 ... 65.535 (0 ... 4.294.967.295)
C#	uint	4	0 ... 4.294.967.259
Java	long	8	-9.223.372.036.854.775.808 ... 9.223.372.036.854.775.807
C#	long		
C++	(signed) long int	4	-2.147.483.648 ... 2.147.483.648
C++	unsigned long int	4	0 ... 4.294.967.295
C#	ulong	8	0 ... 18.446.744.073.709.551.615
Java	float	4	3,4 E -38 .... 3,4 E +38
C++			
C#			1,5 E-45 ... 3,4 E+38
Java	double	8	1,7 E -308 ... 1,7 E +308
C++			
C#			5 E-324 ... 1,7 E+308

Sprache	Datentyp	Länge (Bytes)	Wertebereich
C++	`long double`	10	3,4 E -4932 ... 3,4 E +4932
C#	`decimal`	12	Dezimalzahl mit bis zu 28 Stellen und festgelegtem Dezimalkomma.

Die Angaben für C++ beziehen sich auf ein 16 Bit-System und werden bei Bedarf durch die Angaben für ein 32Bit-System ergänzt, welche in Klammern angegeben sind.

9.2.3 Escape-Sequenzen

Backslash-Konstanten

Java, C++, C# und Ruby stellen eine Reihe von Escape-Sequenzen (Backslash-Konstanten) zur Verfügung, mit denen Zeichen dargestellt werden können, die i. d. R. nicht direkt einzugeben sind.

Tab. 9.2-3: Escape-Sequenzen

Sprache	Code	Bedeutung
C++, C#, Ruby	\a	Alarm
Java, C++, C#, Ruby	\b	Backspace
Ruby	\e	Escape
Java, C++, C#, Ruby	\f	Formfeed
Java, C++, C#, Ruby	\n	Neue Zeile
Java, C++, C#, Ruby	\r	Wagenrücklauf
Ruby	\s	Space
Java, C++, C#, Ruby	\t	Horizontaler Tab
C++, C#, Ruby	\v	Vertikaler Tab
Java, C++, C#	\"	Anführungszeichen
Java, C++, C#	\'	Apostroph
C++, C#	\0	Null
Java, C++, C#	\\	Backslash
C++	\?	Fragezeichen
Java, C++, Ruby	\nnn	oktale Konstante nnn
C++, Ruby	\xN	hexadezimale Konstante N
Java	\unnnn	hexadezimale Konstante nnnn
Ruby	\cx (\C-x)	Control -x
Ruby	\M-x	Meta-x
Ruby	\x	x

9.2.4 Operatoren

Die vier Programmiersprachen bieten eine vielfältige Auswahl von Operatoren an, mit denen Daten gezielt manipuliert werden können. In allen Sprachen wird das einfache Gleichheitszeichen (=) als Zuweisungsoperator genutzt. Die folgenden Tabellen geben eine Übersicht über die Operatoren, die allen vorgestellten Sprachen gemeinsam sind.

Tab. 9.2-4: Arithmetische Operatoren

Operator	Beschreibung	Beispiel/Anwendung
+	Addition	2 + 3 = 5
-	Subtraktion	8 - 4 = 4
*	Multiplikation	2 * 5 = 10
/	Division	7 / 3 = 2 /*Bei Division mit integralen Datentypen wird unabhängig vom Rest nur der ganzzahlige Wert ausgegeben.*/
%	Rest einer Ganzzahldivision	7 % 3 = 1 //Anwendbar nur auf integrale Typen

Arithmetische Operatoren

Tab. 9.2-5: Relationale Operatoren

Operator	Beschreibung	Beispiel/Anwendung

<	Kleiner als	x < y; //Liefert true, falls x
		//kleiner y ist, sonst false.

>	Größer als	x > y; //Liefert true, falls x
		//größer y ist, sonst false.

==	Gleich	x==y; //Liefert true, falls x
		//gleich y ist, sonst false.

!=	Ungleich	x!=y; //Liefert true, falls x
		//ungleich y ist, sonst false.

<=	Kleiner oder gleich	x<=y; //Liefert true, falls x
		//kleiner oder gleich y ist,
		//sonst false.

>=	Größer oder gleich	x>=y; //Liefert true, falls x größer
		//oder gleich y ist,
		//sonst false.

Relationale Operatoren

Tab. 9.2-6: Bitweise Operatoren

Operator	Beschreibung	Beispiel/Anwendung
<<	Bit-Verschiebung nach links.	a << b; // = a * 2b 32 << 2; // = 128

>>	Bit-Verschiebung nach rechts.	a >> b; // = a/2b
		35 >> 2; // = 8;
		-1 >> 24 // = -1;

Bitweise Operatoren

Operator	Beschreibung	Beispiel/Anwendung		
~	Binäres Komplement.	Umkehrung aller Bits eines Wertes		
&	Bitweise UND-Verknüpfung (AND).	Wertetabelle:		
		A	B	A & B
		0	0	0
		1	0	0
		0	1	0
		1	1	1
^	Bitweise EXKLUSIV-ODER-Verknüpfung (EX-OR).	Wertetabelle:		
		A	B	A ^ B
		0	0	0
		1	0	1
		0	1	1
		1	1	0
|	Bitweise ODER-Verknüpfung (OR).	Wertetabelle:		
		A	B	A | B
		0	0	0
		1	0	1
		0	1	1
		1	1	1
&=	Bitweise UND-Zuweisung.	c &= a; //c = c & a;		
|=	Bitweise ODER-Zuweisung.	c |= a; //c = c | a;		
^=	Bitweise EXKLUSIV-ODER-Zuweisung.	c ^= a; //c = c ^ a;		
<<=	Bit-Verschiebung nach links mit Zuweisung.	c <<= 3; //c = c << 3;		
>>=	Bit-Verschiebung nach rechts mit Vorzeichen und Zuweisung.	c >>= 3; //c = c >> 3;		

9.2.5 Kontrollfluss

Block

Ein Anweisungsblock dient in Java, C++ und C# der Zusammenfassung von Anweisungen, die in einem engen logischen Kontext zueinander stehen bzw. zusammenhängend abgearbeitet werden müssen. Ruby hingegen verwendet Blöcke zur weiteren Spezifizierung von Funktionsaufrufen.

Tab. 9.2-7: Anweisungsblock

Sprache	Syntax
Java, C++, C#	`{ Anweisungen }`
Ruby	`{ Anweisungen }`

Ruby	`do`
	    `Anweisungen`
	`end`

Java, C++, C# und Ruby verfügen zwar über leicht variierende Ausprägungen, um bedingte Anweisungen ausführen zu können, sie folgen jedoch dem gleichen Kontrollfluss, der durch die nachfolgenden Diagramme dargestellt wird.

Bedingungsanweisung

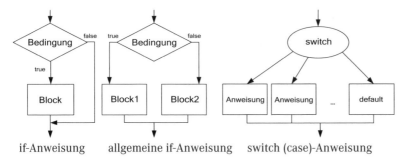

Abb. 9.2-1: Selektionsanweisungen

Bei den bedingten Anweisungen ist zu beachten, dass sowohl Java als auch C# nur wahr oder falsch als Ergebnis einer Bedingungsprüfung akzeptieren. Zur Auswertung von booleschen Ausdrücken stellt Ruby die vordefinierten Typen `false` und `nil` zur Verfügung, die beide als falsch gewertet werden. Alle anderen Werte, einschließlich der Zahl 0, werden in Ruby als wahr angesehen. In C++ sind alle Werte wahr, außer 0 oder `false`,.

Tab. 9.2-8: Selektionsanweisungen

Sprache	Syntax
Java, C++, C#	`if (Bedingung)` `Anweisung/Anweisungsblock`

Java, C++, C#	`if (Bedingung)`
	    `Anweisung/Anweisungsblock`
	`else`
	    `Anweisung/Anweisungsblock`

Ruby	`if Bedingung [then] Anweisungen`
	`else Anweisungen`
	`end`

Ruby	`unless Bedingung [then] Anweisungen`
	`else Anweisungen`
	`end`

Sprache	Syntax
| Java, C++, C# | ```
switch (Wert)
{ case Wert_1: Anweisungen; break;
  ...
  [default: Anweisungen;]  }
``` |
| Ruby | ```
case Wert
  when Wert1 [then] Anweisungen
  ...
  [else Anweisungen]
end
``` |
| Java, C++, C#, Ruby | `Bedingung ? Anweisung1 : Anweisung2` |

Schleifen

Schleifen sind immer dann ein nützliches Sprachkonstrukt zur Steuerung des Kontrollflusses, wenn eine Ausführung so lange wiederholt werden soll, bis eine Bedingung ihre Gültigkeit verliert. In Java, C++ und C# kann hierzu auf die Iterationsanweisungen while, do-while und for zurückgegriffen werden. In C# kann zusätzlich die foreach-Schleife genutzt werden. Ruby bietet dem Programmierer mit den Konstrukten while, until und for und über die Operation loop die Möglichkeit, Schleifen zu implementieren.

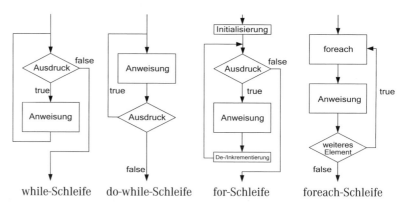

Abb. 9.2-2: Iterationsanweisungen in Java, C++ und C#

Tab. 9.2-9: Iterationsanweisungen

Sprache	Syntax
Java, C++, C#	`while (Bedingung)` `  Anweisung/Anweisungsblock`
Ruby	`while Bedingung [do] Anweisungen` `end`

Java, C++, C#	`do {`
	`  Anweisungen`
	`}while (Bedingung);`

Java, C++, C#	`for (Initialisierung; Bedingung; Iteration)` `  Anweisung/Anweisungsblock`
Ruby	`for Variablenname in Ausdruck [do] Anweisungen` `end`

Sprache	Syntax
C#	`foreach (Datentyp Name in Collection)` `  Anweisung/Anweisungsblock`
Ruby	`loop` `{ Anweisungen }`
Ruby	`until Bedingung [do] Anweisungen` `end`

9.2.6 Sonstiges

Tab. 9.2-10: Weitere funktionale Sprachelemente im Vergleich

	Java	C++	C#	Ruby
Zeichensatz	16-Bit-Unicode	8-Bit-ASCII	16-Bit-Unicode	7-Bit-ASCII
globale Variable	Nein	Ja	Nein	Ja
Variablen-Initialisierung	obligat	nicht obligat	obligat	Nicht obligat, außer für Klassenvariablen.
Konstanten-Deklaration	`final`, einmalige Zuweisung zur Laufzeit ist erlaubt.	`#define` oder `const` Wertzuweisung nur bei der Deklaration erlaubt.	`const` Wertzuweisung nur bei der Deklaration erlaubt. `readonly` erlaubt zusätzlich die Zuweisung durch einen Konstruktor.	Variable muss mit Großbuchstaben beginnen. Der Wert darf vom Programm geändert werden.
Zeichenkette	String-Klassen werden automatisch über `java.lang` importiert.	String über `<string>`; Nullterminierte Zeichenkette über `<cstring>`	String-Klasse ist in `System` enthalten.	Klasse `String` ist Basistyp.
Type-Cast-Operator	Ja	Ja	Ja	Nein, da typenlose Sprache.
Typkonvertierung von Objekten in einfache Datentypen u. zurück.	Nur explizit.	Implizit und explizit.	Durch Schlüsselworte `implicit` und `explicit`	Implizit, da typenlose Sprache.
`goto`-Anweisung	Nein	Ja	Ja	Nein
Zeiger	Nein	Ja	Ja, sind als unsicherer Code zu kennzeichnen.	Nein

	Java	C++	C#	Ruby
Struktur	⇨ Klasse	Ja, ist eine Klasse, in der die Elemente standardmäßig auf public gesetzt sind.	Ja, ist eine Variante einer Klasse, deren Objekte wie Werttypen behandelt werden.	⇨ Klasse
Union	⇨ Klasse	Ja	⇨ Klasse	⇨ Klasse
Aufzählungs-typ	Nein	Ja (*enum*)	Ja (*enum*)	Nein
typedef-Anweisung	Nein	Ja	Nein	Nein

9.3 Felder

Array

Die C-orientierten Sprachen Java, C++ und C# setzen ein Feld als Sammlung von Daten und Objekten desselben Typs um. Die Größe eines Felds muss bei der Initialisierung festgelegt werden und ist danach nicht mehr veränderbar. In C++ können die Bereichsgrenzen eines Felds überschritten werden.

Java und C# führen eine Bereichsüberprüfung durch und melden eine Ausnahme, sobald versucht wird, auf einen Wert außerhalb der Grenzen zu zugreifen.

In Ruby ist keine Überprüfung der Feldgrenzen erforderlich, da die Größe dynamisch angepasst wird. Auch in Bezug auf die Objekttypen zeigt Ruby sich flexibler als die anderen Sprachen. Es ist durchaus zulässig, unterschiedliche Objekttypen in einem Feld zu verwalten.

In allen vier Sprachen werden die Feldelemente über einen Index angesprochen, der bei der Ziffer 0 für das erste Element beginnt und mit dem Index n-1 auf das letzte Element verweist.

Tab. 9.3-1: Felddeklaration

Sprache	Syntax
Eindimensional	

Java, C#	`Typ[] name = new Typ [Größe];`
	`Typ[] name = { obj1, obj2, … , objN };`
	`//in Java ist alternativ auch Typ name[] möglich`

C++	`Typ name [Größe];` `Typ name [] = { obj1, obj2, …, objN };`

Ruby	`name = Array.new (Größe);`
	`name = [obj1, obj2, …, objN];`
	`name = %w (string1, string2, …, stringN);`

Zweidimensional (analoge Umsetzung für mehrdimensionale Felder)	
Java	`Typ [][] name = new Typ [Größe1][Größe2];` `Typ [][] name = { { obj11, …, obj1N }, …`

Sprache	Syntax
	`...{ objM1, ..., objMN } };` // alternativ ist auch Typ name[][] möglich

C#	`Typ [,] name = new Typ [Größe1,Größe2];`
	`Typ [,] name = { { obj11, ..., obj1N }, ...`
	`            ...{ objM1, ..., objMN } };`

C++	`Typ name [Größe1][Größe2];`
Ruby	In eine Feldposition wird ein weiteres Feld als Objekt eingefügt.
Irregulär	
C#	`Typ [][] name = new Typ [Größe][];`

9.4 Klassen und Objekte

Alle vier Sprachen unterstützen die Konzepte der Objektorientierung. Wie Java sind Ruby und C# rein objektorientierte Sprachen, d. h. jede Anwendung ist an eine Klasse gebunden. In C++ kann dieses Konzept durchaus umgangen und mit geschickten Eingriffen (durch Zeiger) sogar durchbrochen werden. C# fügt dem Klassenkonzept mit Strukturen eine einfache Klassenvariante hinzu, die es ermöglicht, Objekte als Werttypen zu behandeln.

Klasse

Das Schlüsselwort `class` dient in allen vier Sprachen zur Erzeugung einer Klasse. Danach folgt der Bezeichner, der in Ruby mit einem Großbuchstaben beginnen muss. Die übrigen Sprachen erfüllen diese Bestimmung ebenfalls, obwohl sie dort nicht bindend ist. Während in Ruby eine Klassendefinition durch `end` abgeschlossen wird, müssen in Java, C++ und C# die Elemente in geschweiften Klammern zusammengefasst werden. Darüber hinaus erwartet C++ ein Semikolon am Ende der Definition.

Tab. 9.4-1: Klassendeklaration

Sprache	Syntax
Java, C#	`class Name { ... }`
C++	`class Name { ... };`

Ruby	`class Name`
	`   ...`
	`end`

Eine Klasse setzt sich als abstrahierte Beschreibung von Gegenständen der realen Welt aus Elementvariablen und -Funktionen zusammen. Die konkrete Ausprägung dieser Abstraktion ist ein Objekt, welches durch die Variablen festgelegte Eigenschaften und durch die Operationen ein bestimmtes Verhalten besitzt. Ein Objekt kann in Java, C# und Ruby durch `new` erzeugt

Objekt

werden. In C++ ist new nur dann erforderlich, wenn ein Objekt zur dynamischen Speicherverwaltung mittels eines Zeigers erzeugt wird.

Tab. 9.4-2: Objekterzeugung

Sprache	Syntax
Java, C#	`Klassenname name = new Klassenname ()`
C++	`Klassenname name` `Klassenname *name = new Klassenname ()`
Ruby	`name = Klassenname.new`

Konstruktor Bei der Erzeugung eines Objekts rufen alle Sprachen implizit eine spezielle Funktion auf, die bestimmte Aufgaben bei der Instanziierung ausführen kann. In Java, C++ und C# wird dieses Prinzip durch die Konstruktoren umgesetzt, welche den gleichen Namen wie die Klasse selbst besitzen müssen. Ruby implementiert hierzu die Operation `initialize`, die durch die statische Klassenoperation `new` aufgerufen wird. Sowohl Konstruktoren als auch `initialize` können überschrieben werden. Werden keine selbst definierten Konstruktoren eingeführt, sind implizit die jeweiligen Defaultkonstruktoren bzw. Operationen angesprochen.

Elementzugriff Jede der vier Sprachen erlaubt es, durch die Punktnotation auf öffentliche Elementfunktionen einer Klasse zuzugreifen. Darüber hinaus können in Java, C++ und C# öffentlich deklarierte Elementvariablen ebenfalls auf diese Weise angesprochen werden. In Ruby ist dies nur über spezielle, schon implementierte Lese- und Schreibfunktionen möglich (`attr_accessor`, `attr_reader`, `attr_writer`). Dieses Zugriffskonzept auf Elementvariablen ist in C# ebenfalls als Property (Eigenschaft) realisiert. Java und C++ - Programme bedürfen hier einer expliziten Definition von `set()`- und `get()`-Operationen. Alle Sprachen erzeugen eine Referenz auf das aufrufende Objekt. Die C-orientierten Sprachen bedienen sich hier des `this`-Verweises. Ruby stellt `self` zur Verfügung.

Destruktor Nur C++ besitzt einen Destruktor, der vor der Vernichtung eines Objekts garantiert aufgerufen wird, um noch anstehende Aufgaben zu erledigen. In Ruby, Java und C# werden Objekte durch den Garbage Collector zerstört. Es kann nicht zugesichert werden, dass die in `finalize()` in Java oder im C#-Destruktor aufgeführten Anweisungen auch ausgeführt werden.

Operation Funktionen übernehmen die wichtige Aufgabe der Datenmanipulation, da in ihnen logisch zusammengehörende Programmsequenzen gebündelt werden. Anders als in C++ existieren keine globalen Funktionen in C#, Java und Ruby. Ebenfalls abweichend zu C++ braucht in den übrigen Sprachen kein Prototyp der Operationen deklariert werden, wenn die Definition im Quelltext nach dem Operationsaufruf erfolgt.

Einer Funktion können Parameter übergeben werden. Sie sind in Klammern durch Kommata getrennt hinter dem Funktionsnamen aufgelistet. Werden keine Parameter übergeben, so kann in Ruby auf die runden Klammern verzichtet werden. Java, C# und C++ verwenden leere Klammern. In C++ ist alternativ die Verwendung von `void` in den Klammern erlaubt. Die Parameterübergabe erfolgt in Ruby grundsätzlich call-by-reference. In Java und C# werden die elementaren Datentypen call-by-value, alle Objekte einer Klasse call-by-reference übergeben. Lediglich C++ übergibt alle Parameter als Wert, wenn nicht explizit eine Referenzübergabe definiert ist. C# bedient sich darüber hinaus des Konzepts des Boxing und Unboxing, mit dem Verweistypen automatisch in Werttypen gewandelt werden können und umgekehrt. Durch die Nutzung des Schlüsselwortes `ref` kann in C# ein Werttyp wie eine Referenz behandelt werden.

call-by-value

call-by-reference

In allen Sprachen kann eine Operation mittels der `return`-Anweisung einen Wert zurückliefern. Sowohl Java, C++ als auch C# erwarten, dass im Funktionskopf der Datentyp des Rückgabewerts explizit angegeben wird. Liefert eine Operation keinen Wert, so muss dies durch `void` kenntlich gemacht werden. Da Ruby typenlos ist, braucht der Rückgabewert nicht angezeigt werden. Eine Ruby-Funktion liefert immer den zuletzt ausgewerteten Ausdruck zurück. Die `return`-Anweisung steuert den Rückgabewert.

Rückgabewert

Tab. 9.4-3: Funktionsdefinition

Sprache	Syntax

Java, C++, C#	`[Modifizierer] Rückgabetyp Funktionsname`
	`                        (Parameterliste)`
	`{ Anweisungen }`

Ruby	`def Funktionsname; Anweisungen; end`
	`def Funktionsname`
	`     Anweisungen`
	`end`

Außer Ruby unterstützen alle Sprachen das Konzept des Überladens von Operationen. Hierzu müssen sich die Anzahl und/oder der Typ der übergebenen Parameter unterscheiden.

Überladen einer Funktion

Sollen Variablen und Funktionen innerhalb einer Klasse nicht an ein Objekt gebunden werden, sondern allen Objekten gemeinsam zur Verfügung stehen, können Klassenvariablen und -funktionen erzeugt werden. Die C-orientierten Sprachen realisieren diese Funktionalität durch das Schlüsselwort `static`. Ruby stellt Klassenvariablen das doppelte @-Zeichen voran und kennzeichnet die Definition von Klassenoperationen durch die Punktnotation `Klassenname.Bezeichner`.

Klassenelement

9.4 Klassen und Objekte

Tab. 9.4-4: Weitere Eigenschaften von Klassen und Objekten

	Java	C++	C#	Ruby
Definition von Elementfunktionen außerhalb einer Klassendefinition	Nein	durch Scope-Operator ::	Nein	Ja, Operation wird jedoch implizit an die Klasse `Object` gebunden.
`friend`-Funktionen und Klassen	Nein	Ja	Nein	Nein
reine Referenzübergabe	Nein	Nein	Ja (`out`)	Nein
Setzen von Defaultwerten	Nein	Ja	Nein	Ja
Definition einer Parameterliste mit variabler Länge	Nein	Ja	Ja (`params`)	Ja
Funktionszeiger	Nein	Ja	Nein, Delegates übernehmen weitestgehend diese Funktion.	Nein
`inline`-Funktion	Nein	Ja	Nein	Nein

9.5 Vererbung

Einfachvererbung

Mehrfachvererbung

Die Vererbung gehört zu den Grundkonzepten objektorientierter Programmierung. Durch Vererbung können Hierarchien zwischen Klassen erzeugt werden, wobei die abgeleiteten Klassen Spezialisierungen der Oberklasse darstellen. Nur in C++ ist die Mehrfachvererbung erlaubt, d. h. eine Klasse kann die Eigenschaften mehrerer Basisklassen erben. Alle anderen Sprachen lassen nur eine Einfachvererbung zu, was aber zu keiner Einschränkung in der Anwendung führt. Durch das Konzept der Interfaces (Java, C#) bzw. der Module (Ruby) kann eine Klasse verpflichtet werden, eine gewisse Funktionalität zu unterstützen und vordefinierte Bibliotheksfunktionen unterschiedlicher Bereiche zu nutzen.

Aufgrund der Mehrfachvererbung kann in C++ eine Basisklasse virtuell vererbt werden, womit gesichert wird, dass in einem abgeleiteten Objekt nur eine Kopie der Oberklasse existiert.

Tab. 9.5-1: Vererbungssyntax

Sprache	Syntax
Java	`[Modifizierer] Unterklasse extends Basisklasse` `{ ... }`
C++	`Unterklasse : [Modifizierer] Basisklassenliste` `{ ... }`
C#	`[Modifizierer] Unterklasse : Basisklasse` `{ ... }`

Ruby	`Unterklasse < Basisklasse`
	`...`
	`end`

Die abgeleiteten Klassen können eigene Konstruktoren implementieren, die explizit auf die Merkmale ihrer Klasse ausgerichtet sind. Erwartet der Konstruktor der Oberklasse Parameter, so ist die Unterklasse verpflichtet, einen Konstruktor zu definieren, der die Argumente an die Basisklasse weiterleitet. Daneben darf der Konstruktor aber auch weitere Anweisungen beinhalten. Die gleichen Regeln gelten analog für die Operation `initialize` in Ruby.

Tab. 9.5-2: Konstruktoraufruf der Oberklasse

Sprache	Syntax

Java	`Unterklasse (Parameterliste)`
	`{ super (zugehörige Parameterliste)`
	`... }`

C++	`Unterklasse (Parameterliste):`
	`    Basisklassenliste(zugehörige Parameterliste)`
	`{ ... }`

C#	`Unterklasse (Parameterliste):`
	`         base (zugehörige Parameterliste)`
	`{ ... }`

Ruby	`def initialize(Parameterliste)`
	`  super (zugehörige Parameterliste)`
	`  ...`
	`end`

Sowohl Konstruktoren als auch andere Elementfunktionen können in allen Sprachen überschrieben werden. Durch das Konzept des Überschreibens von Funktionen kann Polymorphie zur Laufzeit erreicht werden, d. h. es wird dynamisch anhand des aufrufenden Objekts entschieden, welche Funktion auszuführen ist. Ist die Operation in der zugehörigen Klasse nicht implementiert, wird in der nächst höheren Klasse der Hierarchie gesucht. Erst wenn auf oberster Ebene die aufgerufene Operation nicht zu finden ist, kommt es zu einer Fehlermeldung. Zur Umsetzung des Überschreibens von Funktionen müssen diese, im Gegensatz zum Überladen von Funktionen,

Überschreiben einer Funktion

sowohl in der Parameterliste als auch in Bezug auf Rückgabewert und Bezeichner übereinstimmen. Java und Ruby sind bezüglich des dynamischen Bindens sehr einfach zu handhaben, da sie diesen Vorgang automatisch durchführen. In C++ hingegen muss eine überschreibbare Funktion mit `virtual` gekennzeichnet und mittels eines Zeigers aufgerufen werden. C# schreibt ebenfalls die Verwendung von `virtual` für die Funktion der Oberklasse vor. Zusätzlich muss die Operation der abgeleiteten Klasse den Modifikator `override` voranstellen. Darüber hinaus kann in C# das Überschreiben durch `new` verhindert werden.

Abstrakte Klasse

Der polymorphe Grundgedanke wird durch das Konzept der abstrakten Operationen, die in Java, C++ und C# definiert werden können, noch ausgebaut. Eine abstrakte Operation deklariert nur den Funktionskopf, die konkrete Implementierung wird den abgeleiteten Klassen überlassen. Die abstrakte Funktion dient somit als Schnittstelle. In Bezug auf C++ wird der Begriff abstrakt oft durch rein virtuell ersetzt.

Tab. 9.5-3: abstrakte Funktionen

Sprache	Syntax
Java, C#	`[Modifizierer] abstract Rückgabetyp Funktion (Parameterliste);`
C++	`[Modifizierer] virtual Rückgabetyp Funktion (Parameterliste) = 0;`

Sobald eine Klasse eine abstrakte Operation deklariert, können aus ihr keine Objekte mehr erzeugt werden. In Java und C# muss die Klasse zusätzlich mit dem Modifikator `abstract` versehen werden. Jede aus einer abstrakten Klasse abgeleitete Klasse, verpflichtet sich, die abstrakten Funktionen zu implementieren, anderenfalls behält auch diese Klasse ihren abstrakten bzw. rein virtuellen Status.

Soll aus der abgeleiteten Klasse auf Elemente der direkten Oberklasse zugegriffen werden, so stellen die Sprachen verschiedene Ausdrücke bereit. In C++ kann durch die Verwendung des Bereichsauflösungsoperators (::) auch auf höhere Klassen zugegriffen werden.

Tab. 9.5-4: Elementaufruf der Oberklasse

Sprache	Syntax
Java	`super.Element`
C++	`Klasse::Element`
C#	`base.Element`
Ruby	`super(Parameterliste)` # die Funktion der abgeleiteten Klasse muss den gleichen Namen # wie die Oberklasse besitzen

9.6 Sichtbarkeit

Durch Modifikatoren kann der Zugriff auf Elemente einer Klasse, in Java und C# auch der Zugriff auf die Klasse selbst, gesteuert werden. Hierzu stehen in allen Sprachen `public`, `protected` und `private` als Schlüsselworte zur Verfügung. Da in Ruby grundsätzlich nicht auf Instanzvariablen direkt zugegriffen werden kann, gelten diese Bezeichner nur für Funktionen.

Tab. 9.6-1: Zugriffsrechte

Modifier	Übersetzung	Erklärung
public	öffentlich	Die Elemente können von allen Operationen aller Klassen angesprochen werden.
protected	geschützt	Die Elemente können von Funktionen der eigenen oder vererbten Klassen aufgerufen werden.
private	privat	Die Elemente sind nur in der eigenen Klasse sichtbar. In Ruby sind sie zusätzlich in der Unterklasse für das aufrufende Objekt ansprechbar.

C# stellt darüber hinaus zwei weitere Zugriffsbezeichner zur Verfügung. Durch `internal` wird der Zugriff auf die Elemente begrenzt, die zu einem Assembly gehören. `protected internal` gestattet den Zugriff wie unter `protected` oder `internal`. Jede Sprache setzt bei fehlender Angabe des Modifikators ein Default-Zugriffsrecht fest.

Tab. 9.6-2: Default-Zugriffsrecht für Klassenelemente

Sprache	Sichtbarkeit
Java	Alle Klassen, die zum selben Paket gehören.
C++, C#	private
Ruby	public // Ausnahme: initialize ist private

Für die Sprachen Ruby, Java und C# wird die Sichtbarkeit für jedes Element einzeln vergeben. C++ erlaubt die Zuweisung für Elementgruppen. In C++ kann als einzige Sprache durch `public`, `protected` oder `private` bei der Vererbung der Elementzugriff gesteuert werden. Je nach Schlüsselwort, welches in der Vererbungssyntax der Basisklasse vorangestellt wird, kann sich das Zugriffsrecht auf die Elemente der Oberklasse verändern.

9.7 Weiterführende Konzepte

Alle Unterschiede bzw. Gemeinsamkeiten zwischen den vier Sprachen zu beschreiben, würde sicherlich den Rahmen dieses Buches sprengen. Die nachfolgende Tabelle gibt abschließend einen Überblick, inwieweit in den vier Sprachen die auf den Grundlagen aufbauenden Konzepte unterstützt werden.

Tab. 9.7-1: Weitere Konzepte

	Java	C++	C#	Ruby
Überladen von Operatoren	Nein	Ja	Ja	Ja
Abfangen von Ausnahmen	verpflichtend	optional	optional	optional
Spezifizieren von Ausnahmen	teilweise verpflichtend	optional	Nein	Nein
„Aufräumarbeiten"	`finally`-Block	Automatisch über Destruktor.	`finally`-Block	`ensure`
generische Funktionen und Klassen	Eingeschränkt über `Object`, aus dem sich alle Klassen ableiten.	Ja	Eingeschränkt über `Object`, aus dem sich alle Klassen, Strukturen und Datentypen ableiten.	Eingeschränkt über `Object`, aus dem sich alle Klassen ableiten.
Container	Ja, im `Collections Framework`.	Ja, in der STL	Ja, in `System.Collections`	Felder und Hashtables
Serialisierung	Ja	Nein	Ja	Ja
Namensräume	Ja, über Pakete und Klassen.	Ja	Ja	Ja, über Module.
Pakete	Ja	Nein, weitestgehend über Header zu realisieren.	Nein, weitestgehend mit Namensräumen vergleichbar.	Nein, weitestgehend mit Modulen vergleichbar.
GUI	Ja	Nein	Ja (Teil des .NET-Framework SDK)	Ja
Threads	Ja	Nein	Ja	Ja
Sockets	Ja	Nein	Ja	Ja

Literaturverzeichnis

[Balzert, Heide 1999]
Balzert Heide, *Lehrbuch der Objektmodellierung*, Spektrum Akademischer Verlag, Heidelberg, 1999

[Balzert, Heide 2000]
Balzert Heide, *Objektorientierung in 7 Tagen*, Spektrum Akademischer Verlag, Heidelberg, 2000

[Balzert, Heide 2001]
Balzert Heide, *UML kompakt*, Spektrum Akademischer Verlag, Heidelberg, 2001

[Balzert, Helmut 2000]
Balzert Helmut, *Lehrbuch der Software-Technik I*, Spektrum Akademischer Verlag, Heidelberg, 2000

[Balzert, Helmut 1999]
Balzert Helmut, *Lehrbuch Grundlagen der Informatik*, Spektrum Akademischer Verlag, Heidelberg, 1999

[Breymann 2001]
Breymann Ulrich, *C++ Eine Einführung*, Hanser, München, 2001

[Breymann 2002]
Breymann Ulrich, *Die neue C-Klasse*, C'T 4/2002, Heise Verlag, Seite 98ff.

[Doberkat 2000]
Doberkat Ernst-Erich, *Das siebte Buch: Objektorientierung mit C++*, Teubner, Stuttgart, 2000

[Engel 2002]
Engel Dirk, Spreckelsen Klaus, *Das Einsteigerseminar Ruby*, bhv, Bonn, 2002

[Erler 2002]
Erler Thomas, Ricken Michael, *Das Einsteigerseminar C#*, bhv, Bonn, 2002

[Flanagan 2000]
Flanagan David, *Java in a Nutshell*, O'Reilly, Köln, 2000

[Goll 2001]
Goll Joachim, Weiß Cornelia, Müller Frank, *Java als erste Programmiersprache*, Teubner, Stuttgart, 2001

[Herrmann 1999]
Herrmann Dieter, *Effektiv Programmieren in C und C++*, Vieweg, Braunschweig/Wiesbaden, 1999

[Jobst 2001]
Jobst Fritz, *Programmieren in Java*, Hanser, München, 2001

[Kemper/Eickler 2001]
Kemper Alfons, Eickler Andre, *Einführung in Datenbanksysteme*, Oldenbourg, München, 2001

[Krüger 2002]
Krüger Guido, *Handbuch der Java-Programmierung*, Addison-Wesley, München, 2002

[Kühnel 2003]
Kühnel Andreas, *Visual C#*, Galileo Press, Bonn, 2003

[Kuhlins 2002]
Kuhlins Stefan, *Die C++ Standardbibliothek*, Springer, Heidelberg, 2002

[Langner 2003]
Langner Torsten, *C# kompakt*, Spektrum Akademischer Verlag, Heidelberg, 2003

[Liberty 2002]
Liberty Jesse, *Programmierung mit C#*, O'Reilly, Köln, 2002

[Loviscach 2002]
Loviscach Jörn, *Sunspiration, .Net und SunONE im Plattformvergleich*, in c't 4/2002, Heise Verlag, Seite 92ff.

[Matsumoto 2002]
Matsumoto Yukihiro, *Ruby in a Nutshell*, O'Reilly, Köln, 2002

[Mittelbach 2002]
Mittelbach Henning, *Einführung in C++*, Fachbuchverlag Leipzig, Leipzig, 2002

[Niederst 2000]
Niederst Jennifer, *HTML kurz und gut*, O'Reilly, Köln, 2000

[Ratz 2001]
Ratz Dietmar, Scheffler Jens, Seese Detlef, *Grundkurs Programmieren in Java*, Band 1, Hanser, München, 2001

[Rottach 2002]
Rottach Thilo, Groß Sascha, *XML kompakt*, Spektrum Akademischer Verlag, Heidelberg, 2002

[Rogat 1999]
Rogat Axel, *Objektorientiertes Programmieren mit C++ und Java*, Fachbereich Mathematik Universität, Wuppertal, 1999

[Röhrl 2002]
Röhrl Armin, Schmiedl Stefan, Wyss Clemens, *Programmieren mit Ruby*, dpunkt.verlag, Heidelberg, 2002

[Schader 1979]
Schader Martin, *Programmieren in C++*, Springer, Heidelberg, 1979

[Schildt 2001]
Schildt Herbert, *C++ ent-packt*, MITP, Bonn, 2001

[Schildt 2001]
Schildt Herbert, *Java 2 ent-packt*, MITP, Bonn, 2001

[Schildt 2002]
Schildt Herbert, *C# IT-Tutorial*, MITP, Bonn, 2002

[Schmidberger 1997]
Schmidberger Rainer (Hrsg), *Visual C++ 5 & MFC im praktischen Einsatz*, MITP, Bonn, 1997

[Schwichtenberg 2002]
Schwichtenberg Holger, *Nette Vielfalt, Sprachen und Entwicklungstools für das .NET Framework*, in iX 10/2002, Heise Verlag, Seite 38ff.

[Siering 2002]
Siering Peter, *Das Microsoft-Internet*, in c't 4/2002, Heise Verlag, Seite 86ff.

[Stroustrup 2000]
Stroustrup Bjarne, *Die C++ Programmiersprache*, Addison-Wesley, München, 2000

[Thomas 2002]
Thomas David, Hunt Andrew, *Programmieren in Ruby*, Addison-Wesley, München, 2002

[Troelsen 2002]
Troelsen Andrew, *C# und die .NET-Platform*, MITP, Bonn, 2002

[Ullenboom 2002]
Ullenboom Christian, *Java ist auch eine Insel. Programmieren für die Java 2 Plattform in der Version 1.4*, Galileo Press, Bonn, 2002

[Vogt 2003]
Vogt Carsten, *Informatik*, Spektrum Akademischer Verlag, Heidelberg, 2003

[Westphal 2001]
Westphal Ralf, *.NET kompakt*, Spektrum Akademischer Verlag, Heidelberg, 2001

[Wilms 1998]
Wilms André, *C++ Programmierung*, Addison-Wesley, München, 1998

[Wilms 1998]
Wilms André, *C/C++ Workshop*, Addison-Wesley, München, 1998

[Wolff 1999]
Wolff Christian, *Einführung in Java*, B.G. Teubner, Stuttgart, 1999

[Zeppenfeld 2003]
Zeppenfeld Klaus, *Lehrbuch der Grafikprogrammierung*, Spektrum Akademischer Verlag, Heidelberg, 2003

Index

$sdtin.gets (Ruby) 293
.NET Framework 179, 181

A

abstract (C#) 229
abstract (Java) 49
abstract window toolkit (Java). 72
Abstrakte Klasse 229
Abstrakte Klasse (Vergleich). 342
Adapterklasse (Java) 73
Adressoperator (C#) 1965 208
Adressoperator (C++) 107
Adressraum 61
Aggregation 8
Algorithmen (C++) 167
Allokatoren (C++) 167
Anweisungsblock (C#) 200
anonyme Union (C++) 119
ANSI-C++-Standard 91
Applet 62
Appletviewer 62
Array (C#) 209
Array (C++) 121
Array (Java) 36
   Deklaration 36
   eindimensional 36
   mehrdimensional 36
Array (Ruby) 304
Array (Vergleich) 336
ArrayList (C#) 245
as (C#) 236
ASCII-Code 96, 281
Assembly (C#) 264
Assembly-Manifest (C#) 265
Assoziation 8
attr_accessor (Ruby) 312

attr_reader (Ruby) 312
attr_writer (Ruby) 312
Attribut 4
   abgeleitetes 4
Attribute (C#) 267
Auflistungsklassen (C#) 244
Ausgabestrom (Java) 59
Ausnahme
   terminate() 155
Ausnahme (C++) 155
Ausnahmebehandlung (Java) .. 54
Ausnahme (C#) 239
auto (C++) 101
AWT (Java) 72

B

Backslash-Konstante (C#) 190
Backslash-Konstante (C++).... 104
Backslash-Konstante (Vergleich)
   330
base (C#) 226, 229
Bedingungsanweisung
   (Vergleich) 333
Bedingungsoperator (C#) 194
Bedingungsoperator (C++) 107, 111
Bedingungsoperator (Java) 33
Bedingungsoperator (Ruby) . 292, 296
begin/end (Ruby) 298
Bereich (Ruby) 300
Bereichsauflösungsoperator
   (C++) 100, 107, 130, 141
Bereichsoperator (Ruby) 287
Bezeichner (C#) 187
Bezeichner (C++) 98

Bezeichner (Java) 23
Bignum (Ruby) 282
Binäres Zahlensystem (Ruby) 290
BinaryFormatter (C#) 252
Block (C#) 200
Block (C++) 110
Block (Java) 31
Block (Ruby) 294
Block (Vergleich) 332
bool (C#) 186
bool (C++) 97
boolean 23
Botschaft 4
Boxing 223
break-Anweisung (C#) 204
break-Anweisung (C++) 114
break-Anweisung (Java) 33, 35
break-Anweisung (Ruby) 299
byte (Java) 23
byte (C#) 186
Bytecode 15
ByteStream (C#) 246
Bytestrom 57

C

C# 178
C++ 90
C++-Standard 91, 95
call-by-reference (C#) 216
call-by-reference (Java) 39
call-by-value (C#) 216
call-by-value (Java) 39
case-Anweisung (Ruby) 296
case-Zweig (C#) 202
case-Zweig (C++) 112
case-Zweig (Java) 33
Cast-Operatoren
   bad_cast 173
   dynamic_cast 173
Cast-Opratoren (C++) 172
catch (C#) 239

catch (C++) 155
catch (Java) 54
catch-Anweisung (Ruby) 299
char (Java) 23
char (C#) 186
char (C++) 97
checked (C#) 243
cin 109
class (C++) 123
CLI 178
climits (C++) 97
close (Ruby) 318
CLR 182
CLS 183
Collection (Java) 67
   Hashtable 68
   Stack 68
   Vector 67
Collection Framework (Java) ... 69
   List 69
   Map 69
   Set 69
Collections (C#) 244
Common Language
   Infrastructure (CLI) 178
Common Language Runtime
   (CLR) 182
Common Language Specification
   (CLS) 183
Common Type System (CTS) . 183
const (C#) 190
const (C++) 103
continue-Anweisung (C#) 204
continue-Anweisung (C++) 114
continue-Anweisung (Java) 35
cout 109
csc- Compiler 183
CTS 182

D

Datenkapselung 4

Datentyp (C#) 186
    bool 186
    byte 186
    char 186
    decimal 186
    double 186
    float 186
    int 186
    long 186
    sbyte 186
    short 186
    uint 186
    ulong 186
    ushort 186
Datentyp (C++) 97
    bool 97
    char 97
    double 97
    float 97
    long double 97
    long int 97
    short int 97
    unsigned char 97
    unsigned int 97
    unsigned long int 97
    unsigned short int 97
Datentyp (Java) 22
    boolean 23
    byte 23
    char 23
    double 23
    float 23
    int 23
    long 23
    short 23
Datentyp (Vergleich) 329
Deadlock 61
decimal (C#) 186
default-Zweig (C#) 202
default-Zweig (C++) 112
default-Zweig (Java) 33
define (C++) 103
defined? 292

Dekrementoperator (C#) 193
Dekrementoperator (C++) 104
Dekrement-Operator (Java) 27
Delegate (C#) 254
    Combine() 256
    Remove() 256
delete Operator (C++) 107, 147
Dereferenzierungsoperator (C#)
    .... 195, 207
Dereferenzierungsoperator (C++)
    .... 107, 116
Deserialisierung (Java) 70
Destruktor 5
Destruktor (C#) 221
Destruktor (C++) 135
Destruktor (Java) 41
Destruktor (Vergleich) 338
do...end (Ruby) 294
Dokumentationsgenerator (Java)
    .... 22 , 85
Dokumentationskommentar
    (Java) 85
Dokumentationskommentar (C#)
    185
do-Schleife (Java) 34
double (Java) 23
double (C#) 186
double (C++) 97
do-while-Schleife (C#) 204
do-while-Schleife (C++) 113
dynamische Speicherverwaltung
    (C++) 147
    delete 147
    new 147

E

each (Ruby) 308
each_byte (Ruby) 318
each_line (Ruby) 318
Eigenschaft (C#) 215
Ein- und Ausgabe (Java) 57

Einfachvererbung 6
Eingabestrom (Java) 57
Elementarer Datentyp (C#) 186
Elementarer Datentyp (C++) 97
Elementarer Datentyp (Java) 22
Elementfunktion (C#) 213
Elementfunktion (C++) . 123, 132
Elementvariable (C#) 213
Elementvariable (C++) 123
else-Anweisung (C#) 200
else-Anweisung (C++) 111
else-Anweisung (Java) 32
else-Anweisung (Ruby) 295
elsif-Anweisung (Ruby) 295
ensure (Ruby) 320
enum (C++) 120
Enumeration (C#) 205
Enumeration (C++) 120
Enumeration (Java) 69
Ereignis(C#) 257
Ereignisbehandlung (Java) 72
    EventListener 73
Escape-Sequenz (C++) 105
Escape-Sequenz (Vergleich) ... 330
Escape-Sequenzen (C#) 190
EventListener (Java) 73
Exception (Java) 54
    catch 54
    finally 54
    java.lang.Exception 56
    java.lang.Throwable 56
    throws 54
    try 54
explicit (C#) 233
extends (Java) 44
extern (C++) 101

F

false (C#) 187
false (C++) 98
false (Java) 22

false (Ruby) 295
Feld (C#) 209
    irregulär 212
    mehrdimensional 211
Feld (C++) 121
    Deklaration 121
    eindimensional 121
    mehrdimensional 121
    Zeiger 122
Feld (Java) 36
Feld (Ruby) 304
Feld (Vergleich) 336
Filestream (C#) 248
final (Java) 25, 48
finally (Java) 54
finally (C#) 242
fixed (C#) 208
Fixnum (Ruby) 282
Flags (C++) 168
float 23
float (C#) 186
float (C++) 97
Float (Ruby) 283
foreach-Schleife (C#) 213
formaler Parameter 100
Formatspezifizierer (C#) 199
for-Schleife (C#) 203
for-Schleife (C++) 112
for-Schleife (Java) 34
for-Schleife (Ruby) 298
friend-Funktion (C++) 136
friend-KLasse (C++) 137
FTP 79
Funktion .... 39, siehe Operation
Funktion (C#) 216
Funktion (C++) 123
Funktion (Vergleich) 339
Funktionszeiger (C++) 129

G

Garbage Collection (C#) 221

Garbage Collector (Java)............ 41
Generische Funktion (C++).... 159
Generische Klassen (C++)...... 161
GetEnumerator() (C#)............ 245
getline () 109
gets (Ruby)....................... 293, 317
gets().. 109
globale Variable (C++) 100
globale Variable (Ruby).......... 284
GNU (C++)................................... 92
goto-Anweisung (C#) 205
goto-Anweisung (C++) 114
GUI (C++) 174

H

Hash (Ruby) 306
Hashtable (Java) 68
Hashtable (C#) 245
Hashtable (Ruby) 306
Header.. 95
Hejlsberg, Anders 178
Hexadezimales Zahlensystem
  (C#) 192
Hexadezimales Zahlensystem
  (C++) 104
Hexadezimales Zahlensystem
  (Ruby) 290

I

if-Anweisung (C#) 200
if-Anweisung (C++).................. 110
if-Anweisung (Java) 31
if-Anweisung (Ruby) 295
implements (Java)..................... 50
implicit (C#).............................. 233
import (Java) 47
include (Ruby).......................... 315
Indexer (C#).............................. 233

initialize (Ruby) 309
Inkrementoperator (C#).......... 193
Inkrementoperator (C++) 105
Inkrementoperator (Java)......... 27
inline-Funktion (C++) 130
instanceof................................... 29
Instanz (C#).............................. 214
Instanz (C++)............................ 131
Instanzvariable (Ruby)........... 284
int (Java)...................................... 23
int (C#) 186
int (C++) 97
Interface (C#) 234
Interface (Java)........................... 50
Interface-Referenz (C#).......... 236
internal (C#)............................. 230
Interpreter................................... 15
Invoke()(C#) 271
IO-Objekt (Ruby)...................... 317
IP (Java) 79
IP-Adresse................................... 79
is (C#).. 236
Iterationsanweisung (C#) 202
Iterationsanweisung (C++) 112
Iterationsanweisung (Java)...... 34
Iterationsanweisung (Ruby).. 297
Iterationsanweisung(Vergleich)
  334
Iterator (Java) 70
Iterator (Ruby).......................... 307

J

jagged Array (C#).................... 212
Java... 12
Java Development Kit 12
Java Foundation Classes 17
Java VM 15
Java-Bytecode 15
JavaDoc....................................... 85

JDBC (Java) 75
    CallableStatements 77
    JDBC-Treiber 75
    ODBC 78
    ResultSet 77
JDK 12
JFC 17
join (Ruby) 321
Just-In-Time-Compiler (C#) 183
Just-in-Time-Compiler (Java) 16

K

Kardinalität 8
Klasse 3
    abstrakte 6
Klasse (C#) 213
    abstrakte 229
    Destruktor 221
    Eigenschaft 215
    Elementfunktion 213
    Elementvariable 213
    Konstruktor 220
    statische Elementfunktion . 222
    statische Elementvariable .. 221
Klasse (C++) 122
    Destruktor 135
    Elementfunktion 123, 130
    Elementvariable 123
    friend-Funktion 136
    friend-Klasse 137
    Konstruktor 133
    Kopierkonstruktor 134
    statische Elementfunktion . 136
    statische Elementvariable .. 135
Klasse (Java) 37
    Klassenattribut 42
    Klassenoperation 42
    statischer Konstruktor 43
Klasse (Vergleich) 337
Klassen (Java)
    Deklaration 38

Klassen (Ruby) 309
    Deklaration 309
Klassenattribut 4
Klassenoperation 4
Klassenvariable (Ruby) .. 285, 312
Kollektionen (Java) 67
Kommaoperator (C++) 107
Kommentar (C++) 97
Kommentar (C#) 185
Kommentar (Java) 21, 85
Kommentar (Ruby) 282
Kommentar (Vergleich) 328
Komposition 8
Konstante (C#) 190
Konstante (C++) 103
Konstante (Java) 25
Konstante (Ruby) 286
Konstruktor 5
Konstruktor (C#) 220
Konstruktor (C++) 133
Konstruktor (Java) 41
Konstruktor (Vergleich) 338
Konvertierungsoperation (C#)
    197
Konvertierungsoperator (C#) 232
Kopierkonstruktor (C++) 135

L

Linksshiftoperator (C++) 109
List (Java) 69
lokale Variable (Ruby) 284
long (Java) 23
long (C#) 186
long double (C++) 97
long int(C++) 97
loop (Ruby) 299

M

Map (Java) 69

Matsumoto, Yukihiro 278
Mehrfachvererbung.................... 6
Message (C#)........................... 242
Metadaten (C#) 265
Methode .... 39, siehe Operation
Methode (C#)........................... 216
Methode (C++).......................... 123
Methode (Ruby)....................... 310
Methode (Vergleich)................ 338
MFC (C++) 174
Microsoft Intermediate Language
   (MSIL) 182
Mix-Ins (Ruby)........................ 315
Modifikator 5
Modul (Ruby) 315
Modulo-Operator (C#)............ 192
Modulo-Operator (C++) 105
Modulo-Operator (Java)........... 26
Monitor (C#) 263
   Enter().................................. 263
   Exit() 263
   Puls().................................... 264
   Wait().................................... 264
MSIL 182
MSIL-Code(C#) 265
Multi-Threading (Java)............. 60
mutable (C++)........................... 101
Mutex (Ruby)........................... 323

N

Namensraum (C++) 95
Namensraum (C#) 238
Namensraum (C++) 153
new 29
new-Operator (C#).......................
   .... 195, 214, 224, 229
new-Operator (C++) 107, 148
next-Anweisung (Ruby)........... 299
nil (Ruby)......................... 284, 295
Nullterminierte Zeichenkette
   (C++) 104

O

Objekt 3
Objekt (C#) 214
Objekt (C++) 122, 131
Objekt (Java) 38
Objekt (Vergleich) 337
Objektorientierung 2
Oktales Zahlensystem (C++) . 104
Oktales Zahlensystem (Ruby) 290
OMG 2
Operation....................................4
   Überladen einer.......................7
   Überschreiben einer...............7
Operation (C#) 216
   call-by-reference................. 216
   call-by-value 216
   out 217
   params................................. 217
   ref 217
   Rekursion 219
   return................................... 218
   Rückgabewert 218
   überladen............................ 218
Operation (C++) 123
   Defaultwerte....................... 126
   Definition 123
   Funktionszeiger................. 129
   inline.................................... 130
   Parameter 124
   Prototyp............................... 123
   Referenzparameter 125
   Referenz-Rückgabe 128
   Rekursion 128
   return................................... 127
   Rückgabewert 127
   Überladen 128
   Zeiger-Rückgabe................ 127
   Zeiger-Übergabe................. 125
Operation (Java)
   Definition 39
   Parameter 39
   Rückgabewert 39

Überladen 40
Operation (Vergleich) 338
Operator (C#) 192
    arithmetischer 192
    Bedingungs- 194
    bitweise 194
    Dekrement- 193
    Dereferenzierungs- 195, 207
    Inkrement- 193
    Konvertierungs- 232
    logisch 193
    new 195, 214, 224, 229
    Parameter 217
    Referenzierungs- 195, 208
    relational 193
    Type-Cast 197
    überladen 231
Operator (C++) 105
    arithmetischer 105
    Bedingungs- 107, 111
    bitweise 106
    Dekrement- 105
    delete 107, 147
    Dereferenzierungs- 107, 115
    Inkrement- 105
    Komma- 106
    Linksshift- 109
    logisch 106
    new 107, 147
    Rechtsshift- 109
    Referenzierungs- 107, 115
    relational 106
    Scope- 107, 130, 141
    sizeof 97
    Type-Cast 107, 108
    überladen 145
Operator (Java) 26
    arithmetisch 26
    Bedingungs- 29
    bitweise 28
    Dekrement- 27
    Inkrement- 27
    instanceof 29
    logisch 27
    new 29
    relational 27
    Type-Cast 30
Operator (Ruby) 290
    arithmetischer 290
    Bedingungs- 292, 296
    bitweise 292
    defined? 292
    logisch 291
    relational 291
Operator (Vergleich) 331
    arithmetisch 331
    bitweise 331
    relational 331
Operatorfunktion (C#) 231
Operatorfunktion (C++) 146
out (C#) 217
override (C#) 229

P

p (Ruby) 293
Paket 9
Pakete (Java) 46
params (C#) 217
Pfeiloperator (C++) 107, 118, 132
Platzhalter (C#) 198
Pointer (C++) 115
Pointer (C#) 207
Polymorphie (Vergleich) 341
Polymorphismus 7
Portnummer 79
Postfix-Notation (C#) 193
Postfix-Notation (C++) ... 106, 146
Postfix-Notation (Java) 27
Praefix-Notation (C#) 193
Praefix-Notation (C++) ... 106, 146
Praefix-Notation (Java) 27
Präprozessor 95
Präprozessor (C++) 150
    #define 151

#elif 152
#else 152
#endif 152
#error 150
#if 151
#ifdef 152
#ifndef 152
#include 150
  Befehl 150
Präprozessoranweisung (C#) 206
print (Ruby) 293, 316
printf 109
printf (Ruby) 290, 316
priority (Ruby) 322
private (C#) 215, 226, 230
private (C++) 144
private (Java) 48
private (Ruby) 311
Private-Assembly (C#) 265
Process (Ruby) 324
Programmierung
  objektorientierte 2
  prozedurale 2
protected (C#) 226, 230
protected (C++) 144
protected (Java) 48
protected (Ruby) 311
protected internal (C#) 230
Prototyp (C++) 123
public (C#) 215, 230
public (C++) 144
public (Java) 47
public (Ruby) 311
Punktoperator (C#) 195
Punktoperator (C++) ....
  .... 107, 119, 132
Punktoperator (Ruby) 292
puts (Ruby) 293, 316

R

raise (Ruby) 320

Read() (C#) 198
ReadLine() (C#) 198
Rechtsshiftoperator (C++) 109
redo-Anweisung (Ruby) 299
ref (C#) 217
Referenztyp (C#) 186, 214
Referenzierungsoperator (C#)
  .... 195, 208
Referenzierungsoperator (C++)
  .... 107, 115
Reflection (C#) 270
register (C++) 101
regulärer Ausdruck (Ruby) ... 301
Rekursion (C#) 219
Rekursion (C++) 128
Remote-Objekt (Java) 83
rescue (Ruby) 319
retry (Ruby) 321
retry-Anweisung (Ruby) 299
return-Anweisung (C#) 218
return-Anweisung (C++) 127
return-Anweisung (Ruby) 299
Ritchie, Dennis 90
RMI (Java) 81
rmic (Java) 82
Rotor 179
RPC (Java) 81
RTTI (C++) 171
Ruby 277
Ruby Application Archive (RAA)
  283

S

sbyte (C#) 186
scanf 109
Schleife (C#) 202
  do-while 204
  for 203
  foreach 213
  while 203
Schleife (C++) 112

do-while 113
for 112
while 113
Schleife (Java) 34
do 34
for 34
while 34
Schleife (Ruby) 297
do 298
for 298
loop 299
while 297
Schleife (Vergleich) 334
Schlüsselwort (C#) 187
Schlüsselwort (C++) 98
Schlüsselwort (Java) 25
Schlüsselwort (Ruby) 283
Scope-Operator (C++) 107, 130, 141
sealed (C#) 230
Selektionsanweisung (C#) 201
else 201
if 200
switch 201
Selektionsanweisung (C++) ... 110
else 110
if 110
Selektionsanweisung (Java) 31
else 32
if 31
switch 32
Selektionsanweisung (Ruby) .295
case 296
else 295
elsif 295
if 295
then 295
unless 295
when 296
Selektionsanweisung (Vergleich)
.... 333
self (Ruby) 311
Serialisierung (Java) 70

Set (Java) 69
Shared-Assemblys (C#) 266
short 23
short (C#) 186
short int (C++) 97
Sichtbarkeit (C#) 230
Sichtbarkeit (C++) 143
Sichtbarkeit (Java) 47
Sichtbarkeit (Vergleich) 343
sizeof (C++) 97
Skeleton (Java) 82
sleep (Ruby) 322
SoapFormatter (C#) 252
Sockets (Java) 79
SortedList (C#) 245
CompareTo() 246
Speicherklassen-Modifikator (C++) 101
static 101
Speicherklassen-Modifizierer (C++) 101
auto 101
extern 101
mutable 101
register 101
static 101, 135
Speicherverwaltung (C++) 147
Sprunganweisung (C++) 114
Sprunganweisung (Java) 35
Stack (C#) 246
Stack (Java) 68
Standard Template Library (C++)
.... 164
Algorithmen 166
Allokatoren 166
Container (C++) 164
Iteratoren 166
static (C#) 221
static (C++) 101, 102, 135
static (Java) 42
STDIN.gets (Ruby) 293
Stepanov, Alexander 91
Stream (Java) 57

Bytestrom 57
java.io 57
Zeichenstrom 57
Stream (C#) 246
Stream (C++) 167
FileStream 169
InputFileStream 169
OutputFileStream 169
StreamReader (C#) 250
StreamWriter (C#) 250
String (C#) 190
String (C++) 103
String (Ruby) 287
Ströme 57
Ströme (C++) 167
Stroustrup, Bjarne 90
struct (C#) 224
struct (C++) 117
Struktur (C#) 224
Struktur (C++) 117
Stub (Java) 82
super (Java) 46
Swing (Java) .... 72 , 74
switch-Anweisung (C#) 201
switch-Anweisung (C++) 111
switch-Anweisung (Java) 32
Symbol (Ruby) 289
Synchronisation (Java) 61
System.Object (C#) 223
Systemvariable (Ruby) 285

Join() 262
Sleep() 262
Start() 260
Thread (Java) 60
Synchronisation 61
Thread (C#) 259
Thread (Ruby) 321
throw (C#) 241
throw (C++) 155
throw-Anweisung (Ruby) 299
throws (Java) 54
transient (Java) 70
true (C#) 187
true (C++) 98
true (Java) 22
true (Ruby) 295
try (C#) 239
try (C++) 156
try (Java) 54
Type-Cast-Operator (C#) 197
Type-Cast-Operator (C++) ....
 .... 107, 108
Type-Cast-Operator (Java) 30
typedef (C++) 117
Typkonvertierung (C#) 196
explizit 197
implizit 196
Typkonvertierung (C++) 108
Typkonvertierung (Java) 30
Typprüfung (C++) 116

T

TCP-Client (Java) 80
TCP-Server (Java) 80
Templates 160
then (Ruby) 295
this (C#) 216
this (C++) 132
this (Java) 40
Thread (C#)
Abort() 263

U

Überladen einer Funktion (C#)
 218
Überladen einer Funktion (C++)
 128
Überladen von Operatoren (C#)
 231
Überladen von Operatoren (C++)
 145
uint (C#) 186

ulong (C#) 186
UML 2, 174
Unboxing 223
unchecked (C#) 243
Unicode-Zeichensatz (Java) 21
Unicode-Zeichensatz (C#) 184
Union (C++) 119
    anonyme 119
unless-Anweisung (Ruby) 295
unsafe (C#) 208
unsigned char (C++) 97
unsigned int (C++) 97
unsigned long int (C++) 97
unsigned short int (C++) 97
until-Schleife (Ruby) 297
ushort (C#) 186
using (C#) 183
using-Anweisung (C++) 154
using-Anweisung (C#) 239

V

Variable (C#) 188
Variable (C++) 99
    formaler Parameter 100
    globale 100
Variable (Java) 23
Variable (Ruby) 283
    globale 284
    Instanz- 284
    Klassen- 285
    lokale 284
    System- 285
Vector (Java) 67
verbatim String-Literal 191
Vererbung 6
Vererbung (C#) 225
    abstrakte Klasse 229
    base 226
    override 228
    virtuelle Funktion 227
Vererbung (C++) 138

    Einfachvererbung 138
    Mehrfachvererbung 139
    rein virtuelle Funktion 142
    virtuelle Basisklasse 141
    virtuelle Funktion 142
Vererbung (Java) 44
    Einfachvererbung 44
Vererbung (Ruby) 313
Vererbung (Vergleich) 340
Vergleich 327
Vergleichsoperator (Ruby) 291
Verklemmung 61
Versionisierung (Java) 71
Verweistyp (C#) 186
Vielgestaltigkeit .... siehe Polymorphismus
Virtual Platform Toolkit (C++) 93
virtuelle Basisklasse (C++) 141
virtuelle Funktion (C#) 227
virtuelle Funktion (C++) 142
Virtuelle Maschine (Java) 15
void (C++) 98
volatile (C++) 102

W

wchar_t (C++) 96
WebForms (C#) 272
when (Ruby) 296
while-Schleife (C#) 203
while-Schleife (C++) 113
while-Schleife (Java) 34
while-Schleife (Ruby) 297
wide character (C++) 96
Wiederholungsanweisung (C#) 202
Wiederholungsanweisung (C++) 112
Wiederholungsanweisung (Java) 34
Wiederholungsanweisung (Ruby) 297

Wiederholungsanweisung
 (Vergleich) 334
Wiltamuth, Scott 178
WinForms (C#) 272
Write() (C#) 198
WriteLine() (C#) 198

X

XML-Dokumentationsdatei (C#)
 185

Y

yield (Ruby) 295

Z

Zahlen (Ruby) 282

Bignum 282
Fixnum 282
Float 283
Zeichenkette (C#) 190
Zeichenkette (C++) 103
Zeichenstrom (Java) 57
Zeiger (C++) 115
Zeiger (C#) 207
Zeigeroperator 107, 115
Zeigeroperator (C#) 195, 207
Zugriffs-Modifizierer (C++) 102
 const 102
 volatile 102
Zugriffsrecht (C#) 230
Zugriffsrecht (C++) 144
Zugriffsrecht (Vergleich) 343
Zuweisungsoperator (C#) 189, 192
Zuweisungsoperator (C++) 105
Zuweisungsoperator (Ruby) .. 286
Zwischenablage (Java) 73

Inhalt der CD-ROM zum Buch

Für alle Windowsversionen ab Windows 98 und Linux

- 260 Beispielprogramme
- Aufgaben und Lösungen
- Gesamtglossar
- Programmierumgebungen
- XCompare (multimediale Lehr-/Lernumgebung)
- XLearn (multimediale Lehr-/Lernumgebung)

Werkzeuge:

NanoXML
NanoXML-Sax
Java 2 JRE 1.4.2™ (SUN)
Java 2 SDK 1.4.2™ (SUN)
Portable .NET (DotGnu Project)
SciTe (Scintilla)
Acrobat Reader® (Adobe)
Xerces (Ver. 2.4.0)

Für Windows:
JCreator LE™ (Xinox)
Bloodshed (Bloodshed)
SharpDevelop (ic#code)
Ruby 180-9
Xerces (Ver. 2.4.0)

Für Linux:
Ruby-1.6.8

Weitere Informationen zu diesem Buch und rund um die objektorientierten Programmiersprachen finden Sie unter **www.oo-programmiersprachen.de**.